GRUNDLAGEN DER ANGLISTIK UND AMERIKANISTIK

Herausgegeben von Rüdiger Ahrens und Edgar W. Schneider

Band 20

Englische Fachdidaktik

Theorien, Praxis,
Forschendes Lernen

3., völlig neu bearbeitete und erweiterte Auflage

von
Wolfgang Gehring

ERICH SCHMIDT VERLAG

Bibliografische Information der Deutschen Nationalbibliothek
Die Deutsche Nationalbibliothek verzeichnet diese Publikation in der
Deutschen Nationalbibliografie; detaillierte bibliografische Daten
sind im Internet über http://dnb.d-nb.de abrufbar.

Weitere Informationen zu diesem Titel finden Sie im Internet unter
ESV.info/978 3 503 09898 9

1. Auflage 1999
2. Auflage 2004
3. Auflage 2010

ISBN 978 3 503 09898 9

Dieses Papier erfüllt die Frankfurter Forderungen
der Deutschen Nationalbibliothek und der Gesellschaft für das Buch
bezüglich der Alterungsbeständigkeit
und entspricht sowohl den strengen Bestimmungen der US Norm
Ansi/Niso Z 39.48-1992 als auch der ISO-Norm 9706.

Satz, Druck und Bindung: Danuvia Druckhaus, Neuburg a. d. Donau

Inhaltsübersicht

Vorwort zur 3., völlig neu bearbeiteten und erweiterten Auflage

In diesem Band habe ich versucht, englischdidaktische Probleme in ihrer Breite darzustellen. Damit sich die Ansätze und Verfahren induktiv erschließen lassen, habe ich in jedem Kapitel verschiedene Arbeitsanregungen integriert, wie man die diskutierten Inhalte handlungsorientiert im Kontext von Lernumgebungen beleuchten kann. Diese sogenannten Action Items befinden sich an den Textstellen, an denen eine praktische Konkretisierung eines theoretischen Aspektes möglich schien. Action Items sollen den Leserinnen und Lesern Impulse liefern, um im Sinne forschenden Lernens selbst wissenschaftlich tätig zu werden. Aktionsräume zur Umsetzung einiger Action Items können Klassenzimmer und Seminar sein. Viele Anregungen für forschende Aktivitäten in diesem Band beziehen sich auf Englischbücher, den zentralen Lehr- und Lernmedien des Fremdsprachenunterrichts. Dieser Fokus bietet sich an, zumal Textbücher sehr detailliert vielschichtige potenzielle Lehr- und Lernszenarien vergegenwärtigen.

Nachdem das Ergebnis forschender Tätigkeiten nicht vorhersehbar ist, gibt es in diesem Band auch keine Lösungshinweise für die Items. Allerdings ist daran gedacht, einige Bearbeitungen vorzustellen. Hierzu wurde die Website www.englische-fachdidaktik.com eingerichtet. Dort stehen auch weitere Hinweise zur Bearbeitung der Items und zur vertiefenden Auseinandersetzung mit fachdidaktischen Problemstellungen.

Neben Action Items findet man als eine weitere didaktische Komponente dieses Bandes zahlreiche ELT-Terms. Es handelt sich hierbei um englischsprachliche Definitionen fachdidaktischer Terminologie. ELT-Terms haben die Funktion, im Fließtext verwendete Fachbegriffe prägnant in der Zielsprache zusammenzufassen. Damit wird ein bilinguales Konzept umzusetzen versucht, das einen Beitrag zum Aufbau von berufsbezogenen fachsprachlichen Kompetenzen auf Deutsch und auf Englisch leisten will.

Hervorgehoben in den Kapiteln sind auch einige Auszüge und Zitate aus Texten des Qualitätsjournalismus. Sie sollen zeigen, welche Probleme des Sprachlehrens und -lernens im weiteren Sinne die Öffentlichkeit interessieren, bzw. eine Öffentlichkeit finden. Journalistische Artikel tragen dazu bei, Aspekte des öffentlichkeitswirksamen Fremdbildes von Sprachlehrverantwortlichen zu rekonstruieren, vor allem aber von den Disziplinen, die sich systematisch mit Sprachlehr- und Sprachlernprozessen befassen. Diese Texte können auch genutzt werden, um individuelle Forschungsintentionen zu initiieren.

Zum Schluss noch der Hinweis, dass Formulierungen wie ‚Lehrer', ‚Schüler' ‚Autoren' etc. sich stets auf Personen beiderlei Geschlechts beziehen.

Oldenburg, Januar 2010   Wolfgang Gehring

1. Forschungskontexte

1.1 Theorienbildung

Didaktik allgemein setzt sich wissenschaftlich mit dem Lehren und Lernen auseinander, untersucht Lehr- und Lernprinzipien, -methoden und -materialien. Englische Fachdidaktik beschäftigt sich entsprechend mit Zielen, Inhalten, Vermittlungs- und Aneignungsprozessen beim Lehren und Lernen der englischen Sprache als Fremdsprache. Ohne die Vielfalt möglicher Fragestellungen aus dem Blick zu verlieren oder sie gar verkennen zu wollen, liegt man nicht falsch mit der Behauptung, dass sich die Englischdidaktik wissenschaftlich für das **Was** (gelehrt und gelernt werden soll), für das **Warum** (etwas gelehrt oder gelernt werden soll) und für das **Wie** (etwas gelehrt oder gelernt werden soll) interessiert.

Als eine mit der Fremdsprachendidaktik eng verwandte Wissenschaft hat sich die Sprachlehrforschung mittlerweile an einigen Universitäten etabliert und die fachdidaktischen Professuren zum Teil ersetzt. Sprachlehrforschung betreibt aneignungsbezogene, empirische Forschung, um hieraus praktische Konsequenzen für die Vermittlung von Fremdsprachen abzuleiten. Auch Aneignungskontexte einer zweiten oder mehrerer Sprachen gehören zum Interessenspektrum dieses Wissenschaftsbereichs. Die englische Fachdidaktik konzentriert sich auf die englische Sprache. Sie forscht qualitativ, quantitativ, setzt aber auch auf Erfahrungswissen und Plausibilitätsargumentationen.

> ▶ ELT-term *Fremdsprachendidaktik*: "Fremdsprachendidaktik […] deals with foreign language learning and teaching in the context of instruction." (Nold 2000: 223)
> ▶ ELT-term *Sprachlehrforschung*: "The focus of Sprachlehrforschung as a discipline is on the teaching and learning of foreign languages taught in an institutional context." (Grotjahn 2000: 569)
> ▶ ELT-term *Educational linguistics*: "Educational linguistics is the label for the branch of linguistics that – in collaboration with educationalists, psychologists and sociologists- attempts to provide well informed guidance in this field." (Bloomer/Griffiths/Merrison 2005: 432)

1.2 Teilbereiche

Traditionell ist die englische Fachdidaktik eng mit der **Anglistik** verbunden. Die Nähe zur Fachwissenschaft liegt in der Natur der Sache. Die Anglistik befasst sich wissenschaftlich mit dem Was, d. h. mit dem Gegenstand des Englischunterrichts, der englischen Sprache, ihrer Kultur und ihrer Literatur. Ihre Forschungsergebnisse tragen dazu bei, eine begründete Auswahl von Inhalten für Lehr- und Lernprozesse zu treffen und didaktisch reflektieren zu können. Auch Entscheidungen über die Anordnung, Vermittlung und Problematisierung der Lernbereiche und ihre Aufbereitung in Unterrichtsmaterialien werden fachwissenschaftlich beeinflusst.

Impulse aus der Soziolinguistik haben unter anderem zu modifizierten Darstellungsweisen sprachlicher Inhalte in Lehrplänen geführt. Heute hat man ein differenziertes Verständnis von den Strukturen in Alltagsdialogen und Interaktionsmustern, die Lernende beherrschen müssen, um grundlegende Redeanlässe zu bewältigen. Das fachdidaktische Erkenntnisinteresse richtet sich auch auf die Wirkungen von Redemitteln auf Gesprächspartner, auf die Situation, in der die Fremdsprache verwendet wird (Kontext), auf die Verschiedenheit von sprachlichen Ebenen (Register, Stil) und nicht zuletzt auf die kulturelle Dimension der Sprachverwendung.

> **Action Item 1.1**
>
> Werfen Sie bitte einen Blick in Handbücher zur angewandten Sprachwissenschaft und zur Sprachlehrforschung. Stellen Sie Fragen dar, die in Bezug auf das Fremdsprachenlernen in der Schule gestellt werden. Skizzieren Sie auch die Rollen, die Kultur- und Literaturwissenschaft als Bezugswissenschaften spielen.

Die **Literaturwissenschaft** hat die werkimmanente Textinterpretation nach dem Inventar des New Criticism als literaturdidaktische Orientierung veranlasst. Im fortgeschrittenen Englischunterricht sind Textzugänge nach dieser Theorie noch weit verbreitet. Es gibt jedoch auch leserorientierte Literaturtheorien. Sie haben literaturdidaktische Modelle angestoßen, die nicht mehr allein auf formal-ästhetischen Zugängen und Modellinterpretationen basieren. Zum Unterrichtsgegenstand wird dann primär die Textauslegung durch die Leser. Der methodische Kern eines erfahrungsorientierten Unterrichtsgeschehens ist das Rezeptionsgespräch. Idealerweise entwerfen es die Lernenden nach ihrem Textverständnis und ihrem Ausdrucksvermögen. Um dies leisten zu können, wird den Schülerinnen und Schülern Raum gegeben „zum Entdecken und Entwickeln der jeweils eigenen Rezeptionsinteressen" (Delenoy 2002: 35).

> **Action Item 1.2**
>
> Rekonstruieren Sie bitte in Ihrer Lerngruppe Erfahrungen mit Literatur im Englischunterricht. Notieren Sie, welche Zugangsweisen erinnert werden.

Die anglistische und amerikanistische **Kulturwissenschaft** widmet sich der Analyse einer fremden Kultur. Während die Landeskunde bzw. die Landeswissenschaft mit historischen, geografischen oder politischen Gegebenheiten, Zusammenhängen und Entwicklungen wissenschaftlich befasst ist, legt sich die Kulturwissenschaft nicht auf bestimmte kulturelle Produkte fest. Kulturwissenschaft ist demnach umfassender im Hinblick auf ihr Erkenntnisinteresse, was auch damit zusammenhängt, dass die Kulturwissenschaft einen sehr weit gefassten Kulturbegriff annimmt. Sie interessiert sich für die Vielfalt der Alltagskultur ebenso wie für künstlerische Produkte britischer und amerikanischer Kulturen. Hiervon sind viele Kontextualisierungen von Lernabläufen und der Aufbau von Wissensbeständen betroffen. Die Einbettungen der Lerntexte, Übungen und Aktivitäten sollen möglichst authentische Bezüge zu den Gemeinschaften aufweisen, deren Sprache im Unterricht vermittelt wird. Kenntnisse über kulturelle Hintergründe und Zusammenhänge sind für die Orientierung in fremden Kulturen unverzichtbar. Daher bezieht sich der fachdidaktische Kulturbegriff ausdrücklich auf das Alltägliche, Gewöhnliche, wie es erfahrbar ist in den Lebensweisen, den Institutionen und im „ganz gewöhnlichen Verhalten" einer Sprachgemeinschaft (Williams 1983: 45).

Die fachwissenschaftlichen Teilbereiche haben zu Interessenschwerpunkten auf der inhaltlichen Ebene der Englischdidaktik geführt. Sie sind sprachdidaktisch, literaturdidaktisch und kulturdidaktisch positioniert. Darüber hinaus interessiert sich Fachdidaktik für die Strukturen der **Lehr- und Lernprozesse**, die durch die Beschäftigung mit den Inhalten entstehen bzw. veranlasst werden.

1.3 Inhaltsorientierte Forschung

Auf der inhaltlichen Ebene geht es um Probleme der Themenauswahl und -gestaltung. Aus mindestens drei Perspektiven richtet sich der Blick auf die Inhalte des Englischunterrichts: aus der sprachdidaktischen, der kulturdidaktischen und der literaturdidaktischen Perspektive.

Fragen aus sprachdidaktischer Perspektive

Der **Sprachdidaktik** geht es um die Frage, wie es am besten gelingen kann, Lernende mit Kompetenzen auszustatten, die es ihnen ermöglichen, mündlich und schriftlich in der fremden Sprache zu kommunizieren. Ein wichtiges Betätigungsfeld der Sprachdidaktik ist die wissenschaftliche Auseinandersetzung mit Lehrkonzeptionen, zumal die Anbahnung von Kommunikationsfähigkeit sehr komplex ist. Kommunikationsfähigkeit betrifft sowohl die Rezeption, d.h. das verstehende Hören und Lesen als auch die Produktion und damit das mitteilungsbezogene Sprechen und Schreiben. Rezeption und Produktion sind vielschichtigen Abhängigkeiten unterworfen, die bei der Sprachvermittlung bedacht werden müssen.

Zu den weiteren Aufgaben der Sprachdidaktik gehört die Konzeption und Analyse von Plänen. Eine Fremdsprache zu lernen ist ein aufwändiges Unterfangen, das viele Jahre in Anspruch nimmt. In künstlichen Lernumgebungen wie der Schule müssen die sprachlichen Inhalte irgendwie verteilt werden. Ein Weg der Lernplanung besteht darin, Lernziele und Standards zu beschreiben, z. B. in Form von Lehrplänen, Rahmenrichtlinien oder Curricula.

Bei der Formulierung von Lernzielen und Standards sind sprachbezogene und kommunikationsbezogene Aspekte ein wichtiger Bereich. Lernpsychologische und psycholinguistische Aspekte wie das Alter der Lernenden, ihr Leistungs- und Aneignungsvermögen, ihre Interessenslagen oder ihre Lerngewohnheiten müssen ebenfalls berücksichtigt und betrachtet werden. Schließlich geht es neben diesen Problemstellungen noch um kulturelle und literarische Wissensfelder, zum Aufbau von Orientierungswissen.

Der kulturdidaktische Fokus

Oftmals wird **Kulturdidaktik** mit Landeskunde gleichgesetzt. Es gibt jedoch feine Unterschiede zwischen diesen beiden Lehrkonzeptionen. **Landeskunde** setzt auf die Vermittlung von Sachkenntnissen über ein Land. Die Landeskundedidaktik wählt Informationen zu Sprache und Zielkultur aus, z. B. zu Großbritannien, USA, Kanada oder Australien. Diese Informationen beziehen sich auf geografische, historische oder allgemeingesellschaftliche Fakten. Andere Wissenselemente bringen Aspekte des Alltagslebens oder Besonderheiten der Sprachverwendung näher.

Action Item 1.3

Bitte vergleichen Sie eine inhaltliche Vorgabe zu Zielkulturen in Lehrplänen mit den Realisierungen in verschiedenen Lernmaterialien. Beschreiben Sie positive und kritische Umsetzungen für den Wissensaufbau zur Orientierung.

Themenbereich 6: Kultur und Geschichte (Auszug)		
3. Aspekte des multikulturellen Zusammenlebens 4. Begegnung mit Literatur	– mixed neighbourhoods – exploring GB – exploring the English-speaking world – people (native Americans) – places of interest – historical events – historical personalities – Holidays and customs ... (vgl. 2.3.2) – My / Our (first) trip to Britain (vgl. 2.3.2)	7/8 Aus: Ministerium für Bildung, Wissenschaft, Forschung und Kultur des Landes Schleswig-Holstein, online

Die Vermittlung von landeskundlichen Informationen verfolgt mehrere Ziele. Zum einen soll der Aufbau von **Orientierungswissen** unterstützt werden. Orientierungswissen hilft Lernenden bei der Bewältigung von Anforderungen, wie sie im Alltag an den fremden Touristen, Gastschüler oder Konsumenten etc. in einem englischsprachigen Land gestellt werden: Wie buche ich ein Hotel; wie heißen die großen Supermarktketten in GB, wie funktioniert ein Fahrkartenautomat der Londoner U-Bahn? Die Themenstellungen sind primär auf die sprachlichen Ziele abgestimmt. Oftmals werden sie erst dann ausgewählt, wenn sprachliche Ziele feststehen und nach einem passenden zielkulturellen Kontext gesucht wird. Beispielsweise führt man gerne das Redemittel *nach dem Weg fragen können* zusammen mit *Sehenswürdigkeiten in London* ein.

Auch der Sachbezug einer Unterrichtssequenz kann durch landeskundliche Inhalte hergestellt werden. Fakten zur Geschichte, Politik oder Gesellschaft eines englischsprachigen Landes sind aufgrund ihrer Authentizität gut geeignet, um Zusammenhänge der Sprachverwendung in einen realistischen Kontext einzubetten. Nicht zuletzt erhofft man sich von der Didaktisierung landeskundlichen Wissens die Förderung von Verständnis für andere Formen gesellschaftlichen Lebens und Handelns unter den Lernenden. Der Nachweis, dass Sachwissen zum **Abbau von Stereotypen** oder zur Reduzierung des Gefühls von Fremdheit beiträgt, ist jedoch schwer zu erbringen.

Kulturelle Inhalte verweisen auch auf Gewohnheiten und Verhaltensweisen. Sitten und Gebräuche werden ebenso zum Thema wie Fragen der Medienrezeption in den Kulturen der Zielsprachenländer. All das, was im gesellschaftlichen Dasein englischsprachiger Gemeinschaften Funktion besitzt, bestimmt den kulturellen Kontext, auch den eines Englischbuchs, dem Leitmedium des Unterrichts in der Sekundarstufe I. Deshalb wird die Verwendung des Begriffs *Cultural Studies* angeregt, als Oberbegriff für alle Aktivitäten, Auseinandersetzungen und Annäherungen an Fremdkulturelles im Englischunterricht. Der Terminus *Cultural Studies* verweist auf die veränderte Haltung gegenüber Vorstellungen und Definitionen von Kultur. Der Kulturbegriff beschränkt sich nicht mehr allein auf Literatur, Kunst und Musik, der sogenannten Hohen Kultur. Einbezogen sind nunmehr die gesamten Lebensweisen einer Gesellschaft. Dazu gehören auch die Alltagsbereiche und Alltagswirklichkeit, Sprach- und Kulturgewohnheiten. Unter diesen Vorzeichen ist beispielsweise ein Recherchethema wie Essgewohnheiten in GB eher kulturwissenschaftlich als landeskundlich ausgerichtet.

▶ ELT-term *Cultural Studies*: "In cultural studies any social practice can be read as a 'text'. 'Texts' in cultural studies can be sports, dances, fashion or even practices like cooking or shopping." (Corbett 2003: 168)

Der Blickwinkel der Literaturdidaktik auf den Englischunterricht

Die **Literaturdidaktik** erforscht das Potenzial ästhetischer Texte für sprachliche wie bildende Lernprozesse. In Lehrplänen öffentlicher Schulen sind Zielsetzungen wie ästhetische Erziehung, Förderung von Lesekompetenz und Anbahnung von Fremdverstehen fest verankert. Literarische Texte eignen sich für die Anbahnung dieser Zielsetzungen.

> **Action Item 1.4**
>
> Recherchieren Sie bitte je ein fachdidaktisches Projekt mit einer sprachdidaktischen, kultur- und einer literaturdidaktischen Forschungshypothese. Vergleichen Sie jeweils die Verfahren der stofflichen Annäherung.

Die Literaturdidaktik befasst sich nicht nur mit Zugangsweisen zu Erzähltexten aus anglophonen Kulturen. Zu ihren Aufgaben gehört es auch, Kriterien für die Textkonstruktion in Lehrbüchern oder didaktisierten Lektüren weiter zu entwickeln. Darüber hinaus kann Literaturdidaktik einen wichtigen Beitrag zur Weiterentwicklung einer am Lernenden orientierten texterschließenden und textüberschreitenden Methodik leisten, nicht zuletzt damit sich Fremdverstehensprozesse schon in vorliterarischen Textbegegnungen initiieren lassen.

Ein noch junger Zweig der Literaturdidaktik ist die **Leseforschung**. Für den Unterricht von besonderem Interesse sind hierbei Erkenntnisse über den Zugriff der Lernenden auf kognitives und metakognitives Strategiewissen (Finkbeiner 2005). Dieses Wissen trägt vermutlich dazu bei, das durch die Aufgabenstellung ausgelöste Leseverhalten zu reflektieren. Vom Strategiewissen abhängig ist auch das Erfassen der Texte. Beispiele für solche Techniken sind das Inferieren, das Vorhersagen oder das Elaborieren. Als zentral gilt nach wie vor das individuelle Wissen beim Textverstehen, das zur Überprüfung der Ergebnisse eines Leseprozesses herangezogen wird, darunter z.B. Kenntnisse über Textstrukturen, Figurenkonstellationen und Erzählperspektiven oder Erfahrungen mit der Aufgabenstellung (Würffel 2006).

1.4 Lehr- und Lernforschung

Die Inhaltsproblematik lässt sich fachdidaktisch nicht erschöpfend beleuchten, ohne sich mit Lehr- und Lernprozessen selbst zu befassen. Bedeutsam für fachdidaktische Begründungen sind **Lerntheorien**. Aber auch Erkenntnisse aus den Neuro- und Kognitionswissenschaften finden Beachtung. Einflüsse des Behaviorismus, Nativismus und des Kognitivismus lassen sich bis auf die Ebene von Übungskonstruktionen in Lehrbüchern und Unterrichtsmodellen nachweisen. Seit einiger Zeit schon beeinflussen die Annahmen des Konstruktivismus die fachdidaktische Diskussion.

Welchen Einfluss Lerntheorien nehmen

Der behavioristischen Lerntheorie nahe kommen der gesteuerte und der gelenkte, auf Instruktion basierende Unterricht, auch das programmierte Unterrichten, wie es teilweise noch heute im Sprachlabor umgesetzt wird. Im wissenschaftlichen Diskurs gilt die behavioristische Lerntheorie der 1960er Jahre als überholt.

In kognitivistisch organisierten Lernwelten wird seit den 1970er Jahren auf die Heranbildung von Fähigkeiten zur Problemlösung Wert gelegt, nicht so sehr darauf, reproduzierbares Wissen zu verankern. Kognitivistische Lernauffassungen finden in Angeboten zum entdeckenden Lernen ihre Umsetzung. Es bieten sich hier Gelegenheiten für problemorientierte Lösungsentwürfe, die vermutlich zu mehr Nachhaltigkeit der Lernvorgänge führen.

Der Konstruktivismus ist kognitivistisch orientiert. Als philosophischer Ansatz ist er primär nicht an Lernvorgängen beim Spracherwerb interessiert. In der Didaktik wurde der Konstruktivismus rezipiert, Forderungen für die Lernwelt Klassenzimmer wurden mit konstruktivistischen Argumenten begründet. Offene

Unterrichtsformen, bei denen Lernende als Forschende selbst tätig werden, um eine Problemsituation von ihrem Wissensstand aus, mit ihren Lösungsstrategien anzugehen und die Lehrkraft beratend zur Seite steht, kommen einer konstruktivistischen Englischdidaktik sehr nahe.

Der Beitrag der Neurowissenschaften

Neurowissenschaften befassen sich mit der Beschreibung und Erklärung von Verarbeitungsprozessen des Gehirns. An die Hirnforschung werden große Erwartungen geknüpft, um das Lernen besser zu verstehen und in dessen Folge effizienter anzugehen. Ihr Augenmerk richtet sie jedoch noch vornehmlich darauf, grundlegende Erkenntnisse zu Funktions- und Arbeitsweise des Gehirns zu gewinnen. Langfristig erhofft man sich effiziente Therapien z. B. von Sprachstörungen (Stern 2004).

Für fachdidaktische Zusammenhänge sind Erkenntnisse der **Hirnforschung** interessant, da sie Theorien und Anwendungsansätze aus der Didaktik und ihren Bezugswissenschaften mit neurowissenschaftlichen Argumenten stützen. Für manche Lehr- und Lernmethoden, z. B. dem Auswendiglernen, liefert die Hirnforschung Schützenhilfe, zum Teil kommen solche Ratschläge auch aus den Reihen von Neurowissenschaftlern. Diesbezügliche Empfehlungen liegen im Bereich dessen, was die Fachdidaktik und ihre unmittelbaren Bezugswissenschaften schon seit Längerem als wichtige Elemente eines modernen Fremdsprachenunterrichts auffassen (Becker 2007). Derzeit bestätigt dieser Forschungsbereich demnach Einsichten, die durch Beobachtung von Lernvorgängen, Interviews, Auswertung von Fragebögen und ähnlichen empirischen Herangehensweisen zu den gesicherten Erkenntnissen der pädagogischen Disziplinen gehören. Expertinnen in diesen Forschungskontexten stehen den Empfehlungen aus der Hirnforschung skeptisch gegenüber.

Sprachlernen in der Presse   Nicole Becker, Bildungsforscherin
Fragen nach der Gestaltung von Unterricht oder gar des Bildungssystems kann die Hirnforschung nicht beantworten, und Pädagogen wie Hirnforscherinnen sollten endlich damit aufhören, pädagogische Binsenweisheiten («Frühförderung ist sinnvoll», «Lernen unter Stress ist ineffektiv» und so weiter) als harte Fakten aus der neurowissenschaftlichen Forschung zu verkaufen.
Becker, *Die Wochenzeitung* 2007

Action Item 1.5

Die Neurodidaktik ist eine junge Disziplin, die sich für die didaktische Interpretation neurowissenschaftlicher Forschungen interessiert, um hieraus Konsequenzen für die Schule zu skizzieren. Bitte informieren Sie sich über Anregungen und Erkenntnisse, die für die Gestaltung fremdsprachlicher Lehr- und Lernprozesse von Bedeutung sind.

Fachdidaktische Forschung als empirische Forschung

Die Bedingungen, die es Lernenden ermöglichen, mündlich und schriftlich in der fremden Sprache angemessen zu kommunizieren, müssen also immer wieder neu hinterfragt werden, was durch **Forschung** und ihre kritische Rezeption erreicht wird.

Action Item 1.6

Recherchieren Sie bitte fachdidaktische Projekte mit einer sprachdidaktischen, kultur- oder literaturdidaktischen Forschungshypothese.

Die Fachdidaktik setzt heute verstärkt auf Methoden der Sozialwissenschaften und geht empirisch vor, um Daten beispielsweise zur Unterrichtsgestaltung und zu Unterrichtsszenarien zu gewinnen und auszuwerten oder Vorstellungen von Lernenden zu Fragen des Unterrichts. Die Englischdidaktik wird sich auch stärker **empirisch** mit der Frage beschäftigen müssen, von welchen Theorien sich Lehrkräfte bei der Gestaltung von Englischunterricht leiten lassen und wie es gelingen kann, diese Theorien für neue Erkenntnisse zu öffnen.

Zusammenfassung

Dieses Kapitel wollte aufzeigen,

- welche Stellung die Englischdidaktik in der Anglistik einnimmt,

- welche Fachbereiche es innerhalb der Englischdidaktik gibt,

- auf welche Bezugswissenschaften sich die Englischdidaktik beruft,

- mit welchen Forschungsfragen sie sich beschäftigt.

Weiterführende Literatur:

Quellen für Action Items und für forschende Lernaktivitäten: Beck, R.: „Neurodidaktik oder: Wie lernen wir?" In: *Erziehungswissenschaft und Beruf* 3/2003. Online verfügbar unter: http://www.schule-bw.de/unterricht/paedagogik/didaktik/neurodidaktik/neurodidaktik_beck.pdf. **Deutsche Gesellschaft für Fremdsprachenforschung (Hg.):** *Forschungsprojekte.* 2008. Online verfügbar unter: http://www.dgff.de/de/forschungsprojekte.html. **Edmondson, W./House, J.:** *Einführung in die Sprachlehrforschung.* München ³2006. **Gramley, S./ Gramley, V. (Hg.):** *Introduction to applied linguistics. A course book.* Bielefeld 2008. **Korte, B./Müller, K.-P./Schmied, J.:** *Einführung in die Anglistik.* Stuttgart ²2004. **Language Teaching Research.** Online verfügbar unter: http://www.base-search.net/index.php. **Sauer, H.:** *Dissertationen, Habilitationen und Kongresse zum Lehren und Lernen fremder Sprachen. Eine Dokumentation.* Tübingen 2006. Siehe auch englische-fachdidaktik.com/

2. Geschichtliche Entwicklungen des Englischunterrichts

2.1 Stationen des Aufstiegs

Englisch ist ein relativ junges Unterrichtsfach. Zumindest im Vergleich zu Latein, das bereits an den Klosterschulen des Mittelalters gelehrt wurde. Wissenschaftler verfassten bis ins 17. Jahrhundert ihre Aufsätze auf Lateinisch; in Kirche, Verwaltung und Jurisprudenz konnte es nur zu etwas bringen, wer fließend Lateinisch sprach.

Im auslaufenden Mittelalter löste Französisch das Lateinische als Sprache der Diplomatie, des Adels und der bürgerlichen Oberschicht allmählich ab. Unter der Regentschaft Ludwigs XIV. (1643-1715) war Frankreich Vorbild auf kulturellem Gebiet, nach dem Ende des Dreißigjährigen Krieges 1648 mächtigster europäischer Staat. Englischkenntnisse waren in den oberen Gesellschaftskreisen noch entbehrlich.

Die internationale Bedeutung Englands nahm zu und es begann der Aufstieg der englischen Sprache. Nach dem Ende des Siebenjährigen Krieges (1756-63) hatte sich die Insel ökonomisch wie politisch eine **Führungsrolle** erstritten. Durch Erfindungen wie Dampfmaschine, Spinnmaschinen und automatische Webstühle konnten bald Produktionsabläufe effektiviert werden. Auch die geografische Lage, der Rohstoffreichtum des Landes und geschickte Vertragsabschlüsse trugen dazu bei, dass Großbritannien zur dominierenden Handels-, Kolonial- und Finanzmacht aufstieg, „von der Peripherie ins Zentrum eines politisch-kommerziellen Beziehungsgeflechts" wechselte (Schröder 1994: 49).

Der positive Trend für das Englische hielt im 19. Jahrhundert an. Frankreich hatte im nachnapoleonischen Europa ab 1815 seine politische Vorrangstellung verloren. Die USA gewannen bis Ende des Jahrhunderts wirtschaftlichen und weltpolitischen Einfluss. England war größte Kolonialmacht, zudem führend in der Produktion und im Export von Industriegütern und Kapital. Mit Preußen, dem größten und wichtigsten Staat innerhalb Deutschlands, pflegte England bis zur Reichsgründung 1871 ausgewogene politische und enge wirtschaftliche Beziehungen.

> ▶ ELT-term *lingua franca*: "A language that is used as a medium of communication between people or groups of people each speaking a different native language." (Gnutzmann 2004: 356)

Im Verlaufe des 20. Jahrhunderts setzte sich die englische Sprache als Lingua franca durch, d. h. als internationales **Kommunikationsmittel**. Bis heute nehmen englischsprachige Gemeinschaften eine Vormachtstellung ein, in literarischer, wirtschaftlicher wie in politischer Hinsicht, die englische Sprache wurde zu einer *global language*, mit einer „special role that is recognized in every country" (Crystal 2003: 3).

Action Item 2.1

Machen Sie sich bitte mit den Funktionen vertraut, die global English übernimmt, und skizzieren Sie, welche Einflüsse auf die Konzeption von Englischunterricht vorstellbar sind. Vergleichen Sie die Bedingungen dafür, dass eine Sprache zur Lingua franca wird mit der Zeit, in der Latein bzw. Französisch diesen Status hielten.

2.2 Institutionelle Entwicklungen

Im ausgehenden 17. Jahrhundert hielt Englisch als Unterrichtsfach an Ritterakademien Einzug. Die Lehrpläne dieser Standesschulen konzentrierten sich auf die Vermittlung höfischer Tugenden wie Reiten und Fechten. Praktische Kenntnisse in Französisch, der Sprache des Hofes, gehörten auch dazu.

Für Selbststudium und Unterricht gab es bereits **Lehrbücher** auf dem Markt. Diese Sprachlehren bestanden aus einer systematischen Darstellung der englischen Wortlehre und Syntax. Daneben enthielten sie Gebrauchstexte, Wörterlisten und Übungen. Später waren Aussprachelehren und zweisprachige Wörterbücher erhältlich. Das Lehrwerkangebot erweiterte sich um Lesebücher; Übungsbücher mit authentischen Texten lieferten Material zur Übersetzung (Mugdan/Paprotté 1983: 66).

Englisch setzt sich durch

Nach Einführung der allgemeinen Schulpflicht entwickelte sich das Schulwesen in zwei Richtungen. Die staatlich verwalteten Volks- und Real- bzw. Bürgerschulen konzentrierten sich auf die Vermittlung praktischen Wissens. Sie waren darauf bedacht, den Ansprüchen von Handel und Gewerbe gerecht zu werden (Sauer 1968), was dazu führte, dass an einzelnen Realschulen nun Englischunterricht erteilt wurde. Die allgemeinbildende Richtung an den Gymnasien setzte auf eine **humanistische Bildung** durch die Kernfächer Latein und Griechisch.

Ab 1800 boten fast alle Universitäten Unterricht in der englischen Sprache an. An vielen Lateinschulen, den Vorläufern der Gymnasien, konnten Schüler der Oberstufe Englisch als Wahlfach belegen (Schröder 1979: 246f). Im 19. Jahrhundert war Englisch an den Schulen als fakultatives Fach weit verbreitet, an vielen Universitäten konnte man es studieren. 1859 wurde Englisch an preußischen Real- und höheren Bürgerschulen Pflichtfach. Die preußischen Gymnasien nahmen Englisch 1892 zunächst in den wahlfreien Kanon auf, der Status eines Kernfachs blieb Latein und Griechisch vorbehalten. Dies änderte sich 1901, als neue preußische Richtlinien für das Gymnasium in Kraft traten und Englisch und Französisch zu Pflichtfächern erhoben wurden. Die meisten Länder bestimmten in den folgenden Jahrzehnten des 20. Jahrhunderts Englisch als Pflichtfach. Unter den Nationalsozialisten wurde Englisch 1937/38 „reichseinheitlich" die erste Fremdsprache an höheren Schulen (Lehberger 1986).

Action Item 2.2

Verschaffen Sie sich bitte einen Überblick über die Entstehung des Schulwesens in Deutschland und skizzieren Sie Zielsetzungen im Fach Englisch einer Schulform Ihrer Wahl.

Die Regelung der Sprachenfolge

In den Nachkriegsjahren legten die Siegermächte die bildungspolitischen Rahmenbedingungen fest. Den Schulen wurde aufgetragen, ihren Beitrag zur Völkerversöhnung zu leisten. Die **Sprachenfolge** an weiterführenden Schulen handhabten die jeweiligen Besatzungszonen sehr unterschiedlich. Im Düsseldorfer Abkommen von 1955 kam man überein, in den höheren Schulen mit Englisch als erster Fremdsprache zu beginnen. Bildungspolitisch bedeutsam war die Vereinbarung, Englisch in den obligatorischen Fächerkanon an Hauptschulen aufzunehmen. Ein hauptschulgemäßer Englischunterricht sollte sich von der gymnasialen Tradition durch „Schülerorientierung vor Stofforientierung" und durch das „Herbeiführen von optimalen Lernsituationen" abheben (Sauer 1984). Schon vor dieser Weichenstellung waren einzelne Bundesländer dazu übergegangen, an Volksschulen Englisch als Wahlfach einzurichten (Lehberger 1995).

Nach Aufnahme des Englischen in die Fächergruppe der Hauptschule im Jahre 1964 rückten methodische Fragen in den Vordergrund, auch für andere Schulformen. Bis zum Beginn der 1970er Jahre basierte der Englischunterricht auf imitativ-reaktiven Lehrverfahren; Kommunikationsfähigkeit bedeutete, kritisch formuliert, passende Äußerungen in vorkalkulierten Alltagssituationen reproduzieren zu können. Das Richtziel ‚kommunikative Kompetenz' modifizierte diese Zielsetzung. Zum grammatischen Wissen sollte auch die Fähigkeit erworben werden, Redeabsichten den vorgefundenen Umständen angemessen und in der Situation üblich zu versprachlichen. **Kommunikative Kompetenz** ist bis heute ein Leitziel des Englischunterrichts geblieben. Die erzieherischen Zielsetzungen konzentrierten sich unterdessen auf die Anbahnung sozialer und interkulturell angemessener Sprachhandlungskompetenz.

2.3 Inhaltliche Akzentuierungen

Bis zur pädagogischen **Reformbewegung**, die um 1880 einsetzte, sahen sich die Neuphilologen in besonderem Maße veranlasst, den Beitrag ihres Faches zur allgemeinen, formalen Bildung zu betonen. Weil auch Englisch und Französisch eine schwierige Grammatik aufwiesen, so wurde argumentiert, eigneten sie sich ebenso wie die alten Sprachen zur „funktionalen Kräftebildung" (Rülcker 1969: 14). Das Gymnasium wollte gerade nicht wie Realanstalten nützliches Wissen vermitteln, sondern die Persönlichkeit, die Anlagen und Fähigkeiten der Heranwachsenden entwickeln. Selbst die nun zum Abitur führenden Realschulen erster Ordnung, die späteren Realgymnasien, verstanden sich mittlerweile ganz im Sinne neuhumanistischer Vorstellungen als allgemein geistesbildende Lehrinstitution. Die Schüler dazu zu führen, dass sie „Konversationen zuwege bringen", so die Prüfungsordnung der Real- und höheren Bürgerschulen von 1859, könne nicht Aufgabe der Schule sein, sondern müsse der Privatübung überlassen werden (Macht 1982: 24f).

Formale Bildung durch fremde Sprachen

Die Beschäftigung mit den alten Sprachen war ganz im Sinne des humanistischen Bildungsideals, das auf **formale Bildung** setzte. Die Schüler sollten sich durch Beschäftigung mit formalen Inhalten die nötige Flexibilität für die Anforderungen des Lebens aneignen. Die Vorstellung, dass man das Gehirn unspezifisch trainieren kann, wird von der Bildungsforschung heute als nicht mehr haltbar eingeschätzt (Neubauer/Stein 2007: 158ff).

> ▶ ELT-term *Bildung*: "'Bildung' is a process of spiritual formation; it also refers to the inner shape human beings can attain when developing their aptitudes in touch with and through the agency of the spiritual contents found in their environment." (Nuissl 1999: 14)

Einflussreichster Befürworter einer formalen Bildung war Wilhelm von Humboldt, theoretischer Vordenker und geistiger Vater des humanistischen Gymnasiums. Von 1809 bis 1810 leitete der Sprachphilosoph die Sektion für Kultus und Unterricht am preußischen Innenministerium. Für Humboldt bestand formale Bildung darin, ein Verständnis für Sprachform zu entwickeln, ‚Vernünftigkeit' anzubahnen und in der Auseinandersetzung mit klassischer Literatur Menschenkenntnis zu fördern (Meyer 1986: 45).

Action Item 2.3

Bitte recherchieren Sie moderne Positionen zum altsprachlichen Unterricht, insbesondere die Ansichten zum Bildungsgehalt.

Reformen für mehr Lebensnähe

In den Reformdiskussionen der allgemeinen Pädagogik ging es nicht mehr allein um Bildungsinhalte, auf die sich die Neuphilologen am Gymnasium konzentrierten. Seit Pestalozzis Ruf nach einem ganzheitlichen Unterricht mit ‚Kopf, Herz und Hand' beschäftigten Pädagogen die Bedingungen einer kindgemäßen Erziehung. Die Arbeitsschulbewegung setzte auf die freie geistige Tätigkeit. Ihre Hauptvertreter, Georg Kerschensteiner und Hugo Gaudig, lehnten die ‚Lern- und Buchschule' ab. Sie wollten exemplarische Stoffangebote, mit denen sich die Schüler selbsttätig auseinandersetzen. Der Grundschullehrer Célestin Freinet kritisierte den lebensfernen, verwissenschaftlichten Unterricht. Eine Alternative sah der französische Reformpädagoge in der Schuldruckerei, wo die Schüler eigene Texte publizieren und den Schriftverkehr für Korrespondenzen organisieren. Über solche Aktivitäten würde eine enge Verbindung von körperlicher und geistiger Betätigung eingegangen. Bei John Dewey (1859-1951) hieß es ähnlich "we learn by doing", dem Grundgedanken seiner **Projektmethode**. Für den amerikanischen Pragmatiker Dewey stand Denken und Handeln in enger Beziehung zueinander, auf ideale Weise realisiert im problemorientierten Unterricht. Dewey war überzeugt, dass besonders gut behalten wird, was man sich im tätigen Umgang mit den Dingen selbständig angeeignet hat, von der selbsttätigen Bedeutungserschließung der Lexik bis hin zum Erfassen des Gehalts von literarischen Texten.

Der Sprachunterricht kehrt um

Der Ruf nach einer Reformierung der ‚Lehr- und Buchschule' erreichte auch die Neuphilologen, angestoßen wurde die Diskussion um neue Inhalte und Methoden von einem kleinen Buch mit dem Titel *Der Sprachunterricht muß umkehren! Ein Beitrag zur Überbürdungsfrage*. Verfasst wurde der Band 1882 von Wilhelm Viëtor, einem Linguisten aus Marburg. Viëtor forderte eine rigorose **Akzentverschiebung** in der Lehrplanung. Weniger Grammatik- und Übersetzungsunterricht, mehr sprachpraktische Übungen, lautete sein Credo. Die Schüler sollten sich Regularitäten der englischen Sprache anhand von Beispielen selbstständig erschließen und Analogien bilden. Damit authentisches Sprachkönnen erreicht werde, müssten die Lehrer die Fremdsprache im Unterricht benutzen und linguistische Erkenntnisse umsetzen. Der Wortschatz sei zu strukturieren und zu kontextualisieren, um Bedeutungen aus dem System erschließen zu können.

> ▶ ELT-term *Reform Movement*: "The Reform Movement was founded on three basic principles: [...] the primacy of speech, the centrality of the connected text as the kernal of the teaching-learning process and the absolute priority of an oral classroom methodology."
> (Howatt/Widdowson 2004: 189)

Der Alltag wird Thema

Die Reformer wollten das **Faktenwissen** stärker in den Unterricht einbinden. Informationen zur Geografie und Geschichte von England gehörten dazu, Wissenswertes über Land und Leute. Die Schüler sollten das Wissen erwerben, das man benötigt, wenn man sich im Land aufhält. Angestrebt wurden also reale, praktisch verwertbare Kenntnisse zu *life and institutions* in der fremden Kultur, wie der Auszug aus einem realienkundlichen Lehrplan zeigt.

Action Item 2.4

Bitte vergleichen Sie die Ziele des realienkundlichen Kanons im Kasten mit landeskundlichen Inhalten heute und notieren Sie Gemeinsamkeiten und Unterschiede.

Realienkundlicher Kanon (Auszug)

Unter- und Mittelstufe.

A) Vorbereitungskurs in allgemeinen Realien (zur Einübung der wichtigsten Vokabeln betreffend etwa Schule, Haus, Stadt, Körperteile usw.)

B: Fremdländische Realien, erste Gruppe
1. Die wichtigsten und charakteristischsten Unterschiede zwischen fremden und heimischen Sitten und Gebräuchen.
2. Geografie und Geschichte.
   a) Land und Leute. Die wichtigsten Verkehrswege. Berühmte Reisende.
   b) Charakterbildende Einzelzüge aus der Geschichte. Fürsten und Staatsmänner von Bedeutung für die Weltgeschichte oder für die deutsche Geschichte in biografischer Behandlung.

Oberstufe
C) Fremdländische Realien, zweite Gruppe.
1. Kulturgeschichtliches.
   Entwicklung der Volksstämme, ihre Sitten und Gebräuche. Werden und Wachsen der Städte. Entwicklung öffentlicher Einrichtungen (Eisenbahnen, Posten). Kunst und Kultur.
2. Politische und soziale Verhältnisse.
   Staatsform. Heer und Flotte. Kirche und Schule. Politiker und Redner.
3. Literaturgeschichtliches.
   Sprache und Literatur. Dichtergrößen. Verhältnis der fremden zur deutschen Literatur.
4. Führende Geister auf dem Gebiet der Naturwissenschaften, der Technik, des Handels und Gewerbes.
   (Entnommen aus: Söhring, O: „Realien im französischen und englischen Unterricht". In: *Zeitschrift für den französischen und englischen Unterricht* 5/1906, 212-228.

▶ ELT-term *Realienkunde*: "Within the German context of modern language reform, the emphasis on some knowledge of the foreign realia (Realienkunde) can certainly be considered as one of the key demands of the reformers." (Buttjes 1991: 53) [...] "The term used at the turn of the century was Realienkunde, which meant as much as "knowledge about the real world"." (Funke 1989: 10)

Das kulturkundliche Prinzip setzt sich durch

Im Umfeld eines vom Nationalbewusstsein geprägten politischen Klimas formierten sich die Gegner der **Realienkunde**. Sie forderten curriculare Änderungen und wünschten eine kulturkundliche Akzentuierung. Aus ihren Reihen hieß es, die Beschäftigung mit Realgegenständen führe nicht zu fremdkulturellen Einsichten. Zu einem Verständnis der fremden Kultur verhelfe allein die Begegnung mit literarischen Stoffen (Raddatz 1977: 21f). Man berief sich auf die humboldtsche Definition von Sprache als dem Ausdruck des Geistes und der Kultur des Individuums bzw. des Volkes. Beklagt wurde die 'Verflachung' des Fremdsprachenunterrichts durch die pragmatischen Ziele der Reformbewegung. Die Kritik hatte Erfolg. In den Richtlinien zur preußischen Gymnasialreform von 1925 wurde die **Kulturkunde** als übergeordnetes Prinzip festgeschrieben.

▶ ELT-term *Kulturkunde*: "[...] Kulturkunde (with an emphasis on the national characters of the foreign people(s) [...] was not so much interested in understanding the foreign people(s) as aimed at reinforcing the German identity of the learner." (Kramer 2000: 325)

Die Umsetzung des kulturkundlichen Prinzips im Englischunterricht geschah über das Lesen literarischer Texte. Sie sollten in die Kultur des fremden Volkes einführen. Durch Vergleich von fremdkulturellen mit entsprechenden eigenkulturellen Phänomenen sollten die Schüler zu einem vertieften Verständnis der Eigenart des eigenen Volkes gelangen. Das Charakteristische des fremden Volkes sollten sie verstehend würdigen und gleichsam im Sinne eines Vergleichs als ,Folie' auf die eigene Kultur legen. Dieser interkulturelle Aspekt am kulturkundlichen Prinzip verlor nach der nationalsozialistischen Machtergreifung gänzlich seine Bedeutung.

Lernziel Deutschtum

Nach 1933 erloschen praktisch alle reformerischen Bestrebungen des deutschen Fremdsprachenunterrichts (Apelt 1993). Jetzt ging es um die Erkenntnis der Überlegenheit des eigenen Volkes. Die Schule hatte die Erziehung zum Deutschtum voranzutreiben. Da jedoch freundschaftliche Beziehungen zu England politisch gewollt blieben, setzten noch die Richtlinien von 1938 ein positives **Englandbild** fest (Zapp/Schröder 1983).

Action Item 2.5

Beschreiben Sie bitte, wie in Englischbüchern aus der nationalsozialistischen Zeit Lehrplanvorgaben in Bildern, Texten und Übungen umgesetzt wurden.

Lehrplanauszug 1936
Ein Grundzug englischer Kultur ist die Pflege gesunder Körperlichkeit und der Willensstärke; die englische Geschichte ist ein Lehrbeispiel für die zielstrebige Entwicklung eines großen Volkstums, das meist von hervorragenden Persönlichkeiten germanischer Herkunft geführt wurde. Die nationalpolitische Hauptaufgabe ist es daher, in Geschichte, Kultur und Geisteswelt des Angelsachsentums einzuführen, verwandte oder fremde Züge des Volkstums aufzudecken und aus Beispiel und Gegenbeispiel in der deutschen Jugend tiefere Einsichten und neue Kräfte der Volksgemeinschaft zu wecken ... In enger Zusammenarbeit mit dem Deutsch-, Geschichts- und Erdkundeunterricht sollen diese Kenntnisse erarbeitet werden. (Zitiert nach Christ/Rang 1985)

Bis zum Ausbruch des Zweiten Weltkriegs war die Zielkultur des zur ersten Fremdsprache aufgestiegenen Gymnasialfachs Englisch sehr positiv dargestellt. Im Einklang mit der vielfach beschworenen Rassenverwandtschaft zwischen Engländern und Deutschen bewunderte man im Englandbild der höheren Schule den Imperialismus, das vermeintlich besonders ,charakterbildende' Schulsystem, das Gentleman-Ideal, überhaupt den englischen Nationalcharakter. Aus nationalsozialistischer Sicht äußerte er sich in Zähigkeit, Willensstärke und

Selbstbeherrschung (vgl. Raddatz 1977). In den Kriegsjahren bis zum Zusammenbruch des Nationalsozialismus beteiligte sich die inzwischen ganz zur Volkstumskunde mutierte kulturkundliche Bewegung über die Verleumdung des Kriegsgegners an der Verbreitung nationalsozialistischer Weltanschauung und der Rechtfertigung des eigenkulturellen Absolutheitsanspruchs. Es konnte daher nicht überraschen, dass nach 1945 niemand mehr von Kulturkunde sprechen wollte. Als Bezeichnung dessen, was an Kenntnissen und Verstehensgrundlagen über andere Länder und Kulturen bis heute intendiert wird, setzte sich der Begriff **Landeskunde** durch.

Die Jahre nach 1945 prägte auch in der Fachdidaktik der Wille, über die Befähigung der Schüler zur Kommunikation und über Kenntnisse zielkultureller Lebensbedingungen an der **Völkerversöhnung** beizutragen. Der Begriff Kulturkunde wurde wegen seiner negativen Konnotation in der fachdidaktischen Diskussion vom Terminus Landeskunde verdrängt. Mittlerweile bezeichnet man den Lernbereich über Aspekte von Zielkulturen des Englischunterrichts als **Interkulturelles Lernen** und impliziert damit eine Veränderung in den Zielsetzungen. Auch die Emotionen sollen nun angesprochen werden.

2.4 Methodische Ansätze

Im 19. Jahrhundert entstanden viele Konzepte für Erwachsene, die Englisch lernen wollten. Der Bedarf an Englischkenntnissen war stark angewachsen. Das Kursangebot außerhalb von Schulen nahm zu. Bald gab es auch Studienbriefe, die man abonnieren konnte. Ein solches Lehrgangskonzept war die **Interlinear-Methode**. Sie basierte auf englischen Texten, die sprachlich bearbeitet waren. Zusätzlich wurde jede Zeile der didaktisierten Texte mit einer wortwörtlichen Übersetzung unterlegt. Da man der Meinung war, dass jedes englische Wort sein muttersprachliches Gegenstück erhalten sollte, um den Lernprozess zu unterstützen, nahm man auch sprachliche Holprigkeiten in Kauf.

Die **Konversationsmethode** setzte ebenfalls auf zweisprachige Lehrtexte, allerdings erhielt die deutsche Übersetzung eine eigene Rubrik. Bei der Auswahl der Sprachinhalte orientierte man sich an den Äußerungen, die in Gesprächen benötigt werden.

Einsprachigkeit beherrschte die **serielle Methode**, nach Ihrem Entwickler auch Gouin'sche Reihen genannt. Gouin vermittelte die fremde Sprache, indem er alltägliche und damit bei den Lernenden bekannte Handlungsabläufe als Serie aneinanderreihte und versprachlichte (Macht 1986-1990).

Action Item 2.6

Beschreiben Sie bitte, in welcher Weise Elemente der Interlinearmethode und der seriellen Methode in modernen Lernmaterialien erscheinen.

Auszug *Interlinearmethode*	Auszug *Serielle Methode*
I play at dice Ich spiele zu Würfeln *We sometimes play at cards* Wir bisweilen spielen zu Karten	What is he doing? He is opening the door. What are they doing? They are opening the door. Is the window now open or shut? It is open. Shut it, please. (zit. nach Macht 1989)

Schon die frühen Methodenentwickler machten sich nicht nur Gedanken darüber, in welcher linguistischen Form die englische Sprache dargestellt werden sollte oder welche Rolle die Muttersprache beim Englischlernen zu übernehmen hätte. Auch der Stellenwert einer bewussten Beschäftigung mit den Regeln der Sprache wurde reflektiert. Die Bedeutung variierte von Methode zu Methode. Zentral war Regellernen in der **Grammatik-Übersetzungsmethode**. Sie ging aus der altsprachlichen Lehrtradition hervor und entsprach ganz den Vorstellungen einflussreicher Bildungstheoretiker, die den Bildungswert einer Sprache nach ihrem Formenreichtum und dem Grad der ‚Unnützlichkeit' für die Alltagspraxis bestimmten.

Grammatik und Übersetzung als Methode

Die Inhalte wurden nach den Prinzipien der lateinischen Grammatik angeordnet. Den Schülern wurden Mustersätze vorgestellt, von denen aus sie die Regel herleiten sollten. Im Anschluss daran galt es, Beispielsätze zu übersetzen, um die Regel anzuwenden (Lehberger 1989).

Action Item 2.7

Vergleichen Sie bitte moderne Grammatikdarstellungen in Lernmaterialien mit Vorgehensweisen der Grammatik-Übersetzungsmethode. Erstellen Sie eine Übersicht über Gemeinsamkeiten und Unterschiede.

Grammatik-Übersetzungs-Methode (Auszug)

Zur Anschauung
I'm sorry not to have had the pleasure of seeing your niece... Last year we had a great deal of fruit in our garden...

Regeln
1. Das Particip Präs. wird bei allen Verben durch Anhängung der Silbe *ing* gebildet.

Übungen
Wenig Geld zu haben ist schlimm, keins zu haben ist schlimmer (zit. nach Gehring 2006)

Die Grammatik-Übersetzungsmethode (GÜM) dominierte bis in das späte 19. Jahrhundert den Englischunterricht an den Schulen. Unter dem Einfluss reformpädagogischer Thesen wurde die GÜM von der **vermittelnden Methode** abgelöst. Nach diesem Planungsschema, das eine Mischung aus GÜM und anwendungsbezogenen Verfahren darstellte, lehrte man bis in die 1970er Jahre das Fach Englisch.

Action Item 2.8

Nehmen Sie bitte Unterrichtswerke für den Latein- oder Griechischunterricht zur Hand und überprüfen Sie, in welcher Weise sie sich methodisch von Englischbüchern unterscheiden.

Zusammenfassung

Dieses Kapitel wollte aufzeigen,

– welche Gründe es für den Aufstieg der Englischen Sprache zu einer Lingua franca gab,

– welche inhaltlichen Vorstellungen die Geschichte des Englischunterrichts prägten,

– nach welchen Methoden Englisch unterrichtet und gelernt wurde.

Weiterführende Literatur:

Quellen für Action Items und für forschende Lernaktivitäten: Christ, H./Rang, H.-J. (Hg.): *Fremdsprachenunterricht unter staatlicher Verwaltung 1700-1945.* Tübingen 1985. **Gudjons, H.:** *Pädagogisches Grundwissen.* 9., neu bearbeitete Auflage. Bad Heilbrunn 2006. **Howatt, A.P.R./ Widdowson, H.G.:** *A history of English language teaching.* Oxford 2004. **Hüllen, W.:** *Kleine Geschichte des Fremdsprachenlernens.* Berlin 2005. **Lehberger, R.:** Zur Methodikgeschichte des Englischunterrichts an Hamburger Volksschulen. In: Brusch, W. u.a.: *Englischdidaktik: Rückblicke-Einblicke-Ausblicke.* Berlin 1989. **Lehberger, R.:** *Englischunterricht im Nationalsozialismus.* Tübingen 1986. **Macht, K.:** *Methodengeschichte des Englischunterrichts.* 3 Bde. Augsburg 1989. **Raddatz, V.:** *Englandkunde im Wandel deutscher Erziehungsziele 1886-1945.* Kronberg/Ts. 1977. Siehe auch englische-fachdidaktik.com/

3. Prozesse der Erstsprachenaneignung

3.1 Vorsprachliche Phasen

Bevor Kinder die ersten Worte in ihrer Erstsprache formulieren, haben sie gegurrt, geschnalzt, gequäkt, Lautmuster nachgeahmt und gelernt, Lautkontraste wahrzunehmen. Wenn sie das erste Lebensjahr vollendet haben, verwenden sie gezielt ihre ersten Wörter.

Nach nur wenigen Lebensjahren haben Kinder eine Kompetenz in ihrer Erstsprache erreicht, mit der sie alle altersgemäßen Sprachhandlungen verstehen und ausführen können. Auch weitere Sprachen zu lernen stellt sie bis zu einem gewissen Alter vor keine großen Probleme. Es ist daher eine zentrale Frage in der Fremdsprachendidaktik, welche Beobachtungen aus dem Erstsprachenerwerb zu unterrichtspraktischen Konsequenzen in der Fremdsprachenvermittlung führen sollten.

▶ ELT-term *children's language development: Phonology*

Months	Sounds
0+	unpredictable order
4+	variation/change
8+	Reduplication (Crystal 1997: 242f)

Das Ungeborene im Mutterleib nimmt bereits Unterschiede zwischen akustischen Eindrücken und sprachlichen Lauten wahr, auch registriert es einige lautliche und prosodische Kennzeichen der Sprache seiner Mutter (Traufetter 2003). Das **Wahrnehmungssystem** im Gehirn wird so offenbar auf das Sprachenlernen vorbereitet. Wenige Tage nach der Geburt unterscheiden Säuglinge bereits zwischen menschlichen und nichtmenschlichen Lauten. Nach der vierten Lebenswoche zeigen sie die Diskriminierungsfähigkeit in unterschiedlichen Reaktionen auf einige Vokal- und Konsonantenpaare.

> Sprachenlernen in der Presse   Jürgen Weissenborn, Linguistik-Professor
> „Der Mensch lernt das Sprechen viel früher, als wir bislang dachten", berichtet Weissenborn. „Die Melodie der Sprache nimmt das Kind bereits im Leib der Mutter wahr, deren Stimme durch das Fruchtwasser an das Ohr des Ungeborenen dringt."
> Traufetter, *Spiegel Spezial* 2003.

Silent period

Bevor Kleinkinder mit dem Sprechen beginnen, durchlaufen sie eine Phase, die in der Erwerbsforschung als *silent period* bezeichnet wird. Damit ist nicht gemeint, dass sie still sind. In den ersten Monaten ihres Lebens äußern die Kinder noch keine Wörter in dem Sinne, wie sie es tun, sobald sie ihre Erstsprache beherrschen, z.B. um etwas mitzuteilen. Dies bedeutet jedoch nicht, dass sie ihre

Umwelt nicht wahrnehmen würden. Ganz im Gegenteil nehmen Babys schon kurz nach der Geburt Hör- und Sehreize wahr. Tönen, Lauten oder interessanten Gegenständen zeigen sie sich aufmerksam. Sie entwickeln Vorlieben für bestimmte Stimmen und zeigen dies durch Hinschauen oder vermehrtes Saugen (Tracy 2008: 67f). Und mit vegetativen Lauten wie Gurren, Schnalzen, Lachen, Quäken machen Säuglinge bereits in den ersten Lebenswochen hörbar auf ihr Befinden aufmerksam.

▶ ELT-term *silent period*: "Children go through a lengthy period of listening to people talk to them before they produce their first words." (Ellis 1994: 82)

Entdecken von Lautmustern

Ab dem fünften Monat entwickeln sie ein breites Spektrum an Lautrealisationen, mit denen sie nach Lust und Laune experimentieren. Sie spielen damit, im Tonfall gleichen sie den Lauten ihrer Mutter. Nach 25 Wochen haben die Laute schon Ähnlichkeit mit Konsonanten und Vokalen; die Wahrnehmung scheint sich nun allmählich auf Lautmuster der Sprache zu konzentrieren, die die Kinder permanent umgeben.

Ab dem siebten Monat verwenden Kleinkinder beim Lallen einige Laute häufiger als andere, sie führen **Reduplikationen** (Lautverdoppelungen) wie *da-da-da* oder *ma-ma-ma* aus. Der russische Linguist Roman Jakobson (1960) erklärt ihr Zustandekommen mit der einsetzenden lautlichen Kontrastfähigkeit. Zuerst unterscheiden Kinder Vokale von Konsonanten (|a|, |p|). Als zweiter Kontrast folgt der von Mund- und Nasalkonsonant (|p|, |m|), dann differenzieren sie Verschlusslaute, die mit den Lippen und den Zähnen gebildet werden (|p|, |t|). Noch haben die Produkte keine Bedeutung; sie sind wohl Teile von Handlungsabläufen. Erst später formen sie sich zu wortartigen Gebilden.

3.2 Die Sprache entwickelt sich

Holophrasen

Nach dem elften Lebensmonat verstehen Kleinkinder erste Wörter. Der Erwerbsforscher Stephen Pinker schätzt, dass der Bestand des rezeptiven Wortschatzes bei Kleinkindern zwischen 20 und 60 Einheiten pendelt (1996: 307f). Es kommt nun zu ersten Sprachproduktionen. Lexikalisch wie grammatisch formt sich die Rede von der vergröberten, verallgemeinernden Äußerung hin zur differenzierten, von der ganzheitlich offenen hin zur spezifischen Begrifflichkeit. In diesem Entwicklungsstadium ist *Mama* noch kein Kosename für die Mutter. Die Äußerung bezieht sich unbestimmt auf Nahrung, sie kann auch besagen, ‚schmeckt gut' oder ‚hungrig' (McNeill 1974: 35).

Bezeichnet werden Objekte des **Hier und Jetzt**, die sichtbaren Dinge also, nicht etwas, was vergangen ist. Solange keine Objektpermanenz vorliegt, wie Piaget es nennt, streicht das Kind die wahrgenommenen Dinge schnell wieder aus seinem Gedächtnis. Sobald die Objekte für Kinder auch noch existieren, wenn sie nicht mehr sichtbar sind, hat sich eine Art Konzept herangebildet, eine mentale Repräsentation über das, was ein Wort bezeichnet.

Für den Aufbau des Lexikons ist die Wahrnehmung entscheidend. Die Wahrnehmungsfähigkeit hängt wiederum mit dem allgemeinen Reifungsprozess zusammen. Damit erklärt Wode (1993: 146f), weshalb Kinder nicht sofort alle Vokabeln lernen, mit denen täglich in ihrer Umwelt vorhandene Objekte benannt werden. Was sich nicht bewegt, z.B. Fenster, Wände, wird erst später gelernt. Als Erstes bezeichnen Kinder Objekte, die sich bewegen – Menschen, Tiere – oder die sich bewegen lassen – Kleidung, Spielsachen.

Alle Kinder beginnen mit Einwortsätzen, um Objekten und Handlungen, die ihnen bewusst sind, einen Namen zu geben. Sie möchten Gefühle und Empfindungen ausdrücken, Bedürfnisse oder Wünsche artikulieren. Anfangs verbinden sie ein aufgeschnapptes Wort nur mit einem bestimmten Objekt, einem spezifischen Referenzbereich ihrer Erfahrungswelt, z.B. ist *Wauwau* der Hund des Hauses. Andere Hunde bezeichnen sie noch nicht so (**Überspezifizierung**). Später werden die Kinder übergeneralisieren und das Wort mit allen Eigenschaften verwenden, die sie damit assoziieren, bis sich schließlich die konventionelle Verwendungsroutine einstellt. Spricht ein einjähriges Kind vom Wauwau, hat es vielleicht einen Hund oder einen anderen Vierbeiner entdeckt oder möchte einen streicheln; was genau es ist, klärt die außersprachliche Situation. Solche **Holophrasen**, durch Pausen getrennte, isolierte Wörterreihen, transportieren weit mehr an Bedeutung als in der Erwachsenensprache. Die kindliche Reihung *Auto. Auto. Auto. Fahrn, fahrn. Bus, Bus* würde bei den Eltern wohl lauten: „Das Auto, das ich da eben gehört habe, erinnert mich daran, dass wir gestern Bus gefahren sind" (Zimmer 1986: 33).

Action Item 3.1

Notieren Sie bitte innerhalb eines längeren Zeitraums Einwortsätze, die von Lernenden im beginnenden Englischunterricht formuliert werden. Stellen Sie Hypothesen auf und überprüfen Sie diese.

▶ ELT-term *children's language development: Grammar, Semantics, Pragmatics*

Months	Grammar	Semantics	Pragmatics
12+	single-word utterances	the "Here and Now"	---
18+	two-word utterances	overextension	conversational skills
24+	telegraphic sentences	underextension	Conversational knowledge
36+	complex sentences	mismatch	communication skills (Crystal 1997: 244f)

Der außersprachliche Kontext bleibt für das Verstehen kindlicher Äußerungen noch wichtig, wenn das Kind mit etwa achtzehn Monaten Ketten aus zwei oder mehreren Wörtern bildet. Viele Äußerungen entstehen scheinbar nach dem Prinzip, an eine kleine Anzahl Wörter, die häufig wiederkehren und sich nur langsam erweitern (**pivots**), eine Vielzahl ständig wechselnder Wörter anzuhängen. So entstehen Kombinationen wie z. B. *Mommy car, Mommy sleep Mommy sock*. Mit solchen Aussagen möchte es nicht nur einen Sachverhalt bezeichnen; das Kind kann beispielsweise mit *Mommy sock* sagen wollen ‚Mamas Strumpf‘ oder ‚Mama soll mir die Strümpfe anziehen‘ und einiges mehr (Wode 1993: 229).

Die Sätze zwei Jahre alter Kinder lassen sich mit einem **Telegrammtext** vergleichen, bei dem man auf Funktionswörter und Flexionsendungen verzichtet. Typische Satzkonstruktionen, z.B. *Geben Wauwau Zeitung* nähern sich aber bis zum dritten Geburtstag immer mehr der Erwachsenensprache an. Die Sätze werden länger und komplexer. Das Kind beginnt, vollständige Sätze zu produzieren. Mit drei Jahren beherrschen Kinder die meisten Satztypen. Sie verbinden Sätze miteinander, bilden W-Fragen, Negation, Relativsätze und Passivkonstruktionen. Pinker (1996: 319) bezeichnet das Dreijährige als „grammatical genius“. Es beherrscht die meisten Konstruktionen und beachtet Regeln häufiger als es sie missachtet. Es berücksichtigt Sprachuniversalien und macht Fehler, die einer Logik folgen; beispielsweise auf der Wortebene. Waren ihm bisher Lexeme wie *unfasten* oder *uncover* nur als unzergliederte, aus einem Morphem bestehende Einheiten geläufig, so mag, wenn das Kind gelernt hat, dass Bedeutungsumkehrung mit dem *un-* Morphem markiert werden kann, nun ein fehlerhaftes Produkt wie **unstraighten* zustande kommen. Nachdem Erwachsene dieses Wort nicht verwenden, ist sein Auftreten ein Hinweis darauf, dass jetzt die Umkehrbildung morphologisch analysiert wurde. Diese Phase des Verstehens semantischer Komponenten zählt Miller (1995: 275ff) zur langsameren Stufe des Erkennens von Wortbedeutungen.

Allgemein organisieren Kinder ab drei Jahren ihren erlernten Wortschatz neu. Zunehmend stellen sie Beziehungen her, nehmen Unterschiede und Ähnlichkeiten in einem semantischen Feld wahr. So bauen sie Wissensbausteine zu einem mentalen Lexikon zusammen. Die verschiedenen Bedeutungen identifizieren sie mithilfe ihrer syntaktischen Kenntnisse. Damit nutzen sie den Kontext zur Bedeutungserhellung. Syntaxwissen trägt auch dazu bei, die Kontexte zu lernen, in die Wörter eingebettet sind.

Die schnelle Phase des Erkennens von Wortbedeutungen (Miller 1995) besteht in der frühen Fähigkeit, neue Wörter zu erkennen und in semantische Klassen oder Felder einzuordnen. Dabei verbinden Kinder bestimmte Konzepte mit bestimmten Worttypen. Andere verknüpfen sie dagegen von vornherein nicht mit einem Plan. Aufgefordert, eine Farbe zu nennen, würden sie also nie *Puppe* oder *groß* zur Antwort geben.

Sprachenlernen in der Presse: Markus Kiefer, Psychologe
Wie [Hirnforscher berichten] [...] könne ohne die Verknüpfung mit einer Sinneswahr-
nehmung ein Wort nicht richtig verstanden werden: „Begriffe sind verarmt, wenn während des Lernens nie die Möglichkeit bestand, die Gegenstände auch zu hören, zu
sehen, zu riechen und zu fühlen", sagte Kiefer. Damit sei die herrschende Lehrmeinung
widerlegt, wonach Begriffe im Gehirn abstrakt weiterverarbeitet werden.
Der Tagesspiegel 2008.

Kinder müssen auch **Gesprächsregeln** lernen, die in ihrer Sprachgemeinschaft
routinisiert sind. Sie haben reichlich Gelegenheit dazu, sich diese Kompetenzen
anzueignen, da die Muttersprache durch Interaktion und Kommunikation erworben wird. Ab dem dritten Lebensjahr beginnen sie damit, pragmatische Aspekte
der Sprachbenutzung in der Kommunikation und Gesprächsführung wahrzunehmen und sie in zunehmendem Maße einzusetzen.

Mit fünf bis sechs Jahren beherrschen Kinder fast alle Strukturen und phonologischen Routinen der Erwachsenensprache. Die semantische Entwicklung ist noch
nicht abgeschlossen. Noch Acht- und Neunjährige haben Schwierigkeiten mit der
Bedeutung von kausalen Konjunktionen (weil, da). Grammatikalisch stellen sie
längst kein Problem mehr dar. Sie machen Fehler wie *I had one fish left, because
its name was Bill* (Crystal 1997: 247). Auch die **Bedeutungsvielfalt** eines Wortes zu
lernen, kann ein jahrelanger Prozess sein, und natürlich muss die grundsätzliche
Fähigkeit, sich neue Wörter zu erschließen, lebenslang aktiv gehalten werden. Bis
man sämtliche „subtilen Besonderheiten" der Erstsprache meistert, kann das
Erwachsenenalter bereits erreicht sein (Wode 1995: 25).

Dennoch verläuft der muttersprachliche Erwerb äußerst schnell und ist bei Kindern bis zum Alter von sechs Jahren sichergestellt. Allerdings weisen zu einem
bestimmten Lebensalter nicht alle Kinder vergleichbare Kompetenzen auf. Die
einen lernen schneller als andere. Möglicherweise liegt es am sozialen Umfeld
und an individuellen Reifungsprozessen des Gehirns, weshalb bei Kindern unterschiedlich schnelle Entwicklungen festzustellen sind. Die Phasen jedoch, die sie
auf dem Weg zur muttersprachlichen Kompetenz durchlaufen, bleiben die gleichen. Intelligenz oder Sprachtalent spielen in der primären Erwerbsphase vermutlich keine Rolle (Pinker 1996: 18).

Sprachenlernen in der Presse   Noam Chomsky
Der explosionsartige Spracherwerb in den ersten Lebensjahren sei nur möglich, so
Chomsky, weil jeder Mensch bereits mit einer Art Bauplan für Sprache auf die Welt
komme. Diese grammatische Grundstruktur sei allen Sprachen der Erde gemeinsam.
Ein Baby müsse sich nur noch den Wortschatz aneignen und die entscheidenden Para-
meter seiner Muttersprache aufschnappen - etwa die Reihenfolge von Subjekt, Prädikat
und Objekt.
Der Spiegel 6/1998.

3.3 Einflussbereiche auf den Spracherwerb

Kinder mit kognitiven Beeinträchtigungen lernen, sich ebenso kompetent wie gesunde Kinder in ihrer Muttersprache auszudrücken. Pinker (1996) berichtet von erheblich retardierten Kindern, die aufgrund ihres geringen IQ an einer einfachen Addition scheiterten. Auf die Sprache hatte ihre Behinderung keinen Einfluss, sie war fließend und fehlerlos. Bei einem spät einsetzenden Erwerb, wie er bei Kindern beobachtet wurde, die ohne Sprachkontakt aufwuchsen, können nicht mehr alle für eine gute Sprachbeherrschung nötigen Erwerbsphasen durchlaufen werden. Das **Alter zum Zeitpunkt des Spracherwerbs** scheint entscheidend dafür zu sein, ob ein muttersprachliches Niveau mühelos erreicht wird oder nicht.

> Sprachenlernen in der Presse   Jochen Paulus, Wissenschaftsjournalist
> Auch beim Sprechenlernen verhält es sich mit der sensiblen Phase nicht so einfach, wie oft suggeriert wird. Zwar nimmt die Fähigkeit, sich grammatikalische Regeln einer Sprache anzueignen, bei Heranwachsenden allmählich ab. Doch nicht alle Menschen halten sich an das Dogma. Als etwa 1878 der Pole Jósef Korzeniowski 20-jährig nach England kam, sprach er nur ein paar Worte der Landessprache. Unter dem Namen Joseph Conrad wurde er einer ihrer Meister. Gleich ihm verblüffen etwa fünf Prozent der Zweisprachler die Wissenschaft, weil sie es noch als Erwachsene schaffen, sich die Grammatik der fremden Sprache wie Einheimische anzueignen. Und Vokabeln lernen klappt sogar in jedem Alter.
> Paulus, *Die Zeit* 2003.

Das Problem der 'critical period'

Grundsätzlich ist es in der Spracherwerbsforschung unstrittig, dass es einen **besonders günstigen Zeitraum** geben muss, innerhalb dessen die Aneignung einer Sprache auf muttersprachlichem Niveau ohne Anstrengung gelingt. Der Erwerb vollzieht sich vollständig allein dadurch, dass Kinder der Sprache ausgesetzt sind. Forschungen zeigen, dass man von einer ‚sensiblen' Phase auszugehen hat, innerhalb derer sich Spracherwerb gleichsam wie von selbst vollzieht. Überholt ist die Annahme, ab einem bestimmten Lebensalter schließt sich das ‚Erwerbsfenster'.

Die **optimale Zeitspanne** für den erfolgreichen natürlichen Sprachenerwerb setzt wohl im zweiten Lebensjahr ein. Schon vor dem fünften Lebensjahr beginnt sie, wieder abzuklingen. Spätestens im 11. Lebensjahr geht die optimale Phase für den Spracherwerb zu Ende, was nach Meisel (online 2008: 6) bedeutet, dass „man ... dann nicht mehr auf wichtige Teile der angeborenen Spracherwerbsfähigkeit zurückgreifen [kann]." Die grundsätzliche Fähigkeit, Sprachen zu lernen, bleibt erhalten (Paulus 2003).

> ▶ ELT-term *critical period hypothesis (CPH)*: "CPH [designates] the idea that language acquisition from mere exposure (e.g. implicit learning), the only mechanism available to the young child, is severely limited in older adolescents and adults". (DeKeyser/Larson-Hall 2005: 89)

> **Action Item 3.2**
>
> Entwickeln Sie bitte einen Fragebogen, der Probleme von älteren Lernenden einer Fremdsprache identifizieren hilft.

Können Kinder mehrere Sprachen problemlos erwerben?

Manche Kinder wachsen in einer Umwelt auf, in der zwei oder mehrere Sprachen dominant sind, d. h. wie Erstsprachen fungieren. Normalerweise eignen sich Kinder das grammatische Wissen über beide Sprachen problemlos an, das sie benötigen, um diese Sprachen vollständig zu beherrschen.

Allerdings ist damit nicht gesagt, dass bilinguale Kinder ihre Sprachen produktiv auf einem mit ihrem Sprachwissen vergleichbaren Niveau verwenden können (Zimmer 1996). Während sich das Wissen über die Regularitäten der Sprache für das Kind ohne Anstrengung erschließt, ist das Können in den Sprachen Abhängigkeiten unterworfen. Sprachaktive Fähigkeiten wie die semantischen oder die pragmatischen Kompetenzen entwickeln sich im Zusammenspiel mit den individuellen Lernvariablen, darunter Intelligenz und Motivation: „Der frühe Erwerb der **Mehrsprachigkeit** [ermöglicht] eine muttersprachliche Kompetenz in zwei und mehr Sprachen (Meisel 2008: 7)". Welche Form des Mehrsprachenerwerbs vorliegt, bzw. welche Komplexität die Sprachniveaus erreichen, ist zu einem wesentlichen Teil vom Eintrittsalter abhängig.

▶ ELT-term *acquisition of bilingualism*: "(1) Simultaneous acquisition: children had been exposed to more than one language from birth. (2) Successive acquisition: a child is exposed to one or more additional languages within the critical period. (3) Adult L2 acquisition: the addition of one language or more after the optimal age." (Meisel 2006: 105)

> Sprachenlernen in der Presse　　　　　　Dieter Zimmer, Wissenschaftsjournalist
> Der doppelte Spracherwerb ist kein Kinderspiel. Der ideale Bilingualismus ist etwas außerordentlich Seltenes, wenn es ihn überhaupt je geben sollte: dass ein Kind sozusagen in zwei gleichberechtigte Sprachen hineinwächst und dann beide sein Leben lang als seine Muttersprachen spricht. Bald ist die eine dominant, bald die andere, bald vielleicht sogar eine dritte. Jede nicht ständig und gern geübte Sprache verblasst und verschwindet schließlich.
> Zimmer, *Die Zeit* 1996.

Erstsprachenerwerb ist Abhängigkeiten unterworfen

Der Blick auf Prozesse, die beim Erstsprachenerwerb zu beobachten sind, zeigt, dass sich bei Kindern Sprachkompetenzen entwickeln, ohne fundamental von außen beeinflusst zu werden. Die **natürliche Abfolge an Entwicklungsstadien** meistern Kinder ohne Mühe. Der Spracherwerb gelingt, ohne dass intellektuelle Fähigkeiten vonnöten sind. Weder durch kontinuierliches Üben noch durch Bewusstmachung von sprachlichen Elementen oder durch Erklärungen lässt sich die erstsprachliche Entwicklung von Kindern merklich vorantreiben. Denn bevor eine sprachliche Erscheinung produktiv bewältigt ist, muss sich die Fähigkeit entwickelt haben, diese Erscheinung auch wahrzunehmen. Kinder müssen demnach bereit sein für eine spezifische Erwerbsstufe.

Gänzlich voraussetzungslos ist Erstsprachenerwerb nicht. Es gibt Einflussbereiche, die den Erwerb deutlich positiv begünstigen. Zum Teil stellen sie Sprach(en)erwerb erst sicher. So individuell sich die Sprachentwicklung auch gestaltet, sie benötigt Impulse und erwerbsgünstige Grundbedingungen:

– **Alter**: Das Alter ist für einen erfolgreichen Erstsprachenerwerb ausschlaggebend. Die Fähigkeit, eine oder mehrere Sprachen mühelos und vollständig zu erwerben, ist allen Kindern gegeben, nur müssen es eben Kinder sein. Mit zunehmendem Alter wird es immer unwahrscheinlicher, dass muttersprachliche Kompetenzen erreicht werden.

– **Erfahrbarkeit**: Damit sich Sprache entwickelt, muss sie erfahrbar sein. Kein Kind wird eine Sprache erlernen, der es nicht ausgesetzt ist. In der Regel sind Kinder tagtäglich von Sprache umgeben. Kinder hören ständig Unterhaltungen der Erwachsenen untereinander und werden zum Sprechen angeregt.

– **Kindgemäßer Input**: Manche Forscher gehen davon aus, dass in den ersten beiden Lebensjahren der für Kinder bestimmte Input von besonderer Qualität ist (Grimm 1999). Mütter und andere Bezugspersonen neigen offenbar dazu, ihre Sprache dem Verstehensvermögen anzugleichen, das sie bei ihren Kleinkindern vermuten. Zumindest für eine begrenzte Zeit wird eine spezielle Sprache verwendet, *Motherese, caretaker speech, bzw. child directed speech (CDS)*. Hervorstechende Kennzeichen von CDS sind starke grammatische und lexikalische Vereinfachungen, die den Erwerbsprozess günstig beeinflussen soll.

> **Action Item 3.3**
>
> Erörtern Sie bitte, ob CDS ein Modell für Inputkonstruktionen im Fremdsprachenunterricht sein kann.

– **Erweiterungsstrategien**: Es bleibt aber nicht bei CDS allein. Eltern wollen ihre Kinder aktiv in Gespräche einbinden. In ihrer an das Kind gerichteten Kommunikation bringen sie gleichsam als unbewusste Strategie das **Erweitern** und das **Paraphrasieren** von kindlichen Äußerungen ein. Durch Fragen wecken Eltern das Interesse ihrer Kinder, die Sprache selbst zu verwenden, sie führen zusätzlich Sprachelemente ein oder sie greifen mit anderen Worten den kindlichen Gedanken nochmals auf. Noch fehlende grammatische Elemente werden ergänzt. Die kindliche Frage: „Gisberth Mama sind" wird erweitert: „Ja wo sind denn Elisabeth und Mama?" (Butzkamm 2004: 54). Bewusst korrigieren Eltern kaum, auf Fehler weisen sie ihre Kinder nur selten überhaupt hin.

▶ ELT-term *child directed speech (features)*:

Managing attention Promoting positive affect Providing feedback Facilitating segmentation Provision of correct models	Improving intelligibility Reducing processing load Encouraging conversational participation Explicit teaching of social routines (Richard/Gallaway1994, zit. nach Mitchell/Myles 2004: 161)

Eltern versprachlichen für ihre Kinder auch beständig Objekte und Phänomene der Umgebung. Dabei richten sie die Aufmerksamkeit auf die konkreten Objekte der Umgebung. Sie verbalisieren das ‚Hier und Jetzt', indem sie etwa sagen, „Schau mal dort, die schöne Blume" (Zydatiß 1997: 262f).

– **Sprechanlässe**: Kinder sind ständig Sprechaufforderungen ausgesetzt, sie unternehmen aber auch selbst fortlaufend Anstrengungen, die Sprache aktiv einzusetzen. Aus zahlreichen Untersuchungen ist bekannt, dass Kinder oft, wenn sie mit sich selbst beschäftigt sind, selbstversunken monologisieren. Da keine kommunikative Absicht dahinter steckt, interpretiert Butzkamm die an Übungsabläufe erinnernde Art des Sprechens als ein „unbewusstes Streben nach Strukturerkenntnis" (1989: 60). Beispielsweise könnte ein zweieinhalbjähriges Kind, während es ein Bilderbuch betrachtet, sagen: „Ham Räders. Ham Räders. Ham auch was, die Flugzeuge. Ham Räders" (ebd.). Und für Zimmer sind die vielen kindlichen Warum-Fragen weniger Ausdruck eines Interesses an Gründen: „Kinder geben sich im Allgemeinen schon mit fadenscheinigsten Begründungen zufrieden … Ihr Zweck scheint vielmehr zu sein, das Gespräch in Gang zu halten" (1986: 22).

Action Item 3.4

Bitte verfolgen Sie in *The Childes Database* einige typische Interaktionen von Kindern und überprüfen Sie, ob sich Phasen der sprachlichen Entwicklung ermitteln lassen: http://childes.psy.cmu.edu/data/

Zusammenfassung

Dieses Kapitel wollte aufzeigen,

– welche Entwicklungsphasen beim Erwerb der Erstsprache durchlaufen werden,

– welche Phänomene den Erwerb der Erstsprache beeinflussen können,

– unter welchen Bedingungen der Erwerb einer oder mehrerer Sprachen gelingt.

Quellen für Action Items und für forschende Lernaktivitäten: Butzkamm, W./Butzkamm, J.: *Wie Kinder sprechen lernen. Kindliche Entwicklung und Sprachlichkeit des Menschen.* Tübingen 1999. **Herrmann, Ch./Fiebach, Ch.:** *Gehirn und Sprache.* Frankfurt/M. 2004. **Tracy, R.:** *Wie Kinder Sprachen lernen.* Tübingen ²2008. **Meisel, J.:** *„Zur Entwicklung der kindlichen Mehrsprachigkeit".* 2008, 1-10: Online verfügbar unter: http://www1.uni-hamburg.de/romanistik/personal/pdf-Dateien/Zur%20Entwicklung%20der%20kindlichen%20Mehrsprachigkeit.pdf. **Pinker, St.:** *The language instinct: How the mind creates language.* New York 1994. **Zimmer, D.E.:** *So kommt der Mensch zur Sprache.* München 1986. Siehe auch englische-fachdidaktik.com/

4. Theorien zum Spracherwerb

Alle aus Beobachtungen und Experimenten gewonnenen Erkenntnisse klären nicht die Schnelligkeit und Effizienz des Erstsprachenerwerbs. Vergleicht man die Qualität des Inputs mit dem Output, deutet sich jedoch an, dass die wesentlichen Voraussetzungen beim Kind selbst liegen müssen.

In Versuchen, sich theoretisch den vorgefundenen Phänomenen anzunähern, wurden Ansätze entwickelt, die versuchen, Erklärungen für den Spracherwerb zu liefern. Die im Folgenden genannten Theorien beeinflussen bis heute den institutionalisierten Fremdsprachenunterricht.

4.1 Sprachaneignung als Lernvorgang

Nach **behavioristischer Auffassung** lernt das Kind seine Muttersprache, indem es nachahmt, was es in seinem Umfeld an Sprache aufnimmt. Die Imitationsfähigkeit gewährleistet ein allgemeiner, ererbter **Lernmechanismus**, weitere Annahmen über Dispositionen des menschlichen Gehirns wurden nicht angestellt. Das Bewusstsein ist für Behavioristen eine *black box* und deshalb nicht zugänglich. Erkenntnisse müssen über die Beobachtung gewonnen werden. Was man sieht ist, dass unmittelbare Bezugspersonen des Kindes durch Verstärkung (*reinforcement*) dessen Nachahmungsversuche bewerten. Bildet es zufällig Laute, wird es sie irgendwann gewohnheitsmäßig artikulieren, falls die Erwachsenen sie verstärken. Nachahmung (*response*) ist die Reaktion auf einen Reiz (*stimulus*). Löst beispielsweise Hungergefühl die Lautfolge dada aus und ist die Verstärkung positiv, erhält also das Kind etwa die Flasche, dann wird es das positiv Verstärkte häufiger zeigen. Negative Verstärkungen, z. B. Korrekturen, Tadel, verändern ursprünglich gezeigtes Sprachverhalten entsprechend.

Mitentscheidend für den Lernerfolg ist die möglichst kleinschrittige Abfolge von **Reiz, Reaktion und Verstärkung.** Wird die Bezeichnung des Kindes, das etwa ein Auto (Abbild) sieht und es benennt (Wort), sofort verstärkt, kann es über die Assoziation des Stimulus (Auto) mit der Reaktion (Wort) eine Bedeutung herstellen. Damit die Bedeutung dauerhaft verfügbar bleibt und das Wort als Repräsentation dessen, worauf es referiert, wirken kann, bedarf es häufigen Übens. Und zwar solange, bis die Assoziation gewohnheitsmäßig ausgebildet ist. Auch bei komplexeren Vorgängen, z. B. der Aneignung grammatischer Strukturen, beschränkt sich für Behavioristen die Aktivität des Kindes auf beständiges Imitieren von Sprachereignissen seiner Umwelt, die ihrerseits den Lernprozess durch *reinforcement* steuert. Zur Produktion ähnlicher Strukturen befähigt die sich einstellende Generalisierung, d. h. die Verallgemeinerung von Erfahrungen mit einzelnen Regeln.

> ▶ ELT- term *behaviorism*: "[...] views all learning as a form of conditioning, brought about through repetition, shaping and reinforcement. This characterization of learning was

thought to apply to language acquisition as well, since language was conceived as verbal behavior." (Larsen-Freeman 2001: 35)

Die These, Spracherwerb vollziehe sich primär in imitativen Lernvorgängen, kann allerdings nicht erklären, weshalb ein Kind in nur fünf Lebensjahren seine Muttersprache weitgehend erworben hat. Zwar besteht Konsens darin, dass viele Wörter und Ausspracheroutinen vom Kind durch Nachahmen aufgenommen werden. Ausschließliches Imitations- und Assoziationslernen jedoch wäre kaum zu leisten. Eine in den 1960er Jahren durchgeführte Kalkulation kommt auf 100 Jahre, die ein Kind benötigte, um alle möglichen Sätze zu hören; bei täglich 24 Stunden Lernzeit (Hüllen/Jung 1979: 49).

Weil es im Wesentlichen Erwachsene sind, die Kinder in ihren entscheidenden Jahren des Spracherwerbs mit Input versorgen, müsste ein Lernen durch Nachahmung Kinder zur Erwachsenensprache führen. Die Stadien, die während des Erstsprachenerwerbs durchlaufen werden, belegen, dass dies nicht der Fall ist. Was das Kind noch nicht sagen kann, lernt es auch dann nicht, wenn man intensiv mit ihm übt. Spracherwerb kann auch deshalb nicht nur ein imitativer Prozess sein, weil Kinder Sätze zustande bringen, die sie in ihrem Umfeld noch nie gehört haben.

Action Item 4.1

Versuchen Sie, einige Konsequenzen für einen Fremdsprachenunterricht zu skizzieren, der sich an den Auffassungen des Behaviorismus orientiert.

Würden Kinder die Sprache ihrer Umgebung nur imitieren und generalisieren, dann würden sie auch **alle Fehler übernehmen**, die im Input ihrer Umwelt auftreten. Eine fehlerhafte Kompetenz wäre die Folge. Kinder hören keine stets einwandfreie, ‚wohlgeformte' und ihrem Vermögen angeglichene Sprache, die ihr zugrunde liegende Regeln transparent macht. Vielmehr umgibt sie ein oft entstellter Input mit Fehlern, Versprechern, ungrammatischen Sätzen. Der Behaviorismus hat keine überzeugende Antwort, woher das Kind weiß, welche Äußerungen die richtigen sind. Dass Imitieren und Assoziieren notwendige Operationen für die anfänglichen Annäherungen an die Sprache sind, wird allerdings von keinem Spracherwerbsforscher angezweifelt (Hüllen/Jung 1979: 56).

4.2 Sprachaneignung als Erwerbsvorgang

Der **Nativismus** erklärt die Geschwindigkeit, die Kinder beim Erwerb ihrer Erstsprache an den Tag legen, mit der Existenz eines angeborenen Sprachorgans. Über diese biologische Grundausstattung verfügt allein der Mensch. Sie befähigt zur unbewussten Aneignung von Sprache in den ersten Lebensjahren. Auch wenn viele Bereiche des Gehirns mit Sprache beschäftigt sind (Spitzer 2003: 251; Herbst 2003) vermuten einige Forscher die **Hauptareale** der produktiven und rezeptiven

Sprachverarbeitung in zwei bestimmten Regionen der linken Großhirnrinde. Nach ihren Entdeckern heißen sie Broca-Zentrum (Sprachzentrum) und Wernicke-Zentrum. In diesen Feldern haben die Neurologen Broca und Wernicke Schädigungen bei Patienten festgestellt, deren Sprechfähigkeit bzw. Sprachverstehen krankheitsbedingt verloren ging oder doch sehr eingeschränkt war.

> ▶ ELT-term *language acquisition device (LAD)*: "The human mind is equipped with a faculty for learning language, referred to as language acquisition device. This is separate from other faculties responsible for other kinds of cognitive activity (for example, logical reasoning). Input is needed but only to 'trigger' the operation of language acquisition." (Ellis 1997: 32)

Nativisten nehmen an, dass Sprachentwicklung und allgemeine Entwicklung getrennt verlaufen. Vorstellbar sind für einige Nativisten biologisch verankerte linguo-kognitive Fähigkeiten. Dies sind besondere sprachspezifische Kompetenzen. Von anderen kognitiven Fähigkeiten unterscheiden sie sich, z. B. von Fähigkeiten zur Entfaltung des logischen Denkvermögens (Wode 1985: 38f).

Andere Nativisten halten es für wahrscheinlich, dass auch die grammatischen Basisregeln natürlicher Sprachen angeboren sind. Der Sprachforscher Stephen Pinker führt das Sprachvermögen auf einen genetisch angelegten Instinkt zurück, der den Drang zu sprechen weckt. Der **Sprachinstinkt** befähigt dazu, diesem Drang mit Erfolg nachzugeben. Der Sprachforscherin Jane Hurst gelang der Nachweis, dass die starke sprachliche Beeinträchtigung von Mitgliedern einer englischen Familie eine genetische Ursache hat, demnach Mutationen einer Erbanlage für die Sprachstörungen ursächlich sind. Mittlerweile wurden auch bei anderen Menschen mit bestimmten Formen von Sprachbehinderungen Gendefekte identifiziert. Es gibt also Anlass für die These, dass Sprachgene existieren. Das vor einigen Jahren identifizierte Gen FOXP2 ist allerdings nicht nur für die Sprachkompetenz zuständig und es kommt auch bei Tieren vor (Häßler 2006; Leßmöllmann 2006).

Sprachlernen in der Presse   Wolfgang Klein, Psycholinguist
„Wenn es gemeinsame Züge aller Sprachen gibt', dann muss das sehr abstrakte Prinzipien. [...] Das eigentliche Problem beim Spracherwerb ist doch, die Wörter zu lernen und ihre Aussprache. Wer verstehen will, was Sprache ist, muss sich damit beschäftigen.''
Bauplan in Kopf, Der Spiegel 1998

Ein **Bioprogramm** ist für Derek Bickerton die Erklärung dafür, dass Menschen Sprachen erwerben und neue schaffen können. Seine Annahme stützt er auf Beobachtungen von Kindern im Umgang mit Pidginsprache. **Pidgin** besteht aus einem englischen Grundwortschatz, punktuell stammt er aus anderen Sprachen. Syntaxelemente sind nur rudimentär vorhanden. Kinder, die sich in einem Alter befanden, in dem man die Erstsprache erwirbt und die ausschließlich Pidgin ausgesetzt waren, entwickelten aus dem syntaxarmen Input eine grammatisch komplexe, funktionsfähige Sprache (Kreolsprache).

Laut Noam Chomsky wächst die Kompetenz heran durch eine mit den allgemeinen Reifungsprozessen abgestimmte, aber nur für den Spracherwerb zuständige *Language Acquisition Device* (*LAD*). In diesem Erwerbsmechanismus befindet sich ein System mentaler Schemata und eine kognitive Instanz. Sie befähigt das Kind zum Bilden und Testen von Hypothesen darüber, welche Elemente aus der angeborenen Grundgrammatik, der sogenannten **Universalgrammatik** (UG) für seine Sprache zutreffen.

> ▶ ELT-term *universal grammar*: "Chomsky posited that children are born with an understanding of the way languages works. [...] They would know the underlying principles of language (for example, languages usually have pronouns) and their parameters (some languages allow these pronouns to be dropped when in the subject position). Thus children would need only enough exposure to a language to determine, whether their L1 allowed the deletion of pronouns (+ pro drop, for example, Japanese) or not (-pro drop, for example)." (Schmitt/Celce-Murcia 2001: 6)

Die mentalen Pläne der UG repräsentieren grundlegende strukturelle linguistische Prinzipien oder **Sprachuniversalien**. Vergleichbar sind die Prinzipien mit dem Körperbau vieler Säugetiere, die trotz großer äußerlicher Verschiedenheit vier Extremitäten, Kopf, Schwanz und Wirbelsäule gemeinsam haben. Gültig sind sie für alle Sprachen, sie haben aber in verschiedenen Sprachen unterschiedliche Bedeutung. Je nachdem wie Prinzipien miteinander kombiniert werden, führt dies zu bestimmten Konsequenzen für die frei wählbaren Module einer jeden Sprache. Das Kind erkennt mithilfe seines Lernvermögens, d. h. seiner LAD, die für sein sprachliches Umfeld gültigen Muster und Parameter der UG und vernetzt sie miteinander. Der sprachliche Input, den Kinder durch ihr Umfeld erhalten, fördert diese Vernetzungsprozesse. Mit der Zeit schließen Kinder alle Kombinationsmöglichkeiten aus, die im Widerspruch zur Erstsprache stehen oder sie ziehen diese gar nicht erst in Erwägung. Sind die grammatischen Grundspuren erst einmal gelegt, so die Theorie, führt LAD zu allen weiteren Verästelungen bzw. lässt sie nach einer Phase des Erprobens als die richtigen erkennen.

Action Item 4.2

Stellen Sie bitte fest, welche der Konsequenzen, die Sie für einen behavioristisch orientierten Unterricht skizziert haben, aus dem Blickwinkel des Nativismus nicht haltbar sind.

Es sprechen einige Argumente für eine **Spracherwerbsinstanz**, die dafür sorgt, dass sich die Erstsprache ohne bewusste Anstrengung oder formale Unterweisung einstellt. Als „klar umrissener Teil der biologischen Ausstattung unseres Gehirns", so Pinker (1996: 21), entfalte sich beim Kind die Sprache spontan und ohne dass es sich der ihr zugrunde liegenden Logik bewusst werde.

Action Item 4.3

Versuchen Sie bitte, den folgenden Argumenten die jeweils konkurrierenden Auffassungen über Spracherwerb gegenüberzustellen (Spenader 2006):

Arguments for nativism

- *Poverty of the stimulus*: The amount of language children are exposed to is too little to account for their acquisition
- *Speed of language acquisition*: Children from 6 or 7 have nearly fully mastered their language
- *Critical period affects*: Many aspects of language can't be learned after critical period
- *Convergence on the same grammar*: Each child is exposed to different input, yet all children seem to acquire the same language)
- *Certain errors are not made*: Language universals
- *The discovery of genetic effects on language abilities*: FoxP2 gene mutation
- *The development of Creole languages*: Speakers of different mother tongues use a pidgin language. Their children develop a creole.

Für Kognitivisten ist Spracherwerb Teil der Reifung

Der **Kognitivismus** fasst den Spracherwerb nicht als spezifischen Reifungsprozess auf. Spracherwerb ist Teil des allgemeinen menschlichen Reifungsprozesses und wird sichergestellt durch eine kognitive Instanz. Sprache entwickelt sich, wie die Körpergröße und das Aussehen, nach einem genetisch vorbestimmten Plan. Dem jeweiligen Stand der kognitiven Entwicklung entsprechen dann die jeweiligen Sprachfähigkeiten. Bestimmte linguistische Operationen sind erst dann möglich, wenn die intellektuelle Reifung ein Stadium erreicht hat, das den Rückgriff auf entsprechende kognitive Bestände erlaubt. Sie sind ihrerseits Voraussetzung für die weitere Entwicklung. Komplexe Gedächtnis- und Verarbeitungskapazitäten erst bewirken eine komplexere Sprachverwendung.

Sprachlernen in der Presse   Peter Indefrey, Mediziner und Sprachwissenschaftler
„Noch ist der Blick ins Denkorgan recht ungenau – doch erste Ergebnisse liegen vor.
‚Wenn jemand eine Fremdsprache nicht gut kann, verarbeitet das Gehirn sie in einem anderen Areal als die Muttersprache', sagt Peter Indefrey, Mediziner und Sprachwissenschaftler am Hirnforschungszentrum in Nijmegen. Ist jemand sehr firm in einer Fremdsprache, ließen sich die Gebiete, die im Gehirn beansprucht werden, nicht mehr voneinander unterscheiden."
Herbst, *Financial Times* 2003.

Einen eigens für den Spracherwerb verantwortlichen Mechanismus, in dem sprachliche und strukturelle Basisregeln programmiert sind, halten Kognitivisten für unwahrscheinlich. Ebenso die Annahme des Behaviorismus, wonach Sprachkompetenz das Ergebnis von Erfahrung sei und über Imitation, Assoziation und Generalisierung erworben.

Kognitivisten nehmen vielmehr an, dass Kinder eine **Abfolge aufeinander bezogener Entwicklungsstadien** durchlaufen, währenddessen sich kognitive Fähigkeiten ausbilden. Die Anforderungen der Umwelt veranlassen sie als „konstruktiv vorgehendem, intelligenten Wesen" (Apelthauer 1997: 66), Vorgaben zu übernehmen oder sich ihnen anzugleichen. Hat die intellektuelle Entwicklung erst einmal ihren Anfang genommen, sind Kinder in der Lage, für Objekte eine dauerhafte

Vorstellung zu speichern und sich die dazugehörigen Wörter zu merken. Das betreffende Objekt muss nicht mehr sichtbar sein, damit Kinder es bezeichnen können. Später bildet sich die Fähigkeit zur **Symbolbildung**. Nun ist die ursprüngliche Bedeutung eines Objekts nicht mehr die allein gültige. Kinder übertragen Objekten nun auch symbolische Funktionen, z. B. beim Spielen: Der Bauklotz wird zum Werkzeug, die Rassel zum Lenkrad. Im weiteren Entwicklungsverlauf wird ihr Denken allmählich hypothetisch. Bald können die Kinder abstrahieren, reflektieren und mit Regeln etwas anfangen (Rauner 2002).

Action Item 4.4

Recherchieren Sie bitte Unterrichtstechniken, die sich auf die Annahmen des Kognitivismus berufen könnten.

Die Komplexität ihrer Muttersprache haben Kinder jedoch zu einem Zeitpunkt im Griff, an dem das kognitive Entwicklungsstadium eigentlich dagegen spricht (Wode 1993). Wann Kinder ein bestimmtes Denkstadium erreicht haben, ist nicht so sehr vom Lebensalter abhängig, wie bisher vermutet wurde, wobei man sich auf die Stadientheorie von Jean Piaget berufen konnte. Wichtig scheint vor allem zu sein, dass die Kinder selbst aktiv in der Sprache sind und sich mit ihr befassen.

Annahmen des Konstruktivismus ergänzen kognitivistische Sichtweisen. Für Zusammenhänge des Spracherwerbs und des Sprachenlernens interessant sind die Überlegungen, die sich über Aneignungsprozesse ableiten lassen.

Lernen in der Presse   Elsbeth Stern, Entwicklungspsychologin
„Piaget hält sich leider hartnäckig im öffentlichen Bewusstsein – doch in der Wissenschaft ist seine 4-Stadien-Theorie seit 20 Jahren passé." Auch Piagets These, dass das Kind vom konkreten Handeln zum abstrakten Denken gelange, hält Stern für überholt. So haben Forscher gezeigt, dass das Zusammenleben mit Haustieren sich keineswegs auf das biologische Wissen der Kinder auswirkt. Der häufige Umgang mit Sprache und Zeichensystemen dagegen, etwa bei zweisprachig aufwachsenden Kindern, fördert die kognitive Entwicklung. „Grundschulkinder werden in Bezug auf ihre Lernfähigkeit in der Tradition der Piaget'schen Theorie häufig unterschätzt", heißt es in einem Perspektivpapier, das die Gesellschaft für Didaktik des Sachunterrichts verabschiedet hat."
Rauner, *Die Zeit* 2002

Nature vs Nurture

Sowohl für nativistische als auch kognitivistische Ansätze sind es die **biologischen Voraussetzungen,** die den Menschen zum Spracherwerb befähigen. Sowohl das sprachliche Umfeld als auch die kognitive Entwicklung beeinflussen den Erwerbsprozess, allerdings ohne ihn entscheidend voranzutreiben. Selbst von einem gewissen Maß an Imitationslernen ist auszugehen: „Wo es um prosodische Eigenschaften der Sprache oder um Redemittel wie Routineformeln geht" so Vogel (1990: 79), „spielt Nachahmung in der Spracherlernung eine Rolle."

Zusammenfassung

Dieses Kapitel wollte aufzeigen,

- welche theoretischen Vorstellungen es zum Spracherwerb gibt,
- welche Belege für die Erwerbstheorien genannt werden können.

Weiterführende Literatur:

Quellen für Action Items und für forschende Lernaktivitäten: Ellis, R.: *Second language acquisition.* Oxford 1997. **Gass, S.M./Selinker, L.:** *Second language acquisition: an introductory course.* New York ³2008. **Lado, R.:** *Language teaching. A scientific approach.* New York 1964. **Lefrancis, G.:** *Psychologie des Lernens.* Berlin und Heidelberg 1976. **Tönshoff, W.:** *Kognitivierende Verfahren im Fremdsprachenunterricht. Formen und Funktionen.* Hamburg ²1996. **Wode, H.:** *Psycholinguistik. Eine Einführung in die Lehr- und Lernbarkeit von Sprachen, Theorien, Methoden, Ergebnisse.* Ismaning 1993. Siehe auch englische-fachdidaktik.com/

5. Theorien zum Fremdsprachenerwerb

Die Englischdidaktik befasst sich mit Prozessen, die im Fremdsprachenunterricht auftreten oder dort initiiert werden. Unter Zweitsprachenerwerb versteht man die Aneignung weiterer Sprachen in einem natürlichen Umfeld. In der englischsprachigen Literatur wird der Begriff *Second Language Learning* oder *Second Language Acquisition* auch für das Erlernen einer fremden Sprache in der Schule verwendet.

5.1 Natürlicher und gesteuerter Erwerb

In diesem Buch wird von Fremdsprachenerwerb geschrieben, wenn Englisch als eine Fremdsprache in mehr oder weniger gesteuerten **Vermittlungsprozessen** erlernt wird. Solche Vermittlungsprozesse finden in der Schule statt und werden von Lehrkräften verantwortet, die einem (Lehr-)Plan folgen, den sie nach einer bestimmten Vorgehensweise umsetzen. Für öffentliche Schulen geben Kultusbehörden die Rahmenbedingungen verbindlich vor, bei der Umsetzung gibt es Spielraum.

Der Erstsprachenerwerb beginnt mit der Geburt, der Zweitsprachenerwerb und der Erwerb weiterer Sprachen können parallel hierzu verlaufen oder setzen später ein. In Deutschland startet der Unterricht in Englisch als Fremdsprache spätestens in der dritten Klasse der Grundschule, häufig bereits zwei Jahre früher. Der Erwerbsbeginn ist jedoch nur ein Merkmal, in dem sich natürlicher von gesteuertem Spracherwerb unterscheidet.

Action Item 5.1

Versuchen Sie einige Konsequenzen zu skizzieren, die sich aus den Unterschieden zwischen Erst- und Zweitsprachenerwerb für den Englischunterricht ergeben (Edmondson 2001).

First language acquisition	First language acquisition
❖ Unlimited access	❖ Limited access
❖ Authentic input	❖ Fabricated input
❖ No pressure to acquire or understand	❖ Pressure may exist
❖ Cognitive development accompanies L1 learning	❖ Cognitive development precedes L2 learning
❖ L1 Learners can't make use of another language in learning	❖ L2 learners may make use of their L1 in learning
	nach Edmondson 2001

Die Bedingungen für die Sprachaneignung unterscheiden sich maßgeblich. Unwahrscheinlich ist, dass Fremdsprachenunterricht allein zu einer Sprachkompetenz führt, die mit Kompetenzen vergleichbar wäre, die sich in natürlichen

Erwerbssituationen entwickelt haben. Allerdings können die Voraussetzungen für das Englischlernen als Fremdsprache durch didaktische und methodische Maßnahmen in der Schule günstig beeinflusst werden.

Didaktische Modelle, die vom Behaviorismus beeinflusst sind, favorisieren Lernformen, die sich auf Imitation und Reproduktion stützen. Der Einfluss des Kognitivismus zeigt sich in Unterrichtsphasen, in denen Lernende übersetzen oder sich anderweitig 'überlegend' mit sprachlichen Phänomenen befassen sollen bzw. ihnen Form und Funktion einer Struktur losgelöst vom kommunikativen Zusammenhang vermittelt werden. Nativistische Positionen findet man in einem Unterricht, in dem **formale Lernprozesse** keine zentrale Rolle spielen, vor allem betrifft dies den bewussten Umgang mit Regeln. Die Skizzierung einiger Theorien zum Fremdsprachenerwerb auf den folgenden Seiten ist denn auch nativistisch orientiert.

Soll man lernen oder erwerben?

Eine grundsätzliche Frage des Fremdsprachenunterrichts ist es, ob die Fremdsprache in der Schule erlernt werden muss oder ob sie erworben werden kann. Mit dem Lernen haben alle aus ihrem Englischunterricht in der Schule Erfahrung. Grammatikregeln wurden erklärt, Übungen hierzu durchgeführt, Wörter auswendig gelernt. Stephen Krashen, ein amerikanischer Erwerbsforscher, vertrat schon in den 1970er Jahren die Auffassung, dass eine zweite Sprache auch erworben werden kann, dann nämlich, wenn die Bedingungen im Klassenzimmer stimmig sind. Krashen bezieht seine Überlegungen auf den Zweitsprachenerwerb von über 15 Jahre alten Lernenden. Hierzu hat er ein Erwerbsmodel entworfen, das sich auf fünf miteinander verbundenen Hypothesen gründet.

> **Action Item 5.2**
>
> Versuchen Sie bitte, einige Prinzipien für einen Englischunterricht zu formulieren, die sich aus den Hypothesen von Krashen ableiten lassen.

▶ ELT-term *input hypothesis model*: (1) "The Acquisition-Learning Hypothesis: Language acquisition is the natural way to develop linguistic ability, and is a subconscious process. [...] Language learning is "knowing about language, or "formal knowledge" of a language. [...] Learning is conscious. (2) The Natural Order Hypothesis: [G]rammatical structures are acquired in a predictable order. (3) The Monitor Hypothesis: [C]onscious learning has an extremely limited function in adult second learning performance. (4) The Input Hypothesis: [W]e acquire (not learn) language by understanding input that is a little bit beyond our current level of (acquired) competence. (5) The Affective Filter Hypothesis: The best situations for language acquisition seem to be those which encourage lower anxiety levels." (Krashen/Terrel 1983: 27ff)

Krashen unterscheidet zwischen einer Sprachaneignung als Erwerbs- und einer Sprachaneignung als Lernprozess. Unter *acquisition* versteht er den unbewussten Spracherwerb, *learning* ist für ihn die bewusste Aneignung einer zweiten Sprache. Es gibt einen vorgegebenen Lehrplan, im Unterricht werden Regeln vermittelt, die grammatischen Einheiten werden intensiv geübt usw. Das Lernen führt dazu, dass man viele Regeln kennt, die man aktiviert, um zu überprüfen, ob das, was man ausdrücken möchte, auch den Regeln entspricht. Krashen möchte, dass der Unterricht jedoch stärker *acquisition* fördert als *learning*. Nicht zuletzt, weil er der Meinung ist, dass auch der Erwerb einer zweiten Sprache sich nach einer **natürlichen Abfolge** vollzieht.

Sprachliche Phänomene können demzufolge erst verarbeitet werden, wenn die Lernenden dazu bereit sind. Hieraus mag man schließen, dass ein grammatisch gestufter Sprachlehrplan, der die natürliche Entwicklung nicht abbildet, wenig bewirkt. Man sollte auch nicht erwarten, dass alle Lernende zu einem bestimmten Zeitpunkt ein Redemittel des Lehrplans dauerhaft zur Verfügung haben. Deshalb scheint es wichtig, **keinen Druck** auf die Lernenden auszuüben.

Von zentraler Bedeutung in Krashens Erwerbsmodell ist der Input, also die Sprache, die Lernende auf Englisch hören oder lesen. Sie muss gut verständlich sein (*comprehensible input*). Idealerweise liegt der Input etwas über dem aktuellen Kompetenzstand der Schüler, wofür Krashen die Formel I+1 anbietet. Die Verständlichkeit wird erleichtert durch Wiederholungen, Vereinfachungen, Paraphrasierungen etc., d. h. durch Strategien, die auch bei *child directed speech* aktiv sind. Auch Bilder, Verweise auf Realien etc. unterstützen das Verstehen, das zentral ist für die Entwicklung der fremdsprachlichen Kompetenzen. Dieser Input wird verstanden und verarbeitet. Im Verlaufe dieses Prozesses wird Input zu Intake. Die unbewusste Verarbeitung der Informationen aus dem Wahrgenommenen, dem **Intake**, führt zum Bedeutungserwerb, und "speaking fluency [...]'emerges' over time, on its own" (Krashen 1982: 22).

▶ ELT-term *input/intake*: "Input is, as it were, the goods that are presented to the customer, including the articles that the customer picks up to look at. Intake is what is actually taken away from the shop, i.e. what passes into the ownership of the customer." (Smith 1994: 8f) ... "Intake is defined as the linguistic data actually processed from the Input and held in working memory for further processing." (VanPattern 2002: 757)

Input oder Intake durch Interaktion?

Michael Long hält einen verständlichen Input ebenfalls für ausschlaggebend. Im Gegensatz zu Krashen hat sich Long in seinen Forschungen dafür interessiert, ob es Regeln gibt, nach denen kompetente Sprecher und sprachlich begrenzte Nutzer das Verstehen verbessern. Long konnte im Ansatz aufzeigen, dass in Fällen, in denen es zu linguistisch bedingten Kommunikationsproblemen kam, die Interaktionspartner auf Kommunikationsstrategien zurückgriffen. Ähnlich wie bei *child directed speech*, wird Input für Long durch **aktives Einwirken** der Interaktionspartner Verstehen herbeigeführt. Währenddessen verwandelt sich Input und wird zu Intake. Aktives Einwirken kann beispielsweise dadurch geschehen, dass man einen Gedanken nochmals wiederholt oder sich vergewissert, dass man verstanden wurde. Ungeübte Sprachbenutzer fragen ihrerseits bei Nichtverstandenem nach oder klären, ob sie etwas richtig aufgefasst haben. Nach der Interaktions-Hypothese entwickelt sich demnach der Zweit- und Fremdsprachenerwerb nicht allein durch Verfügbarkeit von *comprehensible input* weiter. Ebenso bedeutsam ist, dass kompetente und lernende Interaktanten sich über das Maß des Verstandenen und Nicht-Verstandenen austauschen.

Action Item 5.3

Analysieren Sie bitte in Stundenentwürfen die Ziele von Interaktionsphasen.

▶ ELT-term *interaction hypothesis:* "Comprehensible input is necessary for acquisition [...] modifications to the interactional structure of conversations which take place in the process of negotiating solutions to communication problems help to make input comprehensible to the learner and, thereby, potentially enable learners to process linguistic forms that are problematic to them." (Ellis 2001: 64)

5.2 Zur Bedeutung von Input und Output

Dass eine produktive Sprachkompetenz sich von alleine einstellt, bezweifelt Merrill Swain als Vertreterin der Output-Hypothese. Damit sich Sprachkompetenzen einstellten, müssen Lernende beständig zu mitteilungsbezogenen freien Sprachproduktionen aufgefordert werden (Swain 1985, 1995). In der *Output Hypothesis* haben Sprachproduktion und Interaktion einen ähnlich bedeutsamen Anteil an zielsprachlichen Kompetenzen, wie ein lernergerechter Input. Ein verständlicher Output, der außerhalb von gesteuerten Übungsszenarien eingefordert wird, kann sich demnach als lernwirksam herausstellen. Selbst dann, wenn auf Korrektheit geachtet wird. In solchen Fällen, z.B. bei der Bearbeitung von Aufgaben oder in freien Kontexten der Sprachverwendung, geraten Lernende möglicherweise an die Grenzen ihrer Ausdrucksfähigkeit. Sie müssen sich überlegen, wie das Formulierungsproblem zu beheben ist. Ein Plan kann darin bestehen, darauf zu achten, wie professionelle Fremdsprachenbenutzer etwas ausdrücken, wofür man selbst aktuell keine Lösung weiß. Vorstellbar ist es außerdem, die Kommunikationsintention umzusetzen und bewusst Abweichungen von der Sprachnorm in Kauf zu nehmen, sich den Anlass jedoch zu merken, um die identifizierte Versprachlichungslücke später zu schließen, z.B. durch Nachschlagen und Recherchieren in einschlägigen Lernmedien.

Action Item 5.4

Beschreiben Sie bitte einige Anforderungen an Aktivitäten, die in einer auf Output gerichteten Unterrichtsgestaltung umgesetzt werden sollen.

▶ ELT-term *output hypothesis:* "[There are] three functions of output in second language learning: [1] The noticing triggering function: ... while attempting to produce the target language ... learners may notice that they do not know, how to say (or write) precisely the meaning they wish to convey [...] [2] The hypothesis testing function: ... output may sometimes be, from the learner's perspective, a 'trial run' reflecting their hypothesis of how to say (or write) their intent [...] [3] The metalinguistic function: ...using language to reflect on language produced by others or self, mediates second language learning. (Swain 2007)

Hypothesenbildung

Eine dritte einflussreiche Hypothese, die Erwerbsprozesse in einer Fremdsprache klären möchte, ist die *Interlanguage Hypothesis* von Harry Selinker. Sie bezieht sich auf Sprachproduktionen, die frei zustande kamen, d. h. nicht in gesteuerten Übungen oder Lehrer-Schüler-Dialogen. Die Grundaussage lautet, dass Lernende beim Erwerb einer Fremdsprache ein „Zwischensprachensystem" entwickeln (Bausch/Kasper 1979). Es weist sowohl Elemente der Ausgangssprache als auch Elemente der Zielsprache auf. **Interlanguage** verändert sich ständig. Sie nähert sich der Zielsprache an, ohne mit ihr einmal identisch zu sein. Die Veränderungen in der Interlanguage bewirken kognitive Prozesse. Schüler denken nach, sie ziehen Schlussfolgerungen oder stellen Wenn-dann-Beziehungen her. Auf diese Weise bilden Lernende ständig Hypothesen über die Fremdsprache. Wenn Möglichkeiten vorhanden sind, dann realisieren sie ihre aktuellen Hypothesen zur Sprache in frei formulierten Äußerungen. Ausgangspunkt einer Hypothese kann der Input sein. Oder das aktuelle Sprachwissen veranlasst dazu, eine Hypothese für sich zu konstruieren.

Positiver und negativer Transfer

Bei der Konstruktion ihrer Interlanguage nutzen die Lernenden mehrere Quellen. Zum einen greifen sie auf ihr muttersprachliches Wissen zurück. Zum anderen verallgemeinern Lernende ihr schon erworbenes Wissen zur Zielsprache (L2) und übertragen z. B. eine Regel auf andere Bereiche. Sie wenden auch Lernstrategien an, welche die jeweils aktuelle Interlanguage verändert. Ähnliches gilt bei der Verwendung von Kommunikationsstrategien. Nicht zuletzt führt Unterricht zu Veränderungen der Interlanguage.

Durch **Hypothesentesten** und -überprüfen nähern Lernende sich kontinuierlich der Zielsprache an. Im Laufe des Aneignungsprozesses erreichen sie einen Grad an Sprachbeherrschung, der eine systematische Grundlage aufweist. Die Interlanguage baut jedoch auf einer Regelhaftigkeit mit eigenen Gesetzmäßigkeiten auf, die sich von jenen der L2 unterscheiden können. Kaum vorhersehbar ist der Zeitpunkt, von dem an fremdsprachliche Phänomene als definitiv beherrscht angesehen werden können.

Backsliding und Fossilization

Einen Rückfall auf frühere Lernstufen lösen oftmals Faktoren wie Stress, Ärger oder Unkonzentriertheit aus (*backsliding*). Bereits einmal sicher beherrschte linguistische Mittel werden in diesen Fällen wieder fehlerhaft verwendet. Das Sprachkönnen kann auch versteinern und auf einem Stand verharren, weil Lernende sich nicht mehr weiterentwickeln wollen (*fossilization*).

▶ ELT-term *backsliding*: "Backsliding involves the use of a rule belonging to an earlier stage of development." (Ellis 1997: 694)

▶ ELT-term *fossilization*: "Fossilization is a phenomenon whereby linguistic terms (particularly erroneous ones) become permanent in a learner's interlanguage." (Johnson/Johnson 1999: 135)

Spezifisches Kennzeichen der Interlanguage ist auch die **Regelhaftigkeit**, mit der Lerner sprachliche Fehlleistungen ausführen. Auffallend dabei ist die Ähnlichkeit von Äußerungen in der L2 bei verschiedenen Lernenden mit derselben L1. Es gilt heute als sicher, dass alle Lernenden einer zweiten Sprache eine eigene Lernersprache bzw. Interlanguage entwickeln.

Action Item 5.5

Notieren Sie bitte in Unterrichtsverläufen Schüleräußerungen, die als Beispiele für Interlanguage gelten können. Versuchen Sie dann, diese zu kategorisieren.

▶ ELT-term *interlanguage*: "On close inspection, the language produced by learners contains a large number of ‚errors' which seem to have no connection to the forms of either L1 or L2. For example, the Spanish speaker who says in English She name is Maria is producing a form which is not used by adult speakers of English, does not occur in English L1 acquisition by children, and is not found in Spanish. Evidence of this sort suggests that there is some in-between system used in L2 acquisition which certainly contains aspects of L1 and L2, but which is an inherently variable system with rules of its own." (Yule 2004: 195)

5.3 Probleme der Lehrbarkeit und der Lernbarkeit

Wie soll man in der Schule darauf reagieren, dass bei Lernenden eine L2 verfügbar ist, eine Variante der Zielsprache, die sich erst noch in Richtung Normsprache entwickelt? Und gibt es aus der Forschung überhaupt Hinweise darauf, welche sprachlichen Elemente man früher und welche später einführen sollte? Dulay und Burt haben in ihren Studien zum Erwerb einiger Morpheme typische Verläufe identifiziert, denen Lernende der Fremdsprache Englisch folgen. Es zeigte sich, dass sich alle Teilnehmer an der Studie die Morpheme in derselben Reihenfolge aneigneten. Man könnte daraus schließen, dass es nicht nur beim Erstsprachenerwerb, sondern auch bei der Aneignung weiterer Sprachen universelle Erwerbsverläufe gibt. Die empirische Basis für solche Schlussfolgerungen ist allerdings gering.

Action Item 5.6

Bitte überprüfen Sie in Lehrbüchern für den Frühbeginn, ob eine Orientierung an einer Erwerbsfolge, wie von Duley/Burt angenommen, festgestellt werden kann. Bewerten Sie die gegebenenfalls von Dulay/Burt abweichende Progression.

Erwerbsfolge beim Fremdsprachenerwerb Englisch nach Dulay und Burt

(1) *-ing* (2) *-s* (plural) (3) irregular past (4) *-'s* (possessive) (5) copula (6) the, a (7) *-ed* (8) *-s* (3rd sing) (9) auxiliary be (zit. nach Krashen 1982)

Auch die *teachability hypothesis* weist in Richtung eines Entwicklungsprozesses beim Fremdsprachenerwerb, der einem "built-in syllabus" (Corder 1967) folgt, d.h. einem Plan, der den **Erwerbsverlauf intern steuert**. Manfred Pienemann identifizierte in seinen Forschungen Strukturen, die Fremdsprachenlernende sich in einer bestimmten Abfolge aneignen. Zwar gibt es in jeder Zielsprache Elemente, die von der Entwicklung unabhängig sind und immer gelernt werden können. Eine Reihe grundlegender Strukturen aber sind offenbar entwicklungsbedingt und erst dann zu bewältigen, wenn Lernende dazu bereit sind. Dazu bereit sind sie, sobald sie Strukturen meistern, die im Entwicklungsprozess vor einer nächsthöheren Struktur erworben wurden. "Learners cannot, as it were, be expected to run before they walk" (Smith 1994: 117). Weder explizite Lehrbemühungen noch intensives Üben bewirken, dass Entwicklungsstufen übersprungen oder zusammengefasst werden können. Spracherwerb realisiert sich als das Voranschreiten von einer Entwicklungsstufe zur nächsten.

Action Item 5.7

Vergleichen Sie bitte die sprachliche Progression in verschiedenen Lehrbüchern für den Anfangsunterricht und stellen Sie fest, welche Stadien der Lehr- und Lernbarkeit jeweils angenommen werden. Arbeiten Sie Gemeinsamkeiten heraus.

▶ ELT-term *teachability/learnability hypothesis*: "The Teachability Hypothesis [...] predicts that stages of SLA cannot be skipped (through teaching intervention) because of the cumulative nature of the processing stages [...] In other words, the Teachability Hypothesis defines CONSTRAINS on teachability. It does not predict sufficient conditions for teaching to be successful." (Pienemann, zit. nach Kessler 2006: 133)

In den bisher skizzierten Hypothesen zum Fremdsprachenerwerb ist **implizites Lernen** zentral für den Fremdsprachenerwerb. Sprachkompetenz entwickelt sich für die genannten Erklärungsansätze primär dadurch, dass die Fremdsprache erfahrbar ist. Die Gestaltung der Lernszenarien durch **Lehrverantwortliche** spielt eine gewisse, aber **keine zentrale Rolle**.

Die theoretischen Annahmen beziehen sich nur peripher auf Einstellungen von Lernenden. Aufmerksamkeit, Interesse oder Motivation sind keine Kategorien, die in den bisher genannten Erklärungsversuchen des Fremdsprachenerwerbs eine zentrale Rolle spielen. Allgemeine Lerntheorien dagegen befassen sich eingehend mit den Variablen, die bei Lernern Einfluss nehmen und damit Erwerbsprozesse einer Fremdsprache beeinflussen (Viciano 2008).

Sprachlernen in der Presse
Wer weiß, wofür er lernt, lernt besser. Mancher Jugendliche brennt vor Eifer, weil er sich vorgenommen hat, endlich die Texte seiner Lieblingsbands zu verstehen. Andere treibt die Lust auf Filme im Originalton, die Aussicht auf einen Kongress, bei dem sie gut aussehen wollen, auf einen Auslandsaufenthalt. Oder sogar das Feuer der Emotion: Verliebt sich jemand in eine Italienerin, wird ihm das Italienische leicht über die Lippen kommen.
Viciano, *Stern* 2008

Zusammenfassung

Dieses Kapitel wollte aufzeigen,

– welche theoretischen Vorstellungen es zum Fremdsprachenerwerb gibt,

– welche Gemeinsamkeiten zwischen Erst- und Fremdsprachenerwerb festgestellt wurden,

– wie Lehrkräfte die Theorien im Unterricht berücksichtigen können.

Weiterführende Literatur:

Quellen für Action Items und für forschende Lernaktivitäten: Apeltauer, E.: *Grundlagen des Erst- und Fremdsprachenerwerbs. Eine Einführung.* München 1997. **Günert, B./Günter, H.:** *Erstsprache und Zweitsprache. Einführung aus pädagogischer Sicht.* Weinheim und Basel 2004. **Lightbrown, P./Spada, N.:** *How languages are learned.* Oxford ³2006. **Littlewood, D.:** "Second language learning." In: Davies, A/Elder, C. (Hg.): *The handbook of applied linguistics.* Malden 2005. 501-524. **Dornyei, Z.:** *The psychology of second language acquisition.* Oxford 2009. **Pienemann, M.:** „Spracherwerb in der Schule. Was in den Köpfen der Kinder vorgeht." In: Pienemann, M./Kessler, J.U./Roos, E. (Hg.): *Englischerwerb in der Grundschule.* Paderborn 2006, 33-64. **Saville-Troike, M.:** *Introducing second language acquisition.* Cambridge 2006. Siehe auch englische-fachdidaktik.com/

6. Der Umgang mit Fehlern

6.1 Auffassungen zum Fehler

Die Auffassungen zum Fehler haben sich in den letzten Jahrzehnten deutlich verändert. In den 1960er Jahren noch als Phänomene gefürchtet, die es unbedingt zu vermeiden galt, ist es heute gang und gäbe, Fehlern etwas Positives in Sprachproduktionen von Schülern abzugewinnen. Forschungen zum Fremdsprachenerwerb haben aufgezeigt, dass Sprachlernen ein Prozess ist. Während sich Sprachkompetenz entwickelt, kann sie noch nicht vollkommen sein. **Wer sprachlich etwas riskiert, macht auch Fehler.** Natürlich auch, wer nicht lernt, sich nicht vorbereitet und sich weigert, kontinuierlich zu üben.

Ein untrügliches Zeichen für Faulheit oder Inkompetenz sind Fehler nicht. Und weder Oberflächlichkeit noch ein falsches Lernverhalten aufseiten der Lernenden reichen als Erklärungen für falsche Äußerungen in der Fremdsprache aus. Selbst eine indifferente Haltung zur Sprachnorm kann man nicht von vornherein unterstellen. Dagegen spricht schon die Alltagsbeobachtung, die wir auch in Unterhaltungen in der Muttersprache feststellen. Sprecher, denen es auf Kommunikation ankommt, gehen manchmal bewusst Fehler ein. Dann nämlich, wenn es ihnen wichtiger ist, was sie sagen, als wie sie es sagen. Zumindest im Mündlichen entstehen so Texte, die man im Schriftlichen nicht akzeptieren wollte. Die Bereitschaft, Fehler einzugehen, um zu lernen, wird nicht zuletzt als ein Merkzeichen für gute Fremdsprachenlernende gesehen (Naimann 1978).

> **Action Item 6.1**
>
> Informieren Sie sich bitte in Lehrplänen und Lehrerhandbüchern darüber, wie Fehler gesehen werden. Recherchieren Sie auch, welche Fehlertypen angenommen werden und für welche Kompetenzfelder das Auftreten von Fehlern explizit thematisiert wird.

Für manche Abweichungen von der Sprachnorm können Nachlässigkeit oder Überanstrengung des Sprechers verantwortlich sein. Fehler entstehen manchmal versehentlich in einem bestimmten Kontext, in einem anderen Zusammenhang würden sie vielleicht nicht auftreten, weil er möglicherweise **stressfreie Formulierungen** zulässt. Weist man Lerner auf Normabweichungen hin, sind sie manchmal sogar zu einer spontanen Selbstkorrektur in der Lage. Dies kann ein Zeichen von Unsicherheit darüber sein, welche von mehreren Realisierungshypothesen korrekt ist. Oft korrigieren sich Sprecher schon während einer spontan formulierten mündlichen Äußerung oder beim nochmaligen Durchlesen ihres schriftlich verfassten Textes selbst; die Fehler sind ihnen aufgefallen.

Aufschlussreich sind Fehler, die in freien Sprachhandlungen auftreten, wo es um Mitteilungen und Inhalte geht. Dann haben Gesprächsteilnehmer keine Zeit dafür, jedes Element einer beabsichtigten Äußerung vor der Verwendung auf

Korrektheit hin zu kontrollieren. Sie formulieren spontan und nutzen dabei das Wissen, das ihnen aktiv zur Verfügung steht. Auch wenn man hier mit zahlreichen größeren und kleineren Fehlern rechnen muss, die nicht alle analysiert werden können, bieten mitteilungs- und inhaltsbezogene Phasen Gelegenheit für Lehrkräfte herauszufinden, wo die **aktuellen Probleme** im Sprachgebrauch liegen.

Wie kann man Fehler klassifizieren?

Zum Fehler liegt mittlerweile eine Vielzahl an detaillierten Klassifizierungs- und Kategorisierungsversuchen vor. In der englischsprachigen Fehlerlinguistik werden Fehler als *errors* und als *mistakes* bezeichnet. Unter *errors* sind alle sprachlichen Fehler zusammengefasst, *mistakes* sind Fehler, die auch in der L1 auftreten. *Mistakes* entstehen, weil man nicht konzentriert ist oder sich ablenken lässt (Corder 1967). Fehler, die auf soziokulturelle, oder allgemeiner, auf pragmatische Defizite in der Sprachverwendung verweisen, gelten ebenfalls als *mistakes*. Diese Wissenslücken können durch Lernen oder Training kompensiert werden. *Errors* stehen in engem Zusammenhang mit der sprachlichen Entwicklung. Oftmals wären sie durch kurzfristige Maßnahmen nicht dauerhaft zu eliminieren.

Es gibt kaum einen Klassifizierungsversuch, der in der Forschung ohne Kritik geblieben ist. Offenkundig scheint es problematisch, eine allgemeingültige Kategorisierung zu leisten. Eine frühe Unterscheidung trennt Entwicklungsfehler von **Interferenzfehlern** und solchen, die weder der einen noch der anderen Kategorie zuzuordnen sind.

> ▶ ELT-term *types of errors:* "Developmental (i.e. those errors that are similar to L1 acquisition). Interference (i.e. those errors that reflect the structure of the L1). Unique (i.e those errors that are neither developmental nor interference)." (Corder nach Ellis 1994: 60)

6.2 Lernerbezogene Kategorisierungen

Entwicklungsbedingte Fehler

Entwicklungsbedingte Fehler werden als Produkte des Erwerbsprozesses einer Fremdsprache gesehen. Ein neueres Modell stammt von Pienemann. Er hat sechs Entwicklungsstufen identifiziert, die Lernende unabhängig vom Einfluss ihrer Erstsprache durchlaufen. Während des Erwerbsprozesses produzieren sie auch eine Reihe nicht-normgerechter Strukturen. Diese nehmen an Komplexität zu und nähern sich im weiteren Verlauf des Erwerbsprozesses der zielgerechten Form an.

Action Item 6.2

Analysieren Sie bitte in Unterrichtsbeobachtungen Sprachproduktionen von beginnenden Englischlernenden. Versuchen Sie Belege für folgende Entwicklungsstufen zu finden. Das Schaubild zeigt die ersten drei Entwicklungsstufen (Pienemann 2006: 36f).

---

3 Do/Aux-SV(O)?	= Wh-Voranstellung	Where he is?
	= Do-Voranstellung	Do he go home?
Adverb-first	= Adverb-Voranstellung	Now I go home.
2 S(neg)VO	= Subject Verb Object	I live here, I no live here.
1 SVO-Question	= SVO-Frage	You live here?

Interlinguale Fehler

Ein gutes Beispiel für Wandel im Hinblick auf die Fehlereinschätzung ist die Bewertung des sogenannten interlingualen Fehlers. Bis in die 1960er Jahre herrschte die Vorstellung, dass **interlinguale Übertragungen** für Normabweichungen verantwortlich sind. Man ging davon aus, dass Lernende vor allem wegen des negativen Einflusses ihrer Erstsprache zu Fehlern verleitet würden.

Sprachlernen in der Presse   Sabine Arnold, Dolmetscherin

Arnold: Im Schriftverkehr geht es meist um kurze grammatikalische oder begriffliche Formulierungen. Präpositionen sorgen ebenfalls ganz schön für Verwirrung. British oder American English – auch in diesem Bereich herrscht viel Unklarheit. Häufig wird bei Verben in der dritten Person Singular das „s" vergessen, aber das ist wohl eher ein Anfängerfehler. Und da wären noch die sogenannten „false friends".

SZ: Zum Beispiel?

Arnold: Deutsche sagen oder schreiben gerne „We became an answer", wenn sie eine Antwort erhalten haben. Das heißt aber: Wir wurden zur Antwort. Oder sie übersetzen sympathisch mit „sympathetic", was einfühlsam bedeutet. Um zu sagen, dass man jemand nett findet, reicht das Wort „nice".

Lutz, *Süddeutsche Zeitung* 2009

Differenziertere Kategorisierungen des interlingualen Fehlertyps haben inzwischen zu **Unterkategorien** geführt. Sie sollen mit Bezug zum Deutschen skizziert werden. Eine dieser Kategorien sind die *false friends* (Lutz 2009). Auf diesen Übertragungstyp aus der Erstsprache ins Englische trifft man häufig in Schülertexten. Die gedankliche Vorstellung ist, wie bei einem interlingualen Fehler üblich, dass sich Elemente der Ausgangssprache ohne große Veränderungen in die Zielsprache überführen lassen. Ein ausgangssprachliches Lexem wird mit einem in der Zielsprache ähnlichen lexikalischen Gegenstück realisiert. Solche Stolpersteine treten im Grunde auf allen Ebenen der Sprachverwendung auf.

▶ ELT-term *false friends*: „... the sound and/or spelling is the same or very similar in both the mother tongue and the target language but the meaning is different." (Woodward 2001: 134)

Auf syntaktischer Ebene bewirken *false friends* fehlerhafte Äußerungen wie z. B. *I have my watch lost*. Die Satzstellung im Deutschen wird beibehalten, aus der Zielsprache werden nur die Lexeme übernommen. Zu phonologischen interlingualen Interferenzen kommt es, wenn Lerner davon ausgehen, dass ein englisches Wort wie *finger* genauso ausgesprochen wird wie im Deutschen, wenn es genauso geschrieben wird wie im Deutschen.

Interlinguale Fehlervarianten, die einen explizit muttersprachlichen Anteil in der Sprachproduktion aufweisen, zeigen sich in Äußerungen wie *he nimms*. Man nennt diesen Typus *foreignizing* oder *borrowing*, weil der Lernende sich ein muttersprachliches Lexem ausborgt und es unter Heranziehung zielsprachlicher Morpheme dem Englischen annähert (Timm 1992, James 1998).

Ein regelrechtes Hin- und Herspringen zwischen den beiden Sprachen liegt in Äußerungen wie *can you a Reservierung annehmen* vor. Die Grundstruktur der Äußerung basiert nicht mehr allein auf der englischen Syntax, die Normabweichung ist durch *language switch* zustande gekommen.

> ### Action Item 6.3
>
> Beschreiben Sie bitte false friends in Lernertexten. Nehmen Sie hierzu eine Kategorisierung vor.

Intralinguale Fehler

So vielschichtig interlinguale Fehlertypen auch sein mögen, der negative Einfluss der Muttersprache der Lernenden reicht als Erklärung für Normabweichungen nicht aus. Zu einem erheblichen Teil ist Wissen über das zielsprachliche System selbst für Fehler verantwortlich. Entsprechend umfasst diese Kategorie alle Abweichungen, die innerhalb des zielsprachlichen Systems entstehen. Da sie auf **noch nicht verarbeitetes Wissen** über das Regelsystem der Zielsprache hinweisen, nennt man sie intralinguale Fehler.

> ▶ ELT-term *interlingual/intralingual errors*: "Interlingual errors are those that can be attributed to the NL [native language, WG] ... Intralingual errors are those that are due to the language being learned, independent of the NL." (Gass/Selinker 2001: 79f)

Auch für intralinguale Fehler sind eine Reihe verschiedener Ursachen verantwortlich. Richards (1971: 174ff) nennt vier Formen. Neben der Übergeneralisierung sind dies das Ignorieren von Regeln, das unvollständige Anwenden einer Regel und falsche Hypothesenkonzepte, d. h. falsche Vermutungen darüber, wie eine Regularität der Zielsprache angewandt wird.

Induzierte Fehler

Unter induzierte Fehler fallen Abweichungen, die weder mit Einflüssen der L1 noch der L2 zu erklären sind. In der Schule fördern sie **externe, unterrichtsspezifische Faktoren** wie Lehrbuch, Lehrmethode oder Aufgabenstellung. Eine Methodik, die primär auf Lehrerinput setzt und andere Medien im Unterricht weitgehend ausschließt, mag vom Modell induzierte falsche Ausspracheroutinen oder künstliche Versprachlichungen begünstigen, z. B. stets in ganzen Sätzen antworten (*yes, my name is Swenja*). Ohne soziokulturelle Kontextualisierung können Übungsszenarien pragmatische Fehler begünstigen.

▶ ELT-term *induced errors*: "Induced errors arise in learner language when learners are led to make errors that otherwise they would not make by the nature of the formal instruction they receive." (Ellis 1996: 707)

Zu einigen falschen Hypothesen werden Schüler durch die Unterrichtsplanung verleitet. Manche Fehler sind damit zu erklären, dass das betroffene linguistische Mittel vor dem Aneignungsprozess unzureichend wahrgenommen und folglich defizitär abgespeichert wurde, es beispielsweise einer mehrkanaligen Präsentation bedurft hätte (Knapp-Potthoff 1987). Die Planung mag nicht darauf ausgerichtet worden sein, Wortbedeutungen hinreichend zu differenzieren (*jam/marmalade*). Nicht vergessen als Verursacher induzierter Fehler darf man **ambivalente oder verwirrende Übungsstrukturen**, z. B. Wort-Bild-Zuordnungsübungen mit mehrdeutigen Zeichnungen, Kreuzworträtsel oder multioptionale *fill ins*.

Unterrichtsspezifische Fehler werden außerdem hervorgerufen, weil Schüler wegen unzureichenden Anwendungswissens Nachschlagewerke falsch nutzen. Auch wenn sie schon anwenden sollen, was ihnen noch nicht vertraut ist, erhöht sich die Wahrscheinlichkeit, dass Lernende induzierte Fehler produzieren.

Action Item 6.4

Bitte untersuchen Sie Lehrbücher oder Stundenmodelle nach Übungsformen oder Phasen, die geeignet sind, Fehler zu induzieren. Versuchen Sie während einer Unterrichtsmitschau zu bestimmen, ob induzierte Fehler bei Lernenden auftreten.

Strategiebasierte Fehler

Wer in der Fremdsprache frei formuliert, setzt sich einer **erhöhten Fehlerwahrscheinlichkeit** aus. Es lässt sich nicht exakt vorplanen, welche Redemittel in welcher Weise verwendet werden sollen. Im Gegensatz hierzu stehen kontrollierte Übungsszenarien. Freie Verwendungskontexte machen es erforderlich, den Kommunikationserfolg im Blick zu behalten. Gesprächspartner wollen ihre Intentionen vermitteln bzw. Feedback geben. Im Zentrum der sprachlichen Bemühungen stehen also funktionale Zielsetzungen, z. B. überzeugen wollen, berichten, sich entschuldigen etc. In solchen Fällen kann der Einsatz von Strategien beobachtet werden, die inter- und intralinguale Fehler hervorbringen (McLaughlin 1987).

Vermeidungsstrategien

Treten nun Schwierigkeiten bei der Versprachlichung einer Intention auf, dann hat man natürlich die Möglichkeit, auf die Artikulation des Aspektes zu verzichten (*avoidance strategy*). Es kann aber nicht Sinn einer Interaktion sein nur zu sagen, was man problemlos und flüssig ausdrücken kann. Daher wird man versuchen, trotz linguistischer Defizite seinen Punkt deutlich zu machen. Dieses Ziel erreicht leichter, wer auf Kommunikationsstrategien zurückgreift. Sie verhelfen dazu „**kurzfristige Diskrepanzen**" zwischen kommunikativen Anforderungen und seinen lernersprachlichen Möglichkeiten aufzulösen" (Knapp-Potthoff/Knapp 1982: 140). Es sind interlinguale und intralinguale Transfers, die darauf hinweisen, dass die Regularität des defizitären Sprachphänomens noch nicht normgerecht verarbeitet wurde.

> ▶ ELT-term *reduction/avoidance strategy*: "The learner reduces or, at times, even abandons his communicative goal in order to avoid a problem." (Medgyes 1989: 71)

Zielorientierte Strategien

Anders verhält es sich mit **bewusst eingesetzten Strategien** (*achievement strategies*). Häufig realisieren sich derartige Vorgehensweisen als Paraphrasierungen. Solche Umschreibungen oder sprachlich inhaltliche Annäherungen führen nicht zu Fehlern im engeren Sinne. Die Approximation (z. B. *fruits* statt *blackberries*) ist ebenso normgerecht wie die Strategie, Oppositionen zur Spezifizierung des Beitrags einzusetzen, weil das exakte Wort nicht verfügbar ist, z. B. *not happy* für *sad*. Ähnlich verhält es sich mit der Exemplifizierung, einer weiteren Variation des Paraphrasierens. Das fehlende Sprachelement ersetzt man durch das Beschreiben charakteristischer Eigenschaften oder Merkmale, z. B. *he repairs cars, he works at a garage* (*mechanic*). Paraphrasierungen fallen gegebenenfalls als stilistische Fehler ins Gewicht, wenn die genaue Kommunikationsintention bekannt ist und diesbezügliche Erwartungen unerfüllt bleiben. Manchmal sind Paraphrasierungen als semantische Vereinfachung aufzufassen (Mc Laughlin 1987). Diese Strategie der Simplifizierung gibt es auch auf syntaktischer Ebene, z. B. *you like this?*

> ▶ ELT-term *achievement strategy*: "Achievement strategies [are]: 'success oriented' albeit 'risk running' [...] the learner's primary goal is to get his meaning across [...][therefore] he consciously runs the risk of making errors." (Medgyes 1989: 71)

Lernstrategien

Auch der aktive Einsatz von Lernstrategien erhöht zunächst die Fehlerwahrscheinlichkeit, etwa die Strategie, Bedeutungen einzelner Begriffe aus dem Kontext herzuleiten (Inferieren). In sprachproduktiven Phasen führt das Hypothesentesten zu Fehlern. Dies beginnt bereits bei der unüblichen Anwendung von Wortbildungsregeln (*coinage*). Lernstrategien verhindern keine Fehler, sie helfen aber dabei, Unklares zu identifizieren und zu beheben, gegebenenfalls durch das **Lehrerfeedback**.

Pragmatische Fehler

Pragmatische Fehler sind keine Abweichungen von einer linguistischen Norm. Vielmehr kollidieren sie mit **Gesprächskonventionen**. Im grammatisch-morphologischen Sinne sind Äußerungen wie *waiter, you haven't brought me my soup yet*, verwendet von einem Gast in einem englischen Restaurant, korrekt. Dennoch muss man sie als Fehler betrachten. Sie verstoßen gegen kulturelle Gepflogenheiten, gegen Werte und gegen die in einer Sprachgemeinschaft mehrheitlich akzeptierten Formen des Sprachgebrauchs.

Verstöße gegen soziale Sprachroutinen realisieren sich auf der linguistischen Ebene. Sie sind das Ergebnis von Unsicherheiten bei der Verwendung von Höflichkeitsbekundungen, der Anwendung von Routineformeln z. B. bei Gesprächseröffnungen. Die Angemessenheit von Äußerungen ist auch eingeschränkt, wenn Begrüßungen, Entschuldigungen, Einladungen und ähnliche kulturgebundene Sprechakte nicht in der erwarteten Form versprachlicht werden (Wolfson 1984, Holzapfel 2009).

Sprachlernen in der Presse   Ian McMaster, Chefredakteur einer Sprachzeitschrift
Ian McMaster: Die Deutschen legen sehr viel Wert darauf, eine Fremdsprache korrekt zu sprechen. Dabei ist es gar nicht so schlimm, Fehler zu machen.
sueddeutsche.de: Sind wir beim Englischlernen also zu perfektionistisch?
McMaster: Auf jeden Fall. Es ist doch gar nicht so entscheidend, wie ein echter Engländer zu reden oder die Präpositionen richtig zu verwenden. Wichtiger ist es, so zu kommunizieren, dass man gute Geschäftsbeziehungen aufbauen kann.
Holzapfel, N. *Süddeutsche.de* 2007

Pragmatische Fehler sind in einem engen Zusammenhang mit **kulturellen Routinen einer Sprachgemeinschaft** zu sehen. Sie entstehen, weil man Themen anspricht, die in der betreffenden Kultur tabuisiert sind, man soziale Gesprächsbeiträge falsch einschätzt, man beispielsweise die unverbindlich ausgesprochene Einladung zum Kaffee ernst nimmt und entsprechend handelt. James (1998: 165f) spricht in diesem Zusammenhang von der American ‚*cooperative lie*‘: "[W]hen Americans declare *We really must get together some time*, they do not necessarily mean that literally." Deutsche Verwender der englischen Sprache etwa tun sich schwer damit, die aus der Muttersprache gewohnte Direktheit der Formulierungen im Englischen abzumildern, wie es im zielkulturellen Umfeld gemeinhin erwartet wird. In anderen Sprachgemeinschaften werden pragmatische Fehler einer bestimmten Sprache unter Umständen nicht als solche aufgefasst. So ist das deutsche Sprachverhalten weitaus direkter als das englische. Daher wirkt im Deutschen noch höflich, was man im anglo-amerikanischen Umfeld bereits als unhöfliche Sprachform auffasst.

Action Item 6.5

Bitte notieren Sie Normabweichungen im Klassenzimmer und prüfen Sie, ob ihre Ergebnisse durch die folgenden Fehlertypen abgedeckt werden. Gegebenenfalls definieren Sie bitte eine neue Kategorie oder Unterkategorie (Richards 1971: 174ff; Johnson 2008: 32ff; Timm 1992: 4ff):

Interlingual	Intralingual	Strategic	Pragmatic
False friends: * brav: brave	*Overgeneralization:* *he can sings	*Approximation:* *fruits (blackberries)	*Rules of speaking* Directness, appropriateness, acceptability
Foreignizing: The man *nimms the radio	*Ignorance of rule restrictions:* he asked *to me (vs he said to me	*Opposition* *not happy (sad)	*Rules of discourse* Forms of address, turn taking
Language switching: Can I *bestellen, please?	*Incomplete application of rules:* *You read much?	*Coinage* He works in a *factorer (factory)	*Politeness* Speech functions
Calque: I have *made the same experience	*False concepts hypothesized:* He*is speaks French	*Exemplification* He works in a big house (factory)	

Lernfehler

Aus den bisher skizzierten Kategorien fallen Sprachphänomene, die nach einer Phase erfolgreicher Anwendung wieder fehlerbesetzt sind (*backsliding*). Ohnehin gilt dies für viele fehlerhafte Sprachhandlungen, zu deren Überprüfung es im Grunde genügend Zeit und Input gab. Wer Vokabeln nicht gelernt hat oder Wortbildungsregeln nach mehrmaliger Behandlung nicht umsetzen kann, wer sich Übungsangeboten verweigert oder keine Anstrengungen unternimmt, das Dargebotene zu verarbeiten, dessen fehlerhafte Resultate sind mit Verweis auf Hypothesenbildung nicht zu entschuldigen.

6.3 Umgang mit Fehlern

Lehrkräfte interessieren sich primär für sprachliche Fehler. Dies verwundert insofern nicht, als sie aufgefordert sind, Korrekturen der Lernersprache vorzunehmen und sie in regelmäßigen Abständen zu bewerten. In der alltäglichen Korrekturarbeit haben sich Verfahren routinisiert, die Abweichungen von der Norm in Schülertexten nach systemlinguistischen Kategorien markieren. Lernende, die damit vertraut sind, erfahren durch die systematisierten Hinweise auf ihre Unsicherheiten, in welchen Bereichen sie noch arbeiten müssen. Eine Fehlertypologie in Form von **Korrekturzeichen** ist demnach vergleichbar mit einer Diagnostik, nicht aber mit einer Therapie (Kieweg 2007).

Action Item 6.6

Bitte entwerfen Sie durch Analyse von korrigierten Lernertexten durch verschiedene Lehrkräfte eine Typologie der im Englischunterricht verwendeten Korrekturzeichen. Vergleichen Sie Verfahren an verschiedenen Schulstufen und erläutern Sie, welche Fehlertypen damit erfasst werden und welche nicht.

Spontanes Feedback

Besonders hervorgehoben in der Diskussion um fehlertherapeutische Maßnahmen wird die Bedeutung des Feedbacks. Manchmal ist es nötig, im Anschluss an die Sprachhandlung von Lernenden die verbesserte Version anzugeben, das bruchstückhaft Gebliebene zu ergänzen: Das ‚Lehrerecho' wird zur **„kommunikativen Reparaturhilfe"** (Timm 1992b: 8). Dass dieses Vorgehen eher die Regel als die Ausnahme ist, zeigen neuere Untersuchungen, z. B. die Desi-Studie. Im spontanen Feedbackverhalten schwingt immer die Gefahr mit, Lernende in eine passive Rolle zu drängen (Thielicke 2005, Helmke 2007). Unmittelbares Verbessern oder Erklärungen sind als alleinige Maßnahme zur Fehlerminimierung sicherlich nicht hinreichend. Für eine nachhaltige Fehlerbehandlung sind sie ein erster Schritt.

Lernen in der Presse	Werner Blum, Mathematikdidaktiker

„Der Lernerfolg ist höher, wenn Schüler Probleme selbstständig bearbeiten", betont Werner Blum von der Universität Kassel und Mitarbeiter der Pisa-Studie 2003. Thielicke, *Focus-Schule* 2005

Action Item 6.7

Bitte erläutern Sie, welche der gelisteten Formen an Feedback Sie als Lehrerreaktion auf spontane mündliche Fehlerproduktionen für sinnvoll halten. Beziehen Sie Niveaustufe, Lernervariablen, Aktivierungsformen und Unterrichtsprinzipien in Ihre Überlegungen ein (Bartram/Walton 1991: 41ff; Demers/Bérube 1995: 109f; Tedick/de Gortari 1998):

Clarification request:	The teacher indicates that the message has not been understood or that the student's utterance contained some kind of mistake and that a repetition or a reformulation is required.
Echoing correction:	The teacher repeats the student's error and adjusts intonation to draw student's attention to it.
Reformulation:	The teacher implicitly reformulates the student's error, or provides the correction.
Metalinguistic clues:	The teacher poses questions or provides comments or information related to the formation of the student's utterance.
Elizitation:	The teacher directly elicits the correct form from the student by asking questions.

Datenbasiertes Feedback

Eng an die *counseling*-Technik alternativer Methoden angelehnt ist die **nachbereitende Fehlertherapie** (Richards/Rogers 2001: 114f). Während freier Sprechphasen hält die Lehrkraft gravierende Fehlleistungen, markante Versprachlichungsprobleme und Regelverstöße fest. Anschließend thematisiert sie eine Auswahl ihrer Sammlung in einer eigenen Phase. Auf diese folgt eine neuerliche Auseinandersetzung. Gegenüber dem Kontext, in dem die Schülerfehler erstmalig auftraten, hat der nachfolgende Handlungsrahmen nun auch andere thematische Auslöser für die Verwendung der problematisierten Redemittel.

Schriftliche Arbeiten verleiten Lehrkräfte häufig dazu, alle Fehler zu markieren. Für Lernende mit größeren Leistungsdefiziten ist es ernüchternd, darauf hingewiesen zu werden, wie viele Fehler sie produziert haben. Noch gravierender wird der negative Einfluss auf ihre Motivation sein, wenn sie zur Bearbeitung aller markierten Fehler verpflichtet werden. Unter lernpsychologischen Gesichtspunkten ist es sinnvoll, bei der Korrektur Schwerpunkte zu setzen und die Fehler zu begrenzen, mit denen sich der Schüler beschäftigen soll.

Auch **individuelle Beratungsgespräche** beziehen sich auf schriftliche Arbeiten (Meyer 1994). Ziel ist es jedoch, Schülern Einsichten in ihre Enkodierungsstrategien zu vermitteln. Damit sei eine deutliche Fehlerminimierung zu erreichen. Im persönlichen Lehrer-Schüler-Dialog wird gemeinsam eruiert, welche Überlegungen zu den fehlerbesetzten Äußerungen geführt haben.

Eine individuelle Fehlertherapie sucht nicht nach einer Klassifizierung von linguistischen Defiziten, sondern befasst sich mit der **Entstehung des Fehlers**. Sie geht davon aus, dass zwar viele Fehler auf interlinguale und intralinguale Zwischenhypothesen zurückzuführen sind. Jedoch können unterschiedliche Denkoperationen zum gleichen Ergebnis geführt haben. So kann die Äußerung **I have my watch lost* bei deutschen Muttersprachlern auf interlinguale Beeinflussungen zurückzuführen sein, wenn die Hypothese lautet: Behalte deutsche Satzstellung bei, ersetze deutsche Wörter durch englische. An möglichen Ursachen kommt in Frage, dass ein Lerner englischsprachige Äußerungen kennen gelernt hat, die syntaktische Gemeinsamkeiten mit dem Deutschen aufweisen, z. B. *I can sing; I have no time*. Nun bildet er die Hypothese, dass ein Transfer für das Beispiel gültig ist. Diese Operation kann jedoch auch die Hypothese bewirkt haben, es sei richtig, sich an Äußerungen wie *I have my hair cut* zu orientieren.

Die **ökonomische Variante** des Verfahrens zur Durchführung im Klassenverband besteht darin, individuelle Fehler aus aktuellen Sprachproduktionen auf *hot cards* (Bartram/Walton 1991) zu notieren und zur Beschreibung der Hypothese aufzufordern.

Selbsttätiger Fehlerumgang

Der Auffassung folgend, dass Selbsttätigkeit der Lernenden zu mehr Nachhaltigkeit führt, basieren zahlreiche Vorschläge auf einer schülerzentrierten Fehlerbehandlung.

Eine Kombination aus individueller Fehlertherapie und Schülerselbsttätigkeit sind Anregungen zur **Positivkorrektur** in mitteilungsbezogenen Aufgaben. Dabei werden individuelle Ausdrucksdefizite im Schülertext markiert und niveaugerecht verbessert. Die Lernenden tragen dann beide Versionen in einer Kartei ein und analysieren die Daten, woraufhin wiederum Verarbeitungsaufgaben der verbesserten Redemittel in anderen kontextuellen Zusammenhängen folgen (Nadorf 1993).

Action Item 6.8

Konzipieren Sie bitte einen Fragebogen, der Erkenntnisse über Einschätzungen von Lehrkräften zur Positivkorrektur und anderen Formen der Fehlertherapie liefert.

Error/mistake	Correction	Type	Old/new	Analysis
easier as Lincoln	easier than Lincoln	Grammar	New	-mehr als-more-than

Die Korrektur durch Mitschüler ist ein nicht unstrittiges Verfahren der Lerneraktivierung. Man zieht es mit dem Argument in Erwägung, bei Lernenden langfristig wirksame Strategien zur Selbstkorrektur anzubahnen. Maßnahmen zur **Fehlersensibilisierung** tragen vermutlich zur Stärkung der Lernerautonomie im Umgang mit Fehlern bei. Übungen zur Sprachbewusstheit veranlassen die Lernenden zur individuellen Theorienbildung. Sie geben Gelegenheit, diese im Auswertungsgespräch zu überprüfen. Vor diesem Hintergrund sind Korrekturaufträge für die Klasse zu sehen. Hierbei gilt es, Fehler zu identifizieren, sie zu markieren und daran anschließend Hypothesenbildungen und –überprüfungen zu ihrer Entstehung vorzunehmen.

▶ ELT-term *peer correction*: "Peer correction is a classroom technique where learners correct each other, rather than the teacher doing this. Example: Using a computer room, each learner quickly writes a short text on someone who has inspired them. They then move to the next terminal and correct the next learner's text. This rotation continues until they come back to their work." (BBC online 2008)

Zu den schülerorientierten Sensibilisierungsformen zu zählen sind spielerische Kontexte. Wegen ihres Wettbewerbscharakters sind sie geeignet, bei vielen Lernenden einen Motivationsschub für eine kognitive Auseinandersetzung mit Abweichungsphänomenen auszulösen.

Als besonders gelungenes Format sei auf die schon als legendär zu bezeichnende *grammar auction* (Rinvolucri 1984) verwiesen, in der alle wünschenswerten Aspekte berücksichtigt sind.

Action Item 6.9

Entwerfen Sie bitte eine *grammar auction* für Lernende auf dem Niveau B. Stellen Sie hierzu eine Reihe von korrekten und fehlerhaften Sätzen mit entsprechendem Schwierigkeitsgrad zusammen.

You have $2000. Look at the sentences below and decide how much money you are prepared to bid for each below. The minimum bid is $50. The winner is the team with the most correct sentences and the most money left.

Sentences	Price	Team

Rinvolucri 1984

6.4 Fehlervermeidung und Fehlertoleranz

In vielen Unterrichtskonzeptionen, namentlich jenen der Lehrbücher, wird Schülern frühzeitig eine aktive Rolle zugewiesen, in Form imitativer und reproduktiver Aktivitäten vorgegebenen Sprachmaterials. Das frühe Einfordern von Sprachproduktionen sieht man kritisch, nicht zuletzt wegen der Fehlergefahr.

Stillphasen

Daher ist es heute Konsens, Lernende zunächst nicht zum Sprechen zu zwingen. Vor allem bei der Einführung neuen Wissens benötigen die Schüler Zeit, um das Neue wahrzunehmen. Stillphasen bieten Gelegenheit, sich auf das Neue einzulassen und Hypothesen aufzustellen. Stillphasen vollziehen sich, ohne dass Verstehen durch Anwendungsaufträge überprüft wird. Damit ist nicht gesagt, dass Lernende grundsätzlich nicht aktiv sein sollen.

> ▶ ELT-term *silent period*: "A span of time of varying length, during which some beginning second language learners do not willingly produce the language they are learning." (Granger 2004: 1f)

In der Methode des *Total Physical Response* setzen die Lernenden Aufforderungen in Bewegungen und Bewegungsabläufe um. Das Artikulationsmodell des **„erwerbsorientierten Ansatzes"** von Ziegesar/Ziegesar (1998) hat Phasen ausschließlich dafür reserviert, dass Schüler ihr Maß an Verstehen mit Redemitteln signalisieren, die ihnen vertraut sind. Sie können auch gestisch-mimisch Verstehen ausdrücken. Das Imitieren des Neuen ist währenddessen ausgeschlossen.

Freie Sprechphasen

Lernende müssen regelmäßig Gelegenheit zur Sprachverwendung in freien Zusammenhängen haben, ohne dass ein Übungsformat die Richtung vorgibt: „Durch Input lernt man eine Sprache verstehen, aber nicht selbst sprechen" (Wode 1995: 138). Zahlreiche Studien haben gezeigt, dass sich das Einfordern von Sprachproduktionen nach einer gewissen Zeit der Eingewöhnung positiv auf die Sprachkompetenz auswirkt. Selbst wenn freies Sprechen eingefordert wird.

Sprachlernen in der Presse   Marion Bookers-Schwarz, Sprachlehrerin
Der erste holprig selbst formulierte Satz ist unendlich viel wert. Wer Phrasen nur papageienhaft nachplappert oder Grammatikregeln stur auswendig lernt, wird es im Alltag schwer haben, ein eigenständiges Gespräch zu führen: Wichtig ist es, am Ball zu bleiben. Ansonsten geht das Wissen schnell wieder verloren.
Small Talk for Experts, Focus online 2008

Bei vielen Versuchen, einen Gedanken zu versprachlichen, sind sich Schüler noch unsicher. Vielleicht formulieren sie erstmalig die Mitteilung oder sie können sich nicht für eine spezielle Realisation entscheiden. Vorstellbar ist auch, dass sie nur für Teile des geplanten Ausdrucks einen **Versprachlichungsplan** entworfen haben. Oder der Zugriff auf das Sprachwissen ist noch nicht routinisiert. Dann ist es keineswegs ungewöhnlich, dass sie vorsichtig sind, langsamer sprechen oder Fehler produzieren. Auch mit Kommunikationsabbrüchen ist immer wieder zu rechnen. Reißen alle Stricke, greifen Schüler auf ihre Erstsprache zurück, um sich mitzuteilen. Solche Reaktionen erklären sich aus der Tatsache, dass bei Sprachproduktionen **Syntaxkenntnisse aktiv** eingesetzt werden müssen. Es bedarf der Übung, sie schnell verfügbar zu haben. Sonst gerät man schnell an seine Grenzen und scheitert an den Lücken „zwischen vorhandenem Wissen und beabsichtigter Äußerung" (Vollmer 2005: 150).

> ▶ ELT-term *language production*: "Output, or language production, forces learners to focus on the syntax of an utterance and, consequently, on formulating hypotheses about how the target language works. This is different from receiving input, because input involves only comprehension, and comprehension often requires little syntactic organization." (Gass 2002: 180)

Action Item 6.10

Untersuchen Sie bitte Unterrichtskonzepte nach ihren Angeboten für freies Sprechen. Bestimmen Sie dabei, durch welche Maßnahmen freies Sprechen in den Aufgaben explizit unterstützt wird.

Aufgaben, die Sprachproduktionen auslösen, erleichtern Lernenden das **Hypothesentesten**. Schüler bilden permanent Hypothesen zur Fremdsprache und entwerfen Ideen, wie man einen Gedanken ausdrückt. Freie Sprechaufgaben erleichtern Lernern zu überprüfen, ob sie mit ihrer Vermutung über die Verwendung bestimmter Sprachmittel richtig lagen. Entsprechend wichtig sind Feedback und Beratung im Anschluss an solche Aufgaben. Man vermeidet es, dass sich Fehler oder simplifizierte Hypothesen verfestigen, die individuelle Lernentwicklung wird gefördert.

> ▶ ELT-term *hypothesis forming*: "The L2 learner:
> – Is exposed to a lot of language
> – Subconsciously forms ideas –or hypotheses – about how the language works
> – Puts these ideas to practice by trying out the new language
> – Receives new information, that is, is exposed to more language
> – Changes the new idea to fit the new information
> – Tries out the new ideas." (Bartram/Walton 1991: 12)

In sprachproduktiven Phasen erfahren Lehrkräfte vieles über den aktuellen Entwicklungsstand, über die Schnelligkeit, mit der Schüler auf ihr sprachliches Inventar zugreifen und auf welchen richtigen oder falschen Annahmen zur Fremdsprache es basiert. Sie können das Missverstandene einschätzen, auf noch unzureichende Folgerungen, auf denen manche Hypothesen basieren, didaktisch reagieren.

Wie bereits dargestellt, zeigen Fehler in **natürlichen Erwerbsprozessen** einen Lernfortschritt an. Auch in gesteuerten Erwerbsprozessen sind sie im Grunde "a device the learner uses in order to learn" (Corder 1967: 166). Diese seit den 1960er Jahren gültige Aussage impliziert Fehlertoleranz. Nur dann erhält man Daten über den Kompetenzstand in der Klasse und erfährt, welche mentalen Konzepte ergänzungs- bzw. korrekturbedürftig sind. In fehlertoleranten Klassenzimmern haben Lernende Gelegenheit mit der Sprache kommunikativ zu experimentieren, auch wenn die Ergebnisse korrekturbedürftig sind.

Unterrichtsbeobachtungen haben gezeigt, dass Schüler wesentlich empfänglicher für Fehlerkorrekturen sind, wenn sie eigene, gemessen am Sprachgebrauch kompetenter Sprecher, fehlerbesetzte Zwischenhypothesen erproben dürfen. Unterweisungen werden bewusster aufgenommen und verarbeitet (Kleppin 2006).

Fehlertoleranz meint keineswegs den Verzicht auf Korrektur. Nur soll sie auf Phasen beschränkt bleiben, wo Lernende etwas Neues trainieren oder wo sich unzutreffende Hypothesen routinisiert haben. In kommunikativen Phasen, wo es um das Informieren geht, um das Mitteilen, um ,echte Kommunikation' also, werden Fehler sinnvollerweise vernachlässigt (Timm 1992).

Korrekturen sind angezeigt bei Fehlern, die das Ergebnis eines Restrukturierungsprozesses sind. Solche Fehler basieren auf der Analyse einer automatisierten Version, ohne Kenntnis des Konstruktionsprinzips. Die Regel ist noch nicht vollständig abgeleitet, das zugrunde liegende Muster noch nicht abstrahiert. Im Ergebnis kommt es zu Vereinfachungen, wie z.B. *you have pet?* (Mitchell/Myles (2004: 101).

Aus Ergebnissen der Erwerbsforschung lässt sich folgern, dass bei den Fehlern eine Thematisierung angezeigt ist, die als Simplifizierung (*you pet?*) für weitere Hypothesen genutzt werden. Solange aber Lernende grundlegende Entwicklungssequenzen durchlaufen, sollte man Normabweichungen als Versprachlichungen betrachten, die den aktuellen Verarbeitungsprozess abbilden. Der Weg hin zur normgerechten Verwendung ist noch nicht abgeschlossen (z.B. *do he go home*).

Dass Lernende Entwicklungssequenzen durchlaufen bedeutet natürlich nicht, auf jedwedes Feedback in Form einer kommunikativen Replik zu verzichten.

> **Zusammenfassung**
>
> Dieses Kapitel wollte aufzeigen,
>
> - welche Auffassungen vom Fehler die fachdidaktische Diskussion beeinflussen,
> - welche Kategorisierungen man vornehmen kann,
> - welche Rückschlüsse sich von Fehlern auf den Lernprozess durchführen lassen,
> - welche Verfahren im Umgang mit Fehlern theoriegeleitet sind.

Weiterführende Literatur:

Quellen für Action Items und für forschende Lernaktivitäten: Freudenstein, R. (Hg.): *Errors and foreign language learning: Analysis and treatment.* Marburg 1989. **Hecht, K./Green, J.:** *Fehleranalyse und Leistungsbewertung im Englischunterricht der Sekundarstufe I.* Donauwörth 1983. **James, C.:** *Errors in Language Learning and use.* Harlow 1998. **Richards, J. (Hg.):** *Error analysis. Perspectives on second language acquisition.* London 1971. **Speight, St.:** *Right or wrong? Spotting mistakes and borderline cases.* Berlin 1998. Siehe auch englische-fachdidaktik.com/

7. Lernformen und Lernervariablen

Bewusstes Lernen spielt beim Fremdsprachenerwerb eine untergeordnete Rolle. Favorisiert werden Szenarien, die Lernenden dazu verhelfen, ihre momentanen Annahmen zur fremden Sprache zu testen, indem sie diese ausprobieren. Das Feedback der Lehrkraft oder die im Input wahrgenommenen Belege einer sprachlichen Hypothese begünstigen Entwicklungen hin zu einer komplexeren Verwendungskompetenz der Fremdsprache.

Nun ist jedermann klar, der sich zur Theorie des Fremdsprachenerwerbs äußert, dass die Sprachaneignung in einem Klassenzimmer stattfindet und die vorgefundenen Bedingungen mit natürlichen Erwerbssituationen nicht in allen Facetten vergleichbar sind. Während die Erkenntnisse aus der Erwerbsforschung Unterrichtsverfahren nahelegen, die **implizite Lernvorgänge** ermöglichen, ist die Unterrichtspraxis von Vorgehensweisen geprägt, die stärker auf das explizite Lernen ausgerichtet sind. Für einzelne Unterrichtsphasen oder für Unterrichtsverläufe gibt es theoriegeleitete Umsetzungsimpulse mit impliziten und expliziten Anteilen.

7.1 Wissensaufbau

Implizites und explizites Lernen

Kennzeichnend für implizite Lernvorgänge sind die unbewusste Aufnahme und Verarbeitung von Sprachwissen. Und zwar allein dadurch, dass man der Sprache ausgesetzt ist. Aufgaben und Phasen bewussten Lernens, Erklärungen oder das Aufzeigen von Regularitäten, wie beim expliziten Lernen üblich, sind hinderlich, wenn sie zu früh abverlangt werden und weder das Wissen noch das Können für den Erwerb des Neuen vorliegen. Es nützt Schülern nichts, ein Redemittel erklärt zu bekommen, von dem sie noch keine konzeptuelle Vorstellung entwickelt haben. Erst wenn sie kurz vor dem Abschluss der Verarbeitung des implizit Wahrgenommenen stehen, scheint Instruktion sinnvoll. Dadurch werde verhindert, dass sich eine simplifizierte Version eines Redemittels verfestigt (Pienemann 2006).

Implizites Lernen führt zu Wissen, das durch praktisches Tun in der Sprache erworben wird, die einen umgibt. Deshalb fällt es Lernenden schwer, implizites Wissen zu beschreiben. Erfahrene Sprachverwender wenden beispielsweise Sprachregeln professionell an, ohne erklären zu können, warum etwas richtig oder falsch in ihrer Sprache ist. Durch **explizites Lernen** baut man Wissen auf, das man sich willentlich, planvoll und bewusst aneignen möchte, z. B. für Prüfungen oder für Hausaufgaben. Explizites Wissen kann in der Regel gezielt aufgerufen werden. Zumindest für einen bestimmten Zeitraum sind auswendig gelernte Informationen, Regeln oder Wörterlisten verfügbar.

▶ ELT-term *implicit/explicit learning*: "Implicit learning has been characterized as a passive process, where people are exposed to information, and acquire knowledge of that information simply through that exposure. Explicit learning, on the other hand, is characterized as an active process where people seek out the structure of any information that is presented to them." (Pritchard 2008)

Deklaratives und prozedurales Wissen

Lernende bauen neues Wissen auf vorhandenem Wissen auf. Hierbei entstehen deklarative und prozedurale Bestände. Deklaratives Wissen ist faktisch vorhanden. Beispielsweise weiß man etwas über Wortbildungsregeln. Wird man hierzu befragt, können Antworten gegeben werden. Auch gelingt es, mit deklarativem Wissen eine Übung zur Wortbildung auszuführen oder gelernte landeskundliche Fakten über ein Phänomen zu reproduzieren (*knowing that*). Das **bewusste Wissen** über Sachverhalte wächst im Laufe der (Unterrichts-) Zeit an, es wird ergänzt, erweitert und zielgerichtet miteinander vernetzt (Etzold 1999).

Lernen in der Presse   Sabine Etzold, Wissenschaftsjournalistin
Ein riesiges Defizit liegt im Artikulationsvermögen: einen Sachverhalt ausformulieren, eine Diskussion führen, gar einen Vortrag aus dem Stegreif halten – all diese Methoden zur Erleichterung von Lernen und Arbeiten werden nicht gefördert im üblichen Unterricht, den immer noch zu beinahe 80 Prozent der Lehrer mit seinen Monologen füllt. Als die Schüler sich im Training einmal bewusstmachen sollten, zu welchem Lerntyp sie zählen, kam heraus: Am meisten lernen sie durch eigenes Handeln (Pflanzen sammeln, Theater spielen, Texte exzerpieren) – am wenigsten aber durch reines Zuhören.
Etzold, *Die Zeit* 1999

Explizite Kenntnisse über die Sprache unterstützen die Entwicklung kommunikativer Kompetenzen. Was sie vorantreibt, ist das prozedurale Wissen (*knowing how*). Faktenwissen wird zu prozeduralem Wissen, wenn es gelingt, es praktisch nutzbar, d.h. anwendbar, zu machen. In unserem Fall Wortbildungen in kommunikativen Anlässen zu produzieren, ohne über Regeln lange nachdenken zu müssen. Viele Bestände des prozeduralen Wissens bedürfen **keiner expliziten Form**, da sie das Ergebnis von unbewussten Lernvorgängen sind (Multhaup 1999). Sprachliches Wissen fällt hierunter. Es leitet sich ab aus der mental verarbeiteten Erinnerung an praktischen Erfahrungen.

▶ ELT-term *declarative/procedural knowledge*: "Declarative knowledge is knowledge about something. Declarative knowledge enables a student to describe a rule of grammar and apply it in pattern practice drills. Procedural knowledge is knowledge of how to do something. Procedural knowledge enables a student to apply a rule of grammar in communication." (NCLRC 2008)

Auch prozedurales Wissen aus der Erstsprache unterstützt Lernende bei der Anwendbarkeit von deklarativem Wissen in der Fremdsprache. Beispielsweise setzen sie Kenntnisse über Laut- und Graphemmuster, über Beziehungen von Wortformen und Wortbedeutungen ein, um sich neue zielsprachliche Einheiten zu erschließen (Wolff 1995).

Universalgrammatik

In einer Sprache sind zahllose Ausdrucksvarianten realisierbar. Lernende können sich das Repertoire an Regularitäten und Ausnahmen nicht nur über das Erproben und Generalisieren von Hypothesen allein erschließen. Manche Annahmen, die nach den gelehrten Regeln eigentlich zu erwarten wären, werden gar nicht erst in Erwägung gezogen. Beispielsweise würden Lernende die fehlende Information in *John met Mary in xxxx* erfragen durch: *where did John meet Mary*. Sie würden diese Strategie jedoch nicht umsetzen im Falle von *John met Bill and xxx* und formulieren: **Who did John meet Bill and ----*. In Koordinationen würde die zu erfragende Konstituente nicht durch ein wh-Pronomen ersetzt werden.

Mit Blick auf das Beispiel hält man es für denkbar, dass eine angeborene **Spracherwerbsinstanz** wirksam ist und ein erfolgreicher Zugriff auf die Universalgrammatik vollzogen wurde. Dieses „komplexe kognitive System" stellt sicher, dass mit einer begrenzten sprachlichen Erfahrung das sprachliche Regelsystem abgeleitet werden kann. Es könnte auch bei der Aneignung einer Fremdsprache im Klassenzimmer aktiv sein (Felix 1985: 136). Für diese Theorie spricht, dass Lernende Redemittel produzieren, die sie weder im Unterricht gelernt, noch aus den Beständen ihrer L1 Grammatik übertragen haben (White 2003: 22f). Es kann aber auch sein, dass diese Phänomene Produkte der Lernfähigkeit sind und Lernende ihr Wissen für **Schlussfolgerungen** nutzen, mit denen sie nun experimentieren.

> **Action Item 7.1**
>
> Notieren Sie sich bitte über einen längeren Zeitraum fehlerhafte Äußerungen von Englischlernenden. Stellen Sie fest, ob diese auf vermitteltem Wissen basieren oder es sich um Hypothesen handelt, die dem Curriculum nicht zuzuordnen sind . Untersuchen Sie auch, welche fehlerhaften Äußerungen bei der Verwendung des Wortschatzes auftreten.

7.2 Lernphasen

Der Englischunterricht ist prädestiniert für implizites Lernen. Häufig jedoch und besonders in den Anfangsjahren schafft der Englischunterricht Situationen, in denen die Lernenden sich dezidiert mit einzelnen sprachlichen Phänomenen intensiv übend auseinandersetzen. Nicht allein, damit Lernwege verkürzt werden.

Automatisieren

Ziel von Übungsaktivitäten ist es, zunächst eine Automatisierung der Sprachmittel herbeizuführen. Imitation und enggesteuertes Üben eines sprachlichen Fokus scheinen wichtige Funktionen bei der Automatisierung sprachlicher Strukturen zu haben. Wenn ein Redemittel automatisiert ist, muss man über die Verwendung nicht mehr nachdenken. Das Redemittel wird gewohnheitsmäßig umgesetzt. Daher arbeiten Schüler in den Phasen des Unterrichts, die eine Automatisierung des Neuen herbeiführen sollen, in Kontexten, die eine **häufige Verwendung des Neuen** sicherstellen. Orientiert an den bekannten Übungsprinzipien aus der Gedächtnispsychologie vollzieht sich ein gut konzipiertes Übungskonzept zeitversetzt und in kleinen Schritten.

> ▶ ELT-term *automatization*: "Automatization comes about as a result of practice. Once processes have become automatized they are fast and effortless." (Poulisse 1999: 67)

Rekonstruktion

Automatisierung führt noch nicht dazu, ein Redemittel in einem anderen Kontext als dem der Übung aktiv verwenden zu können. Ein intensives Üben der Fragebildung mit *to do* stellt also noch nicht sicher, dass Schüler das Phänomen sicher und kreativ in ihren Sprachproduktionen einsetzen.

Dies zu leisten wird durch die Restrukturierung von automatisierten Redemitteln vorbereitet, methodisch angestoßen in veränderten Anwendungskontexten, die auf die Automatisierungsphase folgen. Die Lernenden verwenden dann das Neue in einem **größeren, komplexeren Zusammenhang** und beginnen damit, es in ihren bestehenden Sprachbesitz einzubinden. Die Integration des Neuen in bestehende Wissensbestände mit nachfolgender Neuorganisation des alten und neuen Wissens sind grundlegende Operationen bei der Rekonstruktion. Auch mit expliziten Phasen verfolgt man die Absicht, eine Restrukturierung automatisierter Sprachmittel einzuleiten und „Erkenntnisprozesse [zu] initiieren" (Gnutzmann 1995: 280). Hierbei sollen Lernende ihre Aufmerksamkeit auf die Konstruktionsprinzipien eines Redemittels richten.

> ▶ ELT-term *reconstruction*: ... "Learners simplify, unify and gain increasing control over their internal representations (procedures for selecting appropriate vocabulary, grammatical rules, and pragmatic conventions governing language use)" (McLaughlin 1987: 133f)

Automatisierung und Restrukturierung sind zentrale Phasen eines **induktiven Unterrichts**. Man setzt einen Plan um, der das Neue anhand massierter typischer Verwendungsbeispiele präsentiert. Es folgen festigende Übungen mit nachfolgender Anwendung des Neuen in ähnlichen, allerdings komplexeren Zusammenhängen.

Methodisch betrachtet sind Automatisierung und Rekonstruktion Prozesse, die mit einem Plan umsetzbar sind, der **linear** voranschreitet. Sprachkompetenz wird zu entwickeln versucht, indem Strukturen und Sprachmittel Stück für Stück eingeführt und geübt werden. Mit Argumenten der Erwerbsforschung lässt sich das lineare Voranschreiten nicht begründen.

Action Item 7.2

Beschreiben Sie bitte das Verhältnis von Automatisierung und Rekonstruktion in Übungsaktivitäten. Beobachten Sie hierzu Unterricht oder analysieren Sie eine Auswahl an Lehr- und Lernmaterialien für unterschiedliche Lernerniveaus. Versuchen Sie eine Kategorisierung dieser Aktivitäten.

7.3 Lernerindividualität

In einer jeden Lerngruppe gibt es unterschiedliche Lernertypen. Die Forschung hat eine Reihe von Variablen identifiziert, die das Fremdsprachenlernen beeinflussen und auf Ursachen für Unterschiede in den Kompetenzen von Schülern verweisen.

Alter

Das Alter ist für die Aneignung einer Fremdsprache ausschlaggebend. Es wird als wichtigstes Charakteristikum für den Lernerfolg betrachtet. Im Kindesalter eine Fremdsprache zu erlernen, zieht den **größten Erfolg** nach sich. Zwar sind Lernfähigkeit, Problemlösungsvermögen und abstraktes Denken ab dem zwölften bis vierzehnten Lebensjahr insgesamt stärker ausgeprägt als bei Kindern. Und es kann unterstellt werden, dass Erwachsene aufgrund ihrer höher entwickelten kognitiven Fähigkeiten fremden Input insgesamt besser verarbeiten. Dennoch vermögen diese Qualifikationen die günstigeren Voraussetzungen von Kindern nicht zu kompensieren (Spiewak 2006). Bei ihnen vollzieht sich die Verarbeitung des Input in der linken Gehirnseite. Sprachenlernen gelingt ohne größere Anstrengung. Nach der kritischen Periode (*critical period*) müssen Sprachenlernende zur Inputverarbeitung Regionen in beiden Gehirnhälften aktivieren. Grammatiklernen wird dann mühevoller und es strengt mehr an: "Learning a second language after 13 is likely to result in a less automatic mastery of this language" (Blakemore/Firth 2005: 47).

Sprachlernen in der Presse — Elsbeth Stern, Bildungsforscherin

Fremdsprachenlernen wird mit zunehmendem Alter deshalb schwieriger, weil der Unterschied zur Muttersprache gewachsen ist. Thomas Mann hatte es da natürlich sehr schwer. Als der in die USA emigrierte, konnte er seine Romane auch nach Jahren nicht auf Englisch schreiben. Die Differenz zwischen seiner Sprachmächtigkeit im Deutschen und dem Englischen ließ sich nicht mehr aufholen. Ein Sechsjähriger dagegen, der in ein fremdes Land kommt, erreicht schnell das Niveau seiner Alterskameraden, weil diese ebenfalls noch nicht übermäßig eloquent sind. Er braucht nicht so viel aufzuholen.

Spiewak, *Die Zeit* 2006

Eignung

Seit den 1970er Jahren gibt es Tests, an die man die Erwartung knüpft, Voraussagen treffen zu können, ob die Fremdsprachenaneignung der Teilnehmer von Erfolg gekrönt sein wird. Spracheignungstests ermitteln Daten unter anderem zur Lern- und Merkfähigkeit fremdsprachlicher Regeln bzw. dazu, wie es Lernern gelingt, eine Regel herzuleiten. Auch wird getestet, inwiefern Lerner einen Lautstrom segmentieren und den Segmenten Symbole zuordnen können. Der zeitliche Rahmen, der zur Aufgabenlösung benötigt wird, fließt in die Aussagen zur Eignung ein. Aptitude-Tests sind für Lernergruppen nach Abschluss der kritischen Periode konzipiert. Sie erlauben **keine Aussagen** über affektive und personale Einflüsse (z. B. Interesse, Kontaktfreudigkeit). Lerner mit guten Testergebnissen sind in Lernumgebungen erfolgreich, in denen auf kognitives, explizites Lernen ein besonderer Wert gelegt wird (DeKeyser/Juffs 2005: 446).

▶ ELT-term *aptitude*: "… an ability that largely determines how quickly and easily an individual will learn a language in a language course or language training program." (Second Language Foundation 2008)

Action Item 7.3

Bitte bilden Sie sich ein Urteil über die Aussagekraft gängiger *aptitude tests* wie z. B. *Pimsleur language aptitude battery* oder *Modern Language Aptitude* Machen Sie sich kundig, welche Faktoren heute einbezogen werden. Versuchen Sie Daten von Lernenden zu ermitteln und vergleichen Sie diese mit Ihren Einschätzungen zum Leistungsvermögen.

Feldabhängigkeit

Die Art und Weise, wie man an ein Problem herangeht, wie man Informationen verarbeitet, kennzeichnet einen bestimmten kognitiven Stil. Manchen gelingt es ohne größere Anstrengung, Informationen aus ihrem Kontext zu lösen und sie unabhängig davon zu betrachten. Sie erkennen z. B. leichter die Beispielsätzen zugrunde liegende Regularität. Die analysierte Regel können sie in einem neuen Kontext anwenden. Andere Lernende sehen Informationen als ein Ganzes, das eng in den vorgefundenen Kontext, in ein Feld, eingebunden ist. Sie können dann zwar weitere Beispielsätze formulieren, aber primär **innerhalb des kommunikativen Kontextes**. Die Regularität haben sie zu diesem Zeitpunkt noch nicht soweit analysiert, um sie auf ein neues Feld zu übertragen. Man kann nun die Hypothese aufstellen, dass feldabhängige Lernende stärker auf induktiv-kommunikative Lernumgebungen ansprechen, feldunabhängige Lernende auch auf deduktiv-analytische. Die empirische Befunde sind allerdings unklar (Gass/Selinker 2008: 466f).

▶ ELT-term *cognitive style*: "Cognitive styles can be interpreted as an individual's preferred manner of processing information which is stable over time." (Karwowski 2001: 760)

▶ ELT-term *field independence*: "Your ability to perceive a particular, relevant item or factor in a 'field' of distracting items." (Brown 2007: 121)

Intelligenz

Der traditionelle Englischunterricht kennt Unterrichtsverfahren, die an die Einsicht appellieren und auf das kognitive Erfassen gerichtet sind. Er bedient dann die **kristallisierte Intelligenz** der Lernenden, indem Sachwissen vermittelt wird, z. B. zur Wortbildung oder zum Satzbau. Sollen Schüler Hypothesen zu sprachlichen Erscheinungen formulieren oder von Beispielsätzen aus Schlussfolgerungen über zugrunde liegende Konstruktionsprinzipien ziehen, werden Fähigkeiten aufgerufen, die zu ihrer fluiden Intelligenz gehören. Mit der Aktivierung beider Intelligenzformen will man erreichen, dass Sprachliches in seinen strukturellen

Zusammenhängen verstanden und in Handlungswissen überführt wird. Lernende, die kognitiven Annäherungen an Sprache besonders zugänglich sind, haben es in einem traditionell gestalteten Unterricht leichter. Ihnen bereitet kognitives Lernen wenig Mühen, weil ihr Abstraktionsvermögen sehr ausgeprägt ist. Für die Beschäftigung mit formalen Inhalten können sie ihre analytischen Fähigkeiten ausspielen, präzise schlussfolgern und so zu Einsichten gelangen. Noch wenig gesagt ist über ihr sprachproduktives Vermögen. Es wird stärker in einem kommunikativ-interaktiven Lernumfeld entwickelt. Intellektuelle Fähigkeiten spielen dort **keine zentrale Rolle** (Lightbrown/Spada 2006: 53, Jakobs 2008).

Lernen in der Presse   Claudia Jakobs, Wissenschaftsjournalistin
Intelligente Kinder lernen leichter und haben häufig gute Noten. Stimmt. Ausschlaggebend für den Erfolg in der Schule ist der Intelligenz-Quotient (IQ) aber nicht. Motivation, Fleiß, Disziplin, Ehrgeiz und gute Lerngelegenheiten sind mindestens ebenso wichtige Faktoren. Intelligente Kinder, die nicht lernen, werden von weniger intelligenten Kindern überholt, die lernen und sich Wissen aneignen. Deshalb: Wichtiger als der IQ ist Wissen.
Jakobs, *Focus-Schule* 2008

Die Kompetenz, zu der ein kognitives Vorgehen möglicherweise führt, z. B. die Fähigkeit, Relativsätze zu formulieren, kann sich auch auf der Basis einer anderen intelligenten Leistung einstellen. Sie mag sich darauf begründen, etwas präzise beschreiben zu wollen und nach entsprechenden Möglichkeiten im Input der Lernumgebung zu suchen oder die Lehrkraft zu fragen. Beiden Plänen unterliegt intelligentes Handeln. Die Fähigkeit eine Fremdsprache zu lernen ist also nicht an eine universelle Intelligenz gebunden. Sie kann auf unterschiedliche Weise mobilisiert und vorangetrieben werden.

▶ ELT-term *intelligence*: "... intelligence is thought of as consisting of two constructs: intelligence as knowledge (crystallized intelligence) and intelligence as cognitive processes (fluid intelligence). Crystallized intelligence is exemplified by knowledge of facts, generalizations and principles. Mental procedures and faculties such as abstract reasoning ... exemplify fluid intelligence." (Marzano 2003: 134)

Howard Gardner geht von der **Existenz multipler Intelligenzen** aus. Alle Menschen verfügen z. B. über eine sprachliche, eine logisch-mathematische oder eine räumliche Intelligenz. Diese verschiedenen Intelligenzen existieren für Gardner unabhängig voneinander. Jede kann für sich gefördert werden. Auch wenn die Intelligenzen bzw. die Begabungen bei Menschen unterschiedlich stark ausgeprägt sind, stellen sie doch sicher, dass für das Erschließen von Inhalten verschiedene Wege offen stehen.

Dass solche Begabungen eindeutige Anzeichen für Intelligenz sind, findet in der Intelligenzforschung keine Mehrheit. Diese Indikatoren sind zum Teil nur schwer zu beschreiben und noch schwerer zu messen (Neubauer/Stern 2007: 98f). Keine Zweifel bestehen in der Einschätzung, dass intelligente Menschen erfolgreicher beim Wissenserwerb sind und Wissen besser behalten. Aufgrund ihrer Fähigkeiten gelangen sie schneller zu Einsichten. Beziehungen erfassen sie effizienter, das

Entwerfen neuer Lösungsstrategien gelingt ihnen besser als weniger intelligenten Lernenden (Sousa 2003). Aber auch intelligente Menschen müssen lernen. Vor allem ist bedeutsam, dass weniger intelligente Menschen lernen können, wie Neubauer/Stern (2007: 175) betonen: „Die Unterschiede bestehen vor allem im Aufwand, den man betreiben muss, um ein bestimmtes Ziel zu erreichen."

Action Item 7.4

Bitte skizzieren Sie Bedingungen, die ein Fremdsprachenunterricht erfüllen sollte, der die Auffassung von multiplen Intelligenzen umsetzt. Vergleichen Sie diese Bedingungen bitte mit Forderungen an einen modernen Fremdsprachenunterricht und arbeiten Sie Unterschiede heraus.

Motivation

Sowohl das Interesse am Fremdsprachenlernen als auch die Einstellung zur Bedeutung von Fremdsprachenkenntnissen sind Variablen, die zum **Lernerfolg** beitragen. Gardner spricht hier von Motiven bzw. von Orientierungen zu Fremdsprachen, die instrumentell und integrativ sein können (Gardner 1985). Die Einsicht in die Bedeutung von Fremdsprachenkenntnissen muss zwar wahrscheinlich nicht mehr vermittelt werden. Jedoch ist nicht für jeden Lerner der Nutzen erkennbar, den Kompetenzen in einer oder mehreren Sprachen für den eigenen Lebensweg haben. Würde wegen solcher Nützlichkeitserwägungen Lernmotivation entstehen, wäre sie instrumentell akzentuiert. Begeisterung und Interesse an der Sprache und Kultur sind dagegen Kennzeichen einer **integrativen Motivation** für das Fremdsprachenlernen, die erstrebenswerte Dispositionen für Englischlerner darstellen. Für Gardner sind beide Motivationsformen extrinsischer Natur. Sie entstehen aus einer Absicht heraus, demnach sind sie zweckgeleitet. Intrinsische Motivation entsteht aus genuinem Interesse und Begeisterung, d.h. ganz unabhängig von Nützlichkeitserwägungen. Vermutlich führt intrinsische Motivation zu größeren Lernerfolgen als extrinsische.

▶ ELT-term *intrinsic/extrinsic motivation*: "Intrinsic motivation: doing something as an end in itself. Extrinsic motivation: doing something as a means to some separable outcome." (Ushioda 2008: 21)

Action Item 7.5

Bitte versuchen Sie, Anzeichen in Unterrichtsmodellen für folgende Handlungsanweisungen zur Motivationsförderung zu identifizieren:
"Challenge: Ensure that students do not become bored with easy tasks or reluctant to work on tasks perceived as overly difficult.
Curiosity: Present ideas slightly discrepant from learners' existing knowledge and beliefs. Incorporate surprise and incongruity into classroom activities.
Control: Allow students choices in activities and a voice in formulating rules and procedures. Foster attributions to causes over which they have some control.
Fantasy: Engage students in make-believe activities, games and simulations. Ensure that the motivational embellishments are task relevant and not too distracting."
(Pintrich/Schunk zit. nach Helmke 2007: 74).

Extrovertiertheit und Introvertiertheit sind ebenfalls Variablen mit Einfluss auf den Erwerbsprozess. Auch wenn die Forschung noch nicht überzeugend Korrelationen zwischen persönlichen Variablen und Lernerfolg ermittelt hat, besteht Anlass für die Vermutung, dass introvertierte Lernende weniger Chancen zum Hypothesentesten in Anspruch nehmen. Außerdem dürfte in offenen Lernkontexten ihre aktive Beteiligung geringer sein. Introvertierte Lerner wären extrovertierten gegenüber im Vorteil, wenn sie Aufgaben bearbeiten müssten, die weniger stark in soziale bzw. kooperative Kontexte integriert sind.

▶ ELT-term *extroversion/introversion*: "The stereotype of an introvert is someone who is much happier with a book than with other people. The stereotype of the extrovert is the opposite." (Gass/Selinker 2008: 433)

Lernertypen

Die Forderung nach einer lerntypengerechten Lernumgebung wird häufig mit Verweis auf eine Kategorisierung von Frederic Vester gestellt. Der Biochemiker Vester identifizierte drei Lernertypen, die sich von verbal abstrakten Lernenden unterscheiden. Er bezeichnete sie als auditive, visuelle bzw. als haptische Typen (1994: 97). Seiner Ansicht nach verbessern sich individuelle Lernleistungen, wenn mehr Möglichkeiten im Unterricht geschaffen werden, über das Sehen, Hören und Fühlen wahrzunehmen.

Die Lerntypentheorie von Vester hat in der Didaktik des frühen Fremdsprachenlernens in so genannten ganzheitlichen Szenarien eine Umsetzung erfahren. Mit Ganzheitlichkeit verbindet man die Vorstellung eines Lernens „mit allen Sinnen" (Böttger 1999: 94). In den als alternativ bezeichneten Methoden Suggestopädie und Total Physical Response soll eine lerntypengerechte Inputpräsentation durch Angebote einer „multisensorischen Informationsentnahme" sichergestellt sein (Baur 1995: 154). Lernergerechte **Inszenierungstechniken** dürften Lernfreude und Motivation beeinflussen und damit grundsätzlich die Lernvoraussetzungen. Kaum Einflüsse sind auf das Lernen selbst zu erwarten. Denn die Lerntypentheorie vernachlässigt die intellektuelle Leistung, die beim Verstehen eines Sachverhalts abverlangt wird. Man könne sich nicht davor „drücken, diesen Inhalt theoretisch zu durchschauen", so Looß (2001: 188). Im Übrigen sind beim Aneignungsprozess neuen Wissens Lernende eben nicht frei darin zu entscheiden, über welchen sensomotorischen Kanal sie Inhalte wahrnehmen wollen: „Welche Form der Wissenspräsentation benötigt wird, wird durch den Inhalt bestimmt und nicht durch die Vorlieben der Lernenden" (Neubauer/Stern 2007: 256).

Action Item 7.6

Versuchen Sie bitte in einigen Stundenskizzen Ihrer Wahl festzustellen, in welcher Form Lerntypen, Lernstile oder Lernstrategien bei der Planung berücksichtigt werden.

Lernstrategien

Auch bei der Umsetzung von Lernstrategien sind Lernende nicht frei in ihrer Entscheidung für oder gegen einen bestimmten Lösungsplan. Hierzu benötigte man ein strategisches Repertoire, das vielen Lernern fehlt. Und die im Klassenzimmer gepflegte Lehrmethode müsste offen sein für **Bündel an Strategien**. Dem werde noch nicht im erwünschten Maße entsprochen (Griffiths 2008). Meist sind nur einige wenige Lernstrategien routinisiert, z. B. das Auswendiglernen. Andere werden wegen des Lernkontextes oder aus Unkenntnis und mangelnder Erfahrung nicht in Erwägung gezogen. Sie sind Lernern nicht bewusst.

Als Pläne oder als „Folge an Operationen, bei denen unterschiedliche Lerntechniken zusammenwirken" (Rampillon 1995: 17) sind Lernstrategien Handlungsabläufe, die Lernen bewirken und aufrecht erhalten sollen. Eine falsche Strategie oder strategische Defizite führen zu potenziellen Gefährdungen des Lernerfolgs.

▶ ELT-term: *language learning strategies*: "… operations employed by the learner to aid the acquisition, storage, retrieval, and use of information." (Oxford 1990: 8)

Die Aufmerksamkeit richtete sich in empirischen Studien auf Lernstrategien, in denen Gemeinsamkeiten von erfolgreichen bzw. nicht erfolgreichen Fremdsprachenlernenden ermittelt wurden. Die Studien ergaben unter anderem, dass gute Lernende spezifische Strategien einsetzen, die langsame Lernende ignorieren. **Gute Lernende** nehmen Gelegenheiten wahr, um die Sprache zu verwenden. Dabei testen sie ihre aktuellen Hypothesen zur Sprache. Sie gehen konstruktiv mit Korrekturen um und verfolgen kritisch das eigene Sprachverhalten und das ihrer Lerngruppe (Rubin 1975, Naiman/Frohlich/Stern/Todesco 1978). **Langsame Lernende** zeigen in diesen Bereichen wenig Interesse. Kognitive, metakognitive oder sozial-affektive Strategien nutzen sie zum Fremdsprachenlernen kaum. (Nikolov 2001, Macht 2001).

Der Begriff Lernstrategie ist weit gefasst, er bezieht sich auf Vorgehensweisen, die dem Behalten von Informationen dienen und dem Zugriff darauf (z. B. Wörter in Wortfelder strukturieren). Als Lernstrategien werden außerdem Techniken aufgefasst, mit deren Hilfe sprachliche Defizite kompensiert werden (z. B. paraphrasieren) und solche, die bei Interaktionen eingesetzt werden (z. B. bei Partner nachfragen, in der Gruppe lernen). Auch die Art und Weise, wie Lernende ihr Lernen organisieren, kann das Ergebnis eines Strategieeinsatzes sein (z. B. einen Lern- und Arbeitsplan erstellen, Memorierungstechniken auswählen). Nicht zuletzt dürften affektive Lernstrategien das Lernen beeinflussen (z. B. Entspannungstechniken einsetzen). Nach wie vor einflussreich ist die von Rebecca Oxford vorgenommene Unterteilung in direkte und indirekte Strategien. Indirekte Strategien unterstützen als metakognitive, affektive und soziale Strategien allgemein den Lernprozess. Die direkten Strategien sind spezifisch sprachlernbezogen. Sie unterteilen sich in Gedächtnisstrategien, in Kompensationsstrategien und in kognitive Strategien (Oxford 1990).

Action Item 7.7

Bitte überprüfen Sie in einigen Lehrbüchern Ihrer Wahl, welche der Strategien im Kasten implizit vermittelt werden, d.h. in Übungsanweisungen oder Übungsverläufen. Überprüfen Sie dann, welche Techniken die Lehrbücher explizit als Strategie einführen. Beurteilen Sie schließlich das Vermittlungskonzept der betreffenden Ausgabe. (Oxford 1990: 14ff; Stenger 2004; Pfingsthorn 2010: 22ff)

Indirect strategies		Direct strategies	
Metacognitive: „... for coordinating the learning process."	e.g. overview of the text; selective attention to details; choosing a reading style (skim vs. scan);	*Memory*: „ ... for remembering and retrieving new information."	e.g. grouping words; association; putting information in context;
Affective: " ... for regulating emotions."	e.g. cooperating and empathizing with others;	*Cognitive*: " ... for understanding and producing new language."	e.g. analytical reading; taking notes; summarizing;
Social: " ... for learning with others."	e.g. asking questions; clarification;	*Compensation*: "For using the language despite language gaps."	e.g. using linguistic cues; using L1 cues;

Neue Lehrpläne geben eine Auswahl an Lernstrategien vor, die es im Unterricht zu thematisieren gilt. In der fachdidaktischen Diskussion zeigt man sich skeptisch gegenüber Vorstellungen, einen Katalog an Strategien abzuarbeiten: „Der Einsatz von Lerntechniken ... setzt ein **verändertes Unterrichtskonzept** voraus" (Rampillon 1997: 180)

Lernen in der Presse   Christiane Stenger, Gedächtnisweltmeisterin
Man kann sich Daten und Vokabeln viel besser merken, wenn man sie in Bilder umsetzt: Zum Beispiel heißt »liegen« auf Latein »*cubare*«. Da stelle ich mir eine Kuh vor, die auf einer Bahre liegt – und brauche die Vokabel nicht mehr zu pauken ... Wer sich schnell etwas merken kann, stellt viele Verknüpfungen her – und kann Probleme schneller lösen.
Stenger, *Die Zeit* 2004

Action Item 7.8

Versuchen Sie bitte, Hypothesen über weniger gute Sprachenlernende aufzustellen. Entwerfen Sie hierzu einen Beobachtungsplan zu einigen Lernenden, deren Noten die Zuordnung in durchschnittlich und unterdurchschnittlich erlauben. Notieren Sie Strategien, die sich von den aufgelisteten Strategien guter Sprachlernender abheben.

Good (from Rubin 1975, adapted by Johnson 2008: 143)	Average	Below grade level
– The good language learner is a willing and accurate guesser – He/she has a strong drive to communicate – He/she is willing to make mistakes in order to learn and to communicate – He/she is prepared to attend to form – He/she practices – He/she monitors his/her own speech – He/she attends to meaning		

Zusammenfassung

Dieses Kapitel wollte aufzeigen,

– welche verschiedene Formen der Wissensaneignung es gibt,

– welche individuellen Dispositionen den Lernprozess beeinflussen,

– welcher Art diese individuellen Dispositionen sind,

– welche Rolle Lernstrategien beim Fremdsprachenlernen spielen,

– welche Konsequenzen sich aus den Erkenntnissen für die Unterrichtsgestaltung ableiten lassen.

Weiterführende Literatur:

Literatur für Action Items und für forschende Lernaktivitäten: Blakemore, S.-J./Frith, U.: *The learning brain: lessons for education*. Oxford 2005. **Nikolov, M.:** *"A study of unsuccessful language learners"*. In: **Dörney, Z./Schmitt, R. (eds.):** *Motivation and second language acquisition*. Manoa 2001, 149-170. **Oxford, R. L.:** *Language learning strategies: What every teacher should know*. New York 1990. **Puchta, H./ Krenn, W./Rinvolucri, M.:** *Multiple Intelligenzen im DaF-Unterricht. Aktivitäten für die Sekundarstufe und den Erwachsenenunterricht*. Ismaning 2009. **Richards, J.C./ Rodgers, S.;** *Approaches and methods in language teaching*. Cambridge 2001. **Rampillon, U./Bimmel, P./Meese, H.:** *Lernerautonomie und Lernstrategien*. München 2000. **Second Language Foundation:** http://www.2lti.com/htm/LangAptitudeTesting.htm#2. **Ushioda, E.:** "Motivation and good language learners". In: Griffiths, C. (Hg.): *Lessons from good language learners*. Cambridge 2008, 19-34. **Vester, F.:** *Denken, Lernen Vergessen*. München 1998. Siehe auch englische-fachdidaktik.com/

8. Lehr- und Lernvorgänge planen

8.1 Lehrplantypen

Englischunterricht an öffentlichen Schulen orientiert sich an verbindlichen Lehrplänen. Sie werden von Kultusbehörden verantwortet. In jedem Bundesland gibt es Pläne mit Ausgaben für alle Schulfächer. Lehrkräfte sind gehalten, ihren Unterricht an diesen Vorgaben auszurichten. Durch Lehrpläne soll ein vergleichbarer Leistungsstand für die betreffenden Lernenden erreicht werden. Da sie öffentlich zugänglich sind, sorgen sie für Transparenz.

Damit neuere Entwicklungen oder politische Neuausrichtungen flächendeckend Berücksichtigung finden, werden Lehrpläne in der Regel nach einigen Jahren durch andere Versionen ersetzt. Meist belässt man es bei Veränderungen und Ergänzungen der Grundstrukturen. Manchmal spiegeln sich Neuansätze in den Verlautbarungen wider, die von Wissenschaft und Forschung initiiert wurden. Besonders wichtig sind **kultusministerielle Vorstellungen** vom Lehren und Lernen für Schulbuchverlage. Ihre Produkte müssen lehrplankonform sein, sonst werden sie nicht als Lehrmittel zugelassen. Für externe Evaluationen genauso wie für die Qualitätssicherung erlauben Lehrpläne Aussagen über die Erwartungen an das Leistungsvermögen von Lernenden der betreffenden Niveaustufe. Nicht zuletzt dienen Lehrpläne als Orientierungsmaßstab für die Aufgabenstellungen in Abschlussprüfungen, die landesweit durchgeführt werden.

An der Notwendigkeit, Pläne für Lernprozesse zu entwickeln, gibt es kaum einen Zweifel. Ein guter Unterricht strebt einen systematischen Wissensaufbau an, der Untersuchungen zufolge auch dadurch begünstigt wird, dass Lehrkräfte sich „enger an die Lehrplanvorgaben halten" (Meyer 2004: 66). Für eine **sinnvolle Lehr- und Lernplanung** ist Vertrautheit mit den Zielen und Inhalten im Fach daher unerlässlich.

> ▶ ELT-term *language teaching syllabus*: "A language teaching syllabus involves the integration of subject matter (what to talk about) and linguistic matter (how to talk about it); that is, the actual matter that makes up teaching." (Reilly online 2008)

Für die ersten Lernjahre in der Fremdsprache benötigt man Pläne, die den Aufbau von Kompetenzen beschreiben. Je weiter die kommunikativen Fähigkeiten in einer Lerngruppe entwickelt sind, desto stärker gewinnen literarische bzw. kulturelle und gesellschaftspolitische Inhalte an Gewicht, mit denen sich Lernende auf Englisch auseinandersetzen. Diese Ausrichtung findet nicht nur Befürworter. Seit den 1990er Jahren wird an der Konzeption der traditionellen **wissenschaftspropädeutischen Langzeitkurse** Kritik geübt. Unzufrieden ist man mit der Überfrachtung der Pläne mit Bildungswissen. Dadurch werde Lernzeit besetzt, die für kommunikative Zielsetzungen besser zu nutzen wäre. Bei den Abschlussprofilen lege man zu viel Wert auf Analysefähigkeit, zu wenig auf kommunikatives Können.

Internationale Standards hätten nicht den ihnen gebührenden Stellenwert (Detloff 1992; Freudenstein 1994; Bliesener 1995; Burtscheid 2008).

> Sprachlernen in der Presse   Institut für Qualitätsforschung, Berlin (IQB)
> „Überzogene Anforderungen [im bayerischen Unterricht] gibt es den Gutachtern zufolge auch in Englisch. Sie beklagen, dass Romane oder Dramen schon früh einen hohen Stellenwert am Gymnasium einnehmen, hingegen Alltagstexte kaum eine Rolle spielen. Noch heftiger fällt das Urteil zur Grammatik aus. Schüler hätten einzelne Kapitel abzuarbeiten; wichtiger sei jedoch, auf ihre Kommunikationsfähigkeit zu achten."
> Burtscheidt, *Süddeutsche Zeitung* 280/2008

Worin sich Englischlehrpläne von Curricula unterscheiden

In der Vergangenheit wurde zwischen einem Lehrplan und einem Curriculum unterschieden. Ein **Lehrplan** enthält definitionsgemäß Angaben zum ausgewählten Stoff des Unterrichtsfachs sowie seiner Anordnung für die jeweiligen Jahrgangsstufen einer Schulform. Lehrplanvorgaben beziehen sich außerdem auf die Verteilung der Inhalte (Sachwissen, Landeskunde, Literatur) über die Lernjahre an einer Schulform. Das **Curriculum** legt fächerübergreifende und fachbezogene Lehr- und Lernziele fest, beschreibt und begründet sie. Vorschläge zur Umsetzung der Zielsetzungen ergänzen es.

Vor diesem Hintergrund bildet der Lehrplan eine Unterkategorie des Curriculums. Ein Curriculum enthält zusätzlich Aussagen zum Bildungsauftrag der Fächer, zu Leitlinien und Erziehungsaufgaben (vgl. Helbig et al 2001).

▶ ELT-term *syllabus/curriculum*: "A syllabus refers to the content or subject matter of an individual subject, a curriculum refers to the totality of content to be taught and aims to be realized within one school or educational system." (White 1988: 4)

Wichtig für die Lehr- und Lernplanung an den verschiedenen Schulformen sind Angaben über Anforderungen, die an die zugehörigen Lerngruppen gestellt werden können. Wegen des gegliederten Schulsystems in Deutschland gibt es für mehrere Leistungsstufen entsprechende Pläne. Sie unterscheiden sich im sprachlichen Anforderungsprofil in mehreren Komptenzbereichen deutlich voneinander. Auch inhaltlich wird zwischen einzelnen Schulformen teilweise stark differenziert. Was am Gymnasium sprachlich beherrscht werden muss, mag für Realschullernende gegebenenfalls redundant sein.

Action Item 8.1

Bitte vergleichen Sie Lehrpläne für einfache, mittlere und höhere Leistungsniveaus eines Lernjahres, z.B. Jahrgang 5 Hauptschule/Realschule und Gymnasium in Niedersachsen. Konzentrieren Sie sich auf einen Fertigkeitsbereich (z.B. sprachliche Kenntnisse). Notieren Sie markante Unterschiede. Skizzieren Sie Aussagen über das Leistungsniveau der erreichbaren Kompetenzen.

8.2 Standard Kommunikationsfähigkeit

Auftrag eines modernen Fremdsprachenunterrichts ist die Befähigung der Lernenden zur Kommunikation. Bis in die 1980er Jahre verstanden Lehrpläne unter Kommunikationsfähigkeit, englischsprachige Äußerungen umsetzen zu können und zwar mittels flüssig produzierter Satzgebilde, adäquat ausgesprochen und grammatikalisch korrekt formuliert. Als kommunikationsfähig galt, wer imstande war, nach Aufforderung fehlerfreie Sätze zu produzieren (Multhaup 1979). Die Lehrpläne konzentrierten sich auf die sprachlichen Inhalte, wobei die Anbahnung von grammatischem und morphologischem Wissen im Vordergrund stand.

Bei der Auflistung der sprachlichen Inhalte folgen manche Lehrpläne bis heute einer linearen, **linguistischen Progression**. Man reiht die „Lehrziele und Lehrinhalte vom Leichten zum Schwierigen entsprechend individueller Lernniveaus und Lernfähigkeiten" (Zimmermann 1980: 3). Beispielsweise führt man das schwierigere, weil komplexe, *present perfect*, etwa in *have you ever been to X*, erst ein, nachdem die Lernenden mit den einfachen Formen have und be vertraut sind. Diese Vorgehensweise impliziert eine gewisse thematische Zufälligkeit, bzw. drückt aus, dass Inhalte und Themen sprachlichen Zielsetzungen untergeordnet sind (vgl. Erdmenger 1996).

> ▶ ELT-term *linear progression*: „... from one teaching point to the next ... In this way, over the years, the syllabus coves in some depths all the major structural points." (Broughton et al 1980: 133)

Lehrpläne, die auf einem Verständnis von Kommunikationsfähigkeit beruhen, die sich im korrekten Gebrauch erlernter Redemittel realisiert, beschreiben den intendierten Lernfortschritt demnach primär vermittels syntaktischer Strukturen. Einer Struktur wie z. B. dem *past tense* werden dann entsprechende Patterns zugeordnet. Solche Sprachmuster, wie z. B. *I visited my aunt*, sind konkrete Vorschläge, wie man die Struktur im Lehrgang einführen und üben kann.

> ▶ ELT-term *structural syllabus*: „A [structural] syllabus (or program) [...] is based principally on a sequence of grammatical structures. The syllabus generally starts from the simplest structures (usually the present simple of the verb *to be*) and moves on to more complex structures, such as present simple, past simple, present continuous, past continuous, conditionals, and so on." (MacMillan English Dictionary online 2008)

In den Englischbüchern steht demnach das grammatische Beispiel im Zentrum, nicht die grammatische Regel. Kein Englischlehrgang schreitet **formal-systematisch** voran, z. B. vom Präsens zum Imperfekt, vom Indikativ zum Imperativ. Vielmehr folgt man didaktischen Erwägungen. So wird etwa das *simple past* nicht unmittelbar nach dem *present tense* angegangen, sondern erst nach der Behandlung der Fragebildung und Verneinung mit do, damit die Lerner frühzeitig, nach einem Frage-Antwort-Schema, miteinander kommunizieren. Eine weitgehend vollständige Grammatikbehandlung wurde schon in strukturellen Lehrplänen nicht verfolgt. Vieles davon, so wurde argumentiert, finde sich nur in Textsorten, die für Schüler irrelevant seien.

> ### Action Item 8.2
>
> Bitte nehmen Sie zwei Englischbücher für das erste Lernjahr zur Hand und ermitteln Sie, wie in der Tabelle unten, die Gestaltungselemente, die sich auf eine strukturelle Lehrplankonzeption zurückführen lassen. Stellen Sie auch Gemeinsamkeiten und Unterschiede in der Progression der Bücher fest und beurteilen Sie diese.

Strukturelle Anordnung eines Lehrplans (Beispiel 3. Lernjahr Hauptschule, Umsetzung im Lehrbuch)	
Fragewörter der Person	*Fragepronomen – Interrogative Pronouns)*
(Die Fürwörter mit *–self*	*(Pronomen mit – self – The Pronouns with -self*
Bezugswörter	*(Relativpronomen – Relative Pronouns*
Die Steigerung mit more und most	*The Comparison with more and most)*
Die Zukunft	*Das Futur – The Future)*
aus: *Learning English für Hauptschulen Teil 3, Going to Britain* Stuttgart 1971	

Von der Kommunikationsfähigkeit zur Kommunikativen Kompetenz

Die Neubestimmung fremdsprachlicher Zielsetzungen erfolgte im Rahmen der Bildungsreform. Saul B. Robinsohn veröffentlichte 1967 die Schrift *Bildungsreform als Revision des Curriculums*, die zu umfangreichen **Lehrplanrevisionen** führte. Robinsohn beschrieb Qualifikationen zur Bewältigung von Lebenssituationen. Aufgeschlüsselt nach Kenntnissen, Einsichten, Haltungen und Fertigkeiten, beeinflussten sie die Lernzielbestimmungen in den amtlichen Vorgaben maßgeblich. Fremde Sprachen sollten nun verstärkt „als Mittel der Interaktion im gesellschaftlichen Zusammenhang und mit dem Zweck der Verwirklichung des Einzelnen" gelehrt werden (Hüllen 1981: 29).

Der Wandel betraf nicht allein die Auffassung von Sprache. Das Verständnis von Sprachbeherrschung änderte sich. Die **Pragmatik** als neue linguistische Disziplin rückte bislang wenig beachtete Kommunikationsphänomene ins Bewusstsein. Der Soziolinguist Del Hymes verdeutlichte in seinem Konzept der *communicative competence* diese Abhängigkeiten von grammatischem Regelwissen und sozialem Handlungswissen. Linguistische Fähigkeiten, d. h. Kenntnisse über Wortschatz, Grammatik und Ausspracheroutinen reichen demnach nicht aus. Es muss auch Wissen darüber vorhanden sein, was in der Sprache machbar und üblich ist. **Kommunikative Kompetenz** liege vor, wenn die Redeabsichten gemäß den vorgefundenen soziokulturell definierten Umständen und im Einklang mit der vorgefundenen Kommunikationssituation versprachlicht würden, d. h. mehrheitlich akzeptierte Regeln des Sprachgebrauchs im betreffenden Kulturraum Berücksichtigung finden.

> ▶ ELT-term *communicative competence* (Hymes):
> "A person who acquires communicative competence acquires both knowledge and ability for language use with respect to
> 1. whether (and to what degree) something is formally possible;

2. whether (and to what degree) something is feasible in virtue of the means of implementation available;
3. whether (and to what degree) something is appropriate (adequate, happy, successful) in relation to a context in which it is used and evaluated;
4. whether (and to what degree) something is in fact done, actually performed, and what its doing entails." (Hymes 1972: 281)

Den Begriff der Kommunikativen Kompetenz arbeitete Hans Eberhard Piepho für die Lehr- und Lernbedingungen insbesondere im deutschsprachigen Raum aus. In seiner 1974 erschienenen Kommunikativen Didaktik des Englischunterrichts und einer Reihe weiterer Publikationen führt er aus, was er als kommunikativen Ansatz verstanden wissen wollte. Piepho unterscheidet zwei Ebenen von Kommunikativer Kompetenz, die Ebene kommunikativen Handelns und die Ebene der Diskursfähigkeit (1974: 131). Mit kommunikativem Handeln bezeichnet Piepho die Fähigkeit, konventionelle Sprachmittel „zu bestimmten Zwecken der Regelung des Miteinanders" einsetzen zu können. Diskursfähigkeit meint, Bedeutungen und Absichten in Texten zu erkennen und eigene Absichten so auszudrücken, dass sie wirksam sind. Zentral ist also die Mitteilungskompetenz. Die **linguistische Korrektheit** ist nun nicht mehr oberstes Gebot, wirkungsvoll und verständlich könne ein Schüler auch dann noch kommunizieren, wenn eine Äußerung fehlerbesetzt sei.

▶ ELT-term *communicative competence* (Piepho):
"[...] the ability to make oneself understood, without hesitation and inhibitions, by linguistic means which the individual comprehends and has learned to assess in terms of their effects,
[...] the ability to comprehend communicative intentions even when they are expressed in a code which the speaker him- or herself does not know well enough to use and is only partially available in his or her own idiolect." (Berns 1990: 97)

Die stärkere Betonung der **Mitteilungsfähigkeit** kommt in den Konzepten von Canale/Swain (1980) einmal mehr zum Ausdruck. Das bis heute einflussreiche Konstrukt von Kommunikativer Kompetenz setzt auf das erfolgreiche Zusammenspiel von grammatischen, diskursiven, soziolinguistischen und strategischen Fähigkeiten.

▶ ELT-term *communicative competence* (Canale/Swain 1980):

1. Grammatical competence:	Knowledge of lexical items and rules of morphology, syntax, sentence grammar, semantics, and phonology
2. Discourse competence :	Ability [...] we have to connect sentences in stretches of discourse [e.g. conversation] and to form a meaningful whole out of a series of utterances
3. Sociolinguistic competence:	Knowledge of the socio-cultural rules
4. Strategic competence:	The competence underlying our ability to make repairs, to cope with imperfect knowledge, and to sustain communication."
	(zit. nach Brown 2007: 220)

Action Item 8.3

Versuchen Sie bitte mithilfe der verschiedenen Konzepte eine eigene Beschreibung von Anforderungen an Kommunikative Kompetenz zu leisten, die auch interkulturelle Dispositionen umfasst.

Funktional vs. formal

Im Zuge der Neuorientierung entstanden in den 1980er Jahren Lehrpläne, die an strukturellen und gleichermaßen an **funktionalen und notionalen Kategorien** orientiert waren. Eine funktionale Einteilung stellt die Sprachelemente so dar, dass ihre Leistung in einer Interaktion erkennbar ist. Die Pragmatik liefert über die Klassifizierung von Sprechakten ein Inventar, das transparent macht, wie sich Menschen in Gesprächen verständigen. Es geht der Pragmatik um die Frage, wie die Sprache zur Umsetzung einer bestimmten Absicht verwendet wird, z. B. sich entschuldigen oder sich vorstellen.

Sprachfunktionen sind schwieriger zu stufen als Satzbaumuster. Beispielsweise setzt das Ausführen der Sprachhandlung ‚nach Herkunft fragen und darauf antworten‘, z. B. *where do you live*, voraus, dass die Bestimmungsfrage mit *where* und der *do*-Umschreibung zur Fragebildung bekannt ist. In einer linguistischen Progression wäre deren Behandlung vorangeschaltet worden.

Die Redeabsicht ‚nach Herkunft fragen‘ baut aber auf grammatischen Elementen auf, die auch in vielen anderen Sprachhandlungen anzutreffen sind, z. B. ‚fragen, wo sich Personen/Dinge befinden und darauf antworten‘: *where's/where are*; ‚nach Vorliebe und Abneigung fragen und darauf antworten‘: *do you like...* Auch viele andere grundlegende grammatische Elemente treten nicht nur in einer Sprachfunktion auf. Deshalb kann für die ersten Lernjahre das grammatische Pensum weitgehend über Sprachhandlungen, und damit funktional eingeführt werden. Ihre kommunikative Kraft für die Versprachlichung eigener Intentionen ist von den Lernenden besser einzuschätzen. Wenn für die relevanten alltäglichen Sprechabsichten zumindest eine adäquate Formulierung zur Verfügung steht und es im weiteren Lehrgangsverlauf dann um die Ausdifferenzierung der Rede geht, wird die Progression anhand von Sprechanlässen natürlich zunehmend schwieriger.

> ▶ ELT-term *notions/functions*: "[...] language functions: what languages users are doing with the language, and notions: the meaning users wish to communicate." (Willis 2004: 6)

Funktionale Lehrpläne ordnen den Lernstoff nicht nur mitteilungsbezogen, notional und schwierigkeitsgestuft. Zusätzlich folgen sie einer **zyklischen Progression**. Redemittel mit mehreren für die Kommunikation relevanten Funktionen und Formvarianten werden nicht einmalig und dann vollständig eingeführt. Die Präsentation der Merkmale verteilt sich auf mehrere Lernstufen. Eine einmal eingeführte Funktion wird in einer späteren Lehrgangsphase in anderen Sachzusammenhängen erneut thematisiert. Dieses Vorgehen ist lernpsychologisch sinnvoll. Es führt dazu, dass vorhandene Wissensbestände reaktiviert werden. Außerdem unterstützt die zyklische Progression eine Integration des Neuen in verfügbares Wissen.

Action Item 8.4

Bitte überprüfen Sie anhand einiger grammatischer oder lexikalischer Redemittel in einem Englischbuch, in welcher Weise eine zyklische Progression umgesetzt wurde.

Bedarfsanalysen

In Kursen, die sich an einen spezifischen Lernerkreis wenden, z. B. an Interessierte an Business English, führt man vor der Zusammenstellung eines funktional-notionalen Lehrplans eine eingehende **Bedarfsanalyse** (*needs analysis*) durch. Für den Englischunterricht an allgemeinbildenden Schulen wählt man bei der Planung Sprachfunktionen und inhaltliche Bereiche von grundsätzlicher Bedeutung für die Kommunikation aus. Sie sind in unterschiedlichsten Kontexten anwendbar und passen zu den Bildungsaufgaben bzw. erzieherischen Zielsetzungen. Andere Aspekte wie z. B. kulturelle Faktoren oder bestimmte Auffassungen vom Lehren und Lernen einer Fremdsprache fließen mit ein (Kaur 1990).

▶ ELT-term *needs analysis*: "... the attempt to systematically collect information about the communicative demands faced by those in the target situation." (Basturkmen/Elder 2004: 674)

Action Item 8.5

Der folgende Auszug stammt aus dem Threshold Level. Dieser Plan entstand in den 1970er und 1980er Jahren im Auftrag des Council of Europe. Anhand von Notionen und Funktionen listet er die Wissensbestände und Kompetenzen auf, die den grundlegenden Bedarf für Englischbenutzer darstellen. Beschreiben Sie bitte den Einfluss dieses Ordnungsprinzips auf heutige Lernmaterialien. Analysieren Sie hierzu die Inhaltsangaben aktueller Englischbücher und vergleichen Sie diese mit vorausgehenden Ausgaben.

General Notions	Specific Notions	Functions
e.g.	e.g.	e.g.
Quantity: *a lot of* + *NP*	1. Education and further	1. Expressing and finding
Temporal: time	career	out emotional attitudes
What ~ is it	1.1. Schooling	1.1 Expressing pleasure,
It's a quarter..	1.2 Daily Routines	liking: this is very
	School: to begin; to end	nice/pleasant; I like NP or
	lesson; break....	pronoun (very much)
Aus: van Ek/Alexander 1990		1.2 Expressing displeasure
		1.3 Inquiring about pleasure
		...
		1.21 Inquiring about want

Nur vereinzelt findet man in den 1980er und 1990er Jahren eine durchgängig notional-funktionale Struktur in den Plänen der verschiedenen Bundesländer. Aber die Beschreibungsformen sind doch erkennbar. Meist sind sie mit anderen Vorgehensweisen kombiniert, wie in einigen neueren Lehrplänen der Fall. Solche **Mischformen** beschreiben Funktionen (z. B. sagen, was man gewohnheitsmäßig tut), nennen explizite Strukturen zu ihrer Realisation (z. B. *simple present, auxiliaries*) und verweisen auf Notionen bzw. Themen und Inhalte (z. B. *at the weekend*).

Action Item 8.6

Bitte ermitteln Sie in einem Lehrplan oder einem Englischbuch für einen Jahrgang Ihrer Wahl den sprachlichen und inhaltlichen Bedarf, der einer von Ihnen zu bestimmenden Sprachhandlung oder Aktivität zugrunde liegt.

Auf dem Weg zur interkulturellen Kommunikativen Kompetenz

Mittlerweile hat das Konzept der Kommunikativen Kompetenz durch den gestiegenen Bedarf an interkulturellen Fähigkeiten eine weitere Spezifizierung erfahren (Byram 1997). Für Sprecher aller Niveaustufen ist es wichtig zu erkennen, dass die eigene kulturelle Erfahrung nicht ausreicht für das Verstehen der Kulturen, in denen Interaktionspartner, aber auch mediale oder kommerzielle Produkte verankert sind. Sprachverwendung ist grundsätzlich in einen kulturellen Kontext eingebunden. Entsprechende Zeichen müssen interpretiert werden, Wissen hierüber muss aktuell und differenziert sein, damit Kommunikation gelingt und **kulturelle Phänomene** interpretiert werden können. Die Komplexität kultureller Erwartungen beim Sprachgebrauch macht es erforderlich, auch Kompetenzen zu vermitteln, die es Lernenden erlauben, ihren Ausdruckswillen in einer sprachlichen Form umzusetzen, die vom vorgefundenen sozialen Umfeld akzeptiert wird.

▶ ELT-term *intercultural communicative competence*: "[...] integrates the so far disparate three domains of foreign language learning:
- cognitive domain: knowledge of other languages and cultures
- pragmatic domain: competence to perform speech acts
- attitudinal domain: attitudes of open-mindedness and tolerance." (Doyé 2008: 56)

Eine **interkulturelle Akzentuierung** von Fremdsprachenlernprozessen realisiert sich demnach auf mehreren Kompetenzebenen. Zum einen ist der Aufbau kulturellen Wissens vonnöten, damit kulturelle Zeichen wahrgenommen und interpretiert werden können. Zum anderen muss im Fähigkeitsbereich Können akzeptiertes Sprachverhalten angebahnt werden. Es verhilft Lernenden dazu, ihre Intentionen und Mitteilungen in einer angemessenen und dem kulturellen Kontext angenäherten Form zu versprachlichen. Sensibilisierung und Offenheit für fremdkulturelle Erfahrungen gehören zu den affektiven Kompetenzen eines interkulturell ausgerichteten Fähigkeitsaufbaus. Er wird im Zusammenwirken mit allen Fächern des Kanons angestrebt.

8.3 Kompetenzen und Standards

Anfang des neuen Jahrtausends wurde der **Gemeinsame europäische Referenz-rahmen** (GeR) veröffentlicht, der auf Initiative des Europarats hin entstand. Nach dem Treshold Level der 1980er Jahre für das Englische sollte es wieder eine Art Rahmenplan geben, basierend auf aktuellem Forschungsstand und versehen mit konkreten Impulsen und Orientierungshilfen für einen systematischen Fremd-sprachenunterricht. Der Referenzrahmen ist nicht nur für ein Land und für eine Sprache gedacht. Er ist auf alle Sprachen anwendbar, die in Europa als Fremd-sprache erlernt und unterrichtet werden. Nicht zuletzt dient der GeR als Instru-ment der Evaluierung und Qualitätssicherung.

Mit dem GeR liegt ein differenzierter **Kriterienkatalog** zur Bestimmung des bei Lernenden jeweils vorgefundenen Sprachkönnens vor. Zu diesem Zweck beschreibt der GeR für das Sprachenlernen Standards bzw. Kompetenzen für erfolgreiche Kommunikation. Es werden die Domänen – d. h. die Themen und Inhaltsbereiche – genannt, in denen Kommunikation stattfindet. Hierzu erforder-liches Wissen und notwendige Fertigkeiten werden beschrieben. Das Leistungs-spektrum ist auf sechs Niveaustufen abgebildet.

Action Item 8.7

Bitte machen Sie sich kundig, welche Leistungserwartungen die Ihre Schulform betref-fenden Niveaustufen in einem Kompetenzbereich Ihrer Wahl umfassen: Überprüfen Sie dann, welche Lernaufgaben in entsprechenden Materialien diese Leistungserwartun-gen in besonderem Maße anbahnen helfen.

Auszug: Common European Framework Levels of Attainment

Basic user		Independent user		Proficient user	
A1	A2	B1	B2	C1	C2

(British Council online)

Kritikern des GeR fehlt ein lerntheoretisches Konzept. Vermisst werden Aussagen zur interkulturellen Kompetenz sowie zur ästhetischen Sprachverwendung (Vogt 2007).

Standards statt Lernziele

Während traditionelle Lernziele den unterrichtlichen Input beschreiben, geben Standards den Output an. Standards beschreiben also die Lernergebnisse, die Lernende nach Durchlaufen eines Bildungsplans erreicht haben sollen. Als weite-re Neuerung schaffen **Standards** die Möglichkeit, Leistungen valide zu überprü-fen. Denn es wird genau beschrieben, was von Schülern auf ihrer Niveaustufe in einem Kompetenzbereich erwartet wird.

▶ ELT-term *learning outcomes*: "Learning outcomes are, in a way, a tool to describe and defi-ne a learning and assessment process and its product [...] From the students perspective, the outcome approach communicates what they are expected to be able to do and the criteria that will be used to assess them. This means that the description of the learning process has shifted from input to output." (Gallavara et al 2008: 12)

Die Kultusministerkonferenz formulierte in enger Anlehnung an den Referenzrahmen Bildungsstandards für den Unterricht in der ersten Fremdsprache in Deutschland (Kerstan 2006). Beschrieben wird „die zu erreichende Zielebene bis zu einer bestimmten Jahrgangsstufe bzw. bis zu einem bestimmten Abschluss" (KMK 2005: 17). Notiert sind überprüfbare Kompetenzen, über die Lernende mit einem durchschnittlichen Leistungsvermögen verfügen sollen, wenn sie einen Bildungsweg abschließen wollen. Bereits umgesetzt wurden Standards für Abschlüsse bis zum mittleren Bildungsweg (Klasse 10). Neben sprachlichen Fähigkeiten beschreiben sie interkulturelle und methodische Kompetenzen bzw. Erwartungen. Aufgabenbeispiele skizzieren, wie die Umsetzung der Standards überprüft werden kann.

Lernen in der Presse   Thomas Kerstan, Wissenschaftsjournalist

„[Bildungsstandards] ersetzen nicht die systematische Förderung benachteiligter, aber auch besonders leistungsstarker Kinder. Die dringend nötige Teamarbeit in den Kollegien können sie ebenso wenig erzwingen wie mehr Eigenverantwortung der Einzelschule oder die bessere Förderung der Vorschulkinder. Auch die Entwicklung eines besseren Unterrichts können sie zwar anstoßen, aber nicht herbeiführen."

Kerstan, *Die Zeit* 2006

Action Item 8.6

Entwerfen Sie bitte zu einem der folgenden Standards zur Schreibkompetenz eine Testaufgabe und eine Lernaufgabe. Orientieren Sie sich an den Beispielaufgaben der Bundesländer.

Auszug: Bildungsstandard Schreiben (mittlerer Bildungsabschluss)

Die Schülerinnen und Schüler können zusammenhängende Texte zu vertrauten Themen aus ihrem Interessengebiet verfassen (B1).

Die Schülerinnen und Schüler können

eine Nachricht notieren, wenn jemand nach Informationen fragt oder ein Problem erläutert (B1+),

- in persönlichen Briefen Mitteilungen, einfache Informationen und Gedanken darlegen (B1),
- einfache standardisierte Briefe und E-Mails adressatengerecht formulieren, z.B. Anfragen, Bewerbungen (B1),
- unkomplizierte detaillierte Texte zu einer Reihe verschiedener Themen aus ihren Interessengebieten verfassen, z.B. Erfahrungsberichte, Geschichten, Beschreibungen (B1),
- kurze einfache Aufsätze zu Themen von allgemeinem Interesse schreiben (B1),
- kurze Berichte zu vertrauten Themen schreiben, darin Informationen weitergeben, Gründe für Handlungen angeben und Stellung nehmen (B1+).
(Kultusministerkonferenz 2003: 17)

Die Bildungsstandards der Kulturministerkonferenz sind für die neueste Generation von Plänen ausschlaggebend. Die Benennungen der Planungsvorgaben weisen nicht mehr die durch die Kategorien Lehrplan und Curriculum bisher angestrebte Trennschärfe auf.

Action Item 8.9

Bitte recherchieren Sie, wie die Vorstufen im aktuellen Lehrplan Ihres Bundeslandes lauten, die zum Bildungsstandard Schreiben im Kasten oben führen sollen. Suchen Sie in Englischbüchern Sequenzen, die die Entwicklung des Standards unterstützen sollen. Vergleichen Sie diese Lerntätigkeiten mit den Anforderungen der Aufgaben, die von offizieller Seite zur Überprüfung des Standards herangezogen werden sollen. Beurteilen Sie vor diesem Hintergrund Beschreibungen und ihre Umsetzung in Schülerbüchern.

Gemeinsamkeiten kultusministerieller Pläne

Alle derzeit gültigen Englischpläne skizzieren den **Bildungsauftrag** des Fachs, sie bestimmen Leitlinien und Erziehungsaufgaben. Unterschieden wird zwischen fächerübergreifenden und fachspezifischen Ausgangsbedingungen bzw. Zielsetzungen. Fächerübergreifende Ziele ergeben sich aus dem Erziehungs- und Bildungsauftrag der Schule. Der Beitrag des Englischunterrichts wird länderübergreifend darin gesehen, die Fremdsprache in ihrer Bedeutung als Kultursprache zu thematisieren und durch die explizite Förderung des Fremdverstehens sowohl den Abbau ethnozentrischer Sichtweisen einzuleiten als auch die Bereitschaft zu wecken, fremdkulturellen Facetten mit Offenheit zu begegnen.

Konkrete Erwartungen werden mit der Beherrschung des Sprachsystems verbunden. Das System setzt sich zusammen aus den Teilsystemen Phonologie, Lexik, Grammatik und Orthographie der Standardvarietät der englischen Sprache sowie ihres kulturellen Kontextes.

Action Item 8.10

Bitte vergleichen Sie in Plänen verschiedener Bundesländer, wie differenziert die einzelnen Bereiche des Sprachsystems beschrieben werden. Notieren Sie Unterschiede in den Erwartungen an verschiedenen Schulformen eines Bundeslandes.

Auf der Beherrschung des sprachlichen Systems basieren die Fähigkeiten in einer Fremdsprache, auf deren Entwicklung alle Pläne den größten Wert legen. Fähigkeiten bzw. Kompetenzen beziehen sich auf das Verstehen und Verwenden der englischen Sprache in kommunikativen Kontexten. Kommunikative Kompetenzen zeigen sich beim Hören, Lesen, Sprechen und Schreiben auf Englisch. Im Zusammenwirken mit den genannten Teilsystemen repräsentieren diese vier Fähigkeiten die **Grundqualifikationen** für sprachliches Handeln. In der jüngsten Lehrplangeneration werden differenzierte Kompetenzen in den genannten Bereichen nach jeweils zwei Lernjahren erwartet.

Action Item 8.11

Bitte beschreiben Sie, inwiefern sich Lehrbücher, die nach den Vorgaben von Bundesländern mit inputorientierten Lehrplänen konzipiert sind, von Ausgaben nach outputorientierten Lehrplänen unterscheiden.

Auszug: *Inputorientierung*	**Auszug:** *Outputorientierung*
Klasse 5, Realschule, Hessen, Schreiben	Klasse 5/6, Realschule, Niedersachsen, Schreiben
5.1.3 Produktion schriftlicher Texte	Am Ende des 6. Schuljahrgangs können die
5.1.3.1 Gebrauchsformen	Schülerinnen und Schüler einfache Sätze
– Dialogpartien einzelner Rollen sowie ganze Dialoge zu typischen Alltagssituationen verfassen.	schreiben, die sich auf vertraute Themen wie Familie und Schule beziehen und elementare Alltagskommunikation wiedergeben (A1+).
5.1.3.2 Darstellungsformen	Die Schülerinnen und Schüler können
– Anhand vorgegebener schriftlicher Stichworte zu einem der Themen (**5.2.1**) einen Text verfassen.	– nach Vorlage über sich selbst und fiktive Menschen schreiben (Wo leben sie, was tun sie?).
– Kurze eigene Texte zu Themen des Jahrgangs 5 (**5.2.1**) verfassen (z. B. Vorstellung der eigenen Person, der Familie und der häuslichen Umgebung, Beschreibung einer Person, eines Haustiers, eines Gegenstandes, eines Hobbys oder eines Spiels).	– schriftlich Informationen zur Person erfragen oder weitergeben (u. a. Zahlen und Daten, eigener Name, Nationalität, Alter, Geburtsdatum).
	– kurze, einfache Mitteilungen schreiben – das Wörterverzeichnis im Lehrwerk sachgerecht verwenden.

Neben Hinweisen für die Unterrichtsgestaltung enthalten neue Pläne meist noch Anmerkungen zur erwarteten Methodenkompetenz der Lernenden. Verwiesen wird auf Arbeitstechniken (z. B. Randnotizen machen) und instrumentelle Vorgehensweisen (z. B. im Wörterbuch nachschlagen). Sie sollen „den Erwerb von Lernkompetenz" (LP Niedersachsen) unterstützen, den „Spracherwerb" beschleunigen (LP Saarland) oder es ermöglichen, „selbstgesteuertes und **kooperatives Sprachverhalten** einzusetzen" (LP Bremen).

Action Item 8.12

Bitte recherchieren Sie, welche gemeinsamen Erwartungen an die Unterrichtsgestaltung in Plänen identifiziert werden können. Versuchen Sie, diese erwerbs- und lerntheoretisch einzuordnen.

Zusammenfassung

Dieses Kapitel wollte aufzeigen,

- weshalb man Lehrpläne verfasst,

- was man unter Kommunikativen Kompetenzen versteht,

- an welchen Formaten der Lehrplanung einer Fremdsprache man sich orientiert,

- zu welchen Neuerungen in der Lehrplanung der Gemeinsame europäische Referenzrahmen geführt hat.

Weiterführende Literatur:

Quellen für Action Items und für forschende Lernaktivitäten: Bausch, K.-R., u.a. (Hg.): *Der Gemeinsame europäische Referenzrahmen für Sprachen in der Diskussion.* Tübingen 2003. **Bausch, K.-R., u.a. (Hg.):** *Bildungsstandards für den Fremdsprachenunterricht auf dem Prüfstand.* Tübingen 2005. **Deutscher Bildungsserver (Hg.):** *Bildungspläne der Bundesländer für allgemeinbildende Schulen.* 2009. Online verfügbar unter: http://www.bildungsserver.de/zeigen.html?seite=400. **Lernstand.Hamburg.de:** *Beispielaufgaben Lernstand 6. Englisch.* Online verfügbar unter: http://www.lernstand.hamburg.de/index.php/article/detail/259. **Niedersächsisches Landesamt für Lehrerbildung und Schulentwicklung (Hg.):** *Materialien für kompetenzorientierten Unterricht im Sek. I – Englisch.* Online verfügbar unter: http://www.nibis.de/nli1/gohrgs/materialien/englisch_sekI/uebersicht_engl_h.htm. Siehe auch englische-fachdidaktik.com/

9. Schulspezifisch unterrichten

In den vorausgehenden Kapiteln wurden Lehr- und Lernaspekte vorgestellt und diskutiert, die sich mit grundlegenden didaktischen Fragestellungen befassen. Dabei hat sich gezeigt, dass die Aneignungsprozesse sich bei Lernenden unterscheiden. Auch das **Schulsystem** in Deutschland ist darauf ausgerichtet, für Lernende mit bestimmten Leistungsmerkmalen und Lernroutinen geeignete Lernumgebungen zu schaffen. Für den Unterricht im Fach Englisch bedeutet dies zunächst, eine lerngruppenspezifische Didaktik konstruieren zu können.

9.1 Frühbeginn

Eine Fremdsprache lernen heutzutage alle Kinder bereits an der Grundschule. Meist ist es Englisch, in manchen grenznahen Gebieten steht die Sprache der Nachbarn auf dem Lehrplan. In einigen Bundesländern beginnt der Fremdsprachenunterricht in der ersten Klasse, weit verbreitet ist Englisch ab Klasse 3. Waren für die Einführung von Englisch als obligatorischem Sekundarstufenfach ab Mitte der 1960er Jahre bildungspolitische Erwägungen ausschlaggebend, wird der früh beginnende Fremdsprachenunterricht heute auch wissenschaftlich begründet. Forschungen zum Fremdsprachenerwerb haben die besonderen Sprachaneignungskompetenzen von Kindern hinreichend nachgewiesen (Koch 2004).

Fremdsprachenlernen in der Presse   Erika Werlen, Bildungsforscherin
„Die [Grund-] Schüler nehmen auch komplizierte Konstruktionen ganz selbstverständlich an", berichtet die Professorin, „wir waren überrascht, wie schnell sie eigene Hypothesen über die Struktur der Sprache bilden."
Koch, *Der Spiegel* 18/2004.

Von der ersten bis zur dritten Jahrgangsstufe sind 90 Minuten Fremdsprachenunterricht pro Woche die Regel, in der vierten Klasse bis zu 135 Minuten. Aufgeteilt ist die **Unterrichtszeit** in 45 oder in 20-25 Minuteneinheiten. Es mehren sich die Befürworter kürzerer, dafür regelmäßig über die Woche verteilter Unterrichtsphasen. Lerntheoretisch liegt diese Präferenz nahe, weil ein massiertes, dafür länger unterbrochenes Üben tendenziell zu schlechteren Lernergebnissen führt. Ein frühbeginnender Englischunterricht nutzt im Übrigen auch die kindliche Unbefangenheit gegenüber Fehlleistungen und Regularitäten.

Veränderungen in der methodischen und inhaltlichen Konzeption des frühbeginnenden Englischunterrichts sind möglicherweise zu erwarten, wenn Erkenntnisse z. B. der Kognitionsforschung im Kontext fremdsprachlicher Lernumgebungen für Kinder analysiert wurden (Cech/Schwier 2003).

Auch in der Primarstufe an **Förderschulen** folgt Englischunterricht Prinzipien, wie sie für alle Grundschulen typisch sind. Die Lerninhalte und Standards werden „behindertenspezifisch" umgesetzt, aber „entsprechend den Rahmenbedingungen" differenziert (Wember online 2003). Erfahrungen mit dem Fach an dieser

Schulform zeigen „erfreuliche Lerneffekte" beim Hörverstehen und beim Sprechen, die Entwicklung von Lese- und Schreibkompetenzen gestalte sich demgegenüber als schwierig (Wember 2003).

Lehr- und Lernmodelle

Manche Lehrpläne für Primarstufenenglisch folgen einer Progression auf der Grundlage von Redemitteln und syntaktischen Strukturen, andere planen den Lehrgang orientiert an Themen in Verbindung mit gewissen Sprachfunktionen und Sprachmitteln. Viele Pläne beschreiben den **Kompetenzaufbau** in Form von Standards, in Anlehnung an die Vorgehensweise des europäischen Referenzrahmens für fremde Sprachen. Am Ende ihrer Grundschulzeit sollen Kinder in allen Kompetenzbereichen sich der GeR-Niveaustufe A1 angenähert haben.

Action Item 9.1

Bitte vergleichen Sie Leistungserwartungen für den Englischunterricht an der Grundschule in den verschiedenen Bundesländern. Versuchen Sie eine Kategorisierung. Beurteilen Sie durch Unterrichtsmitschau auch die konkrete Umsetzung ausgewählter Lehrplanvorgaben im Unterricht. Die folgenden Auszüge im Kasten sind an Funktionen bzw. an Standards orientiert:.

Kommunikative Absichten (Auszug) Giving and getting information about daily routine *I get up at ...* *I go to school at ...* *I play /.../ ...* *I do my ...* *I make my* Quelle: Lehrplan Englisch Grundschule Bayern 2004	An Gesprächen teilnehmen (Auszug) Die Schülerinnen und Schüler beantworten kurze Fragen zu Themen der eigenen Person und der unmittelbaren Lebenswelt mit Hilfe einfacher bekannter Redemittel oder in Einwortsätzen. Quelle: Lehrplan Englisch Grundschule Niedersachsen 2006

Mit der Vorgabe von Redemittel, Inhalten oder Leistungserwartungen wurden Konzepte abgelöst, die keinen expliziten Kompetenzaufbau verfolgten. Das **Begegnungskonzept** war projektorientiert angelegt, nicht auf eine Fremdsprache konzentriert und es gab musischen wie spielerischen Aktivitäten breiten Raum. Ziel war es, eine Aufarbeitung von Eindrücken über fremdkulturelle Sprachgemeinschaften zu leisten, die Distanz gegenüber dem Fremden abbauen hilft Darüber hinaus war beabsichtigt, bei den Lernenden eine **Bewusstheit** für Sprache anzubahnen, z.B. durch punktuelle Vergleiche von Muttersprache mit Fremdsprachen. Als „erziehenden Unterricht mit fremdkulturellen Inhalten" fasst Bebermeier das Richtziel des Begegnungskonzepts zusammen (1992: 123).

Action Item 9.2

Bitte beschreiben Sie Art und Anteil an Tätigkeiten in der Fremdsprache in Lernmaterialien und Plänen, die dem Begegnungssprachenkonzept zugeordnet werden können.

Viele Themen des Begegnungssprachenmodells sind Lernbereiche des Grundschulcurriculums, z. B. berühmte Persönlichkeiten im Fach Geschichte, ausländische Geschäfte und Gaststätten in Heimatkunde, das Herstellen von Schlaginstrumenten im Fach Werken oder Lieder aus fremden Kulturen im Fach Musik. Die mit der fremden Sprache erwünschten Begegnungen können in fächerverbindender, übergreifender Form initiiert werden, wobei sich immer auch Möglichkeiten für immersionsnahe und ganzheitliche Szenarien in der Fremdsprache ergeben.

▶ ELT-term *immersion*: "... both the second language and the first language are used to teach regular school subjects such as mathematics science or physical education, in addition to language arts." (Genessee 1987: 1)

▶ ELT-term *holistic learning*: "Holistic learning: ... the use of all intellectual, emotional, social and creative abilities as well as the physical resources within the educational situation and in the learning process." (Löffler 2002: 124)

Hohe Effizienz bescheinigt die Forschung dem immersiven und dem bilingualen Modell eines frühbeginnenden Englischunterrichts (Burmeister/Pasternak 2004, Hanselmann 2002). Diese Lernumgebungen zeichnen sich dadurch aus, dass die Fremdsprache nicht nur Gegenstand des Englischunterrichts ist. Sie wird auch in anderen Fächern und im **Kontext des Schullebens** als Kommunikationsmittel genutzt.

Fremdsprachenlernen in der Presse   Marianne Zimmermann, Biologielehrerin
Im bilingualen Unterricht ... „trainieren die Schüler vor allem eines: sich zu trauen, in der fremden Sprache den Mund aufzumachen. Ein Resultat, das der herkömmliche Fremdsprachenunterricht oft genug nicht erzielt." Hanselmann, *Die Zeit* 2002.

Action Item 9.3

Bitte untersuchen Sie, in welcher Weise in Lehrerhandbüchern zu Lernmaterialien für die Grundschule folgende Grundsätze eines grundschulgemäßen Fremdsprachenunterrichts verwirklicht sind. Konzentrieren Sie sich auf zwei Items in einem Handbuch Ihrer Wahl.

❖ Regelmäßig, in kürzeren Abständen und abwechslungsreich üben (Finkbeiner 2002).

❖ Stille Phasen einplanen (Ausmalen, Hören, Teamarbeit, Sarter 1991).

❖ Sprachbewusstsein aktivieren (z. B. durch faustregelhafte Hilfen, Hellwig 1995).

❖ Morpho-syntaktisches Denken anregen (z. B. durch Ordnungs-und Ergänzungsaufgaben, Hellwig 1995).

❖ Episodisch-bildhaftes Behalten unterstützen (z. B. Wörter vielfältig (um-)ordnen lassen, Hellwig 1995).

❖ Es nicht übertreiben mit dem imitieren und reproduzieren lassen (Hellwig 1995).

❖ Musische Formen einsetzen (Gehring 2001).

❖ Den Körper in den Lernprozess miteinbeziehen (z. B. durch TPR-Techniken, Bleyhl 2000).

> ❖ Spielerische Phasen einplanen (z. B. code control/communicative games, (Rixon 1998).
>
> ❖ Geschichten zum Mitmachen erzählen (Bleyhl 2002).
>
> ❖ Unterricht planen mit einer Geschichte als rotem Faden (Cameron 2004).
>
> ❖ Fremdsprachenwachstum erfahrbar machen (z. B. durch Portfolio etc., Becker 2007).

9.2 Englisch auf der Sekundarstufe I

Der Englischunterricht in den Klassen 5/6 verfolgt als gemeinsame Basis an allen Schultypen das Ziel, die in der Grundschule angebahnten kommunikativen Fähigkeiten aufzubauen und weiterzuentwickeln. Lernende sollen in den ersten beiden Lernjahren **grundlegende Kompetenzen** in allen sprachlichen Bereichen erwerben. Sie sollen noch stark didaktisierte Texte verstehen und einfache mündliche und schriftliche Kommunikationsanlässe durchführen können. Kulturelles Wissen wird immanent vermittelt, der Ausbildung des Hörverstehens gilt die aus der Grundschule gewohnte Aufmerksamkeit.

Ab dem 3. Lernjahr unterscheiden die Lehrpläne stärker nach Schulstufen. Sie formulieren unterschiedlich komplexe Standards in den jeweiligen Kompetenzen. Primäre **Textbasis** ist das Lehrbuch, allmählich kommen Lektüren hinzu. Vornehmlich Realschule und Gymnasium leiten die Lernenden zur Produktion eigener Texte an. Um bis zu 1400 neue Wörter erweitert sich, je nach Schulform, der aktive Wortschatz der Lernenden pro Jahr. Wichtig wird die Heranführung an einen bewussten Umgang mit Lerntechniken und Lernstrategien, darunter der Umgang mit dem Wörterbuch, die Anwendung von Wortbildungsregeln oder die Bedeutungserschließung aus dem Kontext.

Viele grundschultypische Aktivitäten und Techniken, von Sprachspielen bis zum Hantieren mit Realien, eignen sich auch als methodische Elemente für den beginnenden Englischunterricht an der Sekundarstufe I.

Gleichwohl hat jeder Schultyp **spezifische Bedingungen** und Zielsetzungen. Eine Differenzierung des Englischunterrichts ist selbst an Lernorten unvermeidlich, wo die dreigliedrige Aufteilung des Schulsystems aufgegeben wurde. Unterschiede zwischen den Schultypen gibt es bei den Leistungserwartungen und damit beim Lerntempo. Ähnliches gilt für den Umfang der Lerninhalte, ihrer Präsentation sowie für die Formen der inhaltlichen Auseinandersetzung (Schulspiegel 2006).

> **Action Item 9.4**
>
> Vergleichen Sie bitte Anforderungen in einzelnen Unitsegmenten einer Lehrbuchreihe, die in Ausgaben für verschiedene Schulstufen erscheinen, z. B. in Bezug auf Inputkonstruktion oder Aktivitäten, wie im folgenden Beispiel. Beschreiben Sie, in welcher Weise unterschiedliche Niveaustufen bedient werden.

Hauptschulausgabe	Realschulausgabe
My name is Suzanne. I'm a bike courier ...	My name is Suzanne. I'm training to be a chef, but two mornings a week I work as a bike courier ...
Things they said Read the sentences. Who said what? *I took David Beckham to the airport last week* Haß, *Orange Line 3*, 2007	*Things they said* Read the sentences. Who said these things in different words *Some of my customes are famous* Haß, *Red Line 3*, 2008

An Haupt- und Realschule beeinflusst die **praktische Verwertbarkeit** des Englischen im Alltags- und Berufsleben die fremdsprachliche Profilbildung, mit schulspezifischen Akzentuierungen. Die gymnasiale Mittelstufe orientiert sich am Anforderungsniveau der Sekundarstufe II, wo **Diskursfähigkeit** und Vertrautheit mit wissenschaftlichen Methoden der Textanalyse als Vorbereitung auf ein philologisches Studium angestrebt werden.

Fremdsprachenlernen in der Presse   DESI-Konsortium
Im Fach Englisch gibt es an Gymnasien eine „sehr starke Leistungsspitze" mit 10 bis 15 Prozent der Schüler, die mühelos auf Englisch parlieren. Sie können weit mehr, als es die Lehrpläne verlangen. Dagegen erreicht nur jeder dritte Schüler an Hauptschulen und Integrierten Gesamtschulen das Lernziel. Das ist eines der Ergebnisse der Studie „Deutsch Englisch Schülerleistungen International" (Desi).
Englisch? No way, Schulspiegel 2006

Action Item 9.5

Suchen Sie bitte nach Belegen in Lernmaterialien und Lehrplänen für die folgenden Kennzeichen der Schularten des dreigliedrigen Schulsystems. Bitte nehmen Sie gegebenenfalls Ergänzungen vor.

Hauptschule	Realschule	Gymnasium
❖ Stoffliche Reduktion	❖ Ausgewogene Stofflichkeit	❖ Komplexe Stofflichkeit
❖ Betonung impliziten Lernens	❖ Integration expliziten Lernens	❖ Betonung kognitiven Lernens
❖ Betonung des Hörens/ Hör-/Sehverstehens	❖ Entwicklung der schriftlichen Ausdrucksfähigkeit	❖ Differenzierte Entwicklung der schriftlichen Ausdrucksfähigkeit
❖ Kommunikationsfähigkeit in Alltagssituationen	❖ Kommunikative Handlungsfähigkeit	❖ Diskursive Kommunikationsfähigkeiten
		❖ Wissenschaftspropädeutik
		❖ Literarisch-ästhetische Bildung

9.3 Sprachentwicklungen auf der Sekundarstufe II

In der Sekundarstufe II geht es je nach Schulform um den Aufbau berufsvorbereitender Englischkenntnisse oder um die Vorbereitung auf ein philologisches Studium. An den Berufsschulen herrscht ein heterogenes Lernumfeld vor. Abgesehen von Berufsfachschulen werden die Lerngruppen an beruflichen Schulen in aller Regel nicht in Leistungsgruppen eingeteilt. Die Zuweisung von Berufsschullernenden in Klassen erfolgt nach Ausbildungssparten. Die Lernenden an Berufsschulen verfügen über ganz unterschiedliche Englisch-Biografien. Sie können von der Hauptschule oder von Realschule und Gymnasium geprägt worden sein. Berufliche Gymnasien und Ausbildungsrichtungen an Berufskollegs führen zur **Hochschulreife**, entsprechend vergleichbar sind Anforderungen mit allgemeinen Gymnasien.

Die Lehrplangestalter und in deren Folge die Lehrbuchautoren reagieren auf die vorgefundenen Gegebenheiten mit Kursmodellen, die verfügbares aktives und rezeptives Sprachkönnen reaktivieren, in berufliche Kontexte integrieren und daran anknüpfend weitere berufsbezogene und fachsprachliche Kenntnisse vermitteln. Zu den fachsprachlichen Feldern gehören technisches bzw. Verwaltungs- und Wirtschaftsenglisch. Standards, die in der Sprachverwendung erreicht werden sollen, umfassen Fähigkeiten in der geschäftlichen Korrespondenz und Kompetenzen in der Gesprächsführung im **beruflichen Umfeld**.

Action Item 9.6

Bitte überprüfen Sie, in welcher Form Lehrpläne für die Sekundarstufe I auf Fachenglisch für Berufe wie im Kasten vorbereiten (Ludwig- Erhard-Berufsschule):

You have English lessons if you are trained in one of the following professions:	
– automobile business administrators	– wholesalers
– office administrators	– legal secretaries
– bank clerks	– tax assistants
– warehouse logistics operators	– clerks in public administration
– warehouse operators	– shop assistants
– industrial clerks	– qualified dental employees
– qualified retail salesman/-woman	– assistants of General Practitioners
– office workers	

In der Sekundarstufe II der gymnasialen Oberstufe wird ab Klasse 11 der **kritische Umgang mit Texten** zu einer zentralen Zielbestimmung. Die Lernenden sollen zu tieferen Einsichten in Funktion und Erscheinungsformen der Literatur geführt werden. Auf die Ausbildung von Kritik- und Diskursfähigkeit gleichermaßen ist die problemorientierte Auseinandersetzung mit gegenwartsbezogenen Themen beispielsweise aus Politik, Gesellschaft, Erziehung und Technologie ausgerichtet.

In einigen Richtlinien kommen in der Sekundarstufe II Dolmetschen, Übersetzen und Sprachreflexion hinzu.

Action Item 9.7

Bitte beschreiben Sie, wie Elemente der thematischen Konzeption des folgenden Lehrplanauszugs auf die Sekundarstufe I übertragen werden können. Recherchieren Sie hierzu auch inhaltliche Strukturen in Englischbüchern.

Business Communications	job advertisement (Stellenanzeige)
	– letter of application, job interview (Bewerbungsschreiben, Vorstellungsgespräch)
	– the contract of sale: enquiry, offer, order; acquisition, terms of delivery/payment (Vertrag: Anfrage, Angebot, Order, Kauf, Liefer- und Zahlungsbedingungen)
Auszug Lehrplan Berufsschule Hessen 2007	– business correspondence: e.g. invoice, complaints

9.4 Englisch für Erwachsene

An Universitäten und Fachhochschulen steht die Vermittlung vertiefter Kenntnisse in der rezeptiven und produktiven Sprachverwendung im Vordergrund. Während die Schwerpunkte an Fachhochschulen, bedingt durch das Studienangebot, auf technischem Englisch und auf Wirtschaftsenglisch liegen, sind die Kursinhalte an den Universitäten nicht auf einzelne Gebiete begrenzt. Universitäten wollen Kompetenzen für den **wissenschaftlichen Diskurs** in der Fremdsprache ebenso weiterentwickeln wie fachsprachliche Fähigkeiten, z. B. für angehende Lehrkräfte.

Innerbetriebliche Sprachkurse werden von größeren Firmen im Rahmen von Fortbildungsmaßnahmen angeboten. Diese sind an den Bedürfnissen des Unternehmens orientiert und entsprechend breit gefächert. Thematisch decken die Kurse Kompetenzen ab, die von **beruflichen Alltagskommunikationen** (z. B. Telefonieren, Geschäftsbriefe verfassen, Smalltalk-Unterhaltungen führen) über Verhandlungsenglisch bis zur Moderation von Arbeitssitzungen führen (Focus online 2008). Integraler Bestandteil von betriebsinternen Sprachkursen in größeren Betrieben sind interkulturelle Akzentuierungen, die für fremde Kulturgewohnheiten sensibilisieren. Die Curricula innerbetrieblicher Sprachkurse konzentrieren sich auf ein zeitlich begrenztes Pensum, bei täglich mehreren Stunden Gruppen- oder Einzelunterricht.

> Sprachlernen in der Presse   Karriereportal Monster
> Schulenglisch reicht nicht aus: 57 Prozent der berufstätigen Deutschen müssen eigenen
> Angaben zufolge sicher in einer Fremdsprache verhandeln können. Das ergab eine
> Umfrage des Karriereportals Monster, an der weltweit 8992 Arbeitnehmer teilgenommen haben.
> *Fremdsprachen sind ein Muss*, Focus online 2008

Neben kommerziellen Instituten bieten auch Volkshochschulen Kurse an, die berufsbezogenes Englisch auf hohem Niveau vermitteln. Die Mehrzahl der Lernangebote ist für Interessenten ausgerichtet, die sich Kenntnisse ohne Lerndruck neu aneignen, sie auffrischen oder vertiefen möchten. Spezielle Kurse bereiten auf anspruchsvolle internationale Abschlüsse vor (z.B. TOEFL; Cambridge Certificates).

Zusammenfassung

Dieses Kapitel wollte aufzeigen,

- welche Erwartungen an den Englischunterricht an der Grundschule gerichtet sind,

- welche Leistungsniveaus die Sekundarstufe I im Fach Englisch aufweist,

- welche Zielgruppen auf der Sekundarstufe II und außerhalb der Schule in den Blick genommen werden.

Weiterführende Literatur:

Quellen für Action Items und für forschende Lernaktivitäten: Deutscher Bildungsserver: http://www.bildungsserver.de/zeigen.html?seite=400. **Bach, G./Timm, J.-P. (Hg.):** *Englischunterricht: Grundlagen und Methoden einer handlungsorientierten Unterrichtspraxis.* Tübingen ⁴2009. **Böttger, H.:** *Englisch lernen in der Grundschule.* Bad Heilbrunn 2005. **Burger, G. (Hg.):** *Fremdsprachenunterricht in der Erwachsenenbildung.* Ismaning 1995. **Helmke, A.:** *Unterrichtsqualität und Lehrerprofessionalität, Diagnose, Evaluation und Verbesserung des Unterrichts.* Stuttgart 2007. **Kaufmann, S./Zehnder, E./Vanderheiden, E. (Hg.):** *Fortbildung für Kursleitende Deutsch als Zweitsprache.* Ismaning 2009. Siehe auch englische-fachdidaktik.com/

10. Lehrverfahren und Unterrichtsmethodik

10.1 Methodische Konzepte

Im Umgangssprachlichen bezeichnet man mit einer Methode bestimmte Vorgehensweisen von Lehrkräften bei der Durchführung einer Unterrichtsstunde. Im Kontext des Fremdsprachenunterrichts beschreibt man eine Methode von **drei Bezugspunkten** aus, die zu einer Theorienbildung bei der jeweiligen Methode beitragen. Richards/Rogers (2001) gehen so vor: Sie definieren die linguistische und lerntheoretische Verankerung (*approach*). Als zweiten Komplex betrachten sie die Gruppierung und Sequenzierung des sprachlichen Lernstoffs sowie die spezifischen Lehr- und Lernaktivitäten (*design*). Als dritte Komponente beschreiben sie Verfahren und Vorgehensweisen, die sich aus den theoretischen und planerischen Annahmen ergeben (*procedure*).

Action Item 10.1

Bitte versuchen Sie, eine Lehrbuchunit von den Bezugspunkten approach, design, procedure aus zu beschreiben. Belegen Sie Ihre Sichtweisen mit Beispielen aus Ihrer Quelle.

▶ ELT-terms *approach, design, procedure*: "Approach: Theories about the nature of language and of language learning. Design: Objectives ... [selection of] language content, syllabus model ... learning tasks and teaching activities. Procedure: Moment-to-moment techniques ... [integration of tasks] into lessons." (Richards/Rogers 2001: 20ff)

Seitdem kommunikative Zielsetzungen den Englischunterricht bestimmen, unterrichtet man nicht mehr ausschließlich nach einer bestimmten Methode. Es wird einem **Methodenpluralismus** der Vorzug gegeben, wenn man so will, einer Mixtur aus mehreren methodischen Konzepten, „mit denen man für verschiedene Zielgruppen günstige Bedingungen zum Erwerb bestimmter Fertigkeiten schafft" (Piepho 1979:125). In der jüngeren Geschichte des Fremdsprachenunterrichts hat es eine ganze Reihe verschiedener methodischer Konzepte gegeben. Sie wurden in dem Bemühen entwickelt, das Lernen einer Fremdsprache leicht und effizient zu gestalten, ohne der Willkürlichkeit Vorschub zu leisten. Ein wichtiger Grund, weshalb theoretische Erwägungen zu einer Methode gehören.

Einige Elemente älterer Methoden sind in einem auf Pluralität ausgerichteten Methodenkonzept bis heute einflussreich. Dies gilt insbesondere für das Übungsinventar der audiolingualen und der audiovisuellen Methode. Textsorten der situativen Methode finden sich ebenfalls in modernen Materialien und sorgen so für situative Übungsszenarien. In Frühbeginn und Anfangsunterricht übt man auch nach Verfahren des Total Physical Response (TPR), die bilinguale Methode hat in differenzierenden Schulformen eine große Bedeutung. Die hier erwähnten Methoden entstanden in einer Zeit, als der Behaviorismus als Lerntheorie die

Übungsmethodik dominierte. Gleichwohl berufen sich ihre Entwickler auch auf nativistische und interaktionalistische Theorien und betonen die Nähe von Erst- und Fremdsprachenerwerb.

Traditionell vs. alternativ

Theoriebasierte Lehrverfahren unterteilt man grob in traditionelle und alternative Methoden. Die vermittelnde, audiolinguale, audiovisuelle, situative oder die bilinguale Methode sind ebenso wie der kommunikative und der aufgabenbasierte Ansatz traditionelle Verfahren der Fremdsprachenvermittlung. Gemeinsam ist ihnen ein gestufter, mehrere Lernbereiche umfassender Lehrplan. Übungstypologien werden begründet; eine offene Planung für individuelle Lerneraktivitäten ist möglich, in jüngeren Konzepten wird dies ausdrücklich angestrebt.

Als alternativ werden Methoden wie TPR, Suggestopädie und Community Language Learning bezeichnet (Schwerdtfeger 1983, Dietrich 1995). Eines ihrer Kennzeichen ist die Beschränkung auf den grundlegenden Sprachaufbau. Stoffvermittlung und Übungsaktivitäten sind ganzheitlich ausgerichtet. Am deutlichsten wird der Unterschied zwischen Tradition und Alternative, vergleicht man die Grammatik-Übersetzungsmethode (GÜM) mit dem Community Language Teaching (CLT). Die GÜM kennzeichnet ein rigides Progressionsschema nach Kategorien der lateinischen Grammatik, geprägt von Regellernen und Texten zur Übersetzung. Fremdsprachliche Interaktionen bleiben außen vor. Die Schüler des CLT sitzen im Kreis zusammen und kommunizieren. Aus diesen Interaktionen erwächst der Lernstoff. Was sie fremdsprachlich nicht umsetzen können, formulieren sie in ihrer Erstsprache, die Lehrkraft schlägt eine Übersetzung vor. Erfragte Redemittel hält sie für die Nachbereitungsphase fest, in der Lehrkraft und Lernende gemeinsam an den aufgetretenen sprachlichen Problemen arbeiten.

Alternative Methoden setzen gerne Musik, Gestik und Bewegung ein mit dem Argument, auf diese Weise zusätzliche Wahrnehmungskanäle zu aktivieren. Immer wieder liest man auch, dass ‚stures‘ Grammatiklernen ausgeklammert bliebe. Die Suggestopädie präsentiert den Stoff in sogenannten Lernkonzerten musikunterlegt, bei TPR wird Input in Bewegungen umgesetzt. Für das autonome oder interkulturelle Lernen haben alternative Methoden wenig zu bieten, was nicht bedeutet, davon abzusehen, einzelne ihrer Techniken aufzugreifen (Dietrich 1995: 198ff).

Theoretische, planerische und verfahrenstechnische Prinzipien zeigen sich im Unterricht mindestens an den beiden Komponenten Input und Aktivitäten, auf die hier näher eingegangen werden soll. Auch Auffassungen darüber, inwieweit Erläuterungen oder Regellernen sinnvoll sind, werden skizziert. Jede Methode hat hierzu mehr oder weniger eindeutige Positionen. Anhand derer lassen sich die Grundannahmen darstellen.

10.2 Lernstoffdarbietung

Regeln und Beispielsätze

Mit der Präsentation einer Grammatikregel beginnt kein moderner Fremdsprachenunterricht. In Methoden, die auf eine analytische Auseinandersetzung mit der Fremdsprache fokussierten, war die Vorstellung dagegen gang und gäbe, Schüler müssten nur die **Konstruktionsprinzipien** wissen, alles Weitere ergebe sich dann hieraus. Nicht nur im 19. Jahrhundert. Die vermittelnde Methode des 20. Jahrhunderts kam schnell auf den grammatischen Punkt. Meist stellte der Input für typisch gehaltene Beispielsätze eine Regularität vor, die es zu analysieren galt, um sie dann, auch in Übersetzungsübungen, zu trainieren.

Satzbaumuster und Befehle

Die audiolinguale Methode (ALM) der 1960er Jahre setzte auf einen Input, der aus ausgewählten Satzbaumustern besteht. In der Summe ergeben die Satzbaumuster einen Lehrplan, der auf diesen Strukturen aufbauend vom Leichten zum Schweren voranschreitet. Das zu lernende Pattern wird zu Stundenbeginn in seiner Grundstruktur, dem *basic sentence*, von der Lehrkraft einige Male vorgetragen. Im weiteren Verlauf besteht der Input aus Stimuli, d. h. Satzmustern, auf die Lerner reagieren sollen.

In der audiovisuellen Methode (AVM) der 1970er Jahre geschieht die Darbietung von **Satzbaumustern** eingebettet in Dialoge. Mehr noch als in der ALM erfolgt die Inputpräsentation medial, über Tonbandaufnahmen, später auch durch schriftliche Texte. Jede Äußerung des dialogischen Input ist durch eine Zeichnung veranschaulicht. Auch Bildreihen oder Haftelemente kommen zum Einsatz, um den Input verständlich zu machen (Schiffler 1973).

Die situative Methode (STM) der 1970er Jahre folgt der von ALM und AVM praktizierten Lehrplanung nach einer grammatischen Progression. Entsprechend ist der Input kondensiert auf wenige, bewusst ausgewählte Sätze. Der neue methodische Gedanke ist die Präsentation der Lerninhalte in einer Situation, "which is meaningful, in which it can be perceived as performing its particular function" (Hodgson 1963/64: 17). Der Input ist ein Dialog in einem typischen Verwendungskontext, der im Bild dargestellt wird, z. B. *shopping at a department store, booking a flight.*

Ein Unterricht nach der Methode des TPR beginnt mit Aufforderungen. Die Imperative sind auf das Verstehensvermögen der Lerner abgestimmt. Während der Inputpräsentation hören und beobachten die Schüler, wie die Lehrkraft einige Befehle mehrmals formuliert und ausführt.

> **Action Item 10.2**
>
> Bitte stellen Sie fest, in welchem Maße Lehrmaterialien Inputkonstruktionen nach dem Muster der Beispiele beinhalten.

Audiolingual/Audiovisuell	Situativ	TPR
Make short conversations. Look at the examples first: Mrs. Hobson: not: to want: to fly Mrs. Hobson doesn't want to fly She hates flying, doesn't she? Yes, she's afraid of flying. 1. Sally Jenkins: often: to want: to swim: in cold lakes (Orten 1973: 39)	Young man: "Excuse me, Where's the post office? Mr. Porter: Go down Park Road. Turn right at the big supermarket. You'll see the post office on the left. Young man: Thank you. (Franzen 1977: 25)	Draw a rectangle on the chalkboard. Pick up a rectangle from the table and give it to me Put the rectangle next to the square. (Asher 1977: 54)

Kontextualisierter Input

Zentral im Natural Approach ist ein **verständlicher Input**. Das Interesse der Lernenden soll auf kontextuell eingebundene *key words* gelenkt werden. Die Verständlichkeit fördern das Paraphrasieren und Wiederholen der Informationen. Auch eingeführte linguistische Mittel zur Erläuterung sorgen für einen *comprehensible input*. Allerdings soll nicht jedes Wort im Input bei den Lernenden bekannt sein, damit sich rezeptive Strategien entwickeln und Sprachwachstum vorbereitet wird.

Allgemein an Themen und Kontexten orientiert ist der Input im kommunikativen Ansatz. Im Zentrum steht zunächst eine spezifische Redeabsicht, z. B. *talking about your plans*. Hierfür benötigte Redemittel werden grundsätzlich in einer für typisch gehaltenen Situation vorgestellt und in einen Text eingebunden, der Bezüge zur Lebenswirklichkeit der Lernenden hat.

Bilingualer Input

Verschiedene Ansätze gilt es, bei bilingualem Input zu unterscheiden. Im Prinzip will man im Sinne einer funktionalen Einsprachigkeit das Verstehen des Input durch gezielte Wechsel in die Erstsprache der Lernenden fördern. Diese sogenannte funktionale Einsprachigkeit wird heute in Lernumgebungen für beginnende Lernende besonders häufig praktiziert. Als Orientierung gelten Inputkonstruktionen, die Mütter für ihre Kleinkinder produzieren, oder erfahrene Sprecher gegenüber Gesprächspartnern mit erkennbar geringem Sprachkönnen.

> **Action Item 10.3**
>
> Bitte untersuchen Sie, in welchen Kontexten Muttersprache(n) von Lernenden in Englischbüchern verwendet werden. Versuchen Sie eine Kategorisierung dieser Kontexte. Entwerfen Sie auch einen Fragebogen für Lehrkräfte an einer Schulform Ihrer Wahl, mit dem sich ermitteln lässt, ob bzw. welche muttersprachlichen Techniken sie verwenden. Versuchen Sie, die Befragung auf Lehrkräfte mit verschiedenen Fremdsprachenfächern auszuweiten. Stellen Sie dann fest, ob es Korrelationen gibt zwischen Auffassungen zur funktionalen Einsprachigkeit und einem bestimmten fremdsprachlichen Fach.

In Deutschland befürwortete man die aufgeklärte Einsprachigkeit zunächst für **lernschwächere Schüler**. Für diesen Adressatenkreis sah man darin einen schülergemäßen Weg, um den Lernprozess kognitiv zu stützen und auf diese Weise Verstehen anzubahnen (Walter 1979; Schorb/Simmerding 1979). Mittlerweile hat sich das Prinzip des *functional code switching* auf allen Schulstufen des Frühbeginns und des Anfangsunterrichts durchgesetzt. Von vielen Lehrplänen wird es mitgetragen. Dort, so etwa der Hessische Lehrplan, „wo durch Einsprachigkeit die Effizienz des Unterrichts nachhaltig beeinträchtigt wird, sollte die Muttersprache herangezogen werden" (Lehrplan Hessen 2008: 18).

▶ ELT-term *functional code switching*: "[...] a phenomenon of switching from one language to another in the same discourse." (Nunan/Carter 2001: 275)

Ähnlich argumentieren Befürworter der Suggestopädie. Für diese Methode charakteristisch sind **zweisprachige Dialoge**. Der integrierte Englischunterricht an einigen Grundschulen thematisiert manche Inhalte in Modulen auf Englisch, einer – notenfreien – Vorform des bilingualen Sachfachunterrichts.

Im bilingualen Sachfachunterricht werden Rückgriffe auf die Erstsprache auch zugelassen, um Unverstandenes zu klären, um sich über thematisch Komplexes auszutauschen, das auf Englisch nicht gelingen würde. Auch Informationstexte zum Sachgegenstand können **aus beiden Sprachen** stammen.

Action Item 10.4

Bitte beschreiben Sie, in welchem Maße Lehrmaterialien Inputkonstruktionen nach dem Muster der Beispiele im Kasten beinhalten.

Natural Approach	Kommunikativer Ansatz	Bilingualer Ansatz
Let's count the number of students with blue eyes. One two three four. Are there any others? Oh, of course, we can't forget Jim. He has blue eyes, Now, who has brown eyes? Does Martha have brown eyes? (Yes) And what colour is her hair? (Brown). Is it light brown or dark brown (light). Is she wearing a dress today? (No). A shirt? (Yes). What colour is her shirt? (Blue). Yes, it's a blue shirt with white stripes (new word). Who else is wearing a shirt? (Betty) ... (Krashen 1982: 45)	Beverley (B): Hey Veronica, the sales are on now ...Would you like to come with me? Veronica (V): I'd love to but I can't. I'm going to the dentist's this afternoon. B: Well, what about Wednesday? V: Oh, don't you remember? On Wednesday we're playing hockey against East Norman. B: Well, will you be able to go on Saturday? V: Sorry. But we're going away for the weekend and we're leaving early... (Harger 1981: 74)	L: Picture Nr. 2, Lucy. "Why not?" What's that in German? S: Warum nicht? L: Yes, or perhaps? We can put another German word. S: Warum denn nicht? L: Good. Why not? (gibt Zeichen zum Wiederholen). S: Why not? L: I'll be your campaign manager. Ich bin dein Wahlkampfmanager. Ich manage deinen Wahlkampf. I'll be your campaign manager. (Butzkamm 1989: 185)

Authentischer Input

Authentischer Input ist eine Form der Versprachlichung von Informationen, wie sie in alltäglichen Diskursen routinisiert ist. Spezifische didaktische Eingriffe werden nicht vorgenommen. Die Unterrichtsarbeit bestimmen Texte, die nicht explizit für Lernzwecke verfasst sind (Lennon 2002). Folgt man Freudenstein, dann sind Materialien und sprachliche Aktivitäten auszuschließen, die darauf ausgerichtet sind, bestimmte Lernniveaus zu bedienen (Freudenstein 2006: 124). Authentischer Input wird auch im Zusammenhang mit ganzheitlichen Zugängen thematisiert. Die Vorstellung ist hierbei, sich vom Einzelsatz zu lösen, der den traditionellen, nach einer Progression voranschreitenden Input bestimmt. Als Alternative werden Texte aus der Wirklichkeit der Lernenden gesehen (Nunan 1988). Die allgemeine Forderung nach Authentizität im Klassenzimmer bezieht sich auch auf den Umgang mit Sprache in Aufforderungen, die Schülern nicht als künstlich erscheinen.

▶ ELT-term *authenticity*: "Authenticity is a factor of: 1. *Provenance and authorship* of the text. 2. *Original communicative and socio-cultural purpose* of the text. 3. *Original context (e.g. its source, socio-cultural context)* of the text. 4. *Learning activity* engendered by the text. 5. *Learners' perceptions of and attitudes to* the text and *the activity* pertaining to it." (Mishan 2005: 18)

Input immersiv

Unterricht nach der immersiven Methode verläuft im Grunde ohne eine fremdsprachenspezifische Methodik (Kleine 2005). Entscheidend ist ein immersiver Input. Man findet ihn in Lernumgebungen, in der die Benutzung der Fremdsprache nicht auf das Klassenzimmer beschränkt bleibt. Immersionslernen basiert auf der Vorstellung, dass eine **natürliche Erwerbsumgebung**, wie sie im Erstsprachenerwerb herrscht, in der Schule rekonstruiert werden kann. Ausschlaggebend ist, dass die Fremdsprache Schulsprache ist. Außer im Fach Deutsch wird Englisch gesprochen, im Unterricht, in den Pausen und im Gespräch unter Lernern und mit Lehrkräften.

Sprachlernen in der Presse   Henning Wode, Sprachwissenschaftler
Immersives Lernen bedeutet eintauchen in eine fremde Sprache auf ganz natürliche Weise – und zwar je früher desto besser. „Kinder sind Weltmeister im Sprachenlernen", sagt Henning Wode, ... Die Kinder erleben eine Welt, in der alles in einer anderen Sprache passiert ... „Die Methode funktioniert, weil Kinder die Fremdsprache benutzen, um sich mit ihrer Umwelt auseinander zu setzen, Wie gelernt wird, bestimmt das Kind. Es wählt systematisch aus dem fremdsprachlichen Input aus und erschließt sich dadurch die Struktur der Sprache. Nach fünf bis sechs Jahren erreichen die Kinder in vielen Aspekten das Niveau gleichaltriger Muttersprachler", erklärt Wode.
Kleine, *Focus- Online* 2005.

10.3 Aktivitäten und Probehandlungen

Aktivitäten werden mit dem Ziel in den Unterricht integriert, Übungs- und Anwendungsmöglichkeiten für die Fremdsprache zu schaffen. Je nachdem, welche Auffassungen zum Üben Einfluss nehmen, können Aktivitäten sehr enggesteuert oder offen konzipiert sein.

Nachahmen, reproduzieren

Das Übungsprinzip der ALM, der AVM und über weite Strecken auch der STM sind im Kern Adaptionen der *pattern practice*. Schnell zu vollziehende **Reihenübungen** trainieren jeweils einen sprachlichen Aspekt. Einzelne lexikalische Einheiten werden abgewandelt, die Satzmuster bleiben in einem Übungstyp unverändert. Die vielfältigen Abwandlungen der Reihenübungen sollen eine mechanische Anwendung verhindern. Imitiert wird ein Pattern nur in Unterrichtsphasen, die einer *pattern practice* vorausgehen. Nachdem die Lehrkraft den *basic sentence* des zu übenden Patterns einige Male vorgetragen hat, imitieren die Schüler das Sprachvorbild mehrmals ohne Veränderung, zum Teil mit Unterstützung durch das Schriftbild. Daran anschließend werden die ausgewählten sprachlichen Erscheinungen mehr als intensiv geübt (*overlearning*).

▶ ELT-term *overlearning*: "Overlearning is the term for continuing practice beyond the point where the skill seems to be adequately acquired." (Hampson/Morris 1996: 134)

Action Item 10.5

Bitte beschreiben Sie den Anteil audiolingualer Aktivitäten in Arbeitsheften oder internetbasierten Übungsangeboten. Beurteilen Sie die Konzepte.

Audiolinguale Aktivitätsformen.
Substitution: Ersetzen, z. B. L: *The boys are coming* S: wiederholt L: *Children;* S: *The children are coming* u.s.w.
Transformation: Verändern, z. B. L: *The students are busy.* S: *Are the students busy?* L: *The teacher is reading papers.* S: *Is the...*u.s.w.
Completion: Ergänzen, z. B. *Her cooking is good, but yours is ...,*
Addition: Hinzufügen, z. B. *before lunch, to cash a check,* zu *I must go to the bank,*
Synthesis: Zusammenfügen, z. B. *We went to the zoo. I remember when: I remember when we went to the zoo.*
Composition: Sätze bilden, z. B. *students/wait/bus* in *The students are waiting for the bus.* (Lado 1964: 105ff)

Input verarbeiten

Schüler, die Input aktiv verarbeiten sollen, werden durch das Unterrichtsszenario angeregt, in der Sprache tätig zu sein. Die Methode des TPR präsentiert hierzu **Befehle,** auf die Schüler nonverbal reagieren. Der Natural Approach setzt auf themenbezogene Tätigkeiten, z. B. indem Lernende mit Diagrammen oder Charts arbeiten, mit Fahrplänen, Zeitungsannoncen oder Speisekarten. Nicht zu vergessen die Anregungen aus dem Input, den die Lehrkraft produziert. Auf all diese Impulse sollen die Schüler reagieren, häufig nonverbal oder mit nur wenigen sprachlichen Zeichen, manchmal produktiv, damit die Lehrkraft weiß, ob ein Verstehen erreicht wurde. Dahinter steht ein Verständnis von Spracherwerb als individuellem Entwicklungsprozess. Deshalb müssen **keine bestimmten sprachlichen Kompetenzen** zu einem gegebenen Zeitpunkt gezeigt werden, die Arbeitsaufgaben lassen verschiedene Lösungswege zu. Eigene Übungspläne zur Anbahnung produktiver Kompetenzen erübrigen sich. Das Konzept des Natural Approach sieht keine Notwendigkeit, das aktive Sprachkönnen eigens zu trainieren. Moderne methodische Verfahren sehen generell längere Phasen vor, in denen die Lernenden Input verarbeiten, ohne dass sie gehalten sind, zu imitieren oder zu reproduzieren (v. Ziegesar/v. Ziegesar 1998).

Output generieren

Output wird in Übungen generiert. Sie sind die Säulen eines jeden Sprachlehrmodells. Übungen sorgen dafür, dass einzelne Sprach- und Redemittel automatisiert werden und sie als prozedurales Wissen verfügbar sind. Ein nicht unwesentlicher Teil an Übungsformen des Englischunterrichts besteht strukturell aus nur geringfügig modifizierten Mustern traditioneller Lehrmethoden. Sie unterstützen das enggesteuerte, imitative und reproduktive Üben von ausgewählten Strukturen und Redemitteln. Bei der Anbahnung von phonologischen Fähigkeiten (Aussprache, Betonung, Intonation) scheint imitatives Üben sogar **eine gewisse Nachhaltigkeit** zu erzeugen und erstsprachliche Routinen zu unterdrücken (Dretzke 1985).

Der Nutzen enggesteuerter Übungen wird kaum in Zweifel gezogen. Phasen, in denen eine Automatisierung von Redemitteln angestrebt wird, werden als sinnvoll betrachtet. Für **komplexe Sprachhandlungen**, d. h. unter potenzieller Einbeziehung des gesamten Sprachbesitzes, muss allerdings ein substantieller Unterrichtsanteil reserviert bleiben: „Alles Darbieten und Üben", müsse „immer wieder zur Sprachanwendung führen" (Butzkamm 1991b: 219). Vor diesem Hintergrund werden Übungspläne eingefordert, die inhaltlich bedeutsam sind. Lernenden soll die Funktion des Übungsgegenstands für die Kommunikation deutlich werden.

Action Item 10.6

Bitte beschreiben Sie das Verhältnis von formgeleiteter und funktionsgeleiteter Übung in einer Lehrbuchunit Ihrer Wahl. Nehmen Sie dann eine Bewertung des Übungskonzepts vor. Orientieren Sie sich am Beispiel im Kasten.

Formgeleitete Übung	Funktionsgeleitete Übung
You want to go to Australia. What is your partner interested in doing? A: Are you interested in staying on a sheep farm B: Yes, I am/No, I'm not. A Are you interested in seeing... Go on, please: go shopping in Sidney visit Ayers Rock ... . (Bear-Engel u.a. 2001: 42)	Sieh dir die Gegenstände in den Zimmern an [Bilder bedroom/living room W.G.] und stelle einer Partnerin/einem Partner Fragen hierzu. 1. You: Where's the... A partner: It's in the bedroom/... 2. Is the... in the bedroom/...? (Williams/Cox 2004: 44)

Damit sich das Gelernte verfestigt, werden den Schülern Umsetzungen desselben Lerngegenstands in mehreren Übungskontexten über einen längeren Zeitraum abverlangt. Der positive Einfluss der **Wiederholungshäufigkeit** auf den Fertigkeitsaufbau ist unbestritten (Pelz 1996). Im Zusammenspiel mit sinnstiftenden Aktivitäten wird die Überführung in prozedurales Wissen eingeleitet.

Seit dem kommunikativen Ansatz der 1970er und 1980er Jahre wird zwischen **Übungs- und Kommunikationsphasen** unterschieden. Die bekannten Strukturübungen werden in vorkommunikativen Übungsphasen eingesetzt. Nunmehr sind sie oftmals in einen Kontext eingebunden, der die Simulation einer kommunikativen Absicht unterstützt. In kommunikativen Phasen, in denen Fehlertoleranz gezeigt werden soll, sind Aktivitäten häufig auf *action cards*, *flow charts* und *role play cards* beschrieben. Ihre möglichen inhaltlichen Verläufe sind vorstrukturiert, zum Teil sind sie angereichert mit Versprachlichungshilfen. Bisweilen werden verschiedene zielsprachliche Realisationsmöglichkeiten aufgezeigt, unter denen die Lernenden auswählen können. Diese Bemühungen sind darauf ausgerichtet, realitätsnahe Szenarien im Klassenzimmer zu ermöglichen, in denen die Sprachfunktionen im Zentrum steht, "the use of language to convey real meaning, real facts, or the student's real opinion" (Bygate 2000: 62). Gleichzeitig soll verhindert werden, dass Lernende frühzeitig an Versprachlichungsproblemen scheitern. Solchermaßen eingebunden in ein Handlungsszenarium führt die Kombination sprachlicher, interaktiver und reflexiver Fertigkeiten zu "*communicative activities*" im eigentlichen Sinn" (Legutke 1988: 85). Innerhalb einer spezifischen Übungsphase ist die Festigung des Lernstoffs meist produkt- oder interaktionsorientiert.

▶ ELT-term *communicative activities*: "Communicative activities ... place emphasis on social as well as functional aspects of communication. Learners must ... aim to convey meanings effectively, but must also pay greater attention to the social context in which the interaction takes place." (Littlewood 1981: 20)

Lernen in der Presse · Tina Seidel, Professorin für Pädagogische Psychologie
ZEIT: Welcher [Unterrichts-] Stil war [in Ihrer Untersuchung] am erfolgreichsten?
Seidel: Ein Unterricht, der verschiedene Methoden wohldosiert mischte, wo der Lehrer also weiter eine wichtige Rolle spielte, die Schüler aber auch selbst aktiv werden konnten. Wichtig ist die Balance.
ZEIT: Wo sehen Sie Nachholbedarf?
Seidel: Sicherlich beim selbstständigen Lernen. Denn das kommt nach allem, was wir wissen, immer noch viel zu kurz. Man darf jedoch nicht unterschätzen, wie tief verankert die Unterrichtsroutinen von Lehrern sind. Diese zu verändern erfordert viel Mühe.
Spiewak, *Die Zeit* 2009

Eine zentrale Stellung im kommunikativen Ansatz ab den 1990er Jahren nehmen **handlungsorientierte Aktivitäten** ein. Als handlungsorientiert im engeren Sinne gelten Aktivitäten, bei denen man mit der Fremdsprache etwas durchführt oder ausrichtet, sei es nun, dass man via E-Mail korrespondiert, ein Werbeplakat zusammenstellt oder auch nur ein Lernspiel durchführt. Häufig wird ein kooperativer Zugang zur Aufgabe geschaffen. Die Lernenden werden aufgefordert, gemeinsam an der Lösung einer Aufgabe zu arbeiten (Spiewak 2009).

> **Action Item 10.7**
>
> Bitte beschreiben Sie die Aktivitäten der Methoden in Bezug auf ihre **Handlungsorientierung**. Entscheiden Sie also bitte nach Bach/Timm, ob die Aktivitäten 1) „erfahrungsbasiert, unmittelbar und authentisch" sind; 2) die Aktivitäten „engagierte, interaktive und autonome Kommunikationsprozesse" auslösen; 3) sie „prozess- und lernorientiert" sind; 4) die Aktivitäten zu Ergebnissen führen; 5) zur Entwicklung von Sozialkompetenz beitragen und 6) in sprachlicher Hinsicht ganzheitliche Erfahrungen zulassen (Bach/Timm 2009: 17).

Kommunikative Aktivitätsformen (Gehring 2002, Littlewood 2004, Siebold 2007)

1. Vorkommunikativ-formal	2. Kommunikativ-formal	3. Geschlossen-funktional	4. Offen-funktional
Aufmerksamkeit wird auf Sprachform und auf Sprachfunktion gelenkt, ohne neue Inhalte.	Anwenden aktuell angeeigneter Sprachmittel in neuen Kontexten.	Sprachverwendung innerhalb definierter Könnens-Grenzen Aktivierung von Sprachmittel des vermittelten Curriculums)	Inhalte und Wahl der Sprachmittel sind nicht voraussagbar.
– Textinformationen wiedergeben – Dialogmuster variieren – Lückentexte ausfüllen – Vokabeln sammeln, ordnen, gruppieren	– Fragen zur Person – Informations-lücken – Bildvergleich – Umfragen	– Dialoge – Rollenspiele – szenisches Gestalten – Vergleichen – Beschreiben – Charakterisieren	– Meinungsäußerung – Diskussion – Rollenspiel nach Rollenvorgabe – Problemlösung – Kurzvortrag
Match the words a) ring 1) tip b) glue 2) case c) pencil 3) binder d) felt 4) stick	Find someone who... 1. has got a red ruler 2. has got a pet. 3. has got a notebook 4. has got a sister with black hair	You visit a friend in England. Tell him about the horrible crossing.	Some people think school uniforms should be introduced in German schools. What's your opinion?

Auch **Ganzheitlichkeit** (*holistic learning*) spielt im handlungsorientierten Ansatz eine Rolle. Gemeint sind Aktivitäten, an deren Durchführung ‚Kopf, Herz und Hand' (Pestalozzi) beteiligt sind und die nicht nur kognitiv herausfordern. Dies ist etwa dann der Fall, wenn Schüler Redemittel in unterschiedlichen Handlungsszenarien ausführen, sie z.B. mit Stabpuppen vor selbst gemalter Kulisse an einem Szenario auf Englisch mitwirken. Der Methode TPR wird Ganzheitlichkeit unterstellt, da die Lernenden Befehlssätze in Bewegung umsetzen und insbesondere Kinder auch viel Spaß daran haben.

▶ ELT-term *holistic, action oriented learning*: "Learning is considered as a fully integrative and holistic process that involves all faculties, such as hearing, sight, smell, touch, taste and an equilibrium when constructing meaning." (Finkbeiner 2001: 255)

Im aufgabenbasierten Ansatz werden sprachliche Aktivitäten und Tätigkeiten dadurch ausgelöst, dass Lernende ein nichtsprachliches Problem lösen. Ein sprachlicher Akzent kann, muss aber nicht in einer Aufgabe enthalten sein. Die kompromisslose Umsetzung eines Konzeptes, das allein auf die **Aufgabenbearbeitung** setzt und sprachliche Aspekte ignoriert, hat sich im Englischunterricht an deutschen Schulen bisher nicht durchgesetzt. Einflussreiche Medien wie Lehrbücher, Lernmaterialien und nicht zuletzt Unterrichtsanregungen in Fachzeitschriften deuten darauf hin, dass dem expliziten Sprachlernen auch in aufgabenbasierten Lernumgebungen ein gewisser Stellenwert zuerkannt wird. In modernen, am kommunikativen Ansatz orientierten Lehrbüchern beispielsweise finden sich Übungsszenarien mit vielen Kennzeichen einer Aufgabe, an die enggesteuerte, auf die Routinisierung von formalen Elementen gerichtete Aktivitäten gebunden sind.

Action Item 10.8

Versuchen Sie bitte, in Lernmaterialien für den Anfangsunterricht funktionale Kategorisierungen von *tasks* vorzunehmen. Verwenden Sie hierzu die Einteilung im Kasten (Nunan 2004: 26ff)

Task	Macrofunction	Microfunction	Grammar
Role play. You are in a clothing store and have $50 to spend ... Look at the clothing items on the worksheet. Find out the prices and decide what to buy.	*Exchanging goods and services*	*Asking about and stating prices*	*How much/how many/ Yes/no questions*

Für den Unterricht bedeutsam sind Aufgaben, die Lernende für die Bewältigung der vielfältigen Anforderungen in authentischen Kommunikationsanlässen qualifizieren. Solche *pedagogical tasks*, wie Nunan sie nennt, zeichnen sich dadurch aus, dass sie verschiedenste Sprachhandlungen auslösen, an deren Ende ein präsentationsreifes Ergebnis steht. Der zweite Aufgabentyp, die *real-world-task*, umfasst **Handlungsaufforderungen** außerhalb eines Klassenzimmers, denen man sich z. B. bei Lernortbegehungen zu stellen hat. Aber auch die Aufforderung, zu sagen, was man gerne oder nicht gerne hat, wäre eine *real-world-task*, da diese Sprachhandlung in der außerschulischen Realität der Lernenden vorstellbar ist (Nunan 2004).

Außerhalb dieser Kategorien angesiedelt sind *enabling exercises*. Dies sind Aktivitäten, mit denen man Lernende spezielle Redemittel und Fertigkeiten einüben und festigen lässt, ohne diese in Handlungsszenarien einzubinden.

Pädagogische **Lernaufgaben** sind Einflüssen unterworfen, die von der Lernumgebung und der Lerngruppe ausgehen. Lernstände, motivationale Dispositionen, Erwartungshaltungen, Ausstattung des Klassenzimmers oder die Verfügbarkeit von Recherchemedien sind Aspekte, die bei der Aufgabenkonstruktion bedacht werden müssen. Auch der Bearbeitungsprozess einer Lernaufgabe ist von diesen Lernvoraussetzungen beeinflusst. Ein workplan (Müller-Hartmann/Schocker v. Ditfurth 2006), der einige Arbeitsschritte antizipiert, kommt dem entgegen. Die skizzierten Abfolgen sind auf die Bedürfnisse der betreffende Lerngruppe zugeschnitten. Die Vorgaben einzelner Schrittfolgen zur Aufgabenbearbeitung dienen somit der Differenzierung.

> ▶ ELT-term *task*: "Tasks are defined as activities that are meaning-focused and outcome-evaluated and have some real-world relationship" (Foster & Skehan, 1996: 300) [...] "giving learners tasks to transact, rather than items to learn, provides an environment which best promotes the natural learning of languages." (Foster 1999: 69)

Aufgabentypologie

Zahlreich sind die Vorgehensweisen, Lernaufgaben weiter zu unterteilen. Die didaktischen Intentionen können so eingeschätzt und überprüft werden. In Lehrbüchern findet man häufig eine Zuordnung von Lernaufgaben nach den Sprachfunktionen, die sie bedienen. Ellis spricht von fokussierten und nichtfokussierten Aufgaben, letztere ohne eine Konzentration auf bestimmte Sprachformen, demnach also „designed to elicit general samples of learner language" (Ellis 2003: 141). Willis teilt Aufgaben in **Handlungskategorien** ein, sie beschreibt die Tätigkeiten, die zur Bearbeitung einer Lernaufgabe aufgerufen werden (z. B. *listing, ordering, creative task*, Willis 1996).

Action Item 10.9

Bitte stellen Sie Übungen aus einem Lehrbuch zusammen und wandeln sie diese in Aufgaben um. Zeigen Sie dies anhand einiger Beispiele. Orientieren Sie sich am Beispiel im Kasten.

Übung /exercise	Aufgabe/task
Family tree: Zeichne deinen eigenen Familienbaum in dein Heft. Stelle deine Familie den anderen vor: *This is my mother. Her name is... Go on, please.* (Hamm u.a. 1997: 64)	Family tree: Tell each other the names of your close family and then draw a family tree for your partner's family. Finally show it to your partner to check. (Willis 1996: 22)

Das Beispiel einer Recherche- bzw. Auflistungsaufgabe im rechten Kasten zeigt, dass im Gegensatz zur Übung links, nicht nur Lernwortschatz aktiviert, sondern gleichzeitig eine Interaktion mit einem authentischen Setting durchgeführt wird. Das Ergebnis muss verhandelt werden.

Prahbu, der das aufgabenorientierte Fremdsprachenlernen geprägt hat, unterscheidet Aufgabentypen nach der Art der von ihnen ausgelösten **kognitiven Aufforderung** bei der Bearbeitung (*information-gap, reasoning-solving, opinion exchange*). Andere Kategorisierungsversuche beziehen Aufgaben und Interaktionsformen aufeinander (vgl. Richards/Rogers 2001: 334f; Ellis 2003: 211ff).

Action Item 10.10

Bitte untersuchen Sie eine Lehrbuchunit Ihrer Wahl oder ein Stundenmodell nach deren Maß an Aufgabenorientierung. Entwerfen Sie gegebenenfalls Alternativen.

Information gap	Reasoning solving	Opinion exchange
Text Student A: Here is a card from___ We have been here since Sunday. We have visited the ____ and Canary Wharf ... Text Student B Here is a card from San Francisco. We have been here since Sunday. We have visited the center of town and _____ ... (Gehring 2002: 90)	*You are a student who is in Canada for the first time. You need warm clothes for winter to go to school. What items will you need? Your limit is $200.00.* (Yalden 1981: 24)	*Student A: You are a vegetarian.* *Student B: You are a gourmet. Try to persuade each other of your point of view.* (Edge 1993: 114)

Komplexere Aufgaben, wie in Simulationen oder Rollenspielen der Fall, schließen zusätzliche umfassende interaktive Tätigkeiten mit ein. In kleineren Projekten realisieren sich Aufgaben, die mehrere Arbeitsschritte verlangen. Allen gemein ist, dass ein Bündel an verschiedenen Sprachhandlungen abgerufen wird.

10.4 Bewusstmachung

Bewusstmachen bedeutet, sich mit einem sprachlichen Phänomen kognitiv auseinanderzusetzen, eine Regel herzuleiten, über das Phänomen in einer Metasprache zu sprechen. In der vermittelnden Methode (VM) hatte die Bewusstmachung große Bedeutung. Einsichten in das Regelsystem der Fremdsprache, regelgesteuertes Üben, Übersetzen – im Grunde also Verfahren aus der Grammatik-Übersetzungsmethode – erlebten eine Renaissance. Bis heute wirkt die VM in Form der metasprachlichen Grammatikbehandlung und Übersetzungsübung an höheren Schulen nach (Neuner 1995: 184).

▶ ELT-term *metalanguage*: "A metalanguage indicates a language that is about language ... A metalanguage indicates, comments on, exercises, criticizes etc what happens on the level of the object language." (Mey 2001: 73)

In der audiolingualen Ausrichtung wird auf eine metasprachliche Bewusstmachung verzichtet, da das **Sprachlernen als ein unbewusster Gewöhnungsprozess** betrachtet wird. Gelernt wird, indem man Satzbaumuster solange nachahmt, bis man sie, ohne nachdenken zu müssen, flüssig verwenden kann (*drill*).

> ▶ ELT-term *drill*: "[A] typical language activity involving fixed patterns of teacher and student responding and prompting, usually with repetition, substitution." (Crookes/Chaudron 2004: 34)

Die audiovisuelle Methode nach Schiffler (1973) sieht eine lernergemäße Bewusstmachung vor. Die Struktur grammatischer Einheiten soll nämlich über relevante „Signale" verdeutlicht oder mit Struktur- und Substitutionstabellen erarbeitet werden.

In der bilingualen Methode und in der situativen Methode wird Bewusstmachung vor allem dadurch erreicht, dass man die Ausgangssprache der Lernenden als **Verstehenshilfe** verwendet. Zwischen zwei Präsentationen des Neuen in der Zielsprache wird, gewissermaßen wie in einem Sandwich, die muttersprachliche Übersetzung dargeboten, z. B. You've skipped a line. Du hast eine Zeile übersprungen: You've skipped a line. Die „Sandwich-Technik soll eingesetzt werden, wo einsprachiges Erklären nicht „umstandslos funktioniert" (Butzkamm 2007: 6).

Im kommunikativen Ansatz ist weder eine Bewusstmachung von Regularitäten ausgeschlossen noch das Sprechen über sprachliche Phänomene in einer Metasprache. Nicht um seiner selbst willen wie zu Zeiten der GÜM. Der kommunikative Ansatz betrachtet nicht-metasprachliche Verfahren, z. B. Kontrastierung, Beispielsätze, grafisches Hervorheben oder Signalwörter, als „eine denkbare Stütze des Spracherwerbs" (Piepho 1988: 19). Bewusstmachung dient dazu, Erkenntnisprozesse zu initiieren, die Schüler „für sprachliche Phänomene zu sensibilisieren", das Bilden und Überprüfen von Hypothesen zu erlernen (Gnutzmann/Kniffe 1998: 322). In seiner stärker **handlungsorientierten** Ausformung werden Bewusstmachungsphasen oft kreativ gestaltet. Wortstellungsregeln werden mit Personen 'inszeniert', als Mobile dargestellt, Wortbedeutungen pantomimisch gesichert, Regeln wo immer möglich phantasievoll ausgestaltet und sei es nur durch den Auftrag, grafische Elemente zu verwenden.

Ein aufgabenbasierter Englischunterricht verzichtet während der Bearbeitung einer Aufgabe auf bewusstmachende Phasen, da es darum geht, das **Resultat** zu erzielen, das von einer Aufgabe intendiert wird. Von Beginn der Arbeit mit Tasks sind Aktivitäten vorstellbar, die auf die Bewusstmachung eines sprachlichen oder inhaltlichen Aspektes hin abzielen. Die sprachbetonte Phase, die sich einer Aufgabenbearbeitung anschließt, ist für bewusstmachende Tätigkeiten offen.

Theoriegeleiteter Methodenmix

Alle Methoden verfolgen das Ziel, Lernende mit Kompetenzen in der Fremdsprache auszustatten, wenngleich es auch recht unterschiedliche Auffassungen darüber gibt, wie die Wege dorthin auszusehen haben. Zu berücksichtigen sind auch die möglichen Auswirkungen, die Entscheidungen für oder gegen methodische Praktiken nach sich ziehen. Dabei ist beispielsweise zu klären, welches Maß an

Instruktion sinnvoll für den Lernprozess ist oder wie stark die Lehrkraft in ihrer möglichen Rolle als Sprachmodell sich einzubringen hat. Entschieden werden muss auch, ob die Lehrkraft im Kontext bestimmter Leistungserwartungen Unterrichtsprozesse lenken soll oder ob sie den Lernenden selbst mehr Verantwortung überträgt. Entscheidungen sind zudem zu treffen in Bezug auf die Unterrichtsstrukturierung, die offen oder in klare Phasen gegliedert sein kann, ein hohes oder ein geringes Maß an Entscheidungsfreiheit aufseiten der Lernenden aufweist. Die Wahl der Übungs- und Arbeitsformen wird man nicht nur vom Leistungsvermögen, sondern auch von den individuellen Neigungen einer Lerngemeinschaft abhängig machen.

Action Item 10.11

Bitte skizzieren Sie anhand einiger methodischer Konzepte Anforderungen an Lehrkraft und Unterrichtsgestaltung. Beschreiben Sie auch, welche Vorstellungen von den Rollen der Lernenden die verschiedenen methodische Konzepte transportieren.

Zusammenfassung

Dieses Kapitel wollte aufzeigen,

- welche Vorstellung der Darbietung methodische Ansätze umsetzen,

- welche Schüleraktivitäten mit dem Lernstoff die verschiedenen Verfahren begründet implizieren,

- welche Rolle der bewussten Auseinandersetzung mit dem Lernstoff in den verschiedenen Ansätzen zukommt.

Weiterführende Literatur:

Quellen für Action Items und für forschende Lernaktivitäten: Batz, R./Bufe, W. (Hg.): *Moderne Sprachlehrmethoden.* Darmstadt 1991. **Berns, M.:** *Contexts of Competence: Social and Cultural Considerations in Communicative Language Teaching.* Berlin 1990. **Edwards, C./Willis, J. (Hg.):** *Teachers exploring tasks in English language teaching.* Houndmills und New York 2005. **Littlewood, W.:** "The task-based approach: some questions and suggestions." In: *ELT Journal* 4/2004, 319–326. **Nunan, D.:** *Task-based language teaching.* Cambridge. 2004. **Richards, J.C./ Rodgers, Th.S.:** *Approaches and methods in language teaching.* Cambridge 2001. **Vielau, A.:** *Methodik des kommunikativen Fremdsprachenunterrichts.* Berlin 1997. Siehe auch englische-fachdidaktik.com/

11. Vermittlungsprobleme des Sprachsystems

Zur Beschreibung linguistischer Kompetenzen wird die Sprache gemeinhin unterteilt in Aussprache, Grammatik, Wortschatz und Orthographie. Im Anfangsunterricht gibt es viele Unterrichtseinheiten, bei denen diese ‚Bausteine' der englischen Sprache isoliert trainiert werden. Manchmal geschieht dies, ohne dass sich ein kommunikativer Zusammenhang aufdrängt.

Wissen zum Sprachsystem gilt als Vorbedingung, um an Diskursen teilzunehmen, sie zu initiieren und aufrecht zu erhalten. Ein problemloser Zugriff auf Elemente der Sprache ist eine Voraussetzung, um Anfragen zu stellen, Unterhaltungen zu führen, Referate zu halten oder allgemein kommunikative Akte auszuführen.

> ▶ ELT-term *discourse*: "The word discourse is used to refer to the way that pieces of speech or writing are joined together to form stretches (involving one or more participants – a conversation is a piece of discourse." (Johnson 2008: 36)

Vor dem Hintergrund, dass Kommunikationskompetenz erreicht werden soll, muss die **Betrachtung der Sprachelemente** gesehen werden. Ohne solides phonologisches, lexikalisches und grammatikalisches Handlungswissen sind Diskurse wenig erfolgreich. Jedoch darf dieses Wissen nicht isoliert bleiben. Es muss in ein wechselseitiges Zusammenwirken mit kommunikativen Fähigkeiten überführt werden.

11.1 Aussprache

Einige spezifische Probleme

Große Schwierigkeiten beim Verstehen mündlicher englischer Sprache entstehen durch eine **missverstandene Aussprache**. Sie sind häufiger für Dekodierungsprobleme verantwortlich als mangelndes lexikalisches oder grammatisches Wissen (Germer 1980). Wenn man die Fremdsprache selbst benutzt, führen mitunter phonologische Schwächen zu Missverständnissen. In manchen Fällen erschweren sie die Anerkennung als adäquaten Gesprächspartner.

Action Item 11.1

Bitte stellen Sie in einer Lerngruppe ihrer Wahl fest, für welche der folgenden Ausspracheroutinen Sensibilisierungen erkennbar sind.

- Beginnende Englischlernende empfinden die englische Aussprache noch als fremd und behelfen sich aus Scheu mit muttersprachlichen Ausspracheroutinen, z. B. durch Auslautverhärtung (*bag vs. back*).
- Phoneme sind unzureichend repräsentiert. Mit Problemen bei der Umsetzung von orthographischen Wörtern in mündliche Sprache muss man daher immer rechnen.

- Die Unterschiede zwischen orthographischem Wort und Lautbild sind beträchtlich, z. B. der Buchstabe a in *lake, wall* oder die Buchstaben ea in *mean, dead*.

- Phoneme wie /b/ /p/ /d/ /t/ in *bad, bat, pad, pat*, müssen wegen ihrer Ähnlichkeit im Englischen präziser als z. B. im Deutschen unterschieden werden.

- Deutsche Lerner realisieren manche englischen Vokale wie im Deutschen, z. B. /e/ wie in setzen. Sie sprechen *sat* wie *set* aus.

Sie haben Schwierigkeiten mit dem Kontrast /e/ und /ae/, der im Englischen viele Wortpaare unterscheidet, z. B. in *fact /infect*.

- Schwierig sind der Kontrast stimmhaft/stimmlos und die Unterscheidung von /v/ und /w/ (*vet/wet*), sowie die Artikulation des th.

▶ ELT-term *minimal pairs*. "These are defined as two different words that differ in exactly one sound, in the same place in the word." (Fromkin 2000, 532)

- Durch Akzentfärbungen kommt es zu Abweichungen von der *received pronunciation* (Vrouwe 2008).

▶ ELT-term *received pronunciation (RP)*: "This accent ... is the norm of pronunciation among upper middleclass speakers and most foreign language teachers of British English. It is also known as 'Queen's English', 'Oxford English' or 'BBC English', although BBC announcers today use a wider range of accents." (Johnson/Johnson 1999: 271)

- Die annähernd gleiche Betonung zweier aufeinander folgender Silben kommt im Englischen häufiger vor (*green house/greenhouse*).

- Im Sprechfluss fallen oft Vokale weg, z. B. aus *some* wird /sm/ (Reduktion), Laute in unbetonter Stellung werden eliminiert, z. B. *next day* /neks dei/ (Ellision).

- Die Satzmelodie kann bedeutungstragend sein, z. B. kann *you're waiting* als Frage oder als Anweisung verstanden werden.

Action Item 11.2

Skizzieren Sie bitte eine Synopse einiger Lehrpläne und deren Erwartungen zu phonologischen Fertigkeiten. Untersuchen Sie dann, wie in Lehrbüchern diese Erwartungen angebahnt werden.

Übungskontext

Phonologisches Üben vollzieht sich sinnvollerweise als Unterrichtsprinzip im Rahmen des Unterrichts. Eigene Unterrichtseinheiten zur Ausspracheschulung sind die Ausnahme, einzelne Unterrichtsphasen für gezieltes Training dagegen im beginnenden Englischunterricht durchaus angezigt. Ungewohnte Laute und Intonationsmuster müssen gezielt trainiert werden, um hier Vertrautheit zu erreichen. Längerfristige Maßnahmen sollten sich vom Üben kontextisolierter Einzelbeispiele lösen, und das Aussprachetraining in kommunikative Anlässe integrieren (Kahl 1974). Die phonologische Realisierung des Einzellauts ist abhängig von seiner Umgebung. Da er eingebettet in einen Lautstrom ist, nehmen vorausgehende und nachfolgende Laute Einfluss auf dessen Artikulation.

Zudem ist die Aussprache nur Teil eines eng vernetzten Sprachsystems. Erst im lexikalisch-grammatischen Geflecht und wenn Intonation und Prosodie beteiligt sind, wird sie kommunikativ wirksam.

Übungstypen

In entsprechend ausgestatteten Schulen lässt sich eine gute Aussprache mit Computerprogrammen oder guten Mitschülern an innerschulischen Lernorten individuell trainieren, nachdem die Lehrkraft jeweils entsprechende Problembereiche diagnostiziert hat.

> Sprachlernen in der Presse   Rainer Jäckel, Slawist
> Wer erst als Teenager eine neue Sprache lernt, wird für die zweite Sprache die Basis der Muttersprache benutzen. „Es gibt bei älteren Menschen immer einen Restakzent. Sogar wenn wir ihn nicht mehr hören, können wir den Akzent noch messen", sagt Jäckel.
> Vrouwe, *Süddeutsche Zeitung* 2008

Für eine **höhere Verstehensleistung** von Hörtexten sorgen kontinuierliche Höreindrücke vor allem über Medien, flankiert von Maßnahmen zur Entwicklung von Hörverstehensstrategien.

> **Action Item 11.3**
>
> Konstruieren Sie bitte konkrete Übungsverläufe für die Schwerpunkte eines Aussprachetrainings im Kasten (Gehring 2002):

Laute erkennen	Wörter mit gleichen Vokalen markieren, Reimwörter zuordnen.
Laute unterscheiden	Wörter mit einem speziellen Phonem in einem Wörterpool identifizieren. Wörter mit speziellen Phonemen ordnen.
Mit Minimalpaaren arbeiten	Wörter vor-/nachsprechen; in *information-gap- exercise* partnerweise identifizieren.
Wortakzent erkennen	Primary Stress markieren, Wörter Akzentmustern zuordnen; Satzbetonung. graphisch darstellen, als Rätsel gestalten, Betonungsmuster in Satzpool identifizieren.
Lautschriftsymbole interpretieren	Lautschriftsymbole Wörtern zuordnen, Laute in Graphemen identifizieren.
Kreatives Üben	Aus Wörtern mit einem phonologischen Fokus eine Geschichte entwickeln.

11.2 Wortschatz

Es gehört zu den methodischen Prinzipien des Fremdsprachenunterrichts, Vokabeln **nicht als isolierte Einheiten** zu betrachten. Genau dies tun z. B. Englischbücher, wenn sie zweisprachige Listen mit den Wörtern aller Units zusammenfassen. Neue Ausgaben verwenden allerdings auch andere Präsentationsformen. Sie stellen lexikalische Einheiten in ihren paradigmatischen und syntagmatischen Beziehungen dar. Sie präsentieren Verwendungsbeispiele von Vokabeln einer Unit in Alltagsdiskursen oder machen auf die Verschiedenartigkeit in den Bedeutungen eines Lexems aufmerksam. Manche Vokabeln sind in Wortfeldern zusammengefasst oder in Assoziogrammen. Sie weisen wiederum auf Beziehungen zu benachbarten oder verwandten Begriffen und Wortbildungen hin, zu idiomatischen Ausdrücken oder Äußerungen, die in den Bedeutungszusammenhang der betreffenden lexikalischen Einheit passen.

▷ ELT-terms *syntagmatic/paradigmatic relations*: "A word may be said to have syntagmatic relations with the other words which occur in the sentence in which it appears, but paradigmatic relations with words that could be substituted for it in the sentence." (Richards/Schmitt 2002: 534)

Action Item 11.4

Versuchen Sie bitte eine Kategorisierung von Vokabeldarstellungen in einem Englischbuch Ihrer Wahl.

Wortvernetzungen

Informationen zu einem Wort legen wir in mehreren Einträgen in unserem Gedächtnis ab. Dadurch kann sowohl die Rezeption als auch die Produktion von Wörtern in der für uns gewohnten Schnelligkeit verlaufen, ohne unser Arbeitsgedächtnis zu überfordern. Wortform und Wortbedeutungen scheinen auch deshalb **an verschiedenen Orten** eines mentalen Lexikons im Gedächtnis abgespeichert zu sein, weil wir beim Sprachhandeln auf ganz unterschiedliche Weise auf unseren lexikalischen Bestand zugreifen. Manchmal scheitern wir. Wir versprechen uns oder es misslingt uns eine Zeitlang, ein Wort, das uns ‚auf der Zunge liegt' (*tip of the tongue*), zu rekonstruieren. Wir haben eine konkrete Vorstellung von einem Begriff, können Anfangsbuchstaben und Anzahl der Silben nennen, uns fallen ähnliche Begriffe ein, aber eben nicht der, den wir suchen.

▷ ELT-term *tip-of-the-tongue-phenomenon*: "We know the meaning but cannot quite remember the name of something or someone. In this case we often have a feeling about the sound of the word, how many syllables it has, or what letters it starts with." (Balkemore/Frith 2005: 157)

Wir können Begriffe Oberbegriffen zuordnen (*superordinates*, z.B. *colour, green*), Wortreihen von einem Wort aus fortführen, die miteinander verwandt sind (*coordinates*, z.B. *Monday, Tuesday* ...). Es gelingt uns, Wörter zu sammeln, die thematisch miteinander in Verbindung stehen und dabei andere auszuschließen. Wir können Wortpaare zusammenstellen, die sich reimen, Minimalpaare sind oder den gleichen Silbenkern haben (*ladder, fancy*). Wir sind in der Lage, idiomatische Ausdrücke zu produzieren und Kollokationen zu berücksichtigen. Viele weitere Operationen mit Wörtern gelingen uns scheinbar mühelos.

> **Action Item 11.5**
>
> Versuchen Sie bitte Wörternetze zu Vokabeln des ersten Lernjahres zu erstellen. Beginnen Sie mit einem Faden, z. B. book --- sell --- bookshop --- shop assistant --- to assist --- assistance und entwickeln sie dann weitere. Vergleichen Sie Ihre Wörternetze mit professionellen Wortschatz-Darstellungen, z. B. www.visualthesaurus.com

Zu solchen Leistungen befähigt uns die Art und Weise, wie die Wörter bei uns abgelegt sind. Man stellt sich eine Art Wortspeicher vor, in dem sich die formalen und bedeutungsbezogenen Einträge zu einem Wort befinden. Über **netzartige Verknüpfungen** sind die Wörter im mentalen Lexikon miteinander verbunden, „linked together in a gigantic cobweb, in which every item is attached to scores of others. (Aitchison 2003: 84).

▶ ELT-term *mental lexicon*: "We can think of the mental lexicon ... as an overlapping system in which words are stored as 'double' entries – one entry containing information about meaning and the other about form." (Thornbury 2002: 17)

Die Komplexität der Einträge im Wortspeicher ist abhängig von individuellen, intellektuellen, kulturellen und sozialen **Dispositionen**. Jedoch erfolgt der Zugriff innerhalb von Millisekunden, unabhängig vom Maß an Spezialwissen und Erfahrung (Kabl 2009).

> Sprachlernen in der Presse   Ned Sahin, Neurowissenschaftler
> Zwischen dem Erdenken und dem Aussprechen eines Wortes vergehen im Schnitt 600 Millisekunden ... Aus einem mentalen Lexikon sucht das Gehirn das passende Wort aus und passt es dann an den Zusammenhang an, beispielsweise bildet es von einem Verb die Vergangenheitsform. Schließlich bereitet das Gehirn die beteiligten Muskeln darauf vor, das Wort auszusprechen ... Das Aussuchen dauert im Schnitt nur 200 Millisekunden – da das mentale Lexikon eines Erwachsenen aus mehreren zehntausend Wörtern besteht, ist das eine beachtliche Leistung. Die grammatikalische Anpassung benötigt 320 Millisekunden, die Vorbereitung auf die Artikulation kostet mit 450 Millisekunden am meisten Zeit. Macht das Gehirn einen Fehler, bemerkt es ihn nach 400 Millisekunden.
> Kabl, *Süddeutsche Zeitung* 2009

11.3 Probleme der Wortschatzverwendung

Zu den lexikalischen Fertigkeiten gehört es, Lexeme in mündlicher und schriftlicher Form zu verwenden bzw. ihnen Bedeutung zuzuordnen. Eine weitverbreitete Strategie unter Lernenden ist es, mit zweisprachigen Listen zu arbeiten. Das Paarassoziationslernen kann das erste Behalten von Vokabeln unterstützen, am Beginn eines Lernprozesses mag es daher nicht unwichtig sein für eine vorläufige Semantisierung (Scherfer 1999). Eine **schnelle Abrufbarkeit** in Diskursen ist damit noch nicht gewähreistet.

▶ ELT-term *rote learning ability*. "This has to do with the ability to learn by heart. In the language field it particularly relates to the area of vocabulary learning." (Johnson 2008: 122)

Dass das **Auswendiglernen** einzelner Wörter als einziger Strategie nur begrenzt sinnvoll ist, zeigt sich an den Wortvernetzungen, die in Diskursen aufgerufen werden. Man verwendet in einer Unterhaltung ja nicht nur die Grundeinheit eines Wortes, z. B. *to break*, sondern auch Varianten (*break, broke, broken*), *multi-word-verbs* (*break in on*), *phrasal verbs* (*break out*) und idiomatische Wendungen (*break the ice*), je nachdem, welche Formen der Kontext der Sprachverwendung abverlangt.

▶ ELT-term *discourse*: "The word discourse is used to refer to the way that pieces of speech or writing are joined together (involving one or more participants – a conversation is a piece of discourse involving two or more participants)." (Johnson 2008: 36)

Um seine Intention klarer zu versprachlichen, kann es beispielsweise vorkommen, dass Oberbegriffe spezifiziert werden müssen. Möglicherweise ist man gefordert, Wörter zu kontrastieren oder Begriffe präziser zu formulieren, z. B. durch Adjektive mit differenzierter Bedeutung, durch Wendungen etc. Ob nach Wörterlisten gelernte Lexeme für solche Anforderungen im Diskurs spontan verfügbar sind, ist zweifelhaft (Carter 1998: 153). Gegen zweisprachige Wörterlisten als alleiniger Lerngrundlage spricht außerdem, dass Form und Bedeutung ähnlicher Lexeme in zwei Sprachen nicht zwangsläufig identisch sind. Für Lerner werden Wörterpaare mit ähnlichem Wortstamm wie *thick/dick*; *give out/ausgeben* etc. zu *false friends*, zu *deceptive cognates*. Sie verleiten zur wörtlichen Bedeutungsüberführung von einer Sprache in die andere. Im Zusammenspiel mit weiteren Maßnahmen sind zweisprachige Vokabellisten schon wegen des Nutzens von Kognaten allerdings durchaus sinnvoll. In vielen Fällen kommen lexikalische Ähnlichkeiten von ausgangs- und zielsprachlichen Einheiten dem Lernprozess entgegen (Hiddleston 2008).

▶ ELT-term *cognates*: "Words that are very similar in both form and meaning in L1 and L2 (e.g. French rivière and English river)." (De Bot u.a. 2005: 152)

Falsche Übertragungen in Äußerungen wie *can I become a beefsteak?* (Halliwell 1989) lassen sich durch gezielte kontextuelle Übungen verringern. Sie sind dem Aufbau von Kollokationsbewusstsein dienlich. Lernende benötigen es, um zu entscheiden, in welcher Umgebung zu anderen Wörtern eine Vokabel verwendet wird. Das gemeinsame Auftreten von Wörtern (Kollokationen) unterscheidet sich zwischen Sprachen, es wirkt willkürlich. Viele Kollokationsfehler werden auf **Interferenzeinflüsse** aus der Muttersprache der Lernenden zurückgeführt (Bahns 1997). Ein deutscher Tee ist *dünn*, ein englischer *weak*, eine Schafs- und Rinderherde sind *a flock of sheep* aber *a herd of cattle*. Regeln sind nicht erkennbar, weshalb Vokabeln weder kontextisoliert gelehrt noch gelernt werden sollten. Kenntnisse der Kollokationen einer Sprache sind jedoch „für die Heranbildung der sprachlichen Kompetenz unentbehrlich" (Zimmermann 1981: 67). Auch deshalb sollte sich lexikalisches Üben primär als Training in kommunikativen bzw. diskursiven Kontexten vollziehen.

▶ ELT-term *collocation*: "Collocation refers to the tendency of two or more words to co-occur in discourse..." (Nation/Meara 2001: 36)

Dies gilt auch für pragmatische Idiome. Sie zu beherrschen gehört zur soziokulturellen Kompetenz, für die Umsetzung eines **angemessenen Sprachverhaltens** sind sie eigentlich unerlässlich. In die Liste pragmatischer Idiome gehören Gruß- und Dankesformeln und solche wie *dear me*, in denen sich die emotionale Teilhabe am Gespräch artikuliert. Floskeln, sogenannte gambits, unterstützen, wie Edmondson (1977: 45f) zeigt, die authentische Strukturierung der Sprachhandlung. Unter anderem kann man die Zeit überbrücken, bevor ein spontaner Redebeitrag ausgereift ist, z. B. *... well ... it was er ... I mean you know ... er...* Hilfreich für die mündliche Kommunikation sind sie außerdem, will man den Gesprächspartner bestätigen, ohne ihn zu unterbrechen, z. B. mit *oh I see*, oder den eigenen Redebeitrag lexikalisch akzentuieren, z. B. mit *well the thing is*.

Sprachlernen in der Presse   Penny Ur   English grammar expert
The latest research shows that learning vocabulary in what might be thought of as blocks of logical categories, like colors (red, blue, green, etc) or animals (dog, cat, cow, etc) doesn't actually help. Instead, blue goes better with sky, green with grass and so on. Similarly learning words by guessing blanks doesn't help because it's very unreliable. And, simple straightforward translation can be as effective as making learners look up words, and save time for interactive sessions in class, she says.
Hiddleston, The Hindu. Online edition 2008

Lexikalische Sprachbewusstheit

Wichtig für erfolgreiche Kommunikation ist ein gewisses Maß an **Sprachbewusstheit** bei der Auswahl der lexikalischen Sprachebene, denn ein Setting – so heißt ein kontextueller Rahmen, in dem sich die Kommunikation vollzieht – erlaubt nicht immer jedes Register. Erwartungen werden wirksam, die von der sozialen Situation determiniert sind. Beispielsweise hat es Auswirkungen auf Wortwahl und Satzbau, ob man mit Freunden oder mit Vorgesetzten spricht, ob die Unterhaltung in einem Büro oder in einem Lokal stattfindet. Dieselbe Registerebene kann hier Distanz abbauen, dort Irritationen auslösen.

▶ ELT term *register*: „Many situational factors such as degree, domain or professional setting determine the speakers choice of a register or style." (Johnson/Johnson 1999: 272)

Wörter sind auch anfällig für Konnotationen, sie können emotional motivierte Assoziationen auslösen. Für den in seinem Umfang begrenzten **Kernwortschatz** (*core vocabulary*) gilt diese Feststellung nur bedingt. Er kommt vergleichsweise häufig vor, tritt in mehreren Registern auf und ist stilistisch nicht markiert (Götz/Mittmann 2005: 96). Anders verhält es sich bei Lexemen, die außerhalb des Kernwortschatzes liegen. Und zu viele ‚gewählte' Ausdrücke können ebenso stö-

127

rend sein wie eine zu informelle, von Slang, dialektalen und vulgären Elementen durchsetzte Sprache (Lipka 1995, Barnickel 1995).

▶ ELT-term *core vocabulary*: "In language teaching, the essential words together with their meanings that are needed in order to be able to communicate and understand at a basic level." (Richards/Schmidt 2002: 126)

▶ ELT-term *connotation*: "The personal or emotional associations aroused by words." (Crystal 2003: 460)

Wortschatzauswahl

Lehrpläne implizieren durch Themenvorschläge und die Beschreibungen der Leistungserwartungen, welcher Wortschatz vermittelt werden soll. Ein konkretes Inventar an Vokabeln findet man in offiziellen Verlautbarungen selten. Dennoch sind Listen zum Basiswortschatz hilfreich, sie müssen aber regelmäßig ergänzt und aktualisiert werden. Wörter geraten außer Mode, neue werden allgemeiner Sprachgebrauch.

Die **Auswahl von Lernwortschatz** beeinflussen Aspekte wie Sprecherrolle, Situation, Kontext, Thema und Sprachfunktion (Van Ek 1977). Wichtig für den Anfangsunterricht ist, dass ein Wort neutral konnotiert ist, es auf einer mittleren Stilebene angesiedelt und leicht zu lernen ist (Mackey 1965). Aber auch *frequency, range* und *availability* sind mögliche Auswahlkriterien. Entscheidend für die Aufnahme eines Wortes in den Lernerwortschatz ist es dann, wie häufig ein Wort in Diskursen vorkommt, welche anderen Begriffe es ersetzen kann und wie hoch es verfügbar ist. Hohe Verfügbarkeit eines Lexems bedeutet, dass viele Muttersprachler es in einem gegebenen Kontext, z. B. *supermarket*, spontan nennen würden.

Die Lernbarkeit eines Wortes ist ein Kriterium, welches berücksichtigt werden muss, zumal hiervon die Anzahl der Wörter abhängig ist, die man einführt. Außerdem beeinflusst das Kriterium *learnability* die Intensität der Beschäftigung mit einer Vokabel (Laufer 1997).

Der Basiswortschatz wird im Lehrgangsverlauf ständig erweitert. Je nach Schulart sind es zwischen 300 und 700 produktive Vokabeln, die pro Lernjahr neu hinzukommen. Der rezeptive Wortschatz für das Verstehen ist ungleich größer.

▶ ELT-term *receptive/productive vocabulary*: "Receptive vocabulary consists of those words that a learner can recognize but may or may not be able to use, productive vocabulary consists of those words the learner can actually use in speech or writing." (Ellis 1999: 40)

Leichte und schwierige Wörter

Ein Ansatz zur **Bestimmung des Schwierigkeitsgrades** von Wörtern beginnt mit *easy words*, englischen Lexemen, die in Form, Bedeutung und Distribution ausgangssprachlichen nahekommen, z. B. ‚Hand' – *hand* (Lado 1964). Diese Kognaten (*cognates*) erleichtern in vielen Fällen den Ausdruck im Englischen. Als *deceptive cognates* sorgen sie jedoch ebenso häufig für Verwirrung. Barnickel (1995) warnt vor den versteckten ‚Sprachfallen' von im Deutschen und Englischen ähnlichen Wörtern; auch Wendungen sind betroffen, z. B. *to sail through the exam* – ,das Examen leicht schaffen'. Kaum anders verhält es sich mit Anglizismen. Viele sind eine Lernerleichterung, z. B. *kid, pullover*; manche Anglizismen, z.B. *handy*, werden zu *false friends*. Trotz solch grundsätzlicher Gefahren wird der generelle Nutzen von Kognaten und Anglizismen gerade für beginnende Lerner der englischen Sprache nicht bezweifelt. Die Suche nach Kognaten wird als Strategie empfohlen: "If the target L2 is closely related to a learner's L1, cognates can be an excellent resource for both guessing the meaning of and remembering new words (Schmitt 1998: 209).

Words of normal difficulty nennt Lado (1964: 120) Einheiten, die zwischen beiden Sprachen trennscharf sind, z. B. ,plötzlich' – *suddenly*. Größere Lernschwierigkeiten verursachen paradigmatische und syntagmatische Relationen, z. B. Kollokation oder *phrasal verbs*. Inzwischen gibt es einige Sammlungen mit Listen schwieriger Wörter und solcher, die Lernenden mit bestimmten Ausgangssprachen Probleme bereiten (Pascoe/Pascoe 1998, Hobson 2004).

Lernszenarien

In den ersten Lernjahren gilt es, einen soliden Bestand an aktivem Grundwortschatz aufzubauen. Eigene Schwerpunktstunden zur Semantisierung und festigenden Übung lexikalischer Einheiten sind unentbehrlich. Neuer Wortschatz wird dabei häufig durch die Kombination spezieller Techniken präsentiert, um eine erste Semantisierung zu erreichen (Doyé 1971):

> **Action Item 11.6**
>
> Stellen Sie bitte Vokabeln zusammen, z. B. aus einer Unit. Formulieren Sie hierzu konkrete Lernaufgaben, die sich an den Einführungstechniken im Kasten orientieren (Doyé 1971):

Nonverbales Arbeiten an der Bedeutungssicherung	Vokabeln Gegenständen, Abbildungen zuordnen, sie gestisch-mimisch darstellen: *I'm tired.* Lexikalische Einheiten inszenieren: *I'm opening the window).*
Verbales Arbeiten an der Bedeutungssicherung	Kontexte formulieren: *Late: The class is at ten. Peter comes at 10:15. He is late.* Semantische Reihen bilden: *autumn: there are four seasons: spring, summer, autumn and winter.* Definitionen formulieren: *carpenter: a workman who makes the wooden parts of houses.* Sachfelder zusammenstellen: *animals: dogs, cats, and horses are animals.*

Das **Verankern im Langzeitgedächtnis** gelingt umso besser, je sprachaktiver die Lernenden mit ihren lexikalischen Lernstoffen umgehen. Als sprachaktiv bezeichnet man alle Tätigkeiten, bei denen man mit dem Lernstoff etwas tut. Darunter zu fassen wären Aktivitäten wie das Ordnen, Sammeln oder das Klassifizieren von Wörtern. Auch die Vokabel-Recherche in Korpora gehört hierzu. Dabei spielen Häufigkeit und Vielfältigkeit des aktiven Umgangs eine zentrale Rolle. Regelmäßige und abwechslungsreiche Wiederholungsphasen führen dazu, dass ein zusätzlicher, dauerhafter **Behaltenseffekt** erzielt wird, der die Überführung von Vokabelwissen in das Langzeitgedächtnis fördert (Nation 2002).

Mechanische Wiederholungen haben einen zeitlich begrenzten Erfolg. Sie sind sinnvoll, wenn sie in ein kontextuelles Übungs- und Aufgabendesign eingebettet sind. Für ein nachhaltiges Lernen eignen sich Lernstrategien, die Vokabeln in inhaltsbezogenen Aktivitäten kontextualisieren.

Action Item 11.7

Entwerfen Sie bitte Lernstationen zu einigen Lehrbuch-Units auf der Grundlage der Aufgabenformate für das Vokabellernen im Kasten (Gehring 2002):

Erkennen, rekonstruieren, zuordnen	Silben zusammensetzen, Wortgrenzen identifizieren, Wortverwürfelungen lösen, Wörter bilden, Wortbedeutungen zuordnen.
Klassifizieren, einteilen, ordnen	Wörterpool in vorgegebene Untergruppen sortieren, Wortsammlung auf Wortfelder verteilen, Oberbegriffe finden, Sachfelder zusammenstellen, Cluster bilden.
Vernetzen, differenzieren, spezifizieren	Assoziogramme von einem Wortkern entwickeln, Mind maps konstruieren, Grids entwerfen. Wortumgebungen bestimmen.
Mit Wörtern kreativ umgehen	Ideogramme (Wörterbilder) entwerfen Pivot poems verfassen; Geschichten zu vorgegebenen Wörtern erzählen.

Manche der im Kasten aufgeführten Techniken wurden als **Strategien des Vokabellernens** bzw. als Merkhilfen oder Mnemotechniken identifiziert. Strategien beim Vokabellernen betreffen das Wiederholen und Einprägen von Wörtern. Dabei bevorzugen Schüler offenbar bestimmte Strategien, z. B. indem sie Items in zweisprachigen Wörterlisten abdecken und diese dann zu rekonstruieren versuchen (Neveling 2006). Aus verschiedenen Untersuchungen lässt sich folgern, dass ein gezieltes Strategietraining vonnöten ist, um Lernende mit effektiven Strategien auszustatten, mit denen sie noch nicht vertraut sind.

Action Item 11.8

Bitte entwerfen Sie einen Fragebogen, der Aufschluss darüber gibt, welche der bisher genannten und durch folgenden Kasten ergänzten Lern- und Behaltensstrategien in einer Lerngruppe Ihrer Wahl verwendet werden (Takač 2008: 69).

Creating a mental picture of word form (visual, auditory or both) of word form	Learning the word's meaning	Creating a strong linkage between word form and meaning in the memory	Using words	Working with words
Relating a new word with L1 word	Asking the native speaker for the meaning	Imaging word form	In example sentences. Collocations, various contexts, conversations etc	Grouping words together to study them
Using phonetic script	Creating a mental image of the meaning	Using keyword method	Paraphrasing the word's meaning	Grouping words together spatially on a page
Relating to already acquired words that sound similarly	Guessing from context	Using physical action when learning a word		Writing word cards with their meaning on the back
	Checking for L1 cognate	Connecting word to a personal experience		Saying words out loud while learning
		Using semantic maps		Using a vocabulary book

Action Item 11.9

Entwerfen Sie bitte drei Lernstationen mit Vokabelaktivitäten, die strategieorientiert sind.

Der mittel- und langfristige Aufbau eines differenzierten Inventars an produktiv und rezeptiv verfügbaren lexikalischen Einheiten verläuft mehr und mehr implizit. Das Vokabelkönnen wird nun primär durch extensive Rezeption von Lesetexten und Hörtexten oder audiovisuell präsentierter Texte beeinflusst.

▶ ELT-terms *intensive reading/extensive reading*: "Intensive reading [is] slow and careful reading to 'absorb' the text and extensive reading [is] fairly rapid reading, typically for pleasure or interest." (Johnson/Johnson 1999: 333)

Darüber hinaus fördern alle produktiven Aufgaben das Vokabelkönnen, bei denen einzelne Einheiten individuell erschlossen werden müssen, etwa durch die Arbeit mit dem Wörterbuch, durch kontextuelles Erschließen oder durch Nachfragen bei der Lehrkraft. Sowohl beim Verfassen eines Textes als auch während eines mündlichen Redebeitrags zeigt sich, dass der Aufbau des lexikalischen Bestands in steigendem Maße an den Diskurs gekoppelt ist.

11.4 Rechtschreibung

In einem kommunikativ orientierten Fremdsprachenunterricht ist, zumindest im Frühbeginn und im Anfangsunterricht, die Anbahnung von **Rechtschreibsicherheit** noch kein vordringliches Ziel. An der Grundschule galt es als eine Überforderung der Lernenden, im Fremdsprachenunterricht schreiben zu lassen. Inzwischen hat sich die Erkenntnis durchgesetzt, dass die schriftliche Verfügbarkeit von Redemitteln das Lernen fördert. Kinder scheinen diesen Nutzen selbst zu erkennen und verlangen nach den Schriftbildern von im Unterricht behandelter Lexeme (Börner 2003: 90f). Eine frühzeitige Begegnung mit der Schriftsprache hat zudem den Vorteil, dass Lernende mehr Zeit haben, um sich an die schreibüblichen Kombinationen zu gewöhnen.

In der englischen Orthografie zeigen sich Veränderungen der Aussprache in den vergangenen Jahrhunderten nur in sehr begrenztem Ausmaß. Die Schreibweise entwickelte sich unsystematisch, feste orthografische Regeln lassen sich kaum formulieren. Es gibt zwar eine große Zahl an Wörtern mit lauttypischer Schreibung, die Mehrzahl der Lexeme weicht jedoch zwischen Aussprache und Schreibung voneinander ab. Wenngleich sie einem regelhaften Muster folgen, ergeben sich **Probleme für Lernende** mit Deutsch als erstsprachlichem Hintergrund. Beim Schreiben in ihrer Muttersprache können sie sich an der Aussprache der Wörter orientieren. Außerdem sind es Lerner aus ihrem deutschen Rechtschreibunterricht gewöhnt, mit Regeln zu arbeiten. Beide Strategien sind beim Schreiben englischer Wörter ein Hindernis und verführen zu Rechtschreibfehlern. In vielen Unterrichtseinheiten mit einem lexikalischen Schwerpunkt wird erfahrungsgemäß mit der Ganzwortmethode gearbeitet. Neu einzuführende Wörter werden im Schriftbild auf Karten präsentiert.

▶ ELT-term *the whole-word visual approach*: "The aim of this method [look-cover-write-check] is to strengthen visual imagery of word forms." (Westwood 2006: 78)

Action Item 11.10

In der didaktischen Diskussion der 1970er Jahre wurden folgende Wörter als schwer zu schreiben identifiziert: „Graphologisch und phonologisch ähnliche: *price, prize*; nur phonologisch unterscheidbar (Homographie) *lead* (Blei), *lead*; nur graphologisch unterscheidbar: *meat, meet*; phonologisch und graphologisch identische (Homonymie): *box* (Schlag), *box* (Schachtel)" (Gutschow 1974: 27). Erstellen Sie bitte einen Test, der Ihnen zu Aussagen über die Rechtschreibsicherheit einer Lerngruppe in diesen Bereichen verhilft. Stellen Sie in Lernmaterialien für den Frühbeginn oder Anfangsunterricht fest, wie eine Sensibilisierung für Rechtschreibung angebahnt wird.

Rechtschreibung üben

Diktate oder Nachschriften, wie sie aus dem muttersprachlichen Unterricht bekannt sind, gibt es in der fremdsprachlichen Variante meist nur als **Lückendiktate**. Sie konzentrieren sich auf ausgewählte rechtschriftliche Probleme. Eine hinreichend korrekte Schreibung des Wortschatzes genügt, um die Leistungserwartungen zu erfüllen, die für das Ende der Sekundarstufe I formuliert sind.

Abgesehen von einzelnen expliziten Fokussierungen auf rechtschriftliche Probleme findet ein Training der orthografischen Fertigkeiten normalerweise im Rahmen des Wortschatztrainings oder während der Bearbeitung von Schreibaufgaben statt. Bei vielen Wortschatzübungen wird mit dem Schriftbild gearbeitet, indem man Morpheme zusammenfügen oder Vokabeln in einer 'Wörterschlange' identifizieren soll. Durch das genaue Lesen und Ermitteln von Wörtern in Buchstaben- und Vokabel-Clustern, durch das Bestimmen von Wortgrenzen oder das Verbinden und Rekonstruieren in Verwürfelungen wird mehr Sicherheit beim korrekten Schreiben trainiert. Auch wer ein **Vokabelheft** oder eine Wortschatzkartei führt, übt beim Eintragen, Ordnen oder Zuordnen, die Wörter korrekt zu schreiben.

Rechtschreibschwäche

Die Probleme von Lernenden mit einer **Lese- und Rechtschreibschwäche** sind sehr vielschichtig und komplex. So fällt ihnen bereits das Wortschatzlernen schwer, da sie sich Problemen mit dem Erkennen von Wörtern als Ganzem zu stellen haben. Diese Schwierigkeiten können so weitreichend sein, dass sich ein allgemeines Memorierungsdefizit einstellt, mit entsprechend negativen Auswirkungen auf den Aneignungsprozess. Bei der Schreibung äußern sich Schwächen unter anderem dadurch, dass Buchstaben ausgelassen, vertauscht oder verwechselt werden. Rechtschreibschwache Lernende schreiben Buchstaben seiten- oder spiegelverkehrt, sie können bereits bei der Verschriftlichung regelgeleiteter Wörter (z. B. *man, answer*) scheitern.

▶ ELT-term *dyslexia*: "A severe difficulty in understanding or using one or more areas of language, including listening, speaking, reading, writing and spelling." (De Bot/Lowie/ Verspoor 2005: 194)

Die Lehrkraft ist hier aufgefordert, Schüler durch individualisierte Maßnahmen mit Lernhilfen zu versorgen und durch zusätzliche Übungsangebote mehr Sicherheit anzubahnen. Bewährt haben sich nach Sellin (2004) multisensorische Verfahren, bei denen mehrere Wahrnehmungskanäle aktiviert werden, z. B. klatschen und nachsprechen, ein Wort schreiben und Buchstabenkombinationen von selbst geschriebenen Wörtern einfärben, ein Wort laut aussprechen und die Lippenstellung mit den Fingern erfühlen.

▶ ELT-term *multisensory teaching methods*: "Multisensory teaching methods deliberately involve the learners in simultaneous use of visual, auditory and kinaethetic modalities." (Westwood 2006: 26)

11.5 Grammatik

Manchmal macht man die Erfahrung, dass Kommunikation in einer fremden Sprache gelingt, obwohl man sie nicht beherrscht. Einzelne Wörter, unterstützt von Gesten, verhelfen dazu, sehr einfache Mitteilungen verständlich zu machen. Ist das kommunikative Anliegen etwas anspruchsvoller, kommt man ohne Grammatik nicht aus. Dann muss man Beziehungen zwischen den Wörtern herstellen, um etwas mitzuteilen. Man benötigt Kenntnisse, um z. B. logische Bezüge herzustellen (z. B. mit *because*) oder syntaktisch-semantische Beziehungen (*of, at*), um eine strukturierte Sprachintention zu formulieren (Frage, Aussage) oder um Kontraste darzustellen (Aktiv/Passiv) etc. Wer sich in akzeptierter Form verständlich machen will, ist auf **grammatisches Können** angewiesen.

In der Linguistik versteht man als Grammatik einer Sprache „ihre Struktur, aufgrund der sie als Mitteilungsinstrument funktioniert" (Standop 1972: 138). Mit ihrem Regelwerk beschäftigt man sich wissenschaftlich. Der Begriff Struktur verweist darauf, dass nicht nur die Syntax grammatische Funktion aufweist, indem sie Sprache eine Struktur gibt. Eine steigende bzw. fallende Intonation identifiziert einen Satz als Frage oder Aussage, sie deutet z. B. an, ob der Sprecher einen Wortbeitrag weiterführen oder abschließen möchte. Auch Wörter weisen eine Grammatik auf, denn sie verfügen über Form und Struktur, d. h. über eine Morphologie. Beispielsweise können sie der gleichen Wortklasse angehören und dennoch unterschiedliche Satzumgebungen erzeugen: *She was reading the book/*she was knowing the book*. (Bald 1995; Herbst 1995).

Zur Beschreibung und Erforschung sprachlicher Lehr- und Lernprozesse wird der Begriff Grammatik verwendet, um das Regelsystem zu kennzeichnen, das Lernende zu einem gegebenen Zeitpunkt aktivieren und verwenden, während sie in der Lernsprache sprachlich handeln. Diese „Grammatik im Kopf" kann man sich auf verschiedenen Wegen aneignen, nicht nur durch Unterricht in der Schule (Funk/Koenig 1991: 13).

Zur Strukturierung von Lehr- und Lernprozessen nutzt man eine vereinfachte und **reduzierte Variante der Grammatik** der Lernsprache. Ihre Elemente werden für einen Lehrgang nach didaktischen, pädagogischen und lernpsychologischen Kategorien ausgewählt. Beim Entwurf der grammatischen Ebene eines Lehrplans hat die Lernergemäßheit einen höheren Stellenwert als die linguistische Vollständigkeit. Es wird in Kauf genommen, dass Bedeutungsvarianten vernachlässigt werden und Vereinfachungen auftreten (Mindt 1995: 54f).

> ▶ ELT-term *grammar*: "Grammar can be ... the knowledge of the structural regularities of language in the minds of the speaker." (Cook 2001: 25) "The general sense of the term ... subsumes all aspects of sentence patterning" (Crystal 1997: 88)

Grammatik und Englischunterricht

Wenn man von Grammatik im Unterricht spricht, kann die Planstruktur gemeint sein, der Unterrichtsgegenstand oder ein methodisches Element der Unterrichtsplanung. Bisher hat die Fremdsprachendidaktik Planungskonzepte entwickelt, die verschiedenen Formen einer strukturellen Progression gefolgt sind und auf einen linearen Ausbau hinausliefen, d. h. vom Leichten zum Schweren voranschreitend. In jüngerer Zeit hat es Vorschläge gegeben, die Grammatik eines Lehrplans stärker nach funktionalen Kategorien zu gestalten oder nach lexikalischen Auswahlkriterien zu organisieren, d. h. nach Wörtern, Wendungen, Kollokationen etc. Beide Konzeptionen sind in den **kompetenzorientierten Strukturelementen** heutiger Lehrpläne integriert. Sie beschreiben kommunikative Leistungen, die von Lernenden erwartet werden.

▶ ELT-term *functional categories*: "The functional categories or functions are what in everyday English might be called 'uses' of the language. ... [e.g.] introducing yourself." (Johnson 2008: 175)

Action Item 11.11

Bitte untersuchen Sie das Verhältnis von grammatischen, funktionalen und lexikalischen Akzentuierungen in Aktivitäten mit neuem Sprachmaterial in einem modernen Englischbuch. Vergleichen Sie Ihre Daten mit einem älteren Lehrwerk und skizzieren Sie Veränderungen. Orientieren Sie sich an den Beispielen im Kasten (Schwarz 2007: 14ff)

Grammatisch	Funktional	Lexikalisch
Find questions in the simple past. How do you make them? ... (p 14)	Can you say these things? 1. Wir haben im Moment nicht viel Geld ... (p 37)	Wenn Du ein Gespräch führst: Fang nett an: *hello, how are you* ... (p 94)

In modernen Lehrgängen beeinflusst das grammatische Phänomen als Satzbaumuster, als Sprachfunktion oder integriert in eine kommunikative Leistungserwartung die Lehrgangsstruktur maßgeblich (Bartsch 2008). Deshalb ist auch in einem kompetenzorientierten oder einem aufgabenbasierten Kurs zu klären, welches Mindestmaß an grammatischem Können bei den Lernenden verfügbar sein muss, um eine **Leistungserwartung** zu erfüllen bzw. eine Aufgabe zu lösen.

Action Item 11.12

Bitte kategorisieren Sie Einführungen von grammatischen Phänomenen in einem Lehrbuch. Vergleichen Sie diese Vorgehensweisen mit Einstiegen in Unterrichtsmodellen zur Einführung eines grammatischen Phänomens. Notieren Sie Unterschiede.

11.6 Die Arbeit mit Regeln

Sich mit Grammatik im Unterricht zu befassen bedeutet auch, nach dem Stellenwert der bewussten Auseinandersetzung zu fragen. Weit verbreitet ist die Vorstellung, dass Regeln und Regularitäten explizit gemacht, d. h. erklärt werden müssen. Lernende sollen die Gründe verstehen, die für das Zustandekommen des im Fokus stehenden grammatischen Phänomens ursächlich sind. Gegebenenfalls sollen sie diese auch selbst erklären können. Die Bewusstmachung der Regularität gehört zu den festen Stadien mehrphasiger, zielorientierter Unterrichtsmodelle. Gemeinhin steht sie am Ende der Erarbeitung einer neuen Struktur.

Initiiert bzw. gesichert werden kann eine Bewusstmachung unter anderem:

- durch die Präsentation mehrerer eindeutiger Beispielsätze zur grammatischen Struktur, ohne explizite Erläuterungen,
- durch eine Merkhilfe, die eine induktiv erworbene Regularität prägnant zusammenfasst,
- durch die Präsentation des grammatischen Phänomens als bilingual präsentierte Wendung,
- durch eine Erläuterung, die eine Verwendungsmöglichkeit alltagssprachlich erklärt, ohne Einbindung in eine extensive Reflexionsphase,
- durch eine metasprachliche Betrachtung, z.B. eines expliziten erläuternden Textes, unter Verwendung linguistischer Fachbegriffe.

Action Item 11.13

Bitte vergleichen Sie Darstellungen eines grammatischen Phänomens, z.B. des Futurs, in Lehrbüchern und in einer wissenschaftlichen Grammatik miteinander. Beurteilen Sie von dieser akademischen Perspektive aus die didaktisierte Variante. Stellen Sie auch fest, welche der unten aufgelisteten Optionen von Regelerläuterungen im Lehrkonzept dominieren (Beispiele aus Weishaar 2006: 132):

Präsentationsweisen einer Regularität	
Hervorhebung	**Yesterday** I **helped** Lisa with her homework.
Merksatz	The simple past tells you right away that something happened yesterday ...
Wendung	Yesterday I **helped** my brother ⇨ ... Gestern **habe** ich meinem Bruder **geholfen**.
Pragmatische Erläuterung	Das *simple past* verwendest du, wenn Du über etwas sprechen möchtest, das in der Vergangenheit stattgefunden hat und abgeschlossen ist ...
Metasprachliche Erläuterung	Du bildest das *simple past* der regelmäßigen Verben, indem Du die Ending **-ed** an den Infinitiv anhängst: **help + ed** ⇨ **helped**.

Befürworter expliziter Grammatikphasen halten es für wichtig, auf das Regelhafte oder Symptomatische bei grammatischen Phänomenen ausdrücklich zu verweisen. Schon auf frühen Lernstufen sollen grammatische Items von anderen abgegrenzt und wo nötig Zusammenhänge genauer erläutert werden (Burwitz-Melzer/Quetz 2004: 386).

Folgt man der gegenteiligen didaktischen Position, dann wird zwar ein strukturierter Lehrgang angeboten, in den grammatische Überlegungen eingeflossen sind. Die Herleitung oder Präsentation einer Regel jedoch unterbleibt weitge hend. Stattdessen wird ein Lernkontext geschaffen, der über Darbietung und Reproduktion eine Routinisierung des grammatischen Phänomens anstrebt (*zero option*).

> ▶ ELT-term *zero option*: "The zero option advocates the abandonment of formal instruction." (Ellis 1994: 652)

In der Unterrichtspraxis hat sich die in der Forschung gut belegte Erkenntnis durchgesetzt, dass Phasen bewusster Auseinandersetzung mit grammatischen Phänomenen dem Fremdsprachenerwerb förderlich sind (Eckert 2003: 50ff). Würde man darauf gänzlich verzichten, hätten es Lernende schwerer, ihre Hypothesen zu einem Phänomen zu überprüfen. Es würde den Schülern auch nicht im erwünschten Maße gelingen, ihren eigenen, individuellen Lernfortschritt wahrzunehmen. Benachteiligt wären alle Lernenden, deren Verstehensprozess durch kognitive Tätigkeiten unterstützt wird. Die Grammatikregel ist also eine **Lernhilfe**, nichts, das man stur einpaukt.

Sprachlernen in der Presse   Bruno Bodenheimer, Schulleiter
„Uns fehlt [durch G8] jetzt im Unterricht die Übungszeit, die viele Schüler brauchen", bestätigt Bruno Bodenheimer, der Direktor des Taunusstein-Gymnasiums, „besonders in einem Alter, in dem sie mit sich und ihrer Pubertät genug zu tun haben." In den Klassen fünf bis sieben werde nun in den Fremdsprachen „ein Grammatikkapitel nach dem nächsten durchgezogen" – darunter leide „natürlich" auch die Qualität des Unterrichts. Bartsch u.a., *Der Spiegel* 2008

Bewusstmachung und Bewusstheit

Die bewusste Auseinandersetzung mit einem grammatischen Phänomen muss nicht auf die Wahrnehmung einer Regel beschränkt bleiben. Werden kognitivierende Verfahren in entdeckende Lernabläufe integriert, kann die Vertrautheit mit einem neuen Phänomen von den Lernenden selbst herbeigeführt werden (*consciousness raising*). Ein hierunter zu fassender, auf eine Anzahl von Beispielsätzen bezogener Auftrag könnte dann lauten: "Study these sentences about these people. When is 'for' used and when 'since'? (Ellis 2002: 173).

Ein im Detail anderes Ziel verfolgt man in kognitivierenden Phasen mit der Arbeit an grammatischen Phänomenen, mit denen Lernende bereits vertraut sind (*language awareness*). Um eine **Sensibilisierung für Sprache** zu erreichen, könnten grammatische Formen nach erfolgter Automatisierung von bestimmten Fragestellungen aus näher betrachtet werden, z.B. der Frage nach strukturellen Unterschieden des Deutschen und Englischen am Beispiel der Wortstellung (Gnutzmann/Kiffe 1997).

> ▶ ELT- terms *language awareness/consciousness raising*: "Language awareness is about raising awareness of grammar already possessed, and consciousness raising is about raising awareness of grammar yet to be acquired." (Sharwood Smith 1997: 31)

Action Item 11.14

Bitte untersuchen Sie, welchen Anteil Aktivitäten in einem Englischbuch einnehmen, die der Bewusstmachung (*consciousness raising*) bzw. der Bewusstheit (*language awareness*) dienen. Vergleichen Sie diese mit Aktivitäten zur Automatisierung oder Rekonstruktion von grammatischen Phänomenen.

Mitteilen vs. Verstehen

Ähnlich wie beim Wortschatz, wird in **didaktischen Überlegungen** zur Grammatik zwischen produktiver und rezeptiver Verfügbarkeit unterschieden. Die Verschiedenartigkeit verdeutlichen die Begriffe Verstehensgrammatik und Mitteilungsgrammatik (Hinz 1989; Neuner 1995). Für manche Niveaustufen belässt man es dabei, komplexe Strukturen wie z.B. *reported speech* oder *passive voice*, nur einzuführen, damit sie beim Lesen oder Hören wiedererkannt und verstanden werden. Für andere Niveaustufen wird nach der Entwicklung einer rezeptiven Verfügbarkeit zu einem späteren Zeitpunkt die sprachproduktive Überführung angestrebt.

Für bestimmte Niveaustufen kann die produktive Verwendung noch stärker didaktisch reduziert sein. So wird man Lernenden auf einer unteren Differenzierungsstufe Passivkonstruktionen wie *he was knocked down by a car* nicht über Transformationen aus dem Aktiv präsentieren, sondern sie als Wendungen bereitstellen (Macht 1979: 13). Ein solches Vorgehen führt zwar zu einem formalen Verstehen, in kommunikativer Hinsicht haben die Lerner aber durchaus einen **Kompetenzzuwachs** erfahren.

Action Item 11.15

Bitte beschreiben Sie Bedingungen für einen kommunikativen Grammatikunterricht, der Erkenntnisse der Erwerbsforschung berücksichtigt. Beziehen Sie dabei die Ausführungen in vorangegangenen Kapiteln mit ein.

Zusammenfassung

Dieses Kapitel wollte aufzeigen,

- vor welche Probleme Lernende bei der Aneignung einer englischen Aussprache gestellt werden,

- in welchen Übungskontexten die Aussprache trainiert werden kann,

- wie man sich die Speicherung von Wortschatz im Gedächtnis vorstellen kann,

- welche Anregungen sich für den Umgang mit Wortschatz im Unterricht hieraus ergeben,

- in welche Kategorien sich der Wortschatz einteilen lässt – und welche Übungsmöglichkeiten hieraus erwachsen,

- mit welchen Lernhilfen und -strategien Schüler Wortschatz besser verarbeiten können,

- mit welchen Problemen bei der Schreibung von Vokabeln gerechnet werden muss,

- welchen Stellenwert das rechtschriftliche Üben einnimmt,

- auf welche didaktisch relevanten Aspekte der Grammatikbegriff verweist,

- welche kognitiven Verfahren bei der Betrachtung von grammatischen Regeln eingesetzt werden,

- welche Formen des bewussten Umgangs mit grammatischen Phänomenen unterschieden werden.

Weiterführende Literatur:

Literatur für Action Items und für forschende Lernaktivitäten: Celce-Murcia, M./Brinton, D.M./Goodwin, J.M.: *Teaching pronunciation. A reference for teachers of English to speakers of other languages.* Cambridge 1996. **Gehring, W.:** *Englisch unterrichten.* Donauwörth 2002. **Gnutzmann, C. (Hg.):** *Perspektiven des Grammatikunterrichts.* Tübingen 1994. **Hecht, K./ Waas, L.:** *Englischunterricht konkret. Linguistische Grundlagen, Stundentypen, Übungsformen.* Donauwörth 1995. **Takač, V.P.:** *Vocabulary learning strategies and foreign language acquisition.* Clevedon 2008. **Thornbury, S.:** *How to teach vocabulary.* Harlow 2002. **Ur, P.:** *Grammar practice activities. A practical guide for teachers.* Cambridge 2009. **Sellin, K.:** *Wenn Kinder mit Legasthenie Fremdsprachen lernen.* München 2004. **Ziegesar, D. und M. v.:** *Einführung von Grammatik im Englischunterricht.* München 1998. Siehe auch englische-fachdidaktik.com/

12. Verstehenskompetenz

12.1 Informationen aufnehmen

Lernenden, die mit dem Englischunterricht an der Schule beginnen, wird zunächst viel Gelegenheit zum Hören der Sprache gegeben. Dies ist auch nötig. Es braucht Zeit, sich darin zu routinisieren, die im Text enthaltenen Informationen zu verarbeiten und ihnen einen Sinn zu geben. Ziel einer **systematischen Entwicklung** von Fähigkeiten beim Hören und später auch beim Lesen englischer Texte muss es sein, die Verarbeitung der eingehenden Informationen soweit zu automatisieren, dass man sich auf den Textsinn konzentrieren kann. Das Kurzzeitgedächtnis wäre überfordert, wollte man jedes Wort mit dem mentalen Lexikon koordinieren. Auch ginge bei einer Wort-für-Wort-Dekodierung der Gesamtzusammenhang schnell verloren.

Lernende erwerben in der Fremdsprache ein Wissen, das sie automatisch abrufen können. Über vieles müssen sie nicht nachdenken. Ein englischer Text lässt sich nur dann zügig verstehen, wenn man Vermutungen über den Textverlauf anstellt, ihn antizipieren kann. Dies gelingt besser, wenn man beispielsweise weiß, welche Satzverläufe üblich und welche Wortkombinationen wahrscheinlich sind. Auch Kenntnisse über logische Strukturen oder über Ausdrucksebenen sind wichtig. Beim Hören kommt hinzu, die Lautkombinationen zu kennen, die zu erwarten sind. Wichtig ist zudem, die kommunikative Funktion von Intonation und Prosodie einschätzen zu können. Das Lesen erleichtern entsprechend [...] n auftreten (Hüllen 1977a; [...] ntergrundwissen der Rezi- [...] bracht.

The things that learners already [...] l experience, prior formal study,

[...] ens zwei **psychischen Akti-** [...] ormationen von einzelnen [...] zen verwertet (*bottom up*). [...] n Verarbeitung, bei der die [...] rachwissen abgleichen (*top* [...]

[...] len linguistischen Merkma- [...] rtarten, stellt Beziehungen [...] z.B., worauf sich das Verb [...] zu, schlägt gegebenenfalls [...] n einzelnen Komponenten des Textes aufsteigenden Verarbeitung gelangt man dann zur Gesamtbedeutung der Äußerung bzw. des Textes. Diese Form der Dekodierung ist sicherlich effektiv für das genaue Verstehen. Als alleiniger Prozess wäre sie sehr mühselig und langwierig. Auch stellt dieser Prozess längst nicht sicher, dass der Sinn immer auch verstanden wurde. Wer z. B. die idiomatische Wendung 'to sail through the exam' Wort für Wort übersetzt, hat noch nicht die Bedeutung hergeleitet.

> ▶ ELT-term *bottom up processing*: "... in bottom up processing, individual items in a sentence are decoded until a meaning is perceived." (Graham 1997: 52)

Um zügig zu einem Verständnis zu gelangen, bedarf es des Zusammenwirkens mit einem weiteren Prozess, bei dem **Welt- oder Hintergrundwissen** eingesetzt wird. Dieses Wissen ist in verschiedenen Beständen im Langzeitgedächtnis abgelegt; die Wissensbestände bilden Schemata, die miteinander vernetzt sind. Ein Schema steht für einen umfassenden Wissensbereich, der, vergleichbar mit einem semantischen Netz, thematisch miteinander verbunden ist. Unser Hintergrund- bzw. unser thematisches Wissen, das wir im aktiven Umgang mit unserer Lebenswelt erworben haben und kontinuierlich erweitern, setzt sich aus solchen Schemata zusammen.

> ▶ ELT-term *schema*: "Schema theory is a theory about the structure of human knowledge as it is represented in memory. In our memory, schemata are like little containers into which we deposit particular experiences we have ... If we go to a restaurant we store that experience in our restaurant schema, if we attend a party, our party schema, and so on." (Banton Smith 2002: 437)

Beim Verstehensprozess werden z. B. Schemata über Textsorten wirksam oder auch über Satzverläufe, Kenntnisse über Vorgang oder über Sachverhalte. Schemata wie diese steuern den Prozess der absteigenden Informationsverarbeitung (O'Malley/Uhl Chamot 1990: 47f). Dieses *top down processing* befähigt uns dazu, Äußerungen zu verstehen, ohne hierzu z. B. jedes linguistische Merkmal der Sätze, aus denen die Äußerung besteht, im Einzelnen analysieren zu müssen. Solche Informationen werden **automatisch identifiziert**, selbst wenn einzelne Konstituenten fehlen.

> ▶ ELT-term *top down processing*: "Top-down processing involves making predictions about a text's meaning readers guess or predict the text's meaning based on prior knowledge and background knowledge" (Graham 1997: 57)

Manche Textinformationen werden gänzlich ignoriert. Viele morpho-syntaktische Zeichen sind für den Verstehensprozess unerheblich. Erfahrene Rezipienten überhören oder überlesen sie ohne Informationsverlust. So ist die Pluralisierung in *two cars* durch das Zahlwort determiniert. Auch ohne Pluralmorphem erfasst man die Mehrzahl. Und je nach Kontext ergänzen erfahrene Sprachbenutzer ein Fragment wie *trav-*, ohne das Wort ganz verstanden zu haben, mental im Sinne von *travel, traverse* oder *travesty* (Hüllen/Jung 1979).

Das Hintergrundwissen ermöglicht es, Bedeutung von Wörtern, denen Vokale fehlen, z. B. *yxx cxn rxxd thxs*, vorherzusagen oder den Inhalt eines Satzfragments wie *would xxx like a xxx of tea* zu antizipieren. Und auch Input von Sprechern, die einen Gedanken nur rudimentär zu formulieren in der Lage sind, wird von kompetenten Gesprächspartnern verstanden (Pinker 1994).

Action Item 12.1

Entwerfen Sie bitte einen Fragebogen, mit dem Sie die präferierten Verstehensstrategien in einer Lerngruppe Ihrer Wahl ermitteln können.

Beginnende Englischlernende setzen beim Verstehen häufiger als Strategie *bottom up processing* ein, bei erfahrenen Hörern und Lesern ist *top down processing* vorherrschend. Stets aber sind beide Prozesse beteiligt: "One type of processing facilitates and feeds off the other" (Zaki/Ellis 1999:152). Das Textverstehen erfolgt also im gegenseitigen Zusammenspiel von aufsteigender und absteigender Verarbeitung, wobei eine Prozessform dominieren kann.

Action Item 12.2

Beschreiben Sie bitte in Arbeitsmaterialien Ihrer Wahl, in welchem Maße Arbeitsaufträge zu Hörtexten das Verstehen unterstützen, z.B. durch strukturierte Anweisungen, Beispiele etc. Vergleichen Sie diese Lernaufgaben mit Testformaten und arbeiten Sie Unterschiede heraus.

12.2 Linguistische Orientierungen bei der Textauswahl

Hör- und Lesestrategien werden auf allen Lernstufen durch kontinuierliche Textbegegnungen entwickelt. Allerdings eignet sich nicht jeder authentische Höroder Lesetext für strategiebezogene Lernprozesse. Wenn der Text nicht sinnvoll, nicht nützlich für Lernende ist, wenn er sich für die Kommunikationssituation als irrelevant herausstellt, keinerlei neue Informationen enthält oder in keinem Bezug zu vertrauten Textformen steht, hinterlässt er keine Wirkung.

Damit zwei oder mehrere Sätze linguistisch als Text gelten, müssen sie zudem kohäsiv und kohärent sein. **Kohäsion** weist ein Text auf, dessen Sätze über formale grammatische Mittel in einen sinnvollen Textzusammenhang gebracht worden sind. Dies wird durch die syntaktische Verkettung der Satzinhalte erreicht. Die Textlinguistik unterscheidet die fünf Operationen Referenz, Substitution, Ellipse, Konnexion und lexikalische Kohäsion. Enthält ein Satz Elemente, die sich auf solche in vorausgehenden oder nachfolgenden Sätzen beziehen, liegt Referenz vor, z.B. *Mary and John ... They*. Ist die Verkettung durch Substitution hergestellt, wurden Elemente des einen Satzes im nächsten ersetzt, z.B. *the red pen ... the green one*, oder weggelassen, z.B. *Are you listening? Yes, I am*. Auslassungen werden auch Ellipsen genannt. Formal-grammatisch können Sätze noch durch Konnexionen oder Konjunktionen, z.B. *because, so, and*, miteinander verbunden werden. Tritt schließlich lexikalische Kohäsion auf, sind textuelle Verbindungen entstanden, weil die Bedeutung einer lexikalischen Einheit des Satzes im weiteren

Textverlauf wieder aufgegriffen wurde: durch Wiederholung des Wortes, durch Synonyme, Hypernyme oder allgemeinere Wörter wie z. B. *thing*. Auch Kollokationen stellen lexikalische Kohäsion her (Gehring 2002b).

Ein zu geringer Anteil an kohäsionsstiftenden Einheiten erschwert das Textverstehen. Nachdem Kohäsion theoretisch auch in sinnlosen Texten vorliegt, hat Kohärenz als Textmerkmal hinzuzutreten. Die Sätze müssen sich also auf vergleichbare Inhalte beziehen, das heißt semantisch kohäsiv sein. Wer innerhalb eines Gedankengangs ständig das Thema wechselt, produziert vordergründig sicherlich keinen kohärenten Text.

> ▶ ELT-terms *cohesion/coherence*: "Linguists distinguish between 'cohesion', which is the way words formally hang together in sentences and the like, and 'coherence' which captures the content-based connections between the words that make them produce sense." (Mey 2001: 153)

Es ist aber nicht allein vom vordergründigen Sinnzusammenhang abhängig, ob der Text in sich Sinn macht. Viele Gruppen sprechen häufig für Außenstehende Unverständliches, Liebespaare haben eigene Wortschöpfungen, Subkulturen verwenden Sprache auf spezielle Weise, Freunde verbinden mit Begriffen für Außenstehende Unverständliches. Wer zu diesen ‚Sprachgemeinschaften' gehört, kann Sinnzusammenhänge herstellen, die Außenstehenden verborgen bleiben. Oft ist **Kohärenzstiftung** also eine Sache des Welt-, Erfahrungs- bzw. Kontextwissens der Rezipienten (Lörscher 1995).

Deshalb ist es bei der Bestimmung der **Textschwierigkeit** in authentischen Printmedien wichtig, die Wissensbestände der Rezipienten zu berücksichtigen (Wolff 1985). Decken sich diese völlig mit dem transportierten Inhalt, ist ein Text zwar sehr leicht, aber nicht informativ für die Lernenden. Sie haben keine Veranlassung, sich mit der Quelle zu befassen. Enthält der Text zu viel Unbekanntes, dann ist er für den Rezipienten nicht akzeptabel, weil er zu schwer ist. Dies ist im Übrigen auch dann der Fall, wenn das Wortmaterial zwar vertraut ist, die Thematik aber sehr abstrakt abgehandelt wird. Textschwierigkeit hängt auch von der Textsorte ab. Mit größeren Dekodierungsproblemen ist zu rechnen, wenn das Schülerwissen nicht ausreicht, um einen Text strukturell zu erfassen, die Lernenden seine charakteristischen Indikatoren nicht zu identifizieren imstande sind: „Das Erkennen der Textsorte", unterstreicht Wolff die Bedeutung schulischer Textarbeit, ist „für den Verstehensprozess unerlässlich." (1985: 218)

Action Item 12.3

Ermitteln Sie bitte in verschiedenen Lerntexten, welche kohäsions- und kohärenzstiftenden Elemente verwendet werden. Bewerten Sie dann die Konstruktionen und entwickeln sie gegebenenfalls Alternativen.

Authentisch vs. didaktisiert

Eine erste Sichtung für im Englischunterricht infrage kommende Textsorten gelingt über das Begriffspaar didaktisiert und authentisch. **Didaktisierte Texte** findet man in Lehrbüchern und Begleitmedien. Es handelt sich um Arbeitsmittel für eine spezifische Lerngruppe, die bei authentischen Texten noch überfordert wären. Weil didaktisierte Texte auf ein vermutetes Verstehensniveau zugeschnitten sind, kommt es zu mehr oder weniger großen Vereinfachungen.

> ▶ ELT-term *authentic*: "[The term 'authentic'] refers to the way language is used in non-pedagogic, natural communication." (Kramsch 1996: 177)
> ▶ ELT-term *authentic text*: "An authentic text is a text that was created to fulfill some social purpose in the language community in which it was produced." (Little/Singleton, zit. nach Kramsch 1996: 177).

Die **Einteilung authentischer Texte** erfolgt in den Textwissenschaften funktional, d.h. nach Sorten bzw. Typen. Grob unterteilt wird in narrative und expositorische Texte, letztere wenden sich in verschiedenen Formen mit sachlichen Inhalten an ihre Rezipienten.

> ▶ ELT-term *expository texts/narrative texts*: "The main thrust of expository texts is to communicate information so that the reader learns something. The main focus of narrative texts is to tell a story, so that the reader will be entertained." (Weaver/Kintsch 1996: 230)

Action Item 12.4

Versuchen Sie bitte anhand einiger Lerntexte Ihrer Wahl die Textschwierigkeit zu bestimmen. Geben Sie an, auf welche Aspekte sie sich beziehen und ob die Schwierigkeit für die Zielgruppe angemessen scheint.

Gemeinsamkeiten von Hören und Lesen

Offenkundig ist die Abhängigkeit des verstehenden Hörens und Lesens vom Grad der Beherrschung der Teilsysteme. Es gibt weitere Berührungspunkte. Bei beiden Rezeptionsweisen aktivieren die Lernenden Segmente ihres Weltwissens. Individuelle Schemata und Skripte steuern den Aufnahmeprozess, indem auf deren Grundlage Voraussagen zum Sinngehalt unbekannter Textdaten getroffen werden. Lernende entwickeln frühzeitig, d.h. unmittelbar nach Beginn des Hörens oder Lesens, eine Vorstellung von der Textbedeutung. Im weiteren Verlauf des Rezeptionsvorgangs erhalten sie diese aufrecht. Nicht jede einzelne vorausgehende Informationseinheit muss gespeichert, nicht jedes Wort konkret semantisiert werden, damit Rezipienten zur Einordnung der nachfolgenden Informationen in der Lage sind. Der Rezeptionsprozess läuft schneller ab, es bleibt genügend Speicherkapazität für das Verstehen übrig.

Die Aktivierung des Vorwissens und der Aufbau von Erwartungen sind wichtige didaktische Maßnahmen für eine inhaltsbezogene Textrezeption, von Solmecke (1995) „ganzheitliches Verstehen" genannt. Vom wortwörtlichen, additiven Aneinanderfügen semantischer Texteinheiten, wie bei unsicheren, unerfahrenen Lernenden vorzufinden, unterscheidet sich ganzheitliches Verstehen durch die Integration neuer Textinformationen in vorhandene allgemeine Schemata. Es ist daher wichtig, einer auf wortwörtlichem Verstehen fixierten Bedeutungskonstruktion durch Vorphasen, d. h. *pre-reading* bzw. *pre-listening activities*, vorzubeugen, um bereits verfügbare Bestände und Haltungen zu aktivieren.

▶ ELT- term *pre-listening[/-reading] activities*: "The principle function of tasks and exercises at this stage is to provide orientation to the input topic and to activate learners' own knowledge and frames of reference." (Johnson/Johnson 1999: 328)

12.3 Hörverstehen

Besonderheiten von Hörtexten

Texte, die man über das Hören wahrnimmt, müssen in der Regel sofort verstanden werden. Das Tempo ist nicht zu beeinflussen, und nachfragen oder sich vergewissern, dass man etwas richtig verstanden hat, kann nur, wer einen Gesprächspartner zur Verfügung hat. Findet die Rezeption im Rahmen einer solchen direkten Interaktion statt, sind ‚Handicap-Signale' (Beneke 1975) möglich, z. B. Nachfragen, Bitten um Wiederholung oder darum, eine Äußerung zu paraphrasieren. Das Verstehen in einem direkten Gespräch wird durch Mimik und Gestik erleichtert. Sie sind bedeutungsvermittelnd, ähnlich wie intonatorische und prosodische Mittel. Mit Ausnahme kulturspezifischer Formen, z. B. Gruß- und Beleidigungsgesten oder Konventionen des Blickkontakts, ist nonverbales Verhalten vielfach universell. Interaktanten treffen auf ein gestisch-mimisches Repertoire, das nicht eigens gelernt, wohl aber bewusst gemacht werden muss (Nöth 1997).

Varietäten

In **authentischen Interaktionen** ist das Hörverstehen vom Maß der Vertrautheit mit Stilelementen mündlicher Sprache abhängig. Erfahrene Hörer verstehen ihre Gesprächspartner oder medial vermittelte Sprecher selbst dann, wenn sie sich verschiedener Lekte bzw. Varietäten bedienen, den regionalen, sozialen oder funktionalen Ausdifferenzierungen einer Sprache.

Regiolekte weisen auf die geografische Herkunft von Sprechern hin. Linguistisch sind die Akzente über phonologische Charakteristika markiert, worin sie sich zum Teil erheblich von der *received pronunciation* (RP) unterscheiden. Aber es gibt auch syntaktische Abweichungen von der Standardvarietät, z. B. doppelte Verneinung (*I don't want no ...*) oder fehlendes -s Suffix in der 3. Person Singular (*he come*). Irische und schottische Sprecher verwenden nicht nur von der Standardvarietät abweichende phonologische und syntaktischen Erscheinungen. Typisch sind zudem regionale lexikalische Einheiten.

Auswirkungen auf den **Sprachgebrauch** englischsprachiger Interaktionspartner hat auch ihre gesellschaftliche Position. Sie motiviert zu einem Soziolekt. Die

Überzeugung, einer bestimmten Schicht anzugehören, drückt sich dann in der Wortwahl aus. Phonologische Verstehensprobleme treten auf, wenn eine regionale Standardvarietät verlassen wird. Funktiolekten begegnen Hörer bei zweckgebundener Sprachanwendung. Einige linguistische Merkmale hängen infolgedessen unmittelbar mit dem Kontext oder der Kommunikationssituation zusammen. Beispielsweise bedingt eine Untersuchung beim Arzt auch einen Sprachstil, wie sie für diese Berufsgruppe typischer ist (Crystal 1997; Gramley/Pätzold 2004).

Kommunikative Realsituationen konfrontieren die Lernenden mit spontan generiertem Input. Spontane mündliche Sprache zeigt Auffälligkeiten, die in didaktisch gesteuerten Hörtexten auftreten müssten. So wird etwa die **Gleichzeitigkeit von Denken und Äußern** in einem Redebeitrag verzögert, z.B. durch redundantes Wiederholen eines Gedankens, durch spontane Neu- bzw. Umformulierungen im Satzfluss (Anakoluthe). Andere Verzögerungsstrategien bestehen darin, Pausen einzustreuen, z.B. durch Phrasen wie *as you may have heard* oder durch pragmatische Idioms, z.B. *...well you know*. Typisch für spontane Sprache sind auch kontrahierte Formen, z.B. *isn't it*, oder Ellipsen, syntaktische Reduktionen wie in *A: Where are you going? B: To the shops* (statt *I am going to the shops*).

Außerhalb der Zielkultur geht die Mehrzahl an Höraufforderungen von Texten aus, die über ein Medium präsentiert werden. Diese Kontexte lassen eine Kontaktaufnahme mit den Textproduzenten zur Verständnisklärung kaum zu. Wer medial dargebotenen Hörtexten Informationen entnehmen will, z.B. Bahnhofsdurchsagen oder Fernsehsendungen, kann normalerweise ebenfalls auf kontextuelle Verstehenshilfen zurückgreifen und vorhandene Wissensschemata aufrufen.

Action Item 12.5

Bitte stellen Sie fest, welche Merkmale mündlicher Sprache in welchem Maße in Lerntexten auftreten. Vergleichen Sie hierzu verschiedene Niveaustufen.

Entwicklung von Hörverstehenskompetenz

Hörverstehenskompetenz basiert im Wesentlichen auf dem kompetenten Einsatz von Hörstrategien. Die Fähigkeit des ergänzenden Hörens ist dabei zentral (Segermann 1992). Das ergänzende Hören ist eine Ausprägung wechselseitig aufeinander bezogener *bottom up* und *top down* Prozesse. Es baut auf solidem phonologischem, lexikalischem, grammatischem und pragmatischem Können auf. Die erfolgreiche Anwendung der Strategie des ergänzenden Hörens erlaubt es Lernenden, aus dem verstandenen Datenmaterial gewisse Voraussagen über die globale Textinformation zu treffen und so **Verstehenslücken zu überbrücken**. Eine andere wichtige Strategie ist das selektive Hören. Wer sie kompetent einzusetzen vermag, versteht es, unwichtige Passagen zu ignorieren und sich gezielt auf das zu konzentrieren, wofür man sich interessiert.

Action Item 12.6

Beschreiben Sie bitte, welche Strategien und Dekodierungsprozesse in Arbeitsaufträgen zu Hörtexten in Lernmaterialien aufgerufen werden. Äußern Sie sich dann kritisch zur didaktischen Konzeption einschließlich etwaiger Desiderata.

Moderne Lehrpläne beschreiben in Anlehnung an den Gemeinsamen europäischen Referenzrahmen (GeR) den Aufbau von Hörverstehenskompetenz als einen Prozess. Zunächst geht es im Unterricht darum, Lernende zum selektiven Hören zu befähigen. Hierzu sollen sie lernen, Hörtexten Einzelinformationen und Kernaussagen zu entnehmen, was das Erkennen und Zuordnen von Umschreibungen einschließt. Das **Schlussfolgern und Auslegen** von Informationen, die implizit bzw. explizit im Text auftreten, sind Erwartungen an die Hörverstehenskompetenz auf der nächsthöheren Niveaustufe. Danach wird darauf hingearbeitet, die Schüler darin zu befähigen, komplexere Informationen auszuwerten und einzuordnen. Mit zunehmender Kompetenz werden auch die Texte authentischer. Sprechgeschwindigkeit, Varietäten und Thematiken nähern sich den Verwendungszusammenhängen in realen Kontexten an (Nold/Rossa 2008: 120ff).

Action Item 12.7

Bitte versuchen Sie, anhand eines Vergleichs von Hörtexten Textmerkmale für unterschiedliche Niveaustufen zu beschreiben. Informieren Sie sich hierzu über die Leistungserwartungen im GeR oder den Lehrplänen Ihres Bundeslandes. Nutzen Sie auch Testtexte, z. B. der Desi Studie, oder Lehrbuchtexte für verschiedene Jahrgänge.

Aktivitäten zur Entwicklung des Hörverstehens

Ein häufiger Fehler in Unterrichtsphasen, die auf das Hörverstehen gerichtet sind, besteht darin, ein monotones Verlaufsschema umzusetzen, das auf die Überprüfung des Textverständnisses gerichtet ist (Solmecke 2003). Die Vernachlässigung von Aktivitäten zur absteigenden Informationsaufnahme **beeinträchtigt die Routinisierung** von Strategien des selektiven Hörens. Oftmals wird auf eine eingehende Kontextualisierung verzichtet, die verstehensfördernde Wirkung des Weltwissens wird nicht voll ausgeschöpft. An nachfolgenden Aktivitäten, die Tätigkeiten zu den Kerninformationen des Hörtextes auslösen, mangelt es ebenfalls.

> ▶ ELT-term *types of listening*: "Listening for gist: Students only focus on the main ideas … [to] get the general feeling/understanding. Listening for specific information: It's understanding what you need and catching that. Inference: It is hearing meaning that is there, even when the words aren't." (Helgesen 1998)

Viele Aufgabentypen verlangen von den Lernenden, sich auf **Detailinformationen** zu konzentrieren und diese auch schriftlich festzuhalten. In einem methodischen Umfeld, das auf authentische Höraufträge verzichtet und Gedächtniskapazitäten ignoriert, lässt sich ein auf das ganzheitliche Verstehen gerichteter Kompetenzaufbau nur schwerlich entwickeln (Bahns 2006). Nicht nur die Texte selbst, sondern auch die Aufgaben sollen Lernende dazu verhelfen, Hörstrategien zu entdecken und zu routinisieren, um auf die Anforderungen an das Textverstehen in authentischen Kontexten vorbereitet zu sein.

> **Action Item 12.8**
>
> Versuchen Sie bitte eine Kategorisierung von Höraktivitäten in Lernmaterialien Ihrer Wahl. Beurteilen Sie das Medium dann im Hinblick auf seine Angebote zur Informationsaufnahme und seine didaktische Konzeption. Entwerfen Sie zu einem Hörtext Ihrer Wahl Aktivitäten, die verschiedene Strategien aufrufen und unterschiedliche Kompetenzen bedienen (Ur 1996: 112f).

No overt response	Short responses	Longer responses	Extended responses
Listening for gist	Selected listening	Answering questions	Solving a problem (described in the text)
Stories	Obeying instructions (performing actions, drawing pictures...)	Note-taking	Interpretation
Songs	Ticking off items	Rewriting listening passage	
Films	True/false statements	Summarizing its content	
	Detecting mistakes	Long gap-filling (at the beginning, middle or end of text)	
	Cloze activities		
	Guessing definitions		
	Skimming (identifying some general information)		
	Scanning (identifying certain limited information)		

12.4 Leseverstehen

Besonderheiten von Lesetexten

Zweifellos lässt eine noch unvollkommene Sprachbeherrschung typische Schwierigkeiten beim Lesen erwarten. Wegen der Abweichungen von Schriftbild und Klangbild mag sich die Identifikation schriftlicher Zeichen so problematisch gestalten, dass die Bedeutung von Wortkörpern im Text erst nach längerem Überlegen mühevoll dekodiert wird. Andererseits bleiben einige Faktoren außen vor,

149

die das Verstehen eines Hörtextes erschweren. Homophone (*their/there*) können zügig differenziert werden, Varietäten sind weitaus weniger üblich als in der gesprochenen Sprache. Während mündliche Texte aufgrund ihrer Flüchtigkeit zunächst keine wiederholenden Höreindrücke zulassen, sind schriftliche Texte verfügbar, solange sie Leser zur Informationsentnahme benötigen. Das Tempo der Rezeption bestimmen die Lernenden selbst.

Action Item 12.9

Bitte beschreiben Sie durch Vergleiche von Lese- mit Hörtexten, in welcher Weise sie sich in Bezug auf Sprache und Informationsanordnung voneinander unterscheiden.

Mehrmaliges, **intensives Lesen** erlaubt es, Verstehenslücken zu schließen, falls nötig unter Verwendung von Hilfsmitteln bzw. durch Leitfragen. Auch der zeitlich uneingeschränkte Textzugriff erleichtert das Inferieren (*inferencing*) erheblich. Zudem vereinfachen kontextuelle Hilfen den Lesevorgang. Nicht nur Texte für den Fremdsprachenunterricht sind damit ausgestattet. Bilder beispielsweise, Zwischenüberschriften oder Hervorhebungen sind auch in authentischen Materialien eine kognitive Entlastung, ebenso Interpunktion und Layout-Struktur des Textes. Mit solchen Eingriffen versuchen Autoren, ein **lesegünstiges Textkonzept** zu verwirklichen und eine breite Leserschicht anzusprechen.

▶ ELT-term *inferencing*: "Inferencing is the process of relating what is in the text to what is in the reader's knowledge store, or supplying from preexisting knowledge information that is only implied in the text." (Quigley/Paul 1984: 111)

▶ ELT-terms *cognition/cognitive*: "The various mental processes used in thinking, remembering, perceiving, recognizing, classifying." (Richards/Schmitt 2002: 82)

Auf der Sekundarstufe I werden Lernende durch das Englischbuch auf die Verschiedenartigkeit von Lesetexten aufmerksam gemacht. Sie können etwas referieren, schildern oder erzählen. Texte können außerdem ein grammatisches, lexikalisches oder kulturelles Phänomen erläutern. Auch Meinungsäußerungen finden sich, ebenso Anleitungen und Vorgangsbeschreibungen. Ob also ein Text eine Exposition oder einen Bericht für Leser darstellt, ein narratives oder ein argumentatives Produkt repräsentiert oder mehr an eine Instruktion erinnert, hängt von der Autorenintention ab und in gleichem Maße von der Perspektive der Rezipienten. Diese kann durch unterschiedliche Wissensbestände schon in einer Klassengemeinschaft deutlich differieren. Ein Wissensaufbau, der diese Unwägbarkeiten verringert, ist demnach angezeigt. Nicht zuletzt auch deshalb, weil Lernende aufgefordert sind, später in eigenen Textprodukten Merkmale von Textsorten zu berücksichtigen. Die zahlreichen Anregungen für kreative Schreibanlässe im Zusammenhang mit der literarischen Textrezeption zeigen dies (Caspari 1995).

Eine eindeutige Kategorisierung von Texten für den Englischunterricht ist nicht immer möglich. **Textkategorien** lassen sich keineswegs klar voneinander trennen. Gerade in den Informationsmedien, die heutzutage die entscheidenden Rezeptionsroutinen herbeiführen, sind die Grenzen zwischen expositorischen und argumentativen Sorten fließend. Bei unzureichender Textkompetenz läuft man dann Gefahr, solche Konstrukte falsch einzuschätzen, die Information und Meinung manipulativ miteinander vermischen. Selbst was als Information gedacht ist, kann an anderer Stelle argumentativ genutzt werden, manches Mal sind Vorgangsbeschreibungen stärker instruktiv als deskriptiv konzipiert, sodass mitunter zusätzliche Verstehenshilfen notwendig werden.

Action Item 12.10

Bitte entwerfen Sie eine Kategorisierung von Textsorten in Lernmaterialien für die Niveaustufe B. Beschreiben Sie, in welcher Weise die Arbeitsaufträge und die betreffende Textsorte zusammenhängen.

Entwicklung von Lesekompetenz

Auch **Kompetenzen im Leseverstehen** basieren auf dem Einsatz von Strategien. Zentrale Strategien sind das orientierende, das selektive und das extensive Lesen. Die Leseweise hängt von den Lesezielen ab. Die Absicht beim orientierenden Lesen (*skimming*) ist es, sich einen Überblick über den Text, seine Themenstellung und über seine Informationsschwerpunkte zu verschaffen. Das selektive Lesen (scanning) eines Textes führt die Leser zu Antworten auf bestimmte Fragen oder zu Informationen zu bestimmten Fragestellungen. Der Gesamttext spielt eine untergeordnete Rolle. Ist die betreffende Information gefunden, hat der Text seine Aufgabe erfüllt. Beim extensiven oder kursorischen Lesen (*extensive reading*) möchte man einen längeren Text zügig verstehend bewältigen. Ganzschriften werden in aller Regel mit dieser **Leseabsicht** rezipiert. Ein globales Verständnis reicht für Gespräche über Texte im Allgemeinen nicht aus. Intensives oder statarisches Lesen (*intensive reading*) bezweckt das möglichst erschöpfende, differenzierte Erfassen von kürzeren Texten oder Paragraphen. Instruktive Texte (z. B. Rezepte) oder Vertragstexte verlangen wie die Interpretation von Gedichten oder literarischen Textpassagen eine konzentrierte inhaltliche Beschäftigung. Soll es um die Detailinformation gehen, ist intensives Lesen unverzichtbar.

> ▶ ELT-terms *skimming/scanning*: "Skimming is usually defined as a quick, superficial reading of a text in order to get the gist of it ... Scanning is looking through the text for a specific piece of information." (Aebersold/Field 1997: 74ff)

Leser greifen nicht nur auf eine Strategie bei der Rezeption von Lesetexten zurück. Ganz gleich ob es sich um einen Zeitungsartikel oder einen Roman handelt: Man **kombiniert mehrere Leseweisen** miteinander. Einige Textpassagen werden extensiv rezipiert, manche nur orientierend wahrgenommen, andere dagegen intensiv nachvollzogen. Eine solche Flexibilität sei „geradezu als Anzeichen für eine entwickelte Lesefähigkeit" zu werten (Schier 1991: 203).

Sprachlernen in der Presse   Stiftung Lesen
„Lesen in Deutschland 2008" zufolge prägen 6 „Lese-Typen" die deutsche Leseland-
schaft: Zu den „Leseabstinenten" zählen 25 Prozent – für sie ist Lesen mühevoll. 24 Prozent haben als „Lesefreunde" eine hohe emotionale Wertschätzung des Lese-Erlebnis-
ses. 20 Prozent sind „informationsaffine" Leser. 12 Prozent zählen zu den sowohl Com-
putern als auch einem „schön gestalteten Buch" gegenüber aufgeschlossenen „Vielme-
diennutzern" – 11 Prozent ziehen als „elektronikaffine Mediennutzer", Computer gegenüber Büchern vor. 8 Prozent sind „Medienabstinente": Sie halten alle Medien für „Bal-
last".
Stiftung Lesen 2008

Didaktische Maßnahmen zur Entwicklung von Techniken des Leseverstehens
setzen nicht auf der Wort- oder Satzebene an. Ohnehin sind im fremdsprachlichen Leseprozess Lernende zu sehr auf Einzelbedeutungen fixiert. Deshalb sollten die Schüler zunächst dazu geführt werden, sich ihrer muttersprachlichen
Leseroutinen auch bei englischsprachigen Texten zu bedienen. Leseaufträge sollten stärker dazu führen, dass Lernende spezifische lexikalische Bedeutungsträger
vernachlässigen, demnach *top down processing* stärker routinisieren.

Dementsprechend beginnt die **Förderung des Leseverstehens** damit, Lernende
mit kurzen Texten in einfacher Sprache zu konfrontieren. Sie sollen diese global
verstehen, indem sie sich auf die Entnahme wesentlicher Informationen konzentrieren. Die Weiterentwicklung in den Anforderungen wird durch Texte und hierauf bezogene Aufgaben gesteuert. Die Texte werden auf den fortschreitenden
Niveaustufen länger, der unbekannte Wortschatz nimmt zu, die Themen bleiben
zunächst noch konkret (z. B. *Sports in Australia*), bevor gegen Ende der Sekundarstufe I abstrakte Themen (z. B. Themen der Adoleszenz wie Liebe, Glück) hinzu-
treten. Die Texterschließung soll sich zunehmend selbstständiger gestalten.
Schlussfolgernde und interpretatorische Aufgaben ergänzen nun das Spektrum
an Aufgaben. Von den Lernenden wird erwartet, dass sie „explizit und implizit
präsentierte Informationen" in Lesetexten erkennen und erschließen (Nold/
Rossa/Chatzivassiliadou 2008: 130).

Action Item 12.11

Versuchen Sie bitte eine Kategorisierung von Leseaktivitäten in Lernmaterialien Ihrer
Wahl. Beschreiben Sie kritisch das Konzept. Entwerfen Sie zu einem Lesetext Aktivitäten, die verschiedene Strategien aufrufen und unterschiedliche Kompetenzen bedienen. Orientieren Sie sich an den Kategorien im Kasten (Ur 1996: 143ff.; Gehring
2002: 99ff.):

Sentence-based activities	Text-based activities	Creative activities
Multiple choice Activity	Answering comprehension questions	Providing sub headings
Right/wrong/not in the text-statements	Note-taking	Composing own questions
Detecting mistakes	Rewriting reading passage	Illustrating texts
Gap-fill activities	Writing summaries	Transforming texts
Sentence/paragraph ordering		Recreating a story
Matching activities		Interpretation
Skimming (identifying some general information)		Solving a problem (described in the text)
Scanning (identifying certain limited information)		

Action Item 12.12

Benennen Sie bitte die zentralen Unterschiede von Aktivitäten zu Hörtexten und zu Lesetexten. Beschreiben Sie, wie Arbeitsaufträge und die intendierten Rezeptionsweisen zusammenhängen.

12.5 Literarisches Lesen

Literarische Texte werden spätestens gegen Ende der Sekundarstufe eingesetzt. Einzelne Formen wie z. B. Gedicht, Limerick oder bildgestützte Textsorten empfehlen sich für beginnende Niveaustufen (Burwitz-Melzer 2003), wobei hierbei kein literarisches Lesen im engeren Sinne angestrebt wird. Beim literarischen Lesen kommt es auf Vollständigkeit an (Groeben/Hurrelmann 2002: 266f). Es geht primär um **Sinnbildung**. Dabei wird versucht, über Leit- oder Verständnisfragen oder über Aufforderungen zur Kommentierung und Auslegung Leserreaktionen auszulösen (Schnibben 2009).

In vielen literaturdidaktischen Modellen hat die Initiation von Sinnentwürfen über die immanente Textinterpretation nach wie vor große Bedeutung. Unter Berücksichtigung biografischer, gattungstheoretischer und geisteswissenschaftlicher Zusammenhänge setzen sie auf Einsichten und Kenntnisse im kognitiven Bereich. Für den sachgerechten Umgang mit Texten werden Fachterminologie und formal-ästhetische Analyseverfahren vermittelt und verfügbar gehalten. Verfahren dieser Art implizieren **literarische Leistungserwartungen** vieler Lehrpläne für die Sekundarstufe II.

Sprachlernen in der Presse   Cordt Schnibben, Literaturkritiker
Was ist ein gutes Buch? Eines, das der Leser neu schreibt, während er es liest; ein Buch, das den Leser zwingt, seine eigene Geschichte erzählend zu denken, während er die Geschichte des anderen liest.
Schnibben, *Der Spiegel* 2009

153

In traditionellen Konzepten herrschte die Vorstellung vor, Schüler seien dann kritische Leser, wenn sie den Sinn einer gelesenen Passage klar und korrekt erfassen, explizite wie implizite Beziehungen erkennen und „korrekte Schlüsse und Folgerungen aus dem Gelesenen" ziehen (Crossen 1975: 142). Literaturdidaktische Modelle nach diesem Muster zogen Kritik auf sich. Man gebe sich vorschnell zufrieden, wenn die Schüler regelgeleitete Interpretationsstrategien anzuwenden wüssten, lautete der Vorwurf (Bredella 1995).

Action Item 12.13

Stellen Sie bitte in einem neueren literaturbezogenen Unterrichtsmodell den Anteil formal-ästhetischer Aufgaben fest und welche Aspekte hierbei im Vordergrund stehen. Beurteilen Sie dann die literaturdidaktische Konzeption des Modells.

Leserorientierte Literaturtheorien betonen dagegen die **Kreativität der Leser** und deren konstitutive Rolle beim Herleiten von Bedeutung. Unter ihrem Einfluss wird literarisches Lesen in der Schule zu einem Vorgang, bei dem Text und Leser in eine interaktive Kommunikation treten. Diese Interaktion initiiert insofern Sinnbildungsprozesse, als Leser die Leerstellen des Textes für sich formulieren, das also, was der Text nicht explizit ausdrückt (Bredella 1990: 169f). Weder ist der Text eine unveränderliche Größe, noch ist die Lehrkraft mit der im Voraus festgelegten Interpretation alleinige Instanz der Sinnvermittlung. Anerkannt werden die individuellen Reaktionen verschiedener Leser. Die ganz unterschiedlichen Sinnentwürfe kommen im Lehrer-Schüler-Dialog zur Sprache; beeinflusst sind sie von individuellen Lese- und Lebensgewohnheiten.

Action Item 12.14

Beschreiben Sie bitte, in welcher Weise in Unterrichtsmodellen zum literarischen Lesen, z.B. aus Fachzeitschriften, durch Aktivitätsangebote Sinnenwürfe angebahnt werden.

Sinnentwürfe sind allerdings **nicht beliebig**. Wie Bredella betont, ist der im Gespräch zwischen Lehrer und Schülern ausgehandelte Sinn zu beurteilen „nach der Plausibilität, mit der die einzelnen Momente unter Einbeziehung des Vorverständnisses, der Imagination und der Urteilskraft einander zugeordnet werden" (Bredella 1980: 106). Um Sinn intensiv aushandeln zu können, etablierte sich das Rezeptionsgespräch in den 1980er Jahren als neues Verfahren in vielen Unterrichtsmodellen. Seither gibt es für Lernende Gelegenheiten, eigenes Vorwissen und eigene Vorerfahrungen an den Text heranzutragen. Auf diese Weise werden sie zu eigenen Textdeutungen ermuntert. Nach wiederholter Auseinandersetzung mit dem Text und den Deutungen anderer wird die eigene Auslegung differenziert. Indem die Schüler ihre individuellen Textannäherungen artikulieren und zur Diskussion stellen, gelangt eine Lerngruppe zu unterschiedlichen Bedeutungsschwerpunkten. Sie führen zu vielschichtigen Reaktionen, die ‚Lehrerinterpretation' ist nur eine von mehreren möglichen, über die man sich verständigt.

Eine dritte Komponente literarischen Lesens wird von der Maßgabe bestimmt, dass sich einer Textrezeption produktive Sprech- und Schreibphasen anschließen, so Krumm (1990: 23): „Textarbeit heißt immer, vom Verstehen zur eigenen Textproduktion überzugehen". Aus den bekannten Textelementen soll etwas „Neues" und „Sinnvolles" entstehen (Caspari 1995). Solche Leserreaktionen stehen im Vordergrund, die sprachliche Tätigkeiten mit physischen, nonverbalen vereinen und die „inhaltliches Engagement und praktisches Tun" (Timm 1995: 14) in Gang setzen.

Auch **kreative Verfahren** streben eine interpretative Textannäherung an, nur werden die Resultate der Leser-Text-Interaktionen darüber hinausgehend in Eigenschöpfungen fassbar. Im Vergleich zum leserorientierten **Rezeptionsgespräch** zeichnen sich kreative Verfahren dadurch aus, dass „emotional-intuitive Leseerlebnisse" einen eigenständigen Wert zuerkannt bekommen. Aber auch kreative Verfahren verlangen nach einem intensiven, wiederholten Lesen. Nur bei genauer Textkenntnis nämlich gelangten die Schüler zu eigenen Sinnentwürfen. Eine kognitive Textanalyse sei nicht beabsichtigt, vielmehr eine „Art spielerische, implizite" Herangehensweise. Sachwissen werde abgerufen, weil die Lernenden aufgefordert sind, die verschiedenen Lösungsmöglichkeiten „auf ihre Plausibilität hin" zu überprüfen (Caspari 1995b: 241f).

Action Item 12.15

Bitte entwerfen Sie zu einer literarischen Quelle Ihrer Wahl auf den Text bezogene Aktivitäten, die zu kreativen Leserreaktionen anregen. Orientieren Sie sich an den Kategorien im Kasten (Thaler 2008: 56f).

Complete text	Incomplete text	Missing text	Scenic creations	Visual creations
Transformation tasks, different genre.	Completing open-ended stories.	Writing the ending.	Role playing, acting.	Drawing pictures, designing collages.
Changing the narrative perspective.	Writing on a title. Filling in missing parts.	Chain writing.	Miming, frozen tableau.	Making a literature magazine.
Changing persons, times, places.			Interviewing.	

Am Anfang des produktiv-kreativen Umgangs mit primär literarischen Texten steht meist das Wiederherstellen von Kohärenz in ungeordneten, vertauschten oder gebrochenen Textfragmenten. Die Aufgaben werden über instrumentelle Tätigkeiten wie ausschneiden, zusammenfügen, markieren etc. erledigt. Nachdem es sich um eine Form der Sinnbildung handelt, wenn Lernende aus einem Pool an fragmentarischen Ausdrucksmitteln individuelle Texte produzieren, muss dieser Prozess nicht zwingend zu einer allein gültigen Abfolge führen.

Auf fortgeschrittenen Niveaustufen gewinnen die anspruchsvollen analytischen Methoden in Verbindung mit offenen kreativen Verfahren an Gewicht. Bedeutungen werden im Rezeptionsgespräch ausgehandelt, die eigene Textproduktion macht sich vom sprachlichen Vorbild unabhängig. **Unterschiedliche Zugänge** abwechslungsreich kombinieren, lautet auch die Empfehlung aus der Literaturwissenschaft (Nünning/Surkamp 2006/2009).

Zusammenfassung

Dieses Kapitel wollte aufzeigen,

– welche Prozesse bei der Informationsaufnahme wirksam sind,

– wie Dekodierungsstrategien angebahnt werden können,

– welche Kriterien für die Textauswahl erwägenswert sind,

– welchen spezifischen Bedingungen das literarische Lesen unterliegt.

Weiterführende Literatur:

Quellen für Action Items und für forschende Lernaktivitäten: Alderson, Ch.: *Assessing reading.* Cambridge 2000. **Nation, I.S.P.:** *Teaching ESL/EFL reading and writing.* New York 2009. **Nünning, A./Surkamp, C.:** *Englische Literatur unterrichten 2: Unterrichtsmodelle und Materialien.* Seelze-Velber 2009. , **Rosebrock, C./Nix, D.:** *Grundlagen der Lesedidaktik und der systematischen schulischen Leseförderung.* Hohengehren ²2008. **Schier, J.:** *Schülerorientierung als Leitprinzip des fremdsprachlichen Literaturunterrichts.* Frankfurt/M. 1989. **Thaler, E.:** *Teaching literature.* Paderborn 2008. **Ur, P.:** *Teaching listening comprehension.* Cambridge 1989. Siehe auch englische-fachdidaktik.com/

13. Verständigungskompetenz

13.1 Intentionen versprachlichen

Sprechen und Schreiben sind komplexere Tätigkeiten als Hören und Lesen, da zur Versprachlichung Syntax- und Wortschatzkenntnisse mehr oder weniger spontan zu aktivieren sind. Lernende müssen, wenn sie als kompetente Sprecher gelten möchten, „von der semantischen Planung und Denkform auf die syntaktische Verarbeitung übergehen", so Vollmer (2000: 150). Zwar kann man beim Sprechen und Schreiben auf automatisiertes Wissen zurückgreifen. Es wird in den Unterrichtssequenzen angebahnt, die für den Aufbau von lexikalischem, semantischem und grammatischem Können reserviert sind. Jedoch sind sprachliche Tätigkeiten wie die selbstständige Planung des Satzbaus, die Auswahl des Wortschatzes oder die **Organisation des eigenen Sprachverhaltens** Bereiche, die kognitiv bestimmt sein können.

Alle Verfahren, die im Englischunterricht zur Anwendung kommen, verfolgen das Ziel, das Sprechen und Schreiben zu entwickeln, damit Lernende kommunikativ kompetent werden. Man findet im Unterricht Vorgehensweisen und Aktivitäten, die zum Automatisieren von Redemitteln führen sollen. Die wichtigeren Tätigkeitsbereiche sollten so gestaltet sein, dass Lernende sich im freien Formulieren qualifizieren und ihre sprachlichen Bestände frei einzusetzen lernen. Alle modernen Theorien zum Fremdsprachenerwerb implizieren einen aktiven Umgang in der Fremdsprache, der sich zunehmend außerhalb des imitativen oder reproduktiven Sprechens und Schreibens verlagert.

Eine freie Sprachverwendung erhöht zunächst die Wahrscheinlichkeit, dass Fehler auftreten. Da Sprechen und Schreiben als Prozess aufzufassen sind, ist mit Abweichungen von der Norm stets zu rechnen. Als notwendiger Teil des Lernprozesses werden sie prinzipiell akzeptiert.

Sprachproduktionen sind aufgrund ihrer **kulturellen Einbettung** immer auch an ihrer kontextuellen Angemessenheit zu messen. Seit der kommunikative Ansatz den Unterricht bestimmt, werden Kompetenzen als wichtig erachtet, die nicht nur ein korrektes, sondern auch ein akzeptiertes Sprachverhalten unterstützen. Es ist dann gegeben, wenn sprachliche Konventionen und Erwartungshaltungen berücksichtigt werden, von denen Vorstellungen der Interaktionspartner geprägt sind. Mögliche Bereiche auf einer frühen Lernstufe, in denen sich eigensprachliche und zielsprachliche Routinen möglicherweise unterscheiden, betreffen das Anredeverhalten und die Art und Weise, wie hierdurch Distanz oder Nähe ausgedrückt wird. Weitere Aspekte mündlicher Kommunikation betreffen die Initiation und die Beendigung einer Interaktion. Auch der Sprecherwechsel und damit Konventionen, wie man sich während eines Gesprächs spontan aktiv einbringt, verlaufen von Kultur zu Kultur unterschiedlich: "[In different countries] people ... employ different communicative strategies to achieve their communicative goals" (Fetzer 1997: 86).

> **Action Item 13.1**
>
> Bitte beschreiben Sie, in welcher Weise durch Texte zur Förderung von Interaktion in Lernmaterialien akzeptiertes Sprachverhalten auf schriftlicher und auf mündlicher Ebene gefördert wird.

Sprechen und an Gesprächen teilnehmen

Beim Sprechen müssen eine ganze Reihe von Teilkompetenzen und Strategien aufgerufen und eingesetzt werden, damit ein Redebeitrag gelingt. Grammatische, lexikalische oder phonologische Fertigkeiten allein reichen jedoch für eine **erfolgreiche Versprachlichung** bekanntermaßen nicht aus. Wer kommuniziert, muss auch etwas mitzuteilen haben und wissen, wie er seinen Redebeitrag inhaltlich gestaltet. Auch muss ein Plan darüber vorliegen, wie das kontextuelle Umfeld beim Versprachlichen zu berücksichtigen ist. Da man sich in den meisten Fällen mit Gesprächspartnern unterhält, die anwesend sind, muss man spontan formulieren. Viel Zeit zum Nachdenken bleibt nicht. Dass außerdem der eigene Beitrag flüssig versprachlicht wird, gilt als eine Voraussetzung dafür, um als Gesprächspartner akzeptiert zu werden. Es leuchtet ein, dass die komplexe Fähigkeit des Sprechens intensiv trainiert werden muss.

Untersuchungen haben gezeigt, dass mündliche Beiträge, bei denen frei formuliert wird, immer noch relativ selten im Unterricht sind (Kerstan/Spiewack, 2006). Die vorherrschenden Sprechaktivitäten sind gelenkt, oftmals eingebunden in ein enggesteuertes Übungskonzept und im eigentlichen Sinne imitativ und reproduktiv. Dies ist nicht problematisch, solange die Sprechaufforderungen ausgewogen, ja vielfältig sind. Damit dies auch in Klassen mit vielen Lernenden sichergestellt ist, müssen **Sprechaufforderungen** möglichst zahlreich sein. Wer jedoch am meisten im Unterricht spricht, scheint die Lehrkraft zu sein, wie Cook feststellt: „Teacher talk makes up around 70 per cent of classroom language" (2001: 143). Die Desi-Studie hat eine ähnliche Situation ermittelt.

Fremdsprachenlernen in der Presse   Andreas Helmke, Bildungsforscher
Helmke: ... Im Englischunterricht kommt es primär auf die Kommunikation an. Die wird durch ein eng geführtes Gespräch zwischen Lehrern und Schülern eher gefördert.
ZEIT: Aber Schüler kommen kaum zu Wort, wie Ihre Videostudien vom Englischunterricht zeigen.
Helmke: Im Durchschnitt nur ganze elf Minuten pro Schulstunde! Bei 20 Schülern in der Klasse ist das keine halbe Minute für jeden. Die Hälfte der Zeit spricht der Lehrer, der Rest geht für Übergänge, Stillarbeit oder Wartezeit drauf. Die Lehrer nehmen das allerdings ganz anders wahr.
Kerstan/Spiewack, *Die Zeit* 2006

Merkmale mündlicher Sprache

Die Besonderheiten einer authentischen mündlichen Kommunikationssituation wirken sich auf den Output in Interaktionen aus. Mündliche Texte sind **weniger**

dicht formuliert, die Syntax ist einfacher, der Wortschatz informeller. Sprecher verwenden weniger Inhaltswörter und mehr Funktionswörter als in schriftlichen Texten der Fall, höher ist auch die Zahl der Satzteile. Ein hervorstechendes stilistisches Merkmal ist die künstliche Redundanz in mündlichen Texten (McDonough 1983: 186). Zentrale Inhalte und Aussagen werden in mündlichen Texten häufig mehrmals wiederholt, in identischer Form oder in anderer linguistischer Einbettung nochmals aufgegriffen. Oft werden Floskeln eingestreut, z.B. *as you may have heard, ...well you know.* Satzabbrüche mit nachfolgender Neuformulierung, Unterbrechungen und Überlappungen sind weitere typische Kennzeichen. (Halliday 1989, Brown/Yule 1999). Diese Maßnahmen bringen mehr Zeit, um den beabsichtigten Redebeitrag reifen zu lassen (*time-gaining strategies*) (Celce-Murcia/Dörnyei/Thurrell, 1995: 27).

▶ ELT-term *redundancy*: "... information, which is repeated in different words." (McDonough 1983: 186)

Nicht selten wird mündliche Kommunikation zur **Beziehungspflege** eingesetzt (Dignen 2005). Es geht in einer Unterhaltung dann nicht darum, Gedanken mitzuteilen oder Informationen und Argumente auszutauschen. Die Sprecherintention besteht allein darin, zwischenmenschliche Kontakte zu pflegen. Soziale Interaktionen sind stark ritualisierte Gespräche (Smalltalk) zu privaten und offiziellen Anlässen. Sie kreisen um Themen, an denen niemand Anstoß nehmen kann und enthalten viele Routineformeln (z.B. lovely day).

Sprachlernen in der Presse   Bob Diguen, author
Tip: When making small-talk
Ask open questions, which require your partner to say more than yes or no ... Also, when answering questions ... add extra information to keep conversation going.
Dignen, *Business Spotlight* 2005

Action Item 13.2

Bitte beobachten Sie das mündliche Sprachverhalten einer Schülerin oder eines Schülers über einen begrenzten Zeitraum. Wählen Sie einige typische Merkmale mündlicher Sprache aus der nachfolgenden Zusammenstellung und stellen Sie ihre Häufigkeit fest (McDonough/ Shaw 2003: 137f):

Features of spoken language
❖ incomplete sentences
❖ very little subordination
❖ very few passives
❖ not many explicit logical connectors (moreover, however)
❖ topic comment structure (as in 'the sun – look it's going down') ...
❖ replacing/refining expressions /e.g. 'this fellow, this chap she was supposed to meet'
❖ frequent reference to things outside the 'text', such as the weather ...
❖ the use of generalized vocabulary (thing, nice stuff, place, a lot of)
❖ repetition of the same syntactic form
❖ the use of pauses and fillers ('erm', 'well', 'uhuh' 'if you see what I mean')

Kommunikationsstrategien

Wegen des Drucks zur spontanen Rede machen sich Sprecher **bestimmte Strategien** zunutze, wenn ihnen Redemittel fehlen oder sie ihnen nicht einfallen wollen. Mithilfe so genannter *achievement strategies* paraphrasieren sie, sagen z. B. *sleep in the youth hostel* statt *stay at*. Sie umschreiben z. B. mit *then the man did something he didn't want to do*, weil ihnen *by mistake* momentan nicht zur Verfügung steht. Sie generalisieren eine Wortbedeutung, bezeichnen die Rose mit *flower* oder sie prägen eigene Wörter, sprechen von der Jugendherberge als einem **youth hotel*. Kommunikationsstrategien dieser Art gelten als eine „wesentliche Komponente der kommunikativen Kompetenz" (Hecht/Green 1991: 137), da sie das Bemühen unterstützen, trotz begrenzter, oft unzureichender sprachlicher Mittel Sprechhandlungen abzuschließen.

> ▶ ELT-term *achievement strategies*: "Achievement or compensatory strategies involve manipulating available language to reach a communicative goal and this may entail compensating for linguistic deficiencies." (Celce-Murcia/Dörnyei/Thurrell 1995: 27)

Entwicklung von Sprechkompetenz

Moderne Lehrpläne unterscheiden zwischen den Fähigkeiten, an Gesprächen teilzunehmen und zusammenhängend zu sprechen. Die Anbahnung der mündlichen Kommunikationsfähigkeit hat somit eine monologische und eine dialogische bzw. interaktive Komponente.

In den Anfangsjahren sind die mündlichen Tätigkeiten der Lernenden **weitgehend imitativ und reproduktiv**, initiiert werden sie durch enggesteuerte und halb offene Übungsformen. Die Gesprächsfähigkeiten, die in den ersten Lernjahren angebahnt werden, zeigen sich darin, Routinehandlungen wie z. B. Einkaufssituationen zu bewältigen. Auch einzelne Sprechakte wie z. B. sich entschuldigen, sich vorstellen oder Vorlieben äußern, sollen interaktiv ausgeführt werden können. Hierauf folgen Gespräche bzw. Beiträge zu vertrauten Alltagsroutinen, Sachverhalten und Themen. Am Ende der Sekundarstufe sind sie an Problemen orientiert.

Monologisches zusammenhängendes Sprechen soll sich in der Sekundarstufe I als Kompetenz entwickeln, die dazu verhilft, zu beschreiben, zu berichten, zu erzählen, zu argumentieren und zu bewerten. Die sprachliche Entwicklung wird anhand der Erwartungen gesteuert, die an die Textkomplexität und an die Textlänge geknüpft sind.

> **Action Item 13.3**
>
> Bitte beschreiben Sie Versprachlichungshilfen und Angebote zur Individualisierung in Sprechaktivitäten von Lehrwerken. Führen Sie gegebenenfalls an einigen Beispielen selbst Ergänzungen durch (Stowell-Burkart 1998, 181ff; Gehring 2002).

Practice output activities	Communicative output activities	Creative output activities
Information gap activities	Role plays	Chain stories
Completing the picture	Group discussions	Storytelling
Jigsaw activities	Role cards (guided role plays)	Chain questionaires
Defective dialogues	Find-someone-who-activities	
Flow charts	Interviews	

13.2 Schreibkompetenz

Das Schreiben gehört zu den wohl am häufigsten aufgerufenen Tätigkeiten im Englischunterricht. Selbst das seit Jahrzehnten postulierte Richtziel der mündlichen Kommunikationsfähigkeit in Alltagssituationen hat nicht dazu geführt, das Schreiben wesentlich zurückzudrängen. Hierfür gibt es gute Gründe.

Im Zusammenspiel mit der Lesekompetenz zählt man die Schreibkompetenz zu den Fähigkeiten, die **Literalität** herbeiführen (Cameron 2001: 124. Damit sind alle Könnensbereiche gemeint, die man benötigt, um Schriftliches verstehen und Schriftliches verfassen zu können. Alle Aktivitäten, die im weiteren Sinne Lese- und Schreibtätigkeiten auslösen, dienen dem Aufbau von *literacy*. In der Fremdsprachendidaktik wird *literacy* vor dem Hintergrund eines weit gefassten Textbegriffs mittlerweile auch auf das Verstehen und aktive Benutzen anderer Inhaltsträger wie z. B. Musik, Bilder oder Illustrationen verwendet (Blell 2006, Surkamp 2010). Computer-literacy oder Online-literacy gehören zur Reihe weiterer Fähigkeiten, die von kompetenten Sprachbenutzern erwartet werden (Richter/Naumann/Groeben 2001). Kompetenzen im rezeptiven und produktiven Umgang mit den verschiedenen Produkten zu entwickeln, die herkömmliche Inhaltsträger und moderne Medien hervorbringen, wird als Aufgabe auch des Englischunterrichts verstanden.

> ▶ ELT-term *literacy*: "Literacy skills include being able to read and write different sorts of texts for different purposes." (Cameron 2001: 124)

Merkmale schriftlicher Sprache

Verfasser schriftlicher Texte haben es in manch einer Hinsicht leichter als Gesprächspartner. Sie unterliegen nicht dem **Produktionszwang** mündlicher Interaktionen. Sowohl an der inhaltlichen Gestaltung wie an der gedanklichen Abfolge können sie solange feilen, bis auch der letzte Schliff zufriedenstellt. Solche Bemühungen und Überlegungen sind auch nötig, da ihre Leser nicht nachfragen können, wenn sie etwas nicht verstanden haben. Vor diesem Hintergrund spielen Kohärenz und Kohäsion beim Verfassen eines Textes eine wichtige Rolle. In Verbindung mit linguistischem Wissen und Weltwissen tragen diese Textmerkmale maßgeblich dazu bei, dass der verfasste Text verstanden wird.

> **Action Item 13.4**
>
> Bitte untersuchen Sie Lesetexte und Arbeitsanweisungen nach Kennzeichen von Schriftlichkeit. Stellen Sie fest, ob Ihre Ergebnisse auch auf Lehrbuch-Hörtexte zutreffen. Beurteilen Sie dann das didaktische Textkonzept, auch in Bezug auf Kohärenz und Kohäsion (Medwell/Wray/Moore/Griffith 2007: 106ff).

Written texts
- ❖ more complex,
- ❖ with longer sentences, more complex clauses,
- ❖ greater information load,
- ❖ situation has to be inferred from the text,
- ❖ [read] at a different time from when it was written,
- ❖ and in a different place

Entwicklung von Schreibkompetenz

Zu Beginn eines Lehrgangs hat Schreiben primär die Aufgabe, **das Lernen zu erleichtern**. Vokabelmappen und Karteikarten, Lernposter oder Übungen, nicht zu vergessen Lernstandsmessungen, sind an Schreibtätigkeiten gebunden. Auch Maßnahmen zur Individualisierung sind ohne Schreibaufgaben langfristig nicht umzusetzen. Man verweist in diesem Zusammenhang außerdem auf den zusätzlichen Verankerungseffekt, den das schriftliche Fixieren von linguistischen Übungsschwerpunkten hat (Piepho 1998).

Die Lernenden beginnen damit, einfache Mitteilungen über sich oder andere Personen zu schreiben; sie trainieren sich darin, Notizen und kurze Texte nach Vorgaben zu verfassen. Auf einer weiter fortgeschrittenen Phase kommen freiere Schreibaufgaben hinzu; die Lernenden werden nun angehalten, zunehmend eigene Texte zu verfassen, Argumente zusammenzustellen oder Sachtexte zu formulieren, allesamt Fähigkeiten, die im späteren Berufsleben verlangt werden. Auf der Sekundarstufe II kommen längere analytische, kommentierende, argumentative und interpretative Texte hinzu.

Zunächst bleibt **das freie Schreiben** jedoch Teil des Aufbaus kommunikativer Fähigkeiten für Aktivitäten innerhalb oder außerhalb der Klassengemeinschaft. Auf die Tauglichkeit freier Texte für Klassenkorrespondenzen machte bereits Dietrich (1979) aufmerksam, hier in einem umfassenderen Sinne verstanden als Informationsaustausch zwischen Klassen innerhalb einer Schule oder im Rahmen von Schulpartnerschaften. Die Produktpalette reicht von einer selbst hergestellten Klassenzeitung bis hin zu Informationsblättern für die ausländische Partnerschule, gegebenenfalls als Attachments bei E-Mail-Kontakten. Innerhalb der Schule mag eine regelmäßige Schreibaufgabe darin bestehen, ein *interactive reading board* (Biederstädt 1990) oder eine Website auf Englisch zu pflegen. Über regelmäßige, eigenverfasste Texte zu aktuellen Themen aus dem unmittelbaren und mittelbaren Erfahrungsraum wird so die englische Sprache kontinuierlich als

Kommunikations- und Interaktionsmedium von allen Schülern in der alltäglichen Lernumgebung genutzt. Weitere „Freiräume" für die Entwicklung von Schreibkompetenz sind das Sprachenportfolio, bei dem Lernende Texte sammeln und diese nach Vorgabe auch editieren. Lernertagebücher und Lesetagebücher sind geeignete **Formate zur Routinisierung** des freien Schreibens (Kupetz 2006: 164f).

Action Item 13.5

Versuchen Sie bitte, konkrete Schreibaufgaben zu formulieren, die sich in die Thematik einer Lehrbuchunit einbinden lassen oder eine bestimmte Niveaustufe bedienen (A-B+). (Bludau 1998; Nation 2009: 95ff):

Informal writing	Study writing	Formal Writing	Creative writing
Writing a memo (note/short message)	Dicto-gloss (listen-take notes-write)	Writing a news story/recipe/tourist guide	Follow the model to (to make sentences)/ making up stories from key words/ jumbled sentences
Writing a postcard/ an informal letter	Delayed copying technique (look-remember-write)	Writing a letter of inquiry/ of application/ a curriculum vitae	Transformation (rewriting passages)
Writing a personal diary	Outlining a text/drafting questions/making a survey	Making an advertisement	Completing a story
	Writing a summary/description	Writing a report on a project, school trip	Writing a poem

13.3 Sprachmittlung

Das Übersetzen ist im kommunikativen Unterricht aus der Mode gekommen. Funktionale Einsprachigkeit und kommunikative Kompetenz als didaktische Säulen der Fremdsprachenvermittlung machten die Fertigkeit, Texte von der Ausgangssprache in die Zielsprache und umgekehrt zu überführen zu einer didaktischen Nebensache. Die Zurückhaltung gegenüber der Übersetzung steht auch im Zusammenhang mit früheren Methoden. Sie reservierten viel Zeit für das Übersetzen, die für kommunikative Aktivitäten dann fehlte. Weil es in starkem Maße sprachanalytische Fähigkeiten voraussetzt, lehnten schon die Reformer um Wilhelm Viëtor das Übersetzen als „Spezialfertigkeit" ab, „die mit Sprachlernen nichts zu tun haben könne" (Viëtor, zit. nach Macht 1998: 370). Und dass Schüler beim Übersetzen ihre Ausgangssprache präsent halten müssen, trägt nicht gerade dazu bei, interlinguale Interferenzen zu minimieren. Es wird schwieriger, einen Ausdruckswunsch von Anfang an mit zielsprachlichen Redemitteln zu planen.

▶ ELT-term *translation*: "A written text is transferred into a written text in another language. The aim is to keep as close as possible to the original as regards sentence structure, tone, stylistic devices, register, etc." (English Extra, o.J.: 3)

Das Übersetzen im engeren Sinne dient im Alltagsunterricht primär als eine **Übungs- und Testform** von vielen, mit der sich Grammatikkenntnisse, Wortschatzwissen, Text- und Sprachgefühl aufrufen und bewerten lassen. Lehrbücher verzichten weitgehend darauf. Stattdessen bieten sie Dolmetschaufgaben an. Das Dolmetschen lässt sich leichter in kommunikative Kontexte einbinden, weil es den Schülererfahrungen nahe kommt. Für viele Lernende in multikulturellen Klassengemeinschaften dürfte es zur Alltagserfahrung gehören, dass Mitschüler Inhalte aus ihrer Herkunftssprache übertragen. Wegen ihres authentischen Charakters wird das Dolmetschen der Dialogarbeit oder bei Texten in Alltagssituationen schon frühzeitig aufgerufen.

Unter Dolmetschen versteht man heute die mündliche Übertragung gesprochener Mitteilungen, mit Übersetzung meint man die schriftliche Übertragung schriftlicher Mitteilungen. Dolmetschen bezieht sich demnach auf Texte, die gehört werden, das Übersetzen auf Texte, die man liest. Hieraus erwachsen die spezifischen Anforderungen der jeweiligen Übertragungsform (Stoltze 2008, 15).

▶ ELT-term *interpreting*: "Oral statements are transferred orally into another language." (English Extra, o.J. 3)

Als eine Form des „nicht-professionellen Dolmetschens" wurde ursprünglich die Sprachmittlung (**Mediation**) verstanden (Knapp 2006: 175). Die Anforderung besteht darin, mündlich Vorgetragenes oder Gesagtes sinngemäß in einer oder in mehreren anderen Sprachen wiederzugeben. Idealtypisch ist der Sprachmittelnde nicht an der Interaktion beteiligt, sondern Mittler zwischen Partnern mit unterschiedlichen Sprachen. Ein Sprachmittler überführt in einer Kommunikation, was ein Interaktant in seiner Sprache äußert, in die Sprache des anderen Interaktanten und umgekehrt.

Anders als beim professionellen Dolmetschen und bei der Übersetzung wird bei der Sprachmittlung keine formal-exakte zielsprachliche Übertragung erwartet. Sie ist nicht einmal erwünscht. Es genügt die „sinngemäße Wiedergabe eines Inhalts oder einer Mittlungsabsicht und deren Verständlichkeit" (Gebauer/Kieweg 2008: 20). Die Tätigkeiten erstrecken sich auf beide Textformen. Sprachmittlung ist das **sinngemäße** schriftliche oder mündliche Übertragen oder Zusammenfassen eines Textes in eine andere Sprache.

▶ ELT-term *mediation (CEF-description)*: "Mediation includes translation and interpretation, as well as using other ways of language to get meaning across, such as periphrasis, simplification, etc." (Heyworth 2004: 16)

Die weite Definition der Sprachmittlung im Gemeinsamen europäischen Referenzrahmen bringt eine Vermischung von Übersetzen, Dolmetschen und Sprachmitteln im engeren Sinne mit sich. Für den Fremdsprachenunterricht auf der Grundlage deutscher Lehrpläne sind jedoch die „Formen der sinngemäßen Übertragung" maßgeblich, d.h. die schriftliche und mündliche Paraphrasierung der Texte, nicht ihre wortgetreue Wiedergabe (THiLLM 2008: 7).

Entwicklung von Mediationskompetenz

Leistungserwartungen sind in den Lehrplänen nicht für verschiedene Niveau- bzw. Klassenstufen festgelegt, sondern als Standard formuliert. Die Standards für den mittleren Bildungsabschluss erwarten, dass Schüler in alltagsrelevanten Situationen sprachmittelnd tätig sein können. Inhalte vertrauter Sach- und Gebrauchstexte sollen sie sinngemäß von der einen in die andere Sprache übertragen können. Eine Entwicklung der Sprachmittlungskompetenz basiert auf **unterschiedlichen Anforderungsprofilen** beim Paraphrasieren, Zusammenfassen auf Englisch und auf Deutsch. Die Schwierigkeiten werden von den Textsorten bestimmt, deren Inhalte gemittelt werden sollen; auch von den Szenarien, in denen Sprachmittlungsaufgaben eingebettet sind. Die Anforderungen begründen sich auf den Leistungserwartungen für die rezeptiven bzw. produktiven Fähigkeiten der jeweiligen Niveaustufen. Damit sind sie eng am Lehrbuch und seinen Themen, Interaktionsanlässen und Textsorten orientiert.

Action Item 13.6

Bitte stellen Sie für die fünfte oder sechste Jahrgangsstufe einer Schulform Ihrer Wahl die Leistungserwartungen zusammen, die auf die Sprachmittlung Einfluss nehmen.

Das Sprachmitteln ist eine **eigens zu entwickelnde Fähigkeit**. Sie führt beim Zusammenwirken von rezeptiven und produktiven Fähigkeiten zum Ziel. Auch bedarf es eines Bewusstseins für Angemessenheit und Akzeptabilität, da kulturelle Spezifika zu berücksichtigen sind. Entsprechend beziehen die Leistungserwartungen Inhalt und Sprache mit ein.

Action Item 13.7

Bitte entwerfen Sie für eine Sprachmittlungsaufgabe Ihrer Wahl in Lernmaterialien konkrete Leistungserwartungen für die Aufgabenstellung, indem Sie die unten angeführten Aspekte eines Bewertungsrasters für das Zusammenfassen eines deutschen Textes auf Englisch spezifizieren und differenzieren (ISB 2009).

INHALT & STRATEGIE	SPRACHE
Textverständnis, Auswahl und Strukturierung der Informationen, Angemessenheit der Übertragung, Adressaten- und Situationsbezug	Ausdrucksfähigkeit (Syntax, Idiomatik und Wortschatz) in der Fremdsprache; Sprachrichtigkeit (Wortschatz, Grammatik, Idiomatik)

Zusammenfassung

Dieses Kapitel wollte aufzeigen,

- welche Anforderungen beim Sprechen und Schreiben an Lernende gerichtet werden,

- welche methodischen Überlegungen aus den Anforderungen erwachsen,

- welche Erwartungen an die Sprachmittlungskompetenz geknüpft werden.

Weiterführende Literatur:

Literatur für Action Items und für forschende Lernaktivitäten: Blell, G.: „Musik im Fremdsprachenunterricht und die Entwicklung von audio literacy." In: Jung, U.O.H. (Hg.): *Praktische Handreichungen für Fremdsprachenlehrer.* Frankfurt/M. 2006, 112-119. **Cameron, L.:** *Teaching languages to children.* Cambridge 2001. **Hedge, P.:** *Writing.* Oxford ^{2}2006. **Kupetz, R.:** „Schreiben im kommunikativ orientierten Fremdsprachenunterricht". In: Jung, U.O.H. (Hg.): *Praktische Handreichungen für Fremdsprachenlehrer.* Frankfurt 2006, 159-167. **Medwell, J./Wray, D./Moore, G./ Griffith, V.:** *Primary English: knowledge and understanding.* Exeter 2007. **ThiLLM -Thueringer Institut für Lehrerfortbildung, Lehrplanentwicklung und Medien:** *Anregungen für die Sprachmittlung im Fremdsprachenunterricht der Sekundarstufe II.* 2008. Online verfügbar unter: http://www.thillm.de/thillm/pdf/sprachen/2008_sprachmittlung_sek2.pdf. **Thornbury, S.:** *How to Teach Speaking.* Harlow 2005. Siehe auch englische-fachdidaktik.com/

14. Interkulturelles Lernen

Lehrgänge für fremde Sprachen binden sprachliche Zielsetzungen an Themen, Inhalte und Situationen zu Sprachgemeinschaften, in denen die Lernsprache Erstsprache oder doch zumindest Amtssprache ist. Der Englischunterricht macht da keine Ausnahme. In der jüngeren Geschichte des Englischunterrichts hat man mit mehr oder weniger intensiven Bezügen zu englischsprachigen Zielkulturen im Unterricht verschiedenste Ziele verfolgt, je nachdem ob der Blickwinkel realienkundlich, kulturkundlich, volkstumskundlich oder landeskundlich fokussiert war. Die **primäre Bezugskultur** in den ersten Lernjahren war traditionell Großbritannien, später kamen die Vereinigten Staaten hinzu.

14.1 Der kulturdidaktische Erwartungshorizont

In den 1950er Jahren zeichneten die Lehrwerke ein sehr harmonisches Bild von Großbritannien, Probleme wurden nicht thematisiert, die Lehrbuchprotagonisten waren vorbildlich in ihrem Verhalten, die Familienstrukturen an der Mittelschicht orientiert. Ähnliche Tendenzen gab es in der Jugend- und Kinderliteratur jener Jahre. Die audiolinguale Ausrichtung der Sprachlehrgänge an deutschen Schulen sorgte dafür, dass auch in den 1960er Jahren die Inhaltsproblematik kaum thematisiert wurde. Informationen zu Land und Leuten in Lehrbüchern waren auf wenigen Seiten zusammengefasst. Sie gehörten nicht einmal zu den obligatorischen Lehrgangsteilen. Aspekte zur Kultur des Landes, dessen Sprache man lernt, blieben in einem Lehrgang Nebensache, in dem es auf Habitualisierung von Sprachstrukturen ankam. Dies änderte sich in den 1970er Jahren durch die kommunikative Wende. Danach wurden politische und kulturelle Bildungsziele in Lehrplänen stärker gewichtet.

Zwei Pole bestimmten das Meinungsbild in jener Zeit. Fachdidaktiker wie Doyé plädierten für eine umfangreiche und ausgewogene Vermittlung zielkultureller Informationen, durch „ständige Begegnung und dauerhafte Auseinandersetzung" (1966: 270f). Die abgeschwächte Variante von Erdmenger/Istel (1973) hielt eine Behandlung landeskundlicher Inhalte zur Vorbereitung der Lernenden auf ihre zukünftigen Rollen für ausreichend, z. B. als Tourist oder als Konsument ausländischer Waren. Diese Auffassung, die der Landeskunde nur eine dem Sprachunterricht dienende Funktion zubilligt, setzte sich in der Sekundarstufe I für längere Zeit an den Schulen weitgehend durch. Vor allem an der Hauptschule sprach man sich dafür aus, Landeskunde „nebenbei und indirekt" zu betreiben (Schrey 1979: 261).

> ▶ ELT- term *Landeskunde*: "Any explicit teaching of factual knowledge about the target culture is not intended ... the ability to communicate provides the point of reference for choosing contents ... Themes, texts, and roles are selected with regard to their impact on improving language learning." (Gehring 2009: 306)

In eine **interkulturelle Richtung** wiesen frühe Forderungen nach einer Anbahnung sozial-affektiver Kompetenzen auch im Englischunterricht. Anzustreben seien „Werthaltungen, die sich aus dem Vergleich sowohl im Hinblick auf die Zielkultur ... als auch im Hinblick auf das Leben im eigenen Raum ... entwickeln" (Neuner/Pischke 1979: 114). Der Englischunterricht, vornehmlich auf die Befähigung des individuellen Lerners zu sprachlicher Kommunikation ausgerichtet, hätte sich verstärkt evaluativen und verstehensförderlichen Dispositionen zu widmen und „die Perspektiven der Fremdheit, die Verschiedenheit des anderen" (Christ u. a. 1987: 315) zu thematisieren.

> ▶ ELT-term *intercultural*: "Intercultural refers to situations where people from two cultures interact." (Triandis 1989: 306)
> ▶ ELT-term *intercultural approach*: "Beyond the traditional knowledge of facts, an intercultural approach aims at gaining an understanding of the way these facts are related." (Kramsch 1996: 5)

Ethnozentrische Einstellungen und stereotypes Denken zählen zu den kritischen Bereichen, welche die Kommunikation zwischen Menschen mit unterschiedlichem sprachlichen und kulturellen Hintergrund belasten.

> ▶ ELT-term *stereotypes*: (1) "In the blooming, buzzing confusion of the outer world we pick out what our culture has already defined for us and we tend to perceive that which we have picked out in the form stereotyped for us by our culture." (Lippmann zit. nach Husemann 1991: 16). (2) "Stereotypes can also be basically and psychologically useful as they provide people with security and stability, and above all with means of orientation." (Zijderveld 1987: 26)

In den Folgejahren wurden Stereotype in umfassenderen Fragestellungen problematisiert. Ab Mitte der 1980er Jahre nahmen sich Literatur- und Landeskundedidaktik dem Spannungsfeld ethnozentrischer Einstellungen gleichermaßen intensiv an. Die Literaturdidaktik richtete ihre Bemühungen auf das Fremdverstehen und damit auf die Fähigkeit, Wahrnehmungen aus einer zunächst fremden Perspektive für sich zuzulassen (Bredella/Christ 1995). Die Landeskundedidaktik befasste sich nicht mehr allein mit historischem, geografischem und gesellschaftlichem Wissen über Zielkulturen. Darüber hinausgehend beschäftigte man sich auch mit kulturellen Einflüssen auf Redemittel sowie mit der affektiven Dimension der Landeskundedidaktik, die Gefühle und Emotionen aktiviert (Erdmenger 1996). Der Landeskundebegriff verlor an Bedeutung.

> ▶ ELT-term *affective dimension*. "What we learn is influenced and organized by emotions and mind sets based on expectancy, personal biases and prejudices, degree of self-esteem, and the need for social interaction." Cane/Cane 1991: 82f

Für den Prozess in Richtung affektiver und sozio-semiotischer Zielbereiche setzte sich die Bezeichnung des interkulturellen Lernens durch, das zur interkulturellen Kompetenz befähigen soll.

> ▶ ELT-term *socio-semiotic approach*: "The socio-semiotic approach to language has the aim of enabling students to become competent members of the prospective culture as they learn *about* the foreign language's cultural, socio-pragmatic, discoursal and contextual domains." (Fetzer 1997: 87)

Ein interkulturell akzentuiertes Lernen unterscheidet sich von einer ausschließlich pragmatischen Auseinandersetzung mit dem zielkulturellen Alltagsleben im

Anspruch, anhand historischer, geografischer und soziokultureller Informationen Einsichten herbeizuführen. Bezüge zu Großbritannien und den USA gibt es weiterhin, sie nehmen jedoch nicht mehr die gewohnte zentrale Stellung ein.

Interkulturelle Kompetenz hat eine kommunikative, eine kognitive, eine evaluative und eine affektive Dimension. Die Lernenden sollen befähigt werden, **erfolgreich im vorgefundenen Umfeld** zu kommunizieren. Sie sollen darüber hinaus mit Orientierungswissen ausgestattet werden, das sie verwenden können, um Hintergründe für kulturgebundene Einstellungen, Haltungen und Werte zu erfassen und einzuschätzen. Schließlich sollten sie Offenheit zeigen, um sich Fremdem und Ungewohntem gegenüber aufgeschlossen und unvoreingenommen zu widmen. Dies wiederum setzt die Bereitschaft voraus, Phänomene aus einem anderen Blickwinkel als dem eigenen zu betrachten und sich auf einen Perspektivenwechsel einzulassen (Burwitz-Melzer 2003: 46ff).

Action Item 14.1

Bitte beschreiben Sie für eine Niveaustufe Ihrer Wahl, in welcher Weise Lernmaterialien Ziele interkulturellen Lernens der Lehrpläne umgesetzt haben. Beziehen Sie die Anbahnung affektiver Ziele durch Lehrbuchaktivitäten oder -texte in Ihre Überlegungen mit ein.

14.2 Interkulturell akzentuierte Lernplanung

Die interkulturellen Leistungserwartungen unterscheiden sich kaum von Bundesland zu Bundesland. Bei der Planung interkultureller Lernprozesse geht man in bundesdeutschen Plänen verschiedene Wege. Manche Bundesländer formulieren einen Erwartungshorizont, der am Ende einer Lernphase, z. B. im zweijährigen Rhythmus oder am Ende eines Bildungsgangs erreicht worden sein soll. Die Gestaltung der Lernprozesse bleibt den Lehrkräften überlassen. Andere Pläne listen konkrete Lerninhalte auf, die sie zum Teil auf einzelne Niveau- bzw. Jahrgangsstufen beziehen. In solchen Fällen konkretisiert sich interkulturelles Lernen als Inhaltslernen, das eine konkrete Erweiterung des Wissens zu Zielkulturen im Sinne **einer lockeren inhaltlichen Progression** anstrebt. Affektive Zielbereiche sind davon ausgenommen. Die Bereitschaft zur Offenheit, Toleranz oder Aufgeschlossenheit sind Haltungen und als solche daher kaum für verschiedene Entwicklungsstufen zu spezifizieren. Es lässt sich demnach auch kaum überprüfen, ob die gesteckten Erwartungen erfüllt wurden.

In den Anfangsklassen beginnt man damit, Einblicke in zielkulturelle Alltagsvollzüge, Sachverhalte und Routinen zu vermitteln und dazu aufzufordern, sie mit eigenen Erfahrungen in diesen Bereichen zu vergleichen. Wenn ein mittleres Niveau erreicht worden ist, sollen historische, geografische und zunehmend auch gesellschaftliche Kenntnisse über Phänomene vertieft, eigene Standpunkte hinterfragt werden. Am Ende der Sekundarstufe I sollen Lernende ein Bewusstsein für kulturelle Vielfalt entwickelt haben, das sich auf Wissen, auf Strategien des Wissenserwerbs und auf Einsichten gleichermaßen stützt.

Action Item 14.2

Bitte beschreiben Sie die Lernwege, die in Lehrplänen bei interkulturellen Aspekten impliziert werden. Überprüfen Sie exemplarisch, wie diese in Lernmaterialien realisiert werden.

Kulturdidaktische Bezüge in bundesdeutschen Lehrplänen (Auszüge)

Bundesland/ Bezeichnung	Bayern Interkulturelles Lernen und Landeskunde	Baden Württemberg Kulturelle Kompetenz	Niedersachsen Interkulturelle Kompetenzen
Wissen	– weitere kulturelle Konventionen; – situationsgebundene Sprachkonventionen, Verhaltensmuster in Alltagssituationen; – weitere wichtige geografische Gegebenheiten des UK und der USA. (Auszug Klasse 7)	– traditionelle Sitten und Bräuche des Alltagslebens; – typische Arten der Freizeitgestaltung; – Sehenswürdigkeiten in Großbritannien. (Auszug Klasse 6)	– Alltag und Lebensbedingungen; – zwischenmenschliche Beziehungen; – Werte, Normen, Überzeugungen und Einstellungen. (Auszug Standards Klasse 10)
Kompetenzen	– Erwerb historischer und geografischer Kenntnisse, Einsichten in kulturelle und soziale Konventionen, die bei der Begegnung mit Menschen aus englischsprachigen Ländern zu beachten sind. Verständnis für andere Verhaltensweisen und Normen, Differenzierte Auseinandersetzung mit den eigenen Einstellungen und Werthaltungen. (Adaptiert, Auszug Klasse 7)	... in einfachen Worten Auskunft über sich selbst und ihr soziokulturelles Umfeld geben; – deutsche und britische Lebensverhältnisse ihres Erfahrungsbereiches ... miteinander vergleichen und persönliche Meinungen dazu äußern (Adaptiert, Auszug Klasse 6)	[Schüler] – kennen elementare Kommunikations- und Interaktionsregeln ausgewählter englischsprachiger Länder und verfügen über ein entsprechendes Sprachregister, das sie in vertrauten Situationen anwenden können; – sind neugierig auf Fremdes ... (Adaptiert, Auszug Klasse 10)

Schon die wenigen im Kasten skizzierten Auszüge der Lehrpläne deuten auf ein **verändertes kulturdidaktisches Verständnis** hin. Inhalte und Themen sind nicht mehr exklusiv an Faktisches zu Großbritannien oder den Vereinigten Staaten gebunden. Auf sprachlicher Ebene werden nun auch Fragen der Angemessenheit, der Akzeptabilität sprachlichen Verhaltens, der linguistischen Höflichkeit und der Konnotationen lexikalischer Einheiten thematisiert. Der Katalog an Kenntnissen umfasst heute Konventionen, Werte und Einstellungen. Und es gibt Übungen, die nichtkognitive Annäherungen an das Fremde begünstigen sollen. Dabei setzt man verstärkt auf **kulturübergreifende** thematische Kontexte, von denen ein höheres Identifikationspotenzial auszugehen scheint, möglicherweise mit stärkerem Aufforderungscharakter.

▶ ELT-term *culture*: "... involves the implicit norms and conventions of a society, its methods of ‚going about things', its historically transmitted but also adaptive and creative ethos, its symbols and its organization of experience." (Loveday zit. nach Corbett 2003: 20) ... "By culture I mean the human made part of the environment. It is convenient to distinguish between objective culture such as roads, tools, or houses) and subjective culture (such as categorizations, associations, beliefs, attitudes, norms or values." (Triandis 1989: 306)

14.3 Kulturspezifische Dimensionen

Die skizzierten Themenbereiche in neuen Lehrplänen zeigen auch, dass der Englischunterricht sich auf kulturelle Facetten konzentriert, über die Bescheid wissen sollte, wer sich in englischen Sprachgemeinschaften aufhält oder mit ihren Vertretern kommuniziert. Wichtig ist dabei, Gründe und Ursachen zu kennen, die zu den wahrnehmbaren Phänomenen geführt haben. Erfahrbar ist Kultur in den Lebensweisen, den Institutionen und im „ganz gewöhnlichen Verhalten" einer Sprachgemeinschaft (Williams 1983: 45).

Normalerweise gelingt die Alltagsbewältigung in der eigenen Kultur mithilfe routinemäßig praktizierter Handlungsmuster. Man reiht sich in die Schlange der Wartenden ein, weil man annimmt, sobald man an der Reihe ist, werde man bedient. Erst in Krisensituationen – in unserem Beispiel löst sie vielleicht ein Vordrängler aus – werden Alltagswissen reflektiert und Lösungspläne entworfen. Wirken fremdkulturelle **Oberflächenphänomene** auf den ersten Blick vertraut, besteht aus Sicht des Beobachters keine Notwendigkeit, die Übertragbarkeit des Alltagswissens in Zweifel zu ziehen.

Missverständnisse

Alltägliche kulturgebundene Kommunikationssituationen scheinen für **Verstehensprobleme** besonders anfällig. Missverständnisse sind weniger die Folge einer mangelnden linguistischen Beherrschung von Redemitteln. Häufig stehen ihre Ursachen in Zusammenhang mit einer unzureichenden Sensibilität für die kulturelle Bedingtheit von Sprechstilen, Interaktionsregeln und Konventionen.

> **Action Item 14.3**
>
> Bitte beschreiben Sie, in welchem Maße Lehrpläne und Lernmaterialien auf konfliktträchtige Kulturfacetten bei sprachlichen Handlungen eingehen, die in der Kommunikation zu Problemen führen können. Orientieren Sie sich an den im Kasten genannten Aspekten (Hyde 1998: 9f):

> **Culturally influenced areas of language use**
> **Pragmatics:** doing things with language, e.g. interpreting and responding to compliments or interpreting and knowing how to be critical.
> **Topic choice:** what, when.
> **Swearing:** when, how, in whose presence.
> **Body language:** eye contact; closeness; gesture …
> **Turn-taking conventions** who speaks to whom, and when and how turns are indicated.
> **Explicitness/inexplicitness:** styles of argumentation, disagreement, requests …

Indirektheit vs. Direktheit

Aus vielen Studien wissen wir, dass Irritationen wahrscheinlich sind, wenn in der Eigenkultur vertraute und akzeptierte Sprachroutinen in Gesprächen mit Partnern aus anderen Sprachgemeinschaften übernommen werden. Fremdsprachenbenutzer ohne eine interkulturelle Bewusstheit neigen dazu, vom mühelosen pragmatischen Transfer muttersprachlicher Kommunikationsroutinen auszugehen. In Untersuchungen wurde festgestellt, dass Englischsprecher mit einem deutschen kulturellen Hintergrund den Eindruck des „Rüden und Ungefälligen" vermittelten (Götz 1977: 78) und über nur wenige „L2 speech act strategies" verfügen (Ogiermann 2010: 65). Das sprachliche Verhalten deutscher Austauschschüler wurde von amerikanischen Muttersprachlern als sehr fordernd und direkt empfunden (Hoppe 1991: 32).

Im interkulturellen Diskurs haben deutsche Lerner oftmals Probleme, nicht ausgesprochene Bedeutung in einer Sprachhandlung zu erkennen. Oksaar (1989: 15) hält die unterschiedliche Strukturierung der direkten und indirekten Ausdruckssphäre für eines der Hauptprobleme interkulturellen Verstehens, da der deutsche L2 Lerner dazu neige, „das Gesagte, wenn nicht jedesmal wörtlich, dann doch konkreter aufzufassen". Irritationen sind daher wahrscheinlich, wenn man das aus der eigenen Kultur gewöhnte direkte Sprachverhalten bei Gesprächspartnern pflegt, die Indirektheit in Sprachhandlungen favorisieren (Niehaus-Lohberg 1988: 35).

Sprachliche Höflichkeit

In allen Sprachgemeinschaften ist man daran interessiert, dass sich in kommunikativen Vollzügen auch eine **respektvolle Behandlung** artikuliert. Wenn es schwierig wird, nutzt man gerne sprachliche Mittel zur Abmilderung einer Äußerung. Nicht nur, wenn man eine kritische Bemerkung plant. In allen Fällen, bei denen man von seinen Gesprächspartnern etwas verlangt, etwas von Ihnen wissen oder sie zu etwas bewegen möchte, sollen bewusst eingesetzte Höflichkeitsstrategien das Gefühl vermitteln, dass man sein Gegenüber und seine Rechte achtet. Lösungspläne (*face saving strategies*) helfen vermeiden, dass sich Gesprächspartner vor den Kopf gestoßen fühlen. Die Linguisten Penelope Brown und Stephen Levinson haben vierzig solcher Pläne näher beschrieben und sie den Kategorien *off record*, *negative politeness* sowie *positive politeness* zugewiesen. Bei allen

Strategien wird meist indirekt formuliert. Auf *off record*-Strategien greifen Sprecher zurück, wenn sie das Ansinnen, den Hörer zu einer Handlung zu bewegen, verschleiern wollen. Wenn man also sagt, *it's cold in here*, möchte man zwar das Fenster geschlossen oder die Heizung aufgedreht haben. Es soll jedoch so klingen, als überlasse man die Entscheidung hierüber dem Hörer. Mit Strategien der zweiten Kategorie signalisieren Sprecher dem Hörer, dass trotz der potenziellen Bedrohung seines Rechts auf Selbstbestimmung, die von einem Sprechakt ausgeht, ihm Respekt und Anerkennung zuerkannt werden (*negative politeness*). Beispielsweise wird der Sprecher dann anstelle von *have you got any envelopes* sagen: *Excuse me sir, you don't have any envelopes, do you by any chance?* Redemittel aus der dritten Kategorie schließlich bedienen sich Sprecher, die Distanz verringern und Offenheit für mehr Nähe ankündigen möchten (*positive politeness*). Beispielsweise, indem der Sprecher Interesse am Hörer bekundet, wie in der Äußerung: *What a beautiful vase this is. Where did it come from?* (Brown/Levinson, zit. nach Bublitz 2006).

Action Item 14.4

Bitte verfolgen Sie Schüler-Interaktionen und beschreiben Sie die verwendeten Höflichkeitssignale. Gehen Sie insbesondere auf Formen indirekten bzw. direkten Sprachverhaltens ein.

Für Lernende bedeuten die Unterschiede zwischen den eigenen und fremden Kommunikationsroutinen, ein **Bewusstsein für sprachliche Konventionen** entwickeln zu müssen, die anders gelagert sein mögen, als in der vertrauten Sprachumgebung.

Action Item 14.5

Bitte entwerfen Sie einige Übungsformen für Lernstationen, die ein oben genanntes Phänomen interkultureller Kommunikation trainieren helfen. Notieren Sie jeweils explizit Aufgabenstellung und Übungsanlässe (Gehring 2002).

Beispiel: Verändern

Find a soft talk alternative to the don'ts.

1. You must take your shoes off. 2- You should see the doctor. 3- I need more sugar. 4- The exam results are terrible. 5- This room is a mess. 6- You need to get a new car. 7- She is a hopeless actress. 8- I want to go shopping now.
Apply one of the following strategies:
- *Would, could, might* make statements less direct
- Questions tone down opinions and suggestions
- *A bit, a little, slightly* make statements more polite
- A positive word with not is softer than a negative one

Smalltalk-Kompetenz

Das lockere Gespräch über Themen, die sicher sind in dem Sinne, dass sich die Gesprächspartner nicht anstrengen, positionieren oder sich gar verteidigen müssen, ist in interkulturellen Kontaktsituationen eine häufig verlangte Form der Interaktion. Argumentieren, bewerten, beurteilen und andere diskursive Strategien sind im Smalltalk nicht angezeigt. Man unterhält sich, um Gesprächspartnern freundliches Interesse zu signalisieren, sie in ein soziales Miteinander einzubinden und wohl auch, um Stille zu vermeiden. Ohne Training und ohne kulturelles Wissen stößt man mit dieser Kommunikationsstrategie schnell an ihre Grenzen, das Gespräch wirkt gekünstelt und angestrengt. Das Gespräch hat in Smalltalk Kontexten phatische Funktion, es wird aus Gründen **sozialer Angemessenheit** initiiert und nicht, um Meinungen o. ä. auszutauschen (Mc Cabe/2002). Vor diesem Hintergrund betrachtet erweisen sich viele enggesteuerte Lehrgangsaktivitäten mit einem sprachlichen Übungsschwerpunkt in interkultureller Hinsicht als kontraproduktiv. Übungszüge in Lehrbüchern wie z. B. "A: Have you ever acted in a play? B: Yes I have/No I haven't. What about you? Have you ever ..." (Haß 2006: 55) begünstigen die Entwicklung eines sprachlichen Verhaltens, das in interkulturellen Kontaktsituationen gerade vermieden werden sollte.

▶ ELT-term *phatic communion*: " ...a type of speech in which ties of union are created by a mere exchange of words." (Malinkowski zit. nach Joseph 2004: 18)

> Sprachlernen in der Presse   James McCabe, author and consultant
> There is nothing unimportant about small-talk ... small talk is a positive signal in intercultural business communication and the three good openers are weather, your partner's homeland, and the weather in your partner's homeland ... So, 'What's your home town like?' is a better opener than 'Is your wife German?'.'What's the best time of year to visit there?' is cleverer than 'Do you live alone?' And 'Any holiday plans?' is miles safer than 'What's the problem in Northern Ireland.'
> Mc Cabe, *Wirtschaftswoche* 2002

Action Item 14.6

Sammeln Sie bitte Übungsformen, die ein unangemessenes Sprachverhalten induzieren.

Kulturstandards

Verstehens- und Verständigungsprobleme wurden in Bereichen der Alltagspraxis nachgewiesen, die in Eigen- und Fremdkultur routinisiert sind, aber **kulturspezifisch interpretiert** werden. Der Anthropologe Edward Hall erkundete unter anderem, wie Kulturen mit Informationen umgehen und wie sie sich in Bezug auf **Raum und Zeit** orientieren. Hall bezeichnet Kulturen als *low-context*, wenn wenig Vorwissen verlangt wird. Was wichtig ist, ist im Kontext als Information konkret enthalten und ist eindeutig. Alles ist geregelt und man kann diese Regeln abrufen. Deshalb ist man es in *low context*-Kulturen wie z. B. Deutschland oder den USA auch gewohnt, nachzufragen, wenn eine Information fehlt. *High-context*-Kulturen setzen dagegen voraus, dass man Bescheid weiß. Nachfragen werden wenig geschätzt. Was in *low-context*-Kulturen detailliert beschrieben würde, setzt man in *high-context*-Kulturen, als Wissen voraus.

Die Organisation von **Nähe und Distanz** ist ein weiteres kulturelles Phänomen für das sich Forscher interessieren. Das Problem wird in den für Englischbücher typischen interkulturellen Kontaktsituationen deutlich. Gemeinhin werden den Lernenden in einem Musterdialog auch Redemittel präsentiert, mit denen sich das Interesse an einer Fortführung des Kontaktes linguistisch markieren lässt, z. B. über die Sprachfunktion ‚eine Einladung aussprechen'. Im deutschen Sprachgebrauch werden solche Ankündigungen seltener verbalisiert. Traditionell artikuliert sich mit einer Einladung eine gewisse Verbindlichkeit, die auch so zur Kenntnis genommen wird. Anders verhält es sich in amerikanischen Kontaktkontexten. Dort haben Einladungen zu gemeinsamen Treffen den Charakter einer unverbindlichen, freundlichen Geste: „Das Gebot, soziale Verhaltensweisen zur Distanzminimierung zu aktivieren, gilt grundsätzlich, wenn eine andere Person im eigenen Handlungsbereich in Erscheinung tritt", fasst Thomas (1991: 323) diesen amerikanischen Kulturstandard zusammen. Wer sich der unterschiedlichen Handhabung der Distanzregulierung bei oberflächlich bedeutungsgleicher Ausdruckssphäre nicht bewusst ist, wird sich in dem weitverbreiteten Vorurteil bestätigt fühlen, Amerikaner seien oberflächlich.

> ▶ ELT-term *cultural standards* "… all kinds of perceiving, thinking, judging, and acting that in a given culture by the vast majority of individuals are considered for themselves and others as normal, self-evident, typical and obligatory." (Thomas 1993, zit. nach Meyer 2009)

Kulturspezifische Standards gibt es auch bei der Bedeutung, die man der Zeit einräumt. Hall unterscheidet zwischen Kulturen mit monochroner und solchen mit polychroner Zeitauffassung. In monochron orientierten Kulturen schätzt man Pünktlichkeit und lineare Abläufe, man fühlt sich gestört, wenn man in seiner Arbeit unterbrochen wird und soziale Bindungen werden nicht als dauerhaft betrachtet. In polychronen Kulturen ist man es gewöhnt, mehrere Dinge parallel zu erledigen. Deshalb gibt man sich offen gegenüber Unterbrechungen, soziale Bindungen werden langfristig eingegangen (Rothlauf 2006: 27).

Hofstede hat in seinen Untersuchungen zu arbeitsbezogenen **Wertvorstellungen** in einer weltweit aufgestellten Firma mehrere Gründe für kulturelle Unterschiede identifiziert. Hierzu gehören Einstellungen gegenüber der Art und Weise, wie die Macht in einem Land verteilt ist. Sie zeigen sich u.a. in Führungsstilen in Unternehmen. In einer Kultur wird ein etwas autoritärer Stil akzeptiert, den eine andere ablehnt.

Zwischen den Polen individualistisch und kollektivistisch bewegen sich grundsätzliche Auffassungen in Kulturen, die entweder stärker die Eigeninitiative des Einzelnen gefordert sehen oder die Einbindung des Einzelnen in starke Gruppen bevorzugen. **Maskulinität und Femininität** sind Gegensatzpaare, die zum Ausdruck bringen sollen, dass in manchen Kulturen die Geschlechterrollen und die ihnen zugeordneten Merkmale klar konturiert sind, in anderen dagegen überlappen sie. Auch das Sicherheitsdenken ist ein Phänomen, das nicht in allen Kulturen ausgeprägt zu sein scheint.

▶ ELT-terms *power distance, individualism, masculinity, uncertainty avoidance*: "Power distance is the extent to which the less powerful members of institutions and organisations within a country expect and accept that power is distributed unequally". (Hofstede 1994: 28) "Individualism pertains to societies in which the ties between individuals are loose." (Hofstede 1994: 51) "Masculinity pertains to societies in which social gender roles are clearly distinct." (Hofstede 1994: 82) "Uncertainty avoidance is the extent to which the members of a culture feel threatened by uncertain or unknown situations." (Hofstede 1994: 113)

Action Item 14.7

Bitte entwerfen Sie einen Fragebogen für Ihre Lerngruppe, mit dem Sie Sichtweisen zu den hier skizzierten Dimensionen ermitteln können, z.B.

Attitude	In my culture	In my opinion
	strongly agree/ agree/ neutral/ disagree/ strongly disagree	strongly agree/ agree/ neutral/ disagree/ strongly disagree
Switching from one activity to another is stimulating	5- 4- 3- 2- 1	5- 4- 3- 2- 1
It is acceptable to interrupt someone who is busy.	5- 4- 3- 2- 1	5- 4- 3- 2- 1

Kulturspezifische Wörter

Viele Wörter haben kulturspezifische Bedeutungen, die sich aus ihren Grundbedeutungen nicht immer erschließen lassen. Um die kulturspezifischen Sachverhalte zu identifizieren, die sie bezeichnen, bedarf es speziellen Wissens durch kulturelle Erfahrung. Heringer nennt sie **Hotwords**. Sie „kondensieren ihre wesentlichen Elemente" und „enthalten jede Menge Kultur, sind kulturell aufgeladen" (2004: 174).

Kulturspezifische Wörter wie z. B. *inner city* oder *friend* sind zwar auf einen „interkulturell vergleichbaren Realitätsausschnitt bezogen" (Knapp 2003: 144). Die beteiligten Sprachgemeinschaften verbinden damit jedoch verschiedene Bedeutungen. Im britischen Sprachgebrauch versteht man beispielsweise unter *inner city* eine ärmliche Wohngegend, in Paris oder Amsterdam eine attraktive.

Action Item 14.8

Bitte recherchieren Sie in zweisprachigen Wörterbüchern einige als kulturspezifisch gekennzeichnete Vokabeln mit hoher Frequenz. Versuchen Sie dann, mögliche Missverständnisse zu identifizieren, die bei einer wortgetreuen Übersetzung in eine andere Sprache entstehen können.

Manche Schwierigkeiten im Zusammenhang mit kulturspezifischen Vokabeln hängen auch damit zusammen, dass **Bedeutungskonzepte** von vermeintlich gleichen Wörtern in zwei Sprachen weiter oder enger gefasst sind (Müller 2006). In einem älteren Englischbuch mokiert sich z.B. ein deutscher Austauschschüler darüber, wie man in England den Sonntag begeht: "The Robinsons all got up late (We got up early) ... They had lunch at about 2.00 (We had lunch at 12.00) ... After lunch they worked in the garden (We usually have coffee and cakes) ... (Williams 1984)". Das Problem im Textausschnitt besteht auch darin, dass ein Zeichen für ein kulturelles Konzept in beiden Sprachen auftritt, jedoch mit unterschiedlichen Praktiken verbunden wird.

▶ ELT-terms: *denotation/connotation*: "The term denotation is widely equated with the literal meaning of a sign ... connotation, on the other hand, is employed simply to refer to less fixed ... meaning." (Hall 1999: 512)

> **Action Item 14.9**
>
> Bitte untersuchen Sie Form und Maß der Berücksichtigung kulturspezifischer Konnotationen von Redemitteln in Unterrichtsmaterialien.

> Lernen in der Presse   Alois Moosmüller, Professor für interkulturelle Kommunikation
> Man muss zwischen Kulturschock und Zivilisationsschock unterscheiden. Beim Kulturschock geht es um die innere Feinjustierung, die auch bei einem Umzug [von München] nach Hamburg nötig ist, wenn auch nicht in dem Maße wie bei einem Umzug nach Tokio. Die Menschen reden anders, verhalten sich anders und reagieren anders auf einen. Beim Zivilisationsschock ändern sich dagegen die äußeren Lebensanforderungen grundlegend. In Indien etwa muss man sich mit Hygieneproblemen, andersartigen Speisen oder chaotischen Verkehrsverhältnissen auseinandersetzen und kann nicht mehr an alte Gewohnheiten anknüpfen.
> Müller, *Süddeutsche Zeitung* 2006

14.4 Methodische Kategorien

Aus der Vielzahl an Verfahren für die Initiation interkultureller Zielsetzungen sollen zur Verdeutlichung die Kontextualisierung, die Konfrontation, die Kontrastierung und die Koordination kurz vorgestellt werden.

> **Action Item 14.10**
>
> Bitte beschreiben Sie die interkulturellen Lernangebote in Textbüchern im Hinblick auf Vereinfachungen bzw. Stereotype und bewerten Sie die Konzepte.

– Kontextualisierung

Eine nach wie vor sehr gängige Form des interkulturellen Lernens ist die kulturelle Kontextualisierung von sprachlichen Übungen und Aufgaben. Beispielsweise wird sie durchgeführt, um Übungstätigkeiten kulturell zu verorten. Zum Teil gehören kulturelle Informationen auch zum Handlungsinventar einer Aktivität. Solange die kulturelle Information nicht thematisiert wird, sind primär implizite Lernzugänge zu erwarten. Die kulturellen Informationen eignen sich Lernende alleine dadurch an, dass sie ihnen ausgesetzt sind und mit ihnen **sprachhandelnd** umgehen.

– Konfrontation

Die explizite Auseinandersetzung mit kulturellen Informationen verläuft traditionellerweise über eine Textbegegnung mit sich anschließender Aufgabenbearbeitung. Der Lernprozess richtet sich auf die Aneignung oder doch zumindest auf die bewusste Auseinandersetzung mit dem Input, der nach der Aufnahme durch zielgerichtete Tätigkeitsvorgaben verarbeitet und gegebenenfalls in Anwendungskontexten zum Einsatz kommt. Fächerübergreifendes Lernen bietet sich hier an, zumal Inhalte mit Themen in den Sachfächern korrespondieren.

Eine Variante besteht in der Konfrontation mit konfliktträchtigen kulturellen Thematiken. Der Lerngruppe werden kritische interkulturelle Vorfälle oder kommunikative Missverständnisse (*critical incidents*) vorgestellt, zu denen sie Lösungen entwerfen. In der Variante der **cultural-assimilator-Technik** werden zu einem solchen konfliktträchtigen kulturellen Kontext verschiedene Handlungsperspektiven skizziert, aus denen man eine auswählt und begründet. Im Anschluss daran wird die korrekte präsentiert und erläutert (Hendson 2005: 49).

▶ ELT-term *critical incidents*: "... brief descriptions of situations in which there is a problem of cross-cultural adaptation or a misunderstanding, problem, or conflict arising from cultural differences between interacting parties." (Fowler/Blohm 2003: 58)

– Kontrastierung

Die Kontrastierung ist ein Verfahren, das auf problemorientiertes Lernen ausgerichtet ist. Lernende sollen über den Vergleich von Facetten, die in Ausgangs- und Zielkultur gleichermaßen Bedeutung haben, Schlussfolgerungen ziehen, Einschätzungen vornehmen und generell eine **kulturelle Bewusstheit** entwickeln, z. B. zu Religion, Bildung, Gender, Gesetze, Medien, Tabu, Dogma ...

▶ ELT-term *cultural awareness*: "Cultural awareness teaching should, however, involve both viewpoints, making learners both ethnographer and informant, allowing them to gain a perspective through comparison which is neither entirely one nor the other." (Byram 1989: 143)

– Koordination

Das Zusammenwirken von Wissen, Bewusstheit und sprachlicher Handlung in einem interkulturell erwünschten Rahmen zu fördern ist das Ziel von Aktivitäten, die dazu auffordern, von einer **vorgegebenen Perspektive** aus zu agieren. Auch wenn man sich positionieren muss, sind Koordinationsbemühungen erforderlich.

Action Item 14.11

Bitte versuchen Sie in Lernmaterialien Ihrer Wahl die Gewichtung interkultureller Verfahren zu ermitteln. Bewerten Sie dann die Lernangebote.

Verfahren	Lehrbuchbeispiel
Kontextualisierung: (Beispiel aus Schwarz 2007: 21)	A visit to the London Eye (simple past) (Auszug) Put the verbs in brackets in the simple past. … They (take) the Central Line, (change) at Bond Street and (get off) at Waterloo. When they (come) out of the underground station, they (see) the London Eye …
Kontrastierung (Beispiel aus Tomalin/Stempleski 1993: 60)	The statements below give information about relationships between men and women in the UK and the US. Are these customs the same (s) or different (d) in your culture? In the UK and the US In your culture Young man and S D women go to parties together …
Konfrontation (Beispiel aus Schwarz 2007: 37)	Background File: SCOTLAND (Auszug) Tartans Scots often wear tartans, but they don't buy a tartan dress or trousers just because they like them. They wear the traditional tartan of their family, or the 'clan' …
Koordination Beispiel aus: Baron 2002: 266.	Part A: Agree or disagree with the following statements and think about exactly why you answered as you did. Next, get up and walk around the room and try to find someone who has exactly the same results. If you find someone who has many different opinions from yourself, then try to convince them that your opinion is correct. 1. Living in Berlin is pretty much the same as living in New York 2. All Americans are basically alike 3. There are not many differences between a German and an American … 5. Anyone can get along all-right in America with good common sense …

Die **Informationssuche** ist Bestandteil aller hier erwähnten Verfahren. Sie kann durch internetbasierte Aktivierungsformate in den Computerraum verlegt werden. Ohnehin ist er möglicherweise als innerschulischer Lernort verfügbar, damit auch individuelle Recherchen in einem größeren zeitlichen Rahmen durchführbar sind. Oftmals ist bei interkulturellen Lernanlässen die Recherche integriert in eine Projektarbeit oder vollzieht sich im Rahmen der Entwicklung z.B. eines Webquest.

Zusammenfassung

Dieses Kapitel wollte aufzeigen,

- welche kulturdidaktischen Modelle den Englischunterricht beeinflussen,

- welche interkulturellen Leistungserwartungen gestellt werden,

- welche kulturellen Themen für interkulturelle Anforderungen sensibilisieren können,

- mithilfe welcher Parameter Kulturspezifisches beschrieben werden kann,

- welche methodischen Annäherungen denkbar sind.

Weiterführende Literatur:

Literatur zur Bearbeitung der Action Items und für forschende Lernaktivitäten: Baron, R.: *Interculturally speaking*. München 2002. **Corbett, J.:** *An intercultural approach to English language teaching*. Clevedon 2003. **Kiffe, M.: Landeskunde und interkulturelles Lernen im Fremdsprachenunterricht.** *Eine Analyse von Englischbüchern für die Sekundarstufe I.* Aachen 1999. **Renges, B.-H.:** *Interkulturelles Lernen und methodisch-didaktische Aspekte in aktuellen Englischlehrbüchern und Unterrichtsmaterialien der Sekundarstufe II.* Aachen 2005. **Seelye, N. (Hg.):** *Experiential activities for intercultural learning.* Yarmouth MN 1996. **Sercu, L. u.a. (Hg.):** *Foreign language teachers and intercultural competence.* Clevedon 2005. **Tomalin, B./Stempleski, S.:** *Cultural awareness.* Oxford 2001. **Volkmann, L./Stierstorfer, K./Gehring W. (Hg.):** *Interkulturelle Kompetenz. Theorien, Modelle und praktische Anwendungen.* Tübingen 2002. Siehe auch englische-fachdidaktik.com/

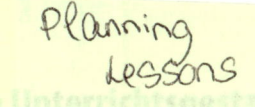

15. Planungsele~~mente Unterrichtsgestal~~tung

15.1 Entscheidungsfelder

Das Planen von Unterrichtsstunden und -sequenzen gehört gewissermaßen zum Kerngeschäft einer Lehrkraft. Je nach Schulart müssen Lehrerinnen und Lehrer bis zu 29 Unterrichtseinheiten pro Schulwoche organisieren. Dafür steht ihnen eine Vielzahl an Unterrichtshilfen zur Verfügung, allen voran das Lehrbuch mit seinen Begleitmedien. Wesentliche Lernimpulse gehen von den Planungselementen aus, die eine geplante Unterrichtseinheit der Lehrkraft aufweist. Einfluss hierauf nehmen allgemeine Unterrichtsprinzipien, wie sie die pädagogische Forschung identifiziert hat.

Action Item 15.1

Beschreiben Sie bitte, in welcher Form die folgenden pädagogischen Leitlinien der Unterrichtsplanung im Kasten (Helmke 2006) fremdsprachendidaktisch akzentuiert werden können:

Leitlinie	Umsetzungsmöglichkeit
Lernförderliches Unterrichtsklima	z. B. konstruktiver Fehlerumgang, entspannte Atmosphäre,
Vielfältige Motivierung	z. B. durch lebenspraktischen Bezug der Inhalte,
Strukturiertheit und Klarheit	z. B. sprachliche Angemessenheit,
Schülerorientierung	z. B. Anspruchsniveau, Schülerfeedback,
Förderung aktiven, selbstständigen Lernens	z. B. Vielfalt der Lerngelegenheiten,
Angemessene Variation von Methoden und Sozialformen	z. B. durch Tätigkeitswechsel, kooperative Lernformen,
Intelligentes Üben	z. B. Aufgabenvielfalt, Variation im Anspruchsniveau,
Passung	z. B. Anpassung an Lernsituation und Lernvoraussetzungen.

Strukturelle Überlegungen

Es gibt eine Reihe an Expertenvorschlägen, wie man fremdsprachliche Unterrichtseinheiten plant. Sie berücksichtigen **Erkenntnisse der Erwerbstheorien** (v. Ziegesar/v. Ziegesar 1998). Gezeigt wird auch, wie eine wissenschaftsbasierte Auffassung von Kommunikativer Kompetenz in der Unterrichtsstruktur realisiert werden kann (Piepho 1974, Hecht/Waas 1995). In fremdsprachlichen Planungskonzepten spiegeln sich pädagogische, lernpsychologische und neurowissenschaftliche Erkenntnisse wider, die auch für den gesteuerten Erwerb einer Fremdsprache gültig sind (Rampillon/Zimmermann 1997, Stern/Grabner/Schumacher 2005). Die Auswirkungen zeigen sich in **Planungsprinzipien**, in den konkreten Unterrichtsverläufen und in der Konzeption konkreter Lerneraktivitäten (Gehring 2002, Grieser-Kindel/Henseler/Möller 2006). Immer auch geht es in den Anregungen darum zu zeigen, dass Unterrichtsplanung in einem engen Zusammenhang mit den Lernenden steht und den für sie eingerichteten Schulformen (Quetz/von der Handt 2002, Spiewak 2005, Kühn 2006, Hennis 2009, Mayer-Köhler 2009).

Action Item 15.2

Bitte untersuchen Sie anhand eines Beispiels, z. B. auf den Webseiten von Studienseminaren, wie die folgenden Gliederungspunkte eines idealtypischen Unterrichtsentwurfs bearbeitet wurden. Nehmen Sie bitte auch Stellung zu den Parametern der englischsprachigen Planungseckpunkte.

(1) Situationsanalyse	Class description Timetable fit
(2) Sachanalyse	Anticipated problems
(3) Didaktische Analyse	Content selection
(4) Planungsentscheidungen	Possible solutions Additional possibilities
(5) Begründung des methodischen Entwurfs	Activities, procedures, and timing
(6) Lernzielformulierungen	Lesson aims
(7) Verlaufsskizze	Formal plan
Peterßen 2000	Harmer 2004

Zu den Aspekten, die man reflektiert, noch bevor man sich Gedanken zum Unterrichtsverlauf macht, gehören Schule und Klassengemeinschaft. Beispielsweise haben die **vorgefundenen Lernbedingungen** Auswirkungen auf die Unterrichtsgestaltung, auch die Vertrautheit der Klasse mit bestimmten Arbeitsformen oder ganz allgemein das fremdsprachliche Können der Lerngruppe, das man in Lernstandmessungen ermittelt hat.

Sachliche Erwägungen bestimmen die Analyse des Lerngegenstands. Hier werden mögliche Lernprobleme oder Lernchancen fachwissenschaftlich betrachtet, nicht zu vergessen die Lernintentionen, die mit dem Sachinhalt verbunden werden.

Action Item 15.3

Bitte analysieren Sie Sachanalysen in Unterrichtsvorbereitungen, z. B. auf der Webseite 4teachers.de, und stellen Sie fest, in welcher Weise die Ergebnisse Einfluss auf weitere Überlegungen nehmen.

Die Ergebnisse der Sachanalyse fließen in die **didaktische Analyse** (Klafki 1996) ein. In der didaktischen Analyse geht es darum, die Verbindungen der Unterrichtseinheit mit dem Lehrplan und ihre Stellung in der Lernplanung für die betreffende Klasse darzulegen. Es soll der Sinnzusammenhang deutlich werden,

den die Einheit exemplarisch vermittelt. So wird die Bedeutung des Lernstoffs für die Lernenden transparent, die darzustellen ebenfalls Teil der didaktischen Analyse ist. Erwartet werden in diesem Argumentationsfeld außerdem Begründungen für die inhaltlichen Akzentuierungen, Vereinfachungen oder inhaltlichen Auslassungen, zu denen man sich entschlossen hat, z. B. mit Verweis auf Ergebnisse der Sachanalyse oder auf die Lernvoraussetzungen.

Konkrete Planungsentscheidungen werden dadurch eingeleitet, dass man die beabsichtigte **methodische Rahmenplanung** erläutert und beispielsweise Schrittfolgen, Aktivitäten, Arbeitsformen oder Differenzierungsmaßnahmen begründet, auch indem man kritisch auf Alternativen verweist. Es folgt eine Auflistung der kognitiven, affektiven und instrumentellen Ziele, an die sich die Verlaufsskizze anschließt.

Methodische Entscheidungen

Neben strukturellen Überlegungen, die sich auf die Auswahl, die Anordnung und den Ablauf der **Lehr- und Lernaktivitäten** beziehen, gibt es eine Reihe von methodischen Entscheidungen, die einzelne Strukturelemente des Verlaufsplans betreffen. Das stoffliche Vorhaben und die Ergebnisse der didaktischen Analyse sind weitere Bezugsgrößen, an denen planungsbezogene Entscheidungsfelder ausgerichtet sind.

Jede Unterrichtsstunde unterliegt besonderen Bedingungen, die es erforderlich machen, hierauf bezogen methodische und organisatorische Entscheidungen zu treffen. So ist die Frage wichtig, ob beispielsweise ein Lehrervortrag überhaupt akzeptabel oder eine lehrerzentrierte Phase überhaupt angezeigt ist.

> ▶ ELT-term *teacher-centred approach*: "The teacher has direct control over what is taught and how learners are presented with the information they are to learn." (Killen 2007: 73)

Wichtig sind auch Fragen der Individualisierung und Differenzierung, zudem Überlegungen hinsichtlich geeigneter Arbeitsformen oder lerngünstiger Konstellationen der Schülerinteraktion bzw. des Schüler-Lehrerdiskurses.

> ▶ ELT-terms *individualization/differentiation*: "Individualization: ... learners are given a measure of freedom to choose how and what they learn at any particular time ... and there is some attempt to adapt or select tasks and material to suit the individual learner" (Ur 1996: 233). "Differentiation is the provision of different levels of activities for students of varying abilities and interest levels." (Morgan/Neil 2001: 49).

Sprachlernen in der Presse   Desi-Konsortium

„Ein weiteres Ergebnis für den Englischunterricht: Die Lehrer haben mit den Schülern nicht viel Geduld. Die Hälfte der Fragen des Lehrers beantworten die Schüler in nur drei Sekunden. Hat ein Schüler dann noch keine passende Antwort formuliert, warten die Lehrer nur selten länger, wie die Studie unter Federführung des Deutschen Instituts für Internationale Pädagogische Forschung (DIPF) in Frankfurt am Main feststellt. Videountersuchungen belegten, dass die Kompetenzen wachsen, wenn Schüler einen hohen Sprechanteil haben und Lehrer auf Antworten länger als drei Sekunden warten. Auch sollten die Schüler ihre Fehler selbst korrigieren können."

Kühn, *Der Tagesspiegel* 2006

15.2 Phasenmodelle

Gemeinhin gehört die Unterrichtsplanung zu den zentralen Bestandteilen der zweiten Ausbildungsphase für ein Lehramt. Während des Studiums stehen angehende Masterabsolventen in einer Reihe von Praktika vor der Aufgabe, eine Unterrichtseinheit zu beobachten, selbst zu planen und sie durchzuführen. In der Englischdidaktik werden mehrere Modelle diskutiert. Die Entscheidung für ein Artikulationsmodell ist abhängig von den Zielsetzungen einer Unterrichtseinheit. Im beginnenden Englischunterricht sind Modelle üblich, die sich auf das Dreiphasenmodell zurückführen lassen. Es gibt jedoch Anregungen, diese **traditionelle Verlaufsstruktur** zugunsten einer stärker an Aufgaben orientierten Artikulation aufzulösen.

Dreiphasenmodell

Der Ablauf (Artikulation) einer idealtypischen Unterrichtseinheit enthält die Basissegmente Sprachaufnahme, Sprachverarbeitung und Sprachanwendung. Diese drei Phasen stehen für einen Unterrichtsverlauf, der von der Lehrkraft stark gesteuert wird und klare Ziele erreichen soll. Häufig wird er umgesetzt, wenn es um die Vermittlung von Wortschatz, Grammatik oder von Sprachfunktionen geht. In der Fremdsprachendidaktik ist diese Struktur als Dreiphasenmodell eingeführt. Es beschreibt eine Lehrplanung, die sich auf eine Einzelstunde beziehen kann. Üblich ist es auch, mehrere Unterrichtsstunden nach dem Dreiphasenmodell zu artikulieren. Auf diese Weise entsteht eine thematisch abgeschlossene Lernsequenz (Pelz 1997).

> ▶ ELT-term *language functions*: "The language functions denote what people are supposed to do by means of language (e.g. describing, inquiring, denying, apologising etc.)." (Van Ek 2004: 629
> ▶ ELT-term *presentation-practice-production sequence (PPP)*: "It is common to divide ... the 'cycle of teaching/learning activities' in a lesson into the three stages of presentation, practice and production (PPP)." (Johnson/Johnson 1998: 251)

Action Item 15.4

Bitte überprüfen Sie in Lehrerhandbüchern, an welchen Modellen der Verlaufsplanung sich ihre Autoren orientieren. Beschreiben die wesentliche Vorgehensweisen.

Erwerbsorientiertes Verlaufsmodell	Kommunikationsorientiertes Verlaufsmodell
Grammatik	Grammatik
1 Demonstration	1 Schaffen eines situativen Rahmens
2 Verstehen und Reagieren	2 Receptive Phase
3 Reproduzieren	3 Reproductive Phase
4 Produzieren	4 Cognition Phase
5 Bewusstmachung	5 Exercise Phase
	6 Transfer
v. Ziegesar/v. Ziegesar 1998: 9f	Hecht/Waas 1995: 76ff

Am Anfang einer phasenorientierten Unterrichtseinheit steht die Verdeutlichung der kommunikativen Leistung des sprachlichen Schwerpunkts, dessen Einführung beabsichtigt ist. Dies leistet eine klar umrissene situative Szene, in der passende Verwendungsbeispiele des Neuen dargeboten werden. Dieser Phase voraus gehen Tätigkeiten, die auf die Aktivierung von Vorwissen gerichtet sind.

Stufe und didaktische Funktion	Anforderungen/Möglichkeiten
Warming up ❖ Eintauchen in die Fremdsprache ❖ Bereitstellen von Redemitteln ❖ Vermittlung von Erfolgserlebnissen.	Primär reproduzierend ❖ Aktivierung möglichst vieler Schülerinnen und Schüler ❖ lernanregend
Aufbau einer kommunikativen Situation/lead-in Situation aufbauen, in der das Neue für Schüler erkennbar wichtig ist	Primär rezeptiv z. B. ❖ Skizze ❖ Bildfolie ❖ Lehrererzählung, ❖ Alltagserfahrung
Darbietung des Neuen in typischen Verwendungszusammenhängen	Primär rezeptiv z. B. ❖ Bilder, Symbole ❖ Situative Versprachlichung ❖ Anknüpfen an Alltagserfahrungen ❖ Textdarbietung

Während das Neue in ganz typischen Verwendungskontexten vorgestellt wird, bleiben die Schüler rezeptiv tätig. Reproduktive Aktionen führen sie noch nicht durch. Nonverbale Reaktion, z. B. Handzeichen geben, auf etwas deuten, oder Yes/No-Antworten sind akzeptabel, da die Lehrerzentriertheit aufgebrochen wird (v. Ziegesar/v. Ziegesar 1998). Die Lehrkraft erhält frühzeitig Informationen zum Maß des Verstandenen in ihrer Klasse.

Annäherung an das Neue und Festigung ❖ Schüler arbeiten enggesteuert mit dem Neuen ❖ Gegebenenfalls befassen sie sich kognitiv mit dem sprachlichen Phänomen.	Primär reproduzierend z. B. zuordnen, umwandeln, ergänzen, Einbiden des Neuen in eine Aufgabe.
Anwenden des Neuen/Transfer	Primär produzierend z. B. ❖ Interaktionen, ❖ Szenische Darstellungen, ❖ Schreibanlässe, ❖ Rätsel, ❖ Lernaufgaben.

In der Phase der Annäherung sollen die Lernenden Gelegenheit haben, Sicherheit im Umgang mit dem Neuen zu gewinnen. Deshalb wird man viele enggesteuerte Übungen anbieten, in denen das Neue im Zentrum des Übungsablaufs steht. Die letzte Phase schließlich ist für Aktivitäten reserviert, bei denen das Neue verwendet werden soll, um Aktivitäten in anderen Kontexten zu bewältigen, in Verbindung mit Vorwissen und den bereits verfügbaren Fähigkeiten. Zu Aufgaben mit komplexeren Verwendungskontexten gehören u. a. kleinere Simulationen von Handlungsabläufen. Des Weiteren fallen *information gap activities* und *flow charts* unter diese Kategorie. Es gilt dabei, Informationslücken zu schließen bzw. die in einem Flussdiagramm vorstrukturierte Sprachhandlung umzusetzen. Aufgaben sind auch die vielfältigen Formen an Schreibanlässen, vom Verfassen persönlicher Briefe bis zur analogen und seriellen Produktion literarischer Texte, ferner das schriftliche Erzählen von Bildergeschichten oder die Dokumentation von Projektergebnissen.

> **Action Item 15.5**
>
> Versuchen Sie bitte, Unterschiede zwischen dem PPP-approach und den hier diskutierten Phasenmodellen zu beschreiben:

▶ ELT-term *lesson phases (PPP-approach)*: "(I) Perspective (opening): The teacher [T] asks what students have learned in previous lesson; previews new lesson. (II) Stimulation: [T] prepares students for new activity. (III) Instruction/Participation: [T] presents activity, checks for understanding, encourages involvement. (IV) Closure: [T] checks what learners have learned ... (V) Follow-up: [T] presents opportunities for interaction." (Farell 2002: 33)

Algorithmus Dreiphasenmodell (PPP-approach)

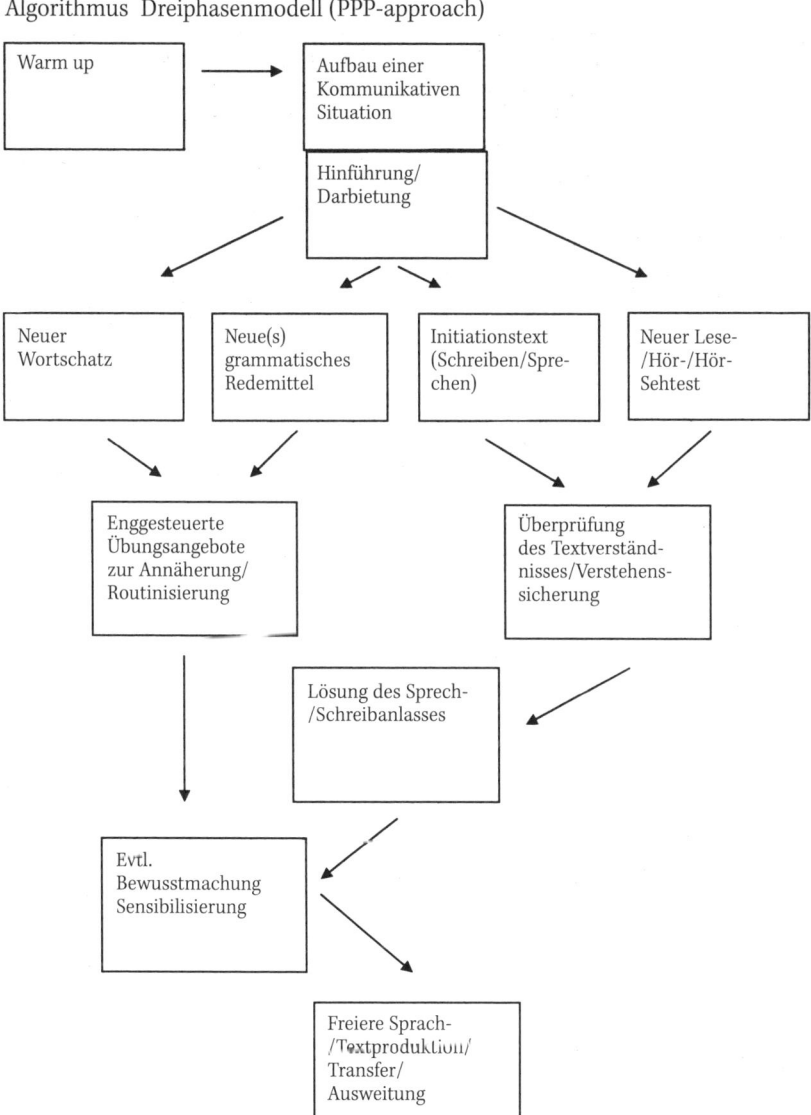

Die einheitliche methodische Abfolge des Unterrichts in mehreren Phasen hat eine lange pädagogische Tradition, die bis ins 18. Jahrhundert reicht. Mit dem Ziel, alle Schüler zu sicheren Unterrichtsergebnissen in allen Fächern zu führen, hatte Johann Friedrich Herbarth (1776-1841) die **Formalstufentheorie** entwickelt, sein Schüler Wilhelm Rein (1847-1929) hierauf bezogen ein Artikulationsschema entworfen. Es war untergliedert in die Stufen Vorbereitung, Darbietung, Verknüpfung, Zusammenfassung und Anwendung (Schröder 1993). Aber schon zu Zeiten der Reformbewegung (ab 1882) wurde der stark lehrergelenkte Unterricht kritisiert und es wurden alternative Verlaufskonzepte entworfen, die auch innerhalb der einzelnen Phasen mehr Abwechslung und eine stärkere Lernerorientierung zulassen.

Lernen in der Presse   Andreas Helmke, Schulforscher

„Ich warne vor jeder Dogmatik. Es kommt immer auf den guten Methodenmix an. Denn unterschiedliche Lernziele erfordern unterschiedliche Lehr- und Lernmethoden. Schule muss nicht nur Kenntnisse vermitteln, sondern auch lehren, wie man sich selbstständig Wissen aneignet. Zum anderen sind Schüler verschieden. Unsichere Kinder brauchen eher einen stark strukturierten Unterricht, der ihnen Rückhalt gibt. Ihre selbstbewussten Klassenkollegen, die schon weiter sind, profitieren dagegen stärker von offenen Methoden.

Spiewak, *Die Zeit* 2005

Pre-, while-, post-activities

Stundenkonzeptionen, in denen die Rezeption eines Textes im Vordergrund steht, weisen ebenfalls oft eine phasenspezifische Kategorisierung auf. Vor der eigentlichen Textaufnahme erfolgt zunächst eine Einstimmung. Sie ist auf die Aktivierung von Vorwissen gerichtet, veranlasst zu Vermutungen und bahnt eine Fragehaltung an. Primär dient die Vorphase nicht zur Reaktivierung formaler Items oder vorausgehender sprachlicher Lerninhalte des Curriculums. Die **Kernphase** wird mit vielfältigen Aktivitäten zur intensiven oder globaleren Beschäftigung mit Textinhalten gestaltet. Die darauf folgende Post-Phase steht ganz im Zeichen der vom Text ausgehenden, auch gestalterisch-kreativen Aufgaben (McDonough/Shaw 2003: 128ff).

Pre-, while- and post-activities, Beispiel *listening*

Pre-listening	e.g. predicting content from the title, commenting on a picture or photograph
While-listening	e.g. checking off items in a photograph, completing a grid, timetable...
Post-listening	e.g. doing a role play, writing on the same theme

Action Item 15.6

Beschreiben Sie bitte Zielsetzungen, die mit pre-, while-, and post-activities in problemorientierten Verlaufsmodellen intendiert sind, z. B. bei der Film- oder Textanalyse.

15.3 Arbeit mit Lernaufgaben

In den Bildungswissenschaften und in den Sachfachdidaktiken sind Lernaufgaben Aktivierungsformen mit zum Teil **sehr detailliert vorgegebenen Arbeitsstufen** (Leisen 2005). Ihre Entstehung reicht zurück in die Zeit der Arbeitsschulbewegung und anderer reformpädagogischer Konzepte. „Sachhingabe" und „Vollbringung eines Werks" (Schröder 1993: 123) galten den Reformpädagogen als Komponenten einer Unterrichtsgestaltung hin zu einer „selbsttätigen Auseinandersetzung der Schüler mit echten Aufgaben" (Glöckel 1992: 111).

Piepho/Bredella haben als eines der ersten Autorenteams von kommunikativ orientierten Englischbüchern für deutsche Schulen in den 1970er Jahren Lernaufgaben und systematische Spracharbeit miteinander verbunden. Diese Vernetzung ist bis heute gängige Praxis in kommunikativen Lernanlässen. Hier bestehen Funktionen von Lernaufgaben darin, **Tätigkeiten auszulösen**, bei denen das neu vermittelte Sprachkönnen mit bereits bewältigten Kompetenzen handlungsorientiert genutzt wird. Lernaufgaben sind nicht Unterrichtskern, sondern gewissermaßen der auf Produktion gerichtete methodischer Abschluss einer ansonsten systematisch strukturierten Spracharbeit, z. B. nach dem Dreiphasenmodell, d. h. „the final step of a well established methodological sequence" (Ellis 2003: 320).

Lernen in der Presse   Heinz Peter Meidinger, Philologenverbandspräsident

„Zu den ‚besorgniserregenden Befragungsergebnissen' [der Studie Was Deutsche von ihren Schulen halten] zählt laut Meidinger, dass nur ein geringer Prozentsatz der 16- bis 29-Jährigen den Lehrern ausdrücklich interessanten Unterricht und Aufgeschlossenheit gegenüber neuen Unterrichtsmethoden attestiert. Damit könne man nicht zufrieden sein."

Hennis, *Focus Schule* 2009

Auch ein Unterricht, der sich auf Lernaufgaben begründet, bezieht Lernstand und Vorwissen der Schüler ein. Als Qualitätsstandards gelten, dass Lernaufgaben zur Bearbeitung herausfordern, sie also auf Interesse bei den Lernenden stoßen. Die Lösungsplanung sollte mit den jeweils verfügbaren individuellen Kenntnissen und Wissensbeständen zu bewältigen sein. Hierzu trägt bei, dass eine motivierende und verständliche Aufgabenstellung **mehrere Lösungswege** eröffnet, die gleichwertig sind. Lösungshilfen zur freien Nutzung sollten verfügbar sind.

▶ ELT-term *task based instruction*: "(1) the focus is on process rather than product. (2) Basic elements are purposeful activities that emphasize communication and meaning. (3) Activities and tasks ... are sequenced according to difficulty. (4) Activities and tasks can be either: Those that learners might need to achieve in real life; those that have a pedagogical purpose specific to the classroom. (5) The difficulty of a task depends on a range of factors including the previous experience of the learner, the complexity of the tasks and the degree of support available." (Feez 1998: 17, zitiert nach Richards/Rogers 2001: 224)

Im Fremdsprachenunterricht werden Aufgaben von Übungen unterschieden. Übungen fokussieren auf einen sprachlichen Lerngegenstand, Aufgaben veranlassen die Lernenden hingegen zu einem **von speziellen Redemitteln unabhängigen**

Umgang mit der Fremdsprache. Die bei Richards (2002:154) aufgelisteten Kennzeichen von *grammar focused* und *task focused activities* sind typisch für Übungen bzw. Aufgaben im Fremdsprachenunterricht. Einige wesentliche sind im Kasten zusammengefasst:

Action Item 15.7

Bitte halten Sie fest, welche der folgenden Merkmale im Kasten auch in Wortschatz, Aussprache- und Interaktions-Aktivitäten von Lernmaterialien erkennbar sind (Richards 2002: 154).

Grammar-Focused Activities	Task-Focused Activities
❖ *focus on the formation of correct examples of language* ❖ *Produce language for display* ❖ *Call on explicit knowledge* ❖ *Elicit a careful (monitored) speech style* ❖ *Practice language out of context* ❖ *Practice small samples of language*	❖ *call on implicit knowledge* ❖ *elicit a vernacular speech style* ❖ *reflect automatic performance* ❖ *require the use of improvising, paraphrasing and reorganization* ❖ *produce language that is not always predictable* ❖ *allow the students to select the language they use*

Neuere Erkenntnisse zum Wissenserwerb haben dazu geführt, dass innerhalb der Fremdsprachendidaktik derzeit Unterrichtsmodelle favorisiert werden, in denen eine oder mehrere Lernaufgaben den Unterrichtsverlauf bestimmen (Börner 2003, Hufeisen 2006). Der Arbeit mit Lernaufgaben misst man einen höheren Stellenwert bei als sprachorientierten Phasenmodellen, um die jeweils verfügbaren Sprachbestände aktiv zu halten und sie als Ganzes weiter zu entwickeln. Denn Lernaufgaben sind nicht konzipiert, damit bestimmte Redemittel, z. B. eines funktionalen Lehrplans, trainiert werden. Aufgaben gestaltet man mit Blick auf bestimmte Kompetenzen, z. B. der Fähigkeit, einfache Texte zu verfassen. Es bleibt zunächst den Schülern überlassen, in welcher sprachlichen Form und mithilfe welcher Redemittel sie eine Aufgabe bewältigen möchten. Entsprechend ist die Aufgabe so konzipiert, dass sie ohne Zuhilfenahme spezieller Redemittel bzw. mit Hilfe von Kommunikationsstrategien zu lösen ist. An anderer Stelle können dann besonders geeignete Redemittel zur Aufgabenlösung thematisiert werden (Skehan 1998: 122).

Dadurch, dass die Kommunikationsabläufe nicht an formale Vorgaben gekoppelt sind, entsteht eine zumindest erwerbsnahe Situation, wie sie von den meisten Theorien zum Fremdsprachenerwerb favorisiert wird (vgl. z. B. Pienemann 2006). Man wird in den ersten Lernjahren darauf achten, dass die linguistische Herausforderung einer Aufgabe der Niveaustufe gerecht wird, für die sie entwickelt wurde. Als ein wichtiges didaktisches Instrument gelten Versprachlichungsangebote und Argumentationshilfen. Sie sollen den Lernenden die Bearbeitung dadurch erleichtern, dass auf bekannte Redemittel bzw. Begründungszusammenhänge hingewiesen wird (*scaffolding*). Die Hilfen dienen als Impuls zur Aktivierung von Vor- und Weltwissen, für eine erfolgreiche Aufgabenbearbeitung sind sie allein nicht ausreichend.

▶ ELT-term *scaffolding*: "The teacher provides scaffolding, or assistance given to the learner, which is gradually pulled away when the learner no longer needs it." (Oxford 2001: 167)

Unabhängig von den Maßnahmen zur Didaktisierung der Bearbeitungsprozesse nehmen die Lernenden viel neue Sprache auf, z.b. durch die schriftlich vorliegenden Aufgabenbeschreibungen (Nation 2001:269), durch Lösungshilfen. Die Schüler werden mit Input in den Redebeiträgen der Lerngruppe versorgt und nicht zuletzt auch durch die Lehrkraft selbst, die immer angesprochen werden kann. Während der Aufgabenbearbeitung formulieren und experimentieren Schüler mit dem, was ihnen spontan an sprachlichen Realisierungen verfügbar ist. In späteren Aufgaben zu einem späteren Zeitpunkt mögen sie dann auch mit **Redemitteln aktiv umgehen**, die in vorausgehenden Aufgaben lediglich wahrgenommen wurden. Insofern lässt sich mit Larsen-Freeman festhalten: "A task-based approach aims to provide learners with a natural context for language use" (Larsen-Freeman 2000: 144).

Herkömmliche, phasengestufte Modelle richten die Unterrichtsartikulation auf die Einführung und festigende Beschäftigung mit ausgewählten Redemitteln aus, z.B. mit einer grammatischen Struktur, einigen Vokabeln oder mit einem didaktisierten Text. Diesen Tätigkeiten folgt eine Anwendungsphase, in der Lernende aufgerufen sind, mehr oder weniger produktiv mit den Unterrichtsschwerpunkten umzugehen. Solange der fremdsprachliche Schwerpunkt dominiert, wird Wert auf Korrektheit gelegt. Deshalb sind alle Kontexte so gewählt, dass viel Gelegenheit dazu besteht, das neue Redemittel aus dem Curriculum anzuwenden.

In aufgabenbasierten Unterrichtssequenzen entwickeln sich fremdsprachliche Tätigkeiten dagegen von einer Aufgabe aus, die den Kern des Unterrichtsgeschehens bildet. Man kann argumentieren, dass die für die Anwendung reservierte Phase in traditionellen Modellen in aufgabenbasierten Lernumgebungen deutlich mehr Raum einnimmt, zumal ein enggesteuertes Üben einzelner Redemittel wegfällt (Feeney 2006). Geübt wird vielmehr, mithilfe der Fremdsprache einen Auftrag zu erfüllen. Der eigentliche Unterschied zu Übungen besteht demnach darin, dass Aufgaben inhaltliche Kommunikationsabläufe auslösen mit dem Ziel, etwas zu bewirken bzw. ein Ergebnis zu erzielen. Dies kann geschehen, indem eine fokussierte Lernaufgabe bearbeitet wird, deren linguistische Anforderungen auf eine konkrete Auswahl an Redemitteln beschränkt bleiben. Bei nicht-fokussierten Lernaufgaben unterbleibt dies (Ellis 2003). Traditionellen Verläufen wird demgegenüber unterstellt, sie seien sehr stark auf formale Tätigkeiten gerichtet. Wer Sicherheit zeigt im Umgang mit einem Redemittel, bewirkt in kommunikativer Hinsicht noch nicht viel.

Unterrichtsverläufe bei Lernaufgaben

Obwohl in aufgabenbasierten Unterrichtskonzepten die Aufgabe im Zentrum der Lernbemühungen steht, gibt es eine Vorbereitungsphase. Sie ist die erste von drei Stationen des intendierten Lernprozesses (Helmke 2007: 39f). Grundsätzlich hat die **Vorbereitungsphase** die Funktion, die Lernaufgabe einzuleiten. Dabei können verschiedene Ziele realisiert werden. Sie spannen sich von der Reaktivierung von Vorwissen über einstimmende Aktivitäten bis hin zur Einführung oder Wiederholung sprachlicher Mittel, die für die Bearbeitung der Lernaufgabe hilfreich sind. Manche Lernmaterialien schalten vor eine Aufgabe Phasen systematischer Arbeit mit sprachlichen Mitteln, die Ähnlichkeit mit Verfahren nach dem sprachbezogenen Strukturmodell aufweisen. Auf die Bearbeitung der Lernaufgabe folgen Aktivitäten wie z. B. die Präsentation und Evaluation der Ergebnisse durch Lehrkraft oder Mitschüler. Hieran kann sich eine intensivere Beschäftigung mit sprachlichen Phänomenen anschließen, die im Zusammenhang mit der Lernaufgabe und ihrer Bearbeitung stehen.

Stufe und didaktische Funktion	Anforderungen/Möglichkeiten
Vorbereitungsphase	Einstimmung auf Lernaufgabe, Wecken von Interesse und Aufmerksamkeit, Einführung sprachlicher Mittel, Aktivierung des Vorwissens, Vorstellen der Lernaufgabe: Kontext, Problemstellung.
Bearbeitungsphase	Weitgehend selbsttätige Auseinandersetzung, Dokumentation der Arbeitsschritte und Ergebnisse, Präsentation.
Nachbereitungsphase	Evaluation der Präsentation und der Resultate, Feedback, Arbeit an sprachlichen Mitteln, Sprachliche Überarbeitung von Arbeitsergebnissen, Anwendbarkeit auf andere Bereiche. vorbereiten.

Lernaufgaben und ihre didaktische Einbettung sind nicht immer in einer 45-Minuten-Stundenplanung durchzuführen. Mitunter kann sich jeder Teilschritt über mehrere Unterrichtsstunden erstrecken. Dass in der Vor- oder Nachphase systematische Spracharbeit betrieben wird, ist nicht unwahrscheinlich, wenn ein vorgegebener Lehrplan umgesetzt werden soll. Im fortgeschrittenen Englischunterricht mehren sich authentische Tasks. Sie sind in der Alltagswelt verortet oder auf Sachinhalte des Fachs gerichtet.

Die **Artikulationsstruktur** eines auf die Bearbeitung von Lernaufgaben gerichteten Unterrichts ist insgesamt **offener** gehalten als traditionelle Planungsverfahren. Daher sind hierfür auch methodische Grundformen wie Freiarbeit, die Arbeit an Stationen oder die Verteilung des Pensums auf einen Wochenplan geeignete Handlungsrahmen.

Bitte diskutieren Sie die Arbeit mit Lernaufgaben mit Blick auf die fächerübergreifenden Gütekriterien für die Unterrichtsplanung. Sie finden diese am Beginn dieses Kapitels. (Helmke 2006)

Verlaufsstruktur bei Lernaufgaben

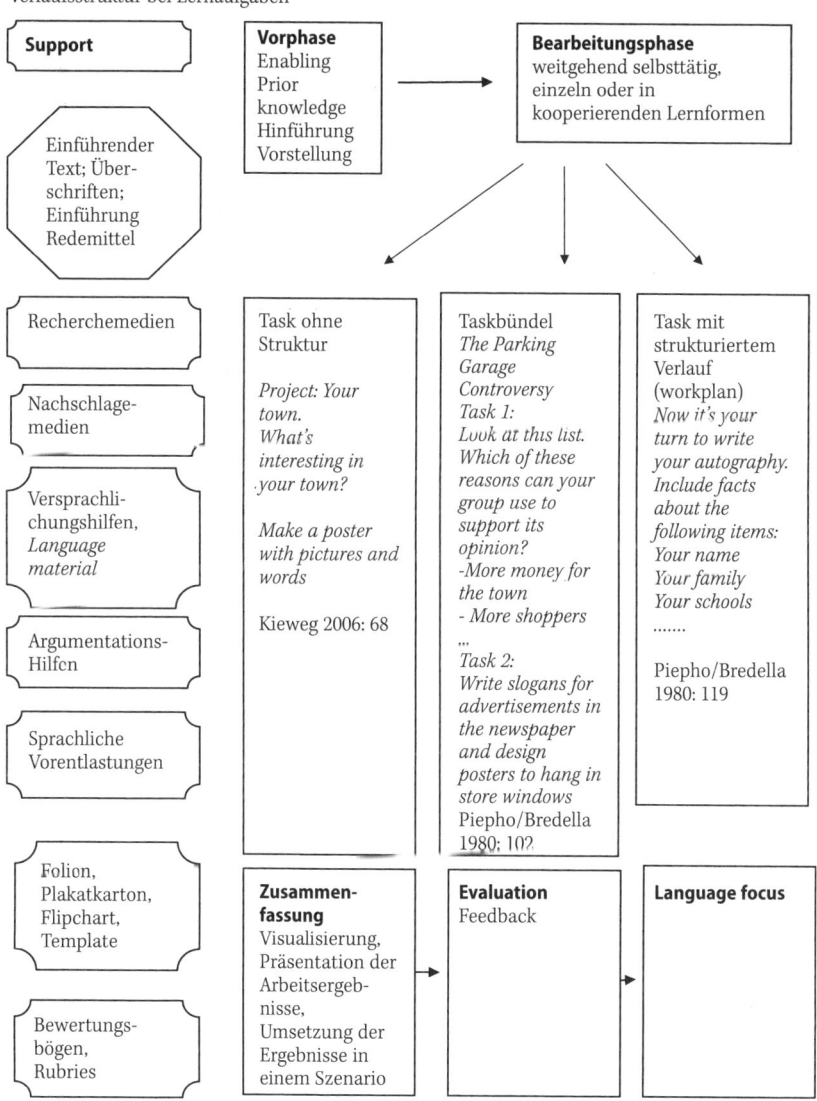

15.4 Bilinguales Unterrichten

Die Arbeit mit Lernaufgaben steht auch im Mittelpunkt eines bilingualen Unterrichts, der sich als handlungs- und problemorientiert definiert. Die fachspezifischen Arbeitsweisen der Sachfächer implizieren Zugänge, die über Lernaufgaben gestaltet werden. Deren Profil lässt eine stärkere Akzentuierung kognitiver Lernprozesse erkennen als in genuin fremdsprachlichen Aufgabenkonzepten. Die von Sachlernaufgaben ausgelösten Lernprozesse verlangen von den Schülern explizite Wissensanwendung mit dem Ziel, auf dieser Basis zum Teil komplexe Problemlösungen herbeizuführen, Bewertungen vorzunehmen, Operationen durchzuführen oder Argumentationen zu entwickeln (Kiper/Mischke 2006). Sachbezogene Lernaufgaben bedingen auch fachsprachliche Kenntnisse und Argumentationsformen.

Action Item 15.9

Bitte beschreiben Sie, welche fachspezifischen Arbeitsweisen der Sachfächer sich in Sachzusammenhängen des Fremdsprachenunterrichts wiederfinden. Stellen Sie hierzu einen Textkorpus zusammen (z. B. Lehrbuchunits) und analysieren Sie Arbeitsaufträge. Orientieren Sie sich dabei an den Informationen im Kasten (in Anlehnung an: Lehrpläne Schleswig Holstein 2009).

Fachspezifische Arbeitsweisen

Erdkunde	Geschichte	Naturwissenschaften
Beobachten	Befragen	Beobachten
Bestimmen	Auswerten	Beschreiben
Darstellen	Recherchieren	Werten
Analysieren	Hinterfragen	Hypothesen formulieren
Befragen	Dokumentieren	Beurteilen

Fachspezifische Kommunikation

Von bilingualem Unterricht spricht man, wenn Sachfächer wie Geschichte oder Biologie die englische Sprache als Arbeits- und Interaktionssprache verwenden. Vom Unterrichtsfach Englisch scheint der Sachunterricht auf Englisch weit genug entfernt, um ihn im Deutschen unter der Bezeichnung bilingualer Sachfachunterricht zu führen. Das Wort bilingual deutet die **Stellung der Fremdsprache** an: In CLIL (*Content and Language Integrated Learning*) ist sie – auf dem Papier zumindest – nicht mehr Lernsprache. Ab Klasse 7, wenn das bilinguale Modell normalerweise ansetzt, wird aus der Fremdsprache eine Arbeitssprache des Sachfachs. Der Englischunterricht verfolgt seine Ziele in eigenen Stunden.

▶ ELT-term *content and language integrated learning*: "The term … (CLIL) refers to educational settings where a language other than the student's mother tongue is used as medium of instruction." (Dalton-Puffer 2007: 1)

Im anglo-amerikanischen Kulturraum wurde fächerübergreifendes Lernen zunächst als ein Weg zu einer effektiveren Förderung erstsprachlicher Kompetenzen gesehen. Mittlerweile sind diese Modelle fachspezifischen Lehrens und Lernens unter den Bezeichnungen *content-based instruction* und *foreign languages across the curriculum* auch in der Fremdsprachendidaktik bekannt. Mit den Zielen des bilingualen Unterrichts deutscher Prägung gehen sie insofern konform, als sie die Fremdsprache **zur fächerübergreifenden Erschließung** von Sach- und Fachinhalten einsetzen (Roche 2001: 121f).

▶ ELT-terms *language across the curriculum*: "In second/foreign language contexts, LAC promotes an integrate approach to language instruction where tasks, topics and texts are drawn from subject matter." (Burns 2004: 328)
▶ ELT-term *content based instruction*: "The term describes a range of approaches to the integration of language and content." (Met 2004: 137)

Action Item 15.10

Bitte machen Sie sich kundig über die Stellung des bilingualen Unterrichts in den Lehrplänen und Curricula der einzelnen Bundesländer. Beschreiben Sie bilinguale Prinzipien, Anforderungen und Zielsetzungen eines Sachfachs Ihrer Wahl.

Stellung der Erstsprache

Verpönt als Kommunikationsmedium ist die deutsche Sprache in der Konzeption des bilingualen Unterrichts nicht. Wenn das Thema danach verlangt, werden in der Erstsprache verfasste Arbeitsmaterialien und Quellen einbezogen. Weil es um die Sache geht, gehören erstsprachliche Textquellen zum bilingualen Konzept an deutschen Schulen. Auch ist es nicht verboten, sich in der Erstsprache verständlich zu machen. Rückgriffe der Lernenden in ihre Erstsprache scheinen tolerabel zu sein, wenn es ihnen dadurch besser gelingt, ihre Ansichten und Einsichten zum Sachproblem vorzubringen oder ein sprachliches Problem zu thematisieren (Butzkamm/Caldwell 2009).

Unabhängig vom Grad der Komplexität, mit der in einem sachfachlichen Kontext fremdsprachlich gehandelt werden muss, sehen sich die Lernenden immer wie der mit Begrifflichkeiten konfrontiert, die in beiden Sprachen nicht deckungsgleich sind. Übersetzungen aus ihrer in die englische Sprache wären wenig erhellend. Die Konzepte, die hinter Begriffen wie Demokratie/democracy jeweils stehen, bedürfen der Aufschlüsselung, damit sie fachsprachlicher, differenzierter und damit „fachlicher" werden (Breidbach/Viebrock 2006: 240).

Die **Sachfachdidaktiken** möchten die Fähigkeit bei den Lernenden entwickeln, in beiden Sprachen sachgerecht zu argumentieren. Nicht zuletzt diese Erwartung verlangt danach, fachsprachliche Begriffe eines Sachfachs in beiden Sprachen aktiv verfügbar zu haben. In manchen engagierten Diskussionen und Stellungnahmen wird man ebenfalls der Erstsprache den Vorzug geben, wenn ansonsten die gewünschte Präzision, stilistische Pointierung etc. des Wortbeitrags gefährdet ist (Mäsch 1993).

Die Erstsprache der Lernenden hat im bilingualen Unterricht darüber hinaus ihren Stellenwert, weil der Bildungsauftrag der Schule lautet, die Lernenden zur fachsprachlichen Diskursfähigkeit auf Deutsch zu befähigen. Christ betont die Notwendigkeit, in beiden Sprachen Fachsprachenkompetenz anzubahnen: „Darunter fällt nicht nur die immer wieder betonte Kenntnis in der Fachterminologie", sondern auch die des „spezifischen fachlichen Diskurses" (Christ 2006: 17).

Gleichwohl sind die erstsprachlichen Anteile der Lernenden in der sachorientierten Interaktion oder in den Informationsträgern des bilingualen Unterrichts vergleichsweise gering. Zielsprachlichkeit erhöht nicht nur die rezeptiven Kontakte mit der fremden Sprache. Sehr viel häufiger sind auch die Möglichkeiten der freien produktiven Sprachverwendung. Nachweisbar sind **positive Auswirkungen** auf die allgemeine Sprachhandlungskompetenz. Die Tatsache, dass Benotungen der fremdsprachlichen Leistung normalerweise nicht erfolgen, trägt sicherlich unter Lernenden in bilingualen Zweigen dazu bei, die Fremdsprache mit mehr Risikobereitschaft in Bezug auf Fehler einzusetzen, einem Merkmal guter Fremdsprachenlerner.

Stoffliche Akzentuierungen

Auswahl und Akzentuierung der Stoffe regeln die Lehrpläne der Sachfächer. Auch die methodische Verlaufsstruktur einer sachfachlichen Lerneinheit ändert sich bei einer Sachfachstunde auf Englisch kaum, abgesehen davon, dass Lehrkräfte im bilingualen Unterricht „kleinschrittiger" voranschreiten und das Maß des Verstandenen häufiger zu überprüfen scheinen (KuMi BW 2006: 10, Helmke 2007).

Einstieg	Anbindung an stofflichen Kontext, Motivationsfördernde Aktivitäten.
Problemstellung	Erläuterung des thematischen Zugriffs, Sammeln von Schülerhypothesen, Erklären der Arbeitsschritte.
Erarbeitung	Weitgehend selbsttätige Auseinandersetzung, ggf. durch differenzierte Arbeitsaufträge strukturiert, Dokumentation der Arbeitsschritte und Ergebnisse, Präsentation.
Ergebnissicherung	Präsentation der Ergebnisse, Überprüfung und Einschätzung der Qualität des Erarbeiteten.
Vertiefung	Anschluss an andere Bereiche, darauf basierende Lernziele.

Das eigene Profil des bilingualen Sachfachs ergibt sich aus der Tatsache, dass die Sprachlernkomponente letztendlich doch nicht ausgeklammert werden kann. Niemand wollte auch behaupten, Lernende im dritten Lernjahr könnten am fremdsprachlich unterrichteten Fach Geschichte, Erdkunde oder Biologie ,von heute auf morgen' problemlos partizipieren. Die schon erwähnten Konzepte alltagssprachlicher Begrifflichkeiten bedürfen auch noch in fortgeschrittenen Kursen einer eingehenden Problematisierung aus interkultureller fachsprachlicher Sicht.

Unterschiede zwischen den verschiedenen Sachfächern des Kanons gibt es in den sprachlichen Anforderungen. Im Hinblick auf die Breite der Sprachverwendung, in Bezug auf das Maß ihrer Handlungsorientierung oder was die inhaltliche Komplexität ihres Sachbereichs angeht, sind musisch-praktisch akzentuierte Sachfächer vermutlich linguistisch leichter zu bewältigen als gesellschaftskundliche oder naturwissenschaftliche Komponenten des Sachfachkanons. Für **Haupt- oder Realschulen** könnten Sachfächer wie Werken, textiles Gestalten oder Hauswirtschaft zum schulstufenspezifischen Modell bilingualen Unterrichtens werden. In produktorientierten Tätigkeiten lassen sich viele einfache Kommunikationsanlässe realisieren, die frühzeitig Gegenstand des Englischunterrichts sind (Uzerli/Isberner 2002). An manche inhaltlichen und methodischen Elemente der praktischen Sachfächer werden Lernende bereits vor dem dritten Lernjahr ihrer Fremdsprachenausbildung herangeführt, darunter grundlegende Sprachfunktionen zur Bewältigung alltäglicher Situationen oder dem Umgang mit instruktiven Texten.

Einen bilingualen Unterricht kann man als methodischen Ansatz im weiteren Sinne auffassen, der von den spezifischen Arbeitsweisen der betreffenden Sachfächer determiniert wird. Der Unterricht basiert nicht auf einem Lehrplan mit sprachlichen Lernzielen. Die **sachorientierten Lernprozesse** entfalten sich auf der Grundlage der Fachlehrpläne, in denen Inhalte, Ziele und Vermittlungstechniken der jeweiligen Sachfächer aufgelistet sind. Ein besonderer inhaltlicher Akzent des bilingualen Ansatzes liegt naturgemäß auf Themenbereichen und Sachverhalten, die auf englischsprachige Kulturgemeinschaften referieren.

Organisation

Das primäre Interesse des bilingualen Ansatzes am Unterrichten sachorientierter Stoffe hat eine Reihe didaktischer und methodischer Konsequenzen. Symptomatisch für die Unterschiedlichkeit von englischem Sprach- und Sachunterricht ist, dass Aufforderungen zur Sprachverwendung zu Übungszwecken fehlen. Weder ist vorgesehen, einzelne Sprachelemente zu trainieren, noch werden die Lernenden aufgefordert, Aufgaben zur expliziten Fertigkeitsschulung auszuführen. Dabei ist nicht auszuschließen, dass Techniken akzeptiert werden, die sprachdidaktisch betrachtet als veraltet gelten. Das Führen von deutsch-englischen Vokabelheften oder die Übersetzung zum Zwecke der Ergebnisüberprüfung mögen im sachorientierten Lernumfeld bestehen, weil das Verwenden der Fremdsprache nicht im Kontext eines gesteuerten Englischunterrichts aufgefasst wird.

Im Schulalltag werden **zwei Modelle des bilingualen Ansatzes** favorisiert. Das erste Modell bietet eines oder mehrere englischsprachige Sachfächer parallel zu den deutschsprachigen an. Diese Lernform besteht das ganze Schuljahr über. Es gibt sie jedoch auch in einer epochalen Variante. Dann werden nur einzelne Themen des Sachfachlehrplans auf Englisch angeboten. Im zweiten Modell, dem gesonderten bilingualen Zug, findet der Unterricht im Sachfach von einem bestimmten Zeitpunkt an nur noch in der Fremdsprache statt.

Noch wird nur an sehr wenigen Schulen in Deutschland bilingual unterrichtet. Am Gymnasium gibt es bilingualen Unterricht am häufigsten in den gesellschaftlichen Fächern. Tendenziell nehmen leistungsstärkere Lernende daran teil. Gemeinhin wird mit Erdkunde begonnen, später kann Geschichte folgen. Der bilinguale Unterricht in naturwissenschaftlichen Sachfächern befindet sich im Aufbau. An Haupt- und Realschulen wird vereinzelt in praktischen Fächern wie Werken und Hauswirtschaft bilingual unterrichtet (Finkbeiner 2002).

Zusammenfassung

Dieses Kapitel wollte aufzeigen,

- welche Leitlinien und Entscheidungsfelder bei der Planung zu berücksichtigen sind,
- nach welchen Artikulationsmodellen die Planung erfolgen kann,
- welche Anforderungen die Arbeit mit Lernaufgaben stellen,
- wie bilinguales Lernen in Sachfächern umgesetzt werden kann.

Weiterführende Literatur:

Quellen für Action Items und für forschende Lernaktivitäten: Bach, G./Niemeier, S. (Hg.): *Bilingualer Unterricht: Grundlagen, Methoden, Praxis, Perspektiven.* 4., überarb. und erw. Aufl. Frankfurt/M. 2008. **Grieser-Kindel, Ch./Henseler, R./Möller, St.:** *Method guide.* Braunschweig [u.a.] 2006. **Gehring, W.:** *Englisch unterrichten.* Donauwörth 2002. **Hecht, K./Waas, L.:** *Englischunterricht konkret.* Donauwörth [6]1995. **Helmke, A.:** „Was wissen wir über guten Unterricht? Über die Notwendigkeit einer Rückbesinnung auf den Unterricht als dem ‚Kerngeschäft' der Schule." In *Pädagogik* 2/2006, 42-45. **Kaufmann, S./ Zehnder, E./ Vanderheiden, E. (Hg.):** *Qualifiziert unterrichten 03. Unterrichtsplanung und -durchführung: Fortbildung für Kursleitende Deutsch als Zweitsprache.* Ismaning 2008. **Müller-Hartmann, A./Schocker-von Ditfurth, M. (Hg.):** *Aufgabenorientierung im Fremdsprachenunterricht. Task-Based Language Learning and Teaching.* Tübingen 2005. **Nunan, D.:** *Task-based language teaching.* Cambridge 2004. **Richards, J.C./Renandya, W.A. (Hg.):** *Methodology in language teaching. An anthology of current practice.* Cambridge 2002. Siehe auch englische-fachdidaktik.com/

16. Medien und Unterrichtsmaterialien

16.1 Medienkategorien

Ein schülernaher und lernpsychologisch durchdachter Englischunterricht ist traditionell eng an Medien gebunden. Sie vermitteln Inhalte in gedruckter, akustischer, visueller oder in digitaler Form bzw. halten diese fest. Als Medien gelten auch technische Geräte für Lehr- oder Lernzwecke. Schulen, die bei ihrer Medienausstattung auf dem neuesten Stand bleiben möchten, müssen regelmäßig nicht unerhebliche Investitionen tätigen (Tagesspiegel 2008).

Seit dem 18. Jahrhundert konnte man Lehrbücher und Nachschlagwerke nutzen; viele andere Printmedien zum Englischlernen wurden seither entwickelt, darunter Lektüren, Arbeitshefte, Sammelordner und Portfolios. Ab den 1960er Jahren sorgte das Sprachlabor für neue Übungsmöglichkeiten, es folgten technische Medien wie Diagerät, Overhead-Projektor (OHP) und Videorekorder; mittlerweile unterstützen Computer, Beamer und interaktives Whiteboard als Digitalmedien den Unterricht, die z. B. die Nutzung von Online-Ressourcen im Klassenverband erleichtern. Die Vielfalt an Medien, die für den Unterricht zur Verfügung stehen, hat zu einem offenen Medienbegriff geführt. Dieser bezieht alle Materialien ein, die das Sprachlernen unterstützen: „Das Wort Medium ... umfasst Sprach-, Bild- und Sprach-Bild-Medien" (Hellwig 1993: 89).

> Lernen in der Presse
> An jeder zweiten Schule gibt es nach Aussage der Schulleitungen zu wenig Computer. Auch wird der Zustand der Schulbüchereien beklagt. Unterrichtsmaterialien werden als unzureichend oder veraltet empfunden. Das sind Ergebnisse einer Online-Umfrage der Gewerkschaft Erziehung und Wissenschaft (GEW), an der rund 3800 Lehrer teilgenommen haben.
> *Tagesspiegel.online* 2009

Eine **gängige Einteilung** der Medien erfolgt nach den Sinnen, über die ihre Informationen aufgenommen werden. So gelangt man zu den Kategorien visuell, auditiv und audiovisuell. Andere teilen Medien nach Hardware (z. B. Overheadprojektor, Beamer) und nach Software (Folie, Bild, PC-Programme) auf. Praxis ist es ferner, technische von nichttechnischen Medien zu unterscheiden oder Medien in herkömmliche (Tafel, Lehrbuch), moderne (OHP, Kassettenrekorder) und digitale (DVD, PC,) zu unterteilen (Erdmenger 1997, Brinton 2004). Computer und Internet werden in der aktuellen Diskussion als Digitalmedien bezeichnet. Unter Druckmedien fasst man Buch, Plakat oder Zeitung; Film und Fernsehen sind Beispiele für analoge Medien (Faulstich 2004).

Derartige Kategorien sind Versuche, die **Medienvielfalt** in eine Systematik einzubinden. Eindeutige und dauerhafte Trennschärfe können sie nicht leisten. Viele Medien verändern sich, passen in mehrere Kategorien, sind „medienübergreifend" (Faulstich 2004: 103). Bücher gibt es auch in digitaler Form, als Hörbuch oder E-Book. Bilder findet man in Print- ebenso wie in digitalen Medien, ein Overheadprojektor wird durch Koppelung einer visuellen Präsentation an einem Tonträger von einem technischen zu einem audiovisuellen Medium. Der technologische Fortschritt trägt dazu bei, dass sich Medienkategorisierungen ändern, z. B. aufgrund von Neuerungen bei der Übermittlung.

Medien als Lehr- und Lernmittel

Medien übernehmen im Englischunterricht **Lehrfunktion** und unterstützen im weitesten Sinne **Lernprozesse**. Die didaktischen Aufgaben von Sprachlehr- und Sprachlernmaterialien sind demnach weit gespannt. Als Lehrmittel helfen Medien wie das Board oder die Tafel dabei, Erarbeitetes und Neues spontan zu präsentieren oder festzuhalten. Medien tragen zur Strukturierung des Unterrichtsverlaufs bei und öffnen Wege zur Intensivierung und Individualisierung von Lernprozessen. Medien helfen dabei, Lerneinstiege in ansprechende Kontexte einzubinden. Sie rhythmisieren Übungs- und Produktionsphasen, bringen so Abwechslung in den Lernprozess. Nicht zu vernachlässigen ist ihre Funktion für die Sicherung und Dokumentation von Ergebnissen, und das sowohl in instruktiven als auch in kooperativen und individualisierten Lernkontexten.

Action Item 16.1

Beobachten Sie bitte den Medieneinsatz in einer Unterrichtssequenz. Bestimmen Sie die Funktionen der zum Einsatz kommenden Medien und beurteilen Sie den didaktischen Ertrag der medialen Unterrichtskomponenten.

Medium	Funktion	Didaktischer Ertrag
Overheadprojektor (OHP), Tafel, Bild, Poster ...	Steuerung, Rhythmisierung, Differenzierung, Individualisierung ...	Motivierung, Veranschaulichung, Dokumentation, Lernhilfe ...

Medien sind funktionsübergreifend einsetzbar, ihre Aufgaben sind nicht an eine bestimmte Zielsetzung geknüpft. Beispielsweise mag das Mind Map, via OHP-Folie an die Wand projiziert, eine Aktivierung des Vorwissens einleiten oder das Ergebnis einer Gruppenarbeit zu Wortfeldern dokumentieren. Es kann die Vorlage für einen Eintrag sein oder als lexikalisches Raster eine kreative Schreibtätigkeit auslösen. Viele weitere Möglichkeiten sind vorstellbar.

Action Item 16.2

Bitte wählen Sie ein Medium aus, z. B. das Bild, und beschreiben Sie, welche Funktionen es im Unterricht konkret einnehmen kann. Untersuchen Sie hierzu einige Unterrichtsskizzen.

Funktion	Beispiel
Veranschaulichung	Visualisierung von Bedeutungen

Festzustellen ist allerdings, dass manche Medientypen für bestimmte Funktionen besonders geeignet sind, und dies auch gut zu begründen ist. Es können aber ganz pragmatische oder ökonomische Gründe über den Einsatz eines Mediums entscheiden, z. B. Nichtverfügbarkeit anderer Medien, Zugriffsprobleme, finanzielle Einschränkungen, Copyrighthürden oder Präferenzen der Lehrkraft.

Action Item 16.3

Bitte stellen Sie einige zentrale Aufgaben von Medien im Englischunterricht fest. Untersuchen Sie hierzu einige Lehrbuchunits bzw. Unterrichtspläne für verschiedene Lernstufen und die darin an Medien gebundenen Aktivitäten.

Medientyp	Beispiel	Funktion
Visuell	Chart	Information, Sprechanlass
Audiovisuell	Filmsequenz ohne Ton	Impuls für Synchronisationsaufgabe

In ihren **ästhetischen Ausformungen** sind Medienprodukte wie Bild, Poster, Hörspiel, Musik oder Film Gegenstand der analytischen Betrachtung.

16.2 Leitmedium Lehrbuch

Englisch gehört in der Sekundarstufe zu den wenigen Fächern, in denen das Lehrbuch intensiv genutzt wird. In aller Regel wird es vom ersten bis zum letzten Kapitel durchgearbeitet. Obwohl es **keine Lehrbuchpflicht** gibt, arbeiten praktisch alle Lehrkräfte an der Sekundarstufe I damit (Desi Konsortium 2006: 39, Haß 2009).

Lernen in der Presse   Simone Lässig, Georg Eckert Institut für Schulbuchforschung
„Das Schulbuch ist das meistgenutzte Medium im Unterricht" ... Welche Bedeutung das Schulbuch hat, belegen auch die Zahlen der Verlage. obwohl sie viel für elektronische Medien werben, machen sie damit lediglich fünf Prozent ihres Umsatzes - mit dem klassischen Schulbuch dagegen 95 Prozent.
Haß, *Frankfurter Rundschau* 2009

Die große Bedeutung, die das Lehrbuch im Fremdsprachenunterricht bei Praktikern einnimmt, hat in der Vergangenheit zu einer Reihe von Vorschlägen geführt, wie man es evaluieren könnte. Traditionelle Schwerpunkte der Analyse wie die Übungs- und Aufgabenstruktur oder die kulturellen Informationen und Darstellungen werden heute ergänzt um Fragen, wie das Lehrbuch benutzt wird und welche Wirkung es auf Schüler und Lehrkräfte ausübt (Crawford 2002: 89).

Action Item 16.4

Stellen Sie bitte einen Katalog von Kriterien zusammen, die Sie für die Auswahl eines Englischbuchs für relevant halten. Nutzen Sie gegebenenfalls die lehrbuchbezogenen Items in den vorausgehenden Kapiteln zur Orientierung.

Ein Lehrwerk besteht heute aus Schülerbuch und einer Reihe verschiedener Begleitmedien. Die Kultusbehörden genehmigen die Nutzung an den Schulen, wenn es **verfassungs- und lehrplangemäß** ist. Die sehr allgemein gehaltenen Lehrplanvorgaben lassen den Autoren viele didaktische und methodische Freiräume. Auch inhaltlich können sie eigene Ideen verwirklichen. Da jedoch nicht Kultusbehörden, sondern Lehrkräfte an den Schulen über darüber entscheiden, welche Lehrbuchreihe angeschafft wird, sind sie für die Verlage die eigentliche Zielgruppe (Flohr 2007). Fundamentale Neuerungen eines Lehrbuchkonzepts sind nach dessen Überarbeitung zu erwarten, wenn sie von der Mehrheit der Lehrkräfte befürwortet werden.

> **Action Item 16.5**
>
> Bitte vergleichen Sie ein aktuelles Lehrbuch Ihrer Wahl mit seinem Vorgänger aus einer früheren Lehrbuchgeneration. Notieren Sie alle Veränderungen und beurteilen Sie die Qualität der Innovationen.

Die **Grundstruktur** eines Lehrbuchs setzt sich aus Lektionen (Units) zusammen. Zu einer typischen Unit gehören Texte zum Hör- und Leseverstehen, Übungen zu den neuen Redemitteln, Aufgaben zur Anwendung des Gelernten sowie auf Wiederholung und Sicherung gerichtete Angebote. Hinzu kommt ein fakultatives Angebot an Aktivitäten. Außerdem gibt es Serviceseiten mit zusammenfassenden Darstellungen der Lerntechniken, Vokabeln und grammatischen Phänomene der vorausgehenden Units.

> **Action Item 16.6**
>
> Analysieren Sie bitte die Übungsangebote eines Lehrbuchs. Stellen Sie auch fest, in welchem Maße die Lernenden zur Bearbeitung von Lernaufgaben angeregt werden. Formulieren Sie dann eine Beurteilung.

Inhalte

Ein durchgängiges inhaltliches Gestaltungselement in Englischbüchern für die ersten drei bis vier Lernjahre ist das Personeninventar. Man geht davon aus, dass Lehrwerkspersonen altersgemäße Identifikationsangebote schaffen.

> **Action Item 16.7**
>
> Stellen Sie bitte fest, welche sozialen Schichten Lehrbuchfamilien repräsentieren und welche Facetten ihrer Alltagsrealität dargestellt werden. Beurteilen Sie die Darstellung im Hinblick auf ihr Identifikationspotenzial.

Verschiedene Texte informieren über historische und gesellschaftspolitische Inhalte, auch einzelne Inhalte aus den Sachfächern werden thematisiert. Im Zentrum stehen jedoch Alltagsleben, Freizeit und Probleme von Jugendlichen, die im Alter der Lehrbuchbenutzer sind. Kritik erfahren immer wieder die kulturellen

Bezüge im Lehrbuch. Vielfach werden sie als zu oberflächlich und zu stark vereinfachend empfunden (Davchewa/Sercu 2005).

> **Action Item 16.8**
>
> Versuchen Sie bitte, das Bild der in einem Lehrbuch Ihrer Wahl vorherrschenden Zielkultur zu beschreiben. Legen sie dar, nach welchen Kriterien Sie die Untersuchung durchführen und klären Sie, von welchen Facetten die Fremdbilder bestimmt werden.

> Lernen in der Presse
> „Die Verlage arbeiten mit Fachredakteuren zusammen, jedes Bundesland hat seine Schulbuch-Kommissionen. Doch trotzdem treten Fehler auf. Jedes Buch muss sich am Lehrplan des speziellen Bundeslandes orientieren. ... Von einem Titel produzieren die größeren Verlage bis zu 16 Ländertitel.
> Aus welchem Buch die Schüler lernen, entscheidet die Schule. Lehrer berichten, dass aus Zeitdruck oft übereilt entschieden wird. Schüler sind an der Entscheidungsfindung nur in absoluten Ausnahmefällen beteiligt. Häufig begrenzt ein Preislimit der Schulleitung die Auswahl von vornherein. Ein Fehlgriff muss dann über Jahre ausgebadet werden. Kommunen und Länder fahren die Ausgaben für Lernmittel seit Jahren herunter.
> Flohr, *Spiegel online* 2007

16.3 Lektüren

Wer von Lehrgangsbeginn an **extensives, stilles Lesen** systematisch betreiben will, begegnet *simplified literature*, einer Textsorte, die in der englischen Fachdidaktik nicht unumstritten ist. Vereinfachte Ausgaben literarischer Texte haben sich einen festen Platz in der Produktpalette von Lektüren für den schulischen Gebrauch gesichert. In guten Adaptionen können die aus dem Original bekannten Eigenschaften und Handlungsziele der Hauptcharaktere wiedererkannt werden; Erzählperspektive und Erzählweise bleiben erhalten. Anhand dieser Textelemente ist eine Heranführung an formal-analytische Leseweisen bereits auf einer relativ frühen Lernstufe möglich (vgl. Gehring 2000).

Readers sind Textsammlungen, die verschiedene Texte zu einem Thema enthalten. Bei *easy readers*, *graded readers* bzw. *stage readers* handelt sich um Erzählungen und Geschichten, die eigens für den Unterricht verfasst werden. Definitionsgemäß sind das linguistische Inventar und die Textlänge auf die Niveaustufe der Zielgruppe abgestimmt; zu einem Reader gehören zudem Annotationen, Zeichnungen und Arbeitsaufgaben.

> ▶ ELT-term *graded reader*: "A graded reader is a story which has been adapted for people learning to read or learning a foreign language. Graded readers avoid using difficult grammar and vocabulary." (Collins Cobuild 2009)

Während Readers kaum Kritik auf sich ziehen, ist der **Streit** um *simplified literature* nie ganz verstummt. Keineswegs werden die Argumente für das Lesen längerer Texte angezweifelt. Unstrittig ist, dass extensives Lesen Erfolgserlebnisse mit sich bringt und die Lesefreude weckt. Es führt zu Kenntnissen über Textstrukturen, die bei der späteren Rezeption von Originalliteratur benötigt werden. Nicht zuletzt wird rezeptives Sprachkönnen geschult und das Inferieren (*inferencing*) trainiert.

▶ ELT-term *inferencing*: "Inferencing is the process of relating what is in the text to what is in the reader's knowledge store, or supplying from preexisting knowledge information that is only implied in the text." (Quigley/Paul 1984:111)

Der Konflikt entzündet sich an der Frage, ob ein ästhetischer Text umgeschrieben oder gekürzt werden darf (Högel 1978). Simplifiers tun genau das, wenn sie einen literarischen Originaltext für eine spezielle Lerngruppe bearbeiten. Passagen, die für das Nachvollziehen der Haupthandlung nicht von Belang sind, z. B. spezielle landeskundliche, geschichtliche Bezüge, „Philosophisches, Psychologisierendes" (Lechler 1969: 13), streichen sie ganz oder reduzieren den Inhalt auf wenige Sätze.

Je unerfahrener die Zielgruppe in der englischen Sprache ist, desto umfassender sind die **Texteingriffe**. In der vereinfachten Version von *The Canterville Ghost* wird aus *to discuss terms* nun *to talk about the price*, das Lexem *foolish* wird durch *not wise* ersetzt, das komplexe syntaktische Gefüge eines langen Satzes in mehrere kürzere aufgelöst. Versionen von Shakespeare-Dramen kommen mit einem Wortschatz von etwa 1800 Einheiten aus. Die Handlung ist in den *Tales from Shakespeare* als dialogisierter Erzähltext auf den main plot komprimiert. Damit verbanden die *simplifiers* Charles und Mary Lamb bereits in der ersten Ausgabe von 1807 die Hoffnung, frühzeitig eine interessierte Haltung für die Originalwerke aufzubauen.

In Verlagsbroschüren wird die Wörterzahl angegeben, der eine Lern- bzw. Klassenstufe zugeordnet ist. Lektüren für die Primarstufe beginnen bei 300 Wörtern, im Anfangsunterricht der 5. und 6. Jahrgangsstufe werden Texte ab 500 Wörter eingesetzt, am Ende der Sekundarstufe I ist man bei 1800 bis 2000 Wörtern angelangt.

Action Item 16.9

Bitte vergleichen Sie Auszüge aus einem Original mit vereinfachten Ausgaben. Beschreiben Sie die Ebenen der Simplifizierung und beurteilen Sie diese Maßnahmen.

Original und Vereinfachungen. Robinson Crusoe (Auffinden der Fußspur)

Original	1300 Wörter	500 Wörter
It happened one day about noon going towards my boat, I was exceedingly surprized with the pint of a man's naked foot on the shore, which was very plain to be seen in the sand. I stood like one thunderstruck, or as if I had seen an apparition. I listened, I looked around me; I could hear nothing, nor see any thing; ...	It happened one day about noon after I had been on the island for several years. I was going along the shore, and was greatly surprised to see the mark of a man's foot. I stood there like one who has seen a giant or some fearful thing. I listened; I looked around me: I couldn't hear anything	One morning I was near the sea. I came to some sand, and ... I stopped suddenly. A footmark! There was the mark of a man's foot in the sand. It wasn't my own foot: there were always shoes on my feet. I wasn't alone on this island! I looked all round. I listened. I went back to my...
	Longman Classics Stage 3	*Longman Picture Classics*

Eine Orientierung ist der **Steilheitsgrad** eines Textes. Er errechnet sich aus dem Verhältnis der bekannten Wörter zu den neuen Vokabeln. Eine Lektüre mit dem Steilheitsgrad 5 enthält in 100 Wörtern fünf unbekannte lexikalische Einheiten. Der Anteil zu inferierender Wörter in einem Text sollte fünf Prozent nicht übersteigen, das Lesen würde sonst zu sehr verlangsamt (Hesse 1997: 14). An kommentierten Textausgaben ist der Steilheitsgrad leicht zu ermitteln, unbekannte lexikalische Einheiten sind am Seitenrand mit Erläuterungen nochmals eigens aufgeführt. Schwieriger ist festzustellen, welche kulturellen Kenntnisse die Schüler zur Sinnbildung benötigen. Vieles, was ein fremdsprachlicher Text an kulturellem Wissen voraussetzt, müssen sich Lernende erst erschließen. Eine gute Textausgabe wird auch kulturspezifische Aspekte im Text kommentieren.

▶ ELT-term *new-word density*: "The density of unknown words is measured by establishing the ratio of new words to total words in a text." (Ellis 1999: 50)

> **Action Item 16.10**
>
> Stellen Sie bitte aus Verlagsangeboten eine Bibliothek von *graded readers* für ein Lernjahr Ihrer Wahl zusammen. Beschreiben und beurteilen Sie eine Ausgabe Ihrer Wahl im Hinblick auf ihre Verstehenshilfen und auf ihre schüleraktivierenden Maßnahmen.

16.4 Literarische und mediale Texte

Simplified Literature übernimmt in der Sekundarstufe I eine **Brückenfunktion**. Wie ihre authentischen Vorbilder initiieren die vereinfachten Textausgaben literarische Leseweisen und Rezeptionsgespräche. Die Begegnung mit Originalliteratur wird, nicht zuletzt von den Lehrplänen, erst in der Sekundarstufe II zu einem Unterrichtsschwerpunkt erhoben.

Einfache Formen

Zu den Einfachen Formen, nach Hellwig (1985: 530) die „nicht mehr differenzierbare Grundsubstanz einer literarischen Einzelgattung", gehören Märchen, Reime und Rätsel, aber auch *songs, lyrics, chants* etc. Kindermärchen sind eine Basis für das *storytelling* und Auslöser physischer Tätigkeiten bereits im frühbeginnenden Englischunterricht an der Grundschule. Einfache Formen haben nicht zuletzt Einzug gehalten, weil man sie gut in musische und bewegungsintensive Aktivitäten einbinden kann, um automatisierende Übungsziele umzusetzen.

Gedichte sind **nicht immer leicht** zu verstehen, weil „mit Sprache auf eine besondere, ungewohnte Art und Weise umgegangen wird" (Bode 1995: 319). Kreative Verfahren können den Zugang jedoch erleichtern (Gehring 1998, Nünning/Surkamp 2006).

Erzähltexte

Romane und Short Story führen als erzählende (Original-)Texte die schulische Lektüre an. Erzählt wird durch die Erzählinstanz, durch die Figuren oder durch die Handlung. Die Interpretationszugriffe sind primär analytisch. Sie haben im Sinn, die Schüler zu einem sachgerechten Umgang mit Literatur zu befähigen. Wer Nünning (1994, 1995b) folgt, wird zunächst von der Ermittlung der Erzählperspektive, dem „konstitutiven Gattungsmerkmal narrativer Texte" ausgehen. Man wird das Interesse weiter auf die chronologische Abfolge des Erzählten, seine logischen und kausalen Verknüpfungen (*plot*) lenken, auf die Handlungsstränge und -einheiten (einsträngig/mehrsträngig); man wird eingehen auf Eigenschaften und Merkmale von Charakteren (statisch/dynamisch; *flat/round*, *main/minor*) und die Schüler anregen, aus der Analyse von Kurzgeschichten gewonnene Grundkenntnisse auf die Langform zu übertragen. Die Art und Weise, wie Handelnde im Roman charakterisiert werden, ob selbst oder fremd, ob vom Erzähler oder von anderen Figuren, ob in Form direkter Rede, eines Berichts, oder einer Beschreibung bzw. eines Erzählkommentars, gehört mit der Einschätzung über die Verlässlichkeit von Charakterisierungen zum Analyserepertoire im Bereich der Darstellungstechniken, ergänzt um Kenntnisse zur Gestaltung von Anfängen (detaillierte Entfaltung/Beginn *in medias res/in ultimas res*) und Schlüssen (offen/geschlossen) narrativer Texte. Um zu vermeiden, dass „der Verstand einseitig auf Kosten der Emotionalität und der Phantasie gestärkt wird" (Nünning 1995: 102), sollten auch produktionsorientierte und kreative Texterschließungsverfahren initiiert werden.

▶ ELT-term *plot*: „Term that refers to the structure of the action, i.e. the casual, logical and temporal sequence of the events that occur in the narrated world." (Nünning/Surkamp 2006: 328)

Lesetagebücher (*reading journals*) erleichtern es den Schülern, in individuellen Aufzeichnungen eigene Fragen und Deutungen festzuhalten. Analyseaspekte können sie über den gesamten Text hinweg für sich dokumentieren (Henseler/ Surkamp 2007).

> **Action Item 16.11**
>
> Führen Sie bitte eine Umfrage in einer Gruppe Ihrer Wahl zu deren Leseerfahrungen in der Schule durch. Erstellen Sie dann eine Bestenliste. Sammeln Sie auch Aktivitäten, die im Zusammenhang mit der literarischen Lektüre in Erinnerung blieben. Stellen Sie fest, ob es einen Zusammenhang zwischen der Bestenliste und dem Angebot von Schulmedienverlagen gibt. Überprüfen Sie auch Kanon-Vorgaben in Lehrplänen.

Längere Erzähltexte der Kinder- und Jugendliteratur gehen definitionsgemäß besonders auf die Interessenlage und Bedürfnisse junger Leser ein, sie sind im Original gewöhnlich leichter zu lesen als Erwachsenenliteratur.

Im frühbeginnenden Englischunterricht finden **Bildergeschichten** und **story books** verstärkt Beachtung. Sie sind reich und großflächig illustriert, die Texte in einfacher, authentischer Sprache, teilweise in Reim- und Versform gehalten. Linguistisch beschränken sich die Autoren oft auf Redemittel, die auch für Englischlerner an der Grundschule vorgesehen sind.

Dramentexte

Dramentexte sind in erster Linie Spielvorlagen. Eine konventionell durchgeführte Dramenanalyse, die sich z. B. mit Funktion und Bedeutung der Figuren für die Handlung beschäftigt oder nach deren Eigenschaften und Handlungszielen fragt, wird daher frühzeitig die **Aufführungsdimension** einbeziehen. Bühnenbilder, Kostüme, szenische Umsetzung, Gebärdensprache, akustische Elemente werden betrachtet, auch im Vergleich zwischen einer Bühnen- und Filmversion.

Nahe liegt es, eine **Inszenierung** ausgewählter Szenen in der Lerngruppe selbst vorzubereiten, nicht zuletzt, weil es dem Sprachlernprozess zu Gute kommt, wie Almond betont: "Working within the framework of a play contextualizes all the related language work" (Almond 2005: 11). Produkte ihrer Regiearbeit müssen Lernende dabei nicht unbedingt selbst schauspielerisch in Szene setzen. Auch mit Stabpuppen und Marionetten lassen sich Spieltexte inszenieren. (Kappe 1988, Wilkening 1998).

> **Action Item 16.12**
>
> Bitte beschreiben Sie das englischsprachige Lektüre- und Medienangebot Ihrer öffentlichen Bücherei. Stellen Sie Kriterien zusammen und beurteilen sie ihre Eignung als außerschulischen Lernort für das Fach. Nehmen Sie auch eine Bewertung des Inventars Ihrer Schulbibliothek vor.

Spots und clips

Spots sind aus der Werbung bekannte **Fernsehformate** mit dominanten Bildinhalten. Die sprachlichen Anteile sind gering (Frederking/Krommer/Maiwald 2006: 155). Ihr Reiz auf einer frühen Lernstufe liegt darin, von einem Modell ausgehend einfache eigene Produktionen durchzuführen, die mit wenigen Redewendungen zu gestalten sind. Auf einer fortgeschrittenen Lernstufe werden die Botschaften von Spots und ihre Inszenierung selbst zum Gegenstand der Betrachtung. Diese **mediendidaktischen Zielsetzungen** sind im Umgang mit Videoclips ebenfalls bestimmend, da die Visualisierungen viele Interpretationsimpulse für die Textunterlegung liefern. Videoclips werden jedoch auch als authentische Quellen für die explizite Spracharbeit und die Beschäftigung mit kulturellen Zeichen genutzt (Thaler 1999).

Film

Im fortgeschrittenen Unterricht steht auch der Film nicht mehr allein als didaktisches Medium oder als Informationsträger im Mittelpunkt. Der Film wird als ästhetisches Produkt aufgefasst, mit dem man sich analytisch und rezeptionsbezogen beschäftigt. Wegen der Nähe des Films zu Erzähltexten und Dramen werden ähnliche Fragen gestellt wie bei der Auseinandersetzung mit Erzähltexten und Dramen. Insofern richtet sich das Interesse aus literarischer Perspektive unter anderem auf Plot, Charaktere, Raum-, Zeitdarstellung. Eine Akzentuierung dramatischer Fragestellungen wird geleistet, wenn der Fokus der Betrachtung sich beispielsweise auf die Rollenbesetzung im Film richtet, sich mit nonverbalen Kommunikationsformen wie Mimik und Gestik der Schauspieler befasst oder die Ausstattung der Handlungsplätze hinterfragt. Zu den literarischen und dramatischen Facetten der Filmanalyse treten cineastische Aspekte hinzu. Für das Genre typisch sind z. B. die Bildführung und die Tongebung. Dabei geht es um Fragen, die mit der Kameraperspektive zusammenhängen, mit den Schnittfolgen, der Lichtgestaltung oder sich mit der Musikunterlegung befassen (Nünning/Surkamp 2006: 248ff).

Action Item 16.13

Vergleichen Sie bitte Vorschläge für Zugangsweisen zu literarischen Texten mit Anregungen zur Beschäftigung mit Filmen im fortgeschrittenen Englischunterricht. Zeigen Sie Unterschiede und Gemeinsamkeiten auf. Beschreiben Sie insbesondere die Funktionen der Lernenden in ihren Rollen als Rezipienten.
(http://www.nibis.de/nibis.phtml?menid=2179)

Schulfunk/-fernsehen

Seit mehr als vierzig Jahren strahlen öffentlich-rechtliche Rundfunkanstalten Schulsendungen für Englisch in Hörfunk- oder eigenen Fernsehprogrammen aus. Themen und Inhalte der Beiträge orientieren sich lose an Lehrplanvorgaben und richten sich an Lernende verschiedener Niveaustufen. Dazu gibt es Multimediamaterial wie z. B. Arbeitsblätter, Spiele, Audio oder Drehbuchauszüge. Lehrkräfte finden didaktisch-methodische Anregungen zum Download. Angesichts schwindender Sendeplätze ist auch für die Film- und Hörbeiträge selbst das Internet zu einer wichtigen Plattform geworden, wo bereits ausgestrahlte Sendungen zur Verfügung stehen. Die Arbeit mit Schulsendungen kann damit auch in außerschulische Lernorte verlagert werden.

Action Item 16.14

Entwerfen Sie bitte zu einem englischen Schulfernseh- oder einem Schulfunkbeitrag Ihrer Wahl einen Unterrichtsplan. Notieren Sie Leistungserwartungen und skizzieren Sie konkrete Aktivierungsformen zur vorbereitenden, begleitenden Rezeption sowie für nachfolgende Tätigkeiten (Planet Schule, BR).

16.5 Digitalmedien

CALL Software

Der Computer wurde als Lernmedium des Englischunterrichts in den 1980er Jahren durch neue Übungsvollzüge populär. Dies führte zu einer stärkeren Individualisierung als bei herkömmlichen Medien. CALL-Software (*Computer-Assisted-Language-Learning*) stellt aus gedruckten Lernmedien bekannte Übungsformate bereit, Lösungsvorschläge werden unmittelbar bestätigt oder korrigiert. Hilfen zur Bearbeitung stehen auf Abruf bereit. Ohne dass die Schüler unter Druck geraten oder einem vorgegebenen Tempo unterworfen sind, können sie ihre Lösungshypothesen durch Texteingabe überprüfen. Das Computerprogramm passt sich den **individuellen Gegebenheiten** seiner Benutzer an, bei Bedarf führt es auf die richtige Fährte. In aufwendigeren Lernprogrammen kann eine Sprachaufgabe mit mehreren Lösungen zu Ende gebracht werden, die Übungskontexte selbst sind durch Ton- und Bildmedien angereichert (Schönert 2006). CALL-Software gehört heute zur Grundausstattung von Lehrwerken und Selbstlernmaterialien.

▶ ELT-term *computer assisted language learning (CALL)*: "… software programmes such as tutorials, drills, instructional games, and tests, in which the learner interacts with the computer by answering questions and choosing options in order to carry out the tasks in the pre-designed material." (Urmeneta/Sola 2003: 243)

> Sprachlernen in der Presse
> Sprachkurse am PC sind … wie ein guter Lehrer, der auf seinen Schüler eingeht, dabei immer die perfekte Aussprache beherrscht und die korrekte Schreibweise parat hat. Und der sogar zuhört … Selbst die besten Programme setzen Zeit, Fleiß und Lernen voraus. Aber sie machen es den Schülern so angenehm und abwechslungsreich wie möglich: Mal setzen sie Musikuntermalung beim Vokabeltraining ein, mal Fotostorys, mal kommen sie im Gewand eines interaktiven Reiseführers daher … Bei manchen Programmen kann man einzelne Lektionen neuerdings auch auf den MP3-Player oder auf das Handy übertragen und unterwegs hören. Sehr hilfreich ist zudem die Möglichkeit, das Gelernte in interaktiven Prüfungen zu testen, die genau auf das individuelle Lernniveau zugeschnitten sind … Gerade weil Lernsoftware in letzter Zeit so viel besser geworden ist, empfiehlt sich immer die jeweils neueste Version.
> Schönert, *Stern* 2006

Im Internet findet man noch zahlreiche Seiten, die Übungen in CALL-Formaten anbieten. Weitaus interessanter für Englischlehrkräfte wurde das Internet als Informationsmedium für Unterrichtszwecke. Das heute als Web 1.0 bezeichnete Internet kennzeichnete sich durch Zugriffsmöglichkeiten auf Webseiten, die zu nahezu allen Unterrichtsthemen Wissen bereitstellen. Es steht jederzeit und an jedem Ort mit einem Anschluss zur Nutzung offen, sodass individualisierte Lernvorgänge leicht zu initiieren sind.

Die Kennzeichnung Web 2.0 soll auf die Veränderung des Internets von einem reinen Informationsmedium hin zu einem **Netz zum Mitmachen** verweisen. Für den Wissensaufbau eröffnet sich als Perspektive ein „stärker mitgestaltetes und mitverantwortetes Lernen durch Partizipation" (Viebrock 2010: 167).

▶ ELT-terms *Web 1.0/Web 2.0*: "Web 1.0 [is] an environment within which ... websites can be created and maintained for others to read ... Web 2.0 ... allows users to create content in such a way that others can both read and write within the environment." (Hudson 2008: 148)

Hypertexte

Inhalte von Webseiten sind bekanntlich nicht nur verschriftlichte Informationen. Die Darstellungen sind angereichert mit visuellen und auditiven Gestaltungselementen. Abgelegt sind sie in einem Hypertextformat, das quasi dreidimensional strukturiert ist (Späth 1994). Auf dem Bildschirm erscheint der ausgewählte Text. Dahinter befinden sich weitere Quellen und Hinweise. Im Haupttext sind die Stellen, die mit zusätzlichen Informationen hinterlegt sind, farbig markiert (*hot spots*). Ein Anklicken des hot spot aktiviert die Verknüpfung (link). Da in diesen zusätzlichen Informationskanälen heutzutage Inhalte nicht nur verschriftlicht sind, sondern auch visuell oder auditiv vermittelt werden, spricht man auch von **Hypermedia**. Die Inhalte erschließt man sich beim „Surfen" oder durch den gezielten Einsatz von Suchmaschinen („googeln").

▶ ELT-terms *hypertext/hypermedia*: "Hypertext denotes an associative mode of access to information ... in a piece of hypertext the readers click on an unknown word or phrase ... and the software follows the ... route from this text element to its destination ...If ...the user is greeted with an audio or video message ... he or she is in the presence of hypermedia". (Jung 1997: 131)

Webtexte

Das Internet als Werkzeug wird in zahlreichen Unterrichtsvorschlägen aufgegriffen. Praxiserprobt für verschiedene Schulstufen sind z. B. der Hypertext und das WebQuest. In beiden Formaten geht es darum, dass Lernende Informationen zu einer Unterrichtsthematik zusammenstellen. Das WebQuest ist ein Konzept der Informationsverarbeitung. Hierzu gibt es eine standardisierte Vorlage (*template*), auf der eine von der Lehrkraft bereitgestellte Auswahl an Internetadressen spezifiziert verarbeitet wird. Die Schüler surfen also nicht ziellos, sondern können punktgenau auswählen, um für geeignet gehaltene Links zu den einzelnen Gliederungspunkten zusammenzustellen (Moser 2006: 272f). Aufwendiger in der Gestaltung sind Hypertexte. In der von Lernenden hergestellten Variante bestehen sie aus selbst konzipierten Webseiten mit Hotspots, die zu weiteren Informationen führen. Diese können erneut verlinkt sein.

▶ ELT-term *WebQuest*: "A WebQuest is an inquiry-oriented activity in which some or all of the information that learners interact with comes from resources on the internet". (Dodge 1997)

Explizite mediale Lernhilfen für eine **netzbasierte Lernergruppe** stehen z. B. in Form von Anwendungen zur Verfügung, mit denen Vokabellisten generiert werden, z. B. quizlet.com. Spezielle Software unterstützt Lehrkräfte bei der Entwicklung von Aufgabenformaten für die Internetrecherche durch Lernende. Für die selbsttätige Fehlerbearbeitung durch die Lernenden sind netzbasierte Textsammlungen als Referenzquellen vorstellbar (Mukherjee 2002).

Action Item 16.15

Bitte bereiten Sie für eine Lerngruppe Ihrer Wahl ein WebQuest zu einem curricular relevanten Thema vor. Beurteilen Sie, ob ein fremdsprachendidaktischer Mehrwert gegenüber herkömmlichen Methoden des Umgangs mit Informationen festzustellen ist. Gehen Sie dann ähnlich bei dem Entwurf von Online-Übungen vor (hotpotatoes.ch).

Korpora

Korpora enthalten zahlreiche Texte aus verschiedensten Verwendungsbereichen mündlicher und schriftlicher Sprache. Mithilfe spezieller Software können diese Textsammlungen aus Millionen von Wörtern nach bestimmten Kriterien durchsucht und analysiert werden. Auf manche Korpora, z. B. dem British National Corpus oder Cobuild Wordbanks*Online* ist ein Zugriff im Internet für jedermann möglich.

▶ ELT-term *corpus*: "A huge, classroom accessible database for lexically based inquiry and instruction." (Richards/Rogers 2001: 132)

Untersuchungen von Korpora lassen sich durchführen, um **Unterschiede** zwischen mündlicher und schriftlicher Sprache zu identifizieren. Schüler können darüber hinaus Redemittel in ihren natürlichen Umgebungen untersuchen und so auf Formen des Gebrauchs stoßen, die weder Lehrbuch noch Wörterbuch darzustellen in der Lage sind. Beim analytischen Umgang stößt man in Korpora auf sprachliche Nuancierungen und erkennt Verwendungszusammenhänge, die auf kulturelle Einflüsse verweisen.

Ein gängiges Verfahren beim Umgang mit Korpora im Fremdsprachenunterricht besteht darin, das Umfeld ausgesuchter Wörter zu ermitteln. Nachdem man den Recherchebegriff eingegeben hat, listet das Programm alle Textzeilen aus dem Korpus mit dem Suchbegriff in der Zeilenmitte auf (*keyword-in context*, vgl. Mukherjee 2002, 41f). Die visuellen Darstellungen der Ergebnisse sind ohne didaktischen Anspruch.

Action Item 16.16

Bitte entwerfen Sie Unterrichtsaktivitäten zum Umgang mit dem einem Korpus für eine Lerngruppe Ihrer Wahl. British National Corpus (BNC): http://www.natcorp.ox.ac.uk/index.xml; Collins Wordbanks Online (Cobuild): http://www.collins.co.uk/Corpus/CorpusSearch.aspx.

Wiki

Das bekannteste Beispiel des Mitmach-Web ist Wikipedia. Die Einträge stammen von den Nutzern selbst, die sie kontinuierlich redigieren, weiterentwickeln und erweitern. Für den schulischen Gebrauch bieten sich Programme an, mit denen Wikis hergestellt werden. Wie Wikipedia funktionieren sie nach dem **Hypertext-Prinzip**. Lernende können damit von Vokabellisten bis hin zu längeren thematischen Einträgen Inhalte zusammenstellen oder Artikel verfassen, die sie für die eigene Lerngemeinschaft oder für andere Zielgruppen verfügbar machen (Klemm 2005). Gegebenenfalls schließt sich die Arbeit mit Wikis nach der Recherche für ein WebQuest an, um eine Öffentlichkeit zu erreichen, die Impulse zur weiteren Entfaltung eines Themas gibt (Zeinstejer 2008).

Blogs und Podcasts

Weblogs bzw. Blogs sind ebenfalls typische Web 2.0-Anwendungen, in denen man sich mitteilt und austauscht. Die Inhalte in Blogs werden durch Lesezeichen oder Etiketten, sogenannten Tags, in strukturierter Form abgelegt. In Blogs können Lehrkräfte Unterrichtsinhalte veröffentlichen, Schüler können Hausaufgaben „posten". Für den interkulturellen Austausch richtet man ebenfalls Blogs ein (Arena/Jefferson 2008).

Podcasts sind professionell hergestellte **Mediendateien**, die sich für rezeptive und – mithilfe einer Aufnahmesoftware – für produktive sprachliche Tätigkeiten eignen (Bühler 2008). Für die Veröffentlichung gibt es spezielle Podcasting Portale.

Action Item 16.17

Bitte sammeln und bewerten Sie unterrichtsbezogene Varianten der folgenden Web 2.0-Anwendungen aus fremdsprachendidaktischer Sicht. Diskutieren Sie also primär den Nutzen für kommunikative und interkulturelle Zielsetzungen.

Weblog/blog http://wordpress.com/	„... an online journal that an individual can continuously update with his or her own words... through software." (Campbell 2003)
WiKi http://educationalwikis.wikispaces.com/	„... a piece of server software that allows users to freely create, edit, delete, and/or modify web page content using a web browser." (Zeinstejer 2008)
Podcast www.breakingnewsenglish.com	„... u digital recording of a radio broadcast or similiar program ... published on the internet as MP3 files." (Constantine 2007)

Lernplattformen

Lernmanagementsysteme stellen ihren Teilnehmern umfangreiche digitale Organisationsmodelle bereit, zum Lernen, Kommunizieren, Dokumentieren und fachbezogenen Interagieren über das Internet. Alle bisher skizzierten Anwendungen sind in solchen Lernplattformen für **E-Education** natürlich enthalten (Seiler/Schiedt/Käling/Sengstang 2006). Viele weitere Komponenten, darunter Ablaufpläne, Literaturlisten und Foren unterstützen die Organisation eines Kurses und die Kommunikation der Teilnehmenden. Die angemeldeten Nutzer können Informationen in digitalen Dateiordnern hochladen, sich in Chaträumen über die Veranstaltung austauschen, Wikis erstellen, Befragungen und Evaluationen durchführen und andere Teilnehmer kontaktieren. Für den Englischunterricht sind Lernplattformen attraktiv, wenn Lernende und Lehrende auch außerhalb der Präsenzzeiten das Unterrichtsgeschehen aktiv gestalten wollen oder Arbeitsphasen an Lernorte außerhalb des Klassenzimmers verlagert oder etabliert werden sollen.

Action Item 16.18

Bitte machen Sie sich mit einer Lernplattform (z. B. Moodle, Blackboard oder StudIP) vertraut und skizzieren Sie konkrete Einsatzmöglichkeiten im Englischunterricht einer Niveaustufe Ihrer Wahl.

Blended Learning

Auch das Lernkonzept Blended Learning lässt sich auf Lernplattformen sehr gut organisieren. Es funktioniert ebenfalls mit weniger aufwendigen Web 2.0-Anwendungen. Verbunden wird das Lernen im Internet mit dem Unterricht im Klassenzimmer, ohne diesen überflüssig zu machen. Im Gegensatz zu reinen E-Learning-Modellen werden bei Blended Learning nicht komplette Lehrgänge bereitgestellt, sondern lediglich **einzelne Online-Module** für das Selbststudium. Diese Inhalte sollen den Präsenzunterricht ergänzen, erweitern und individualisieren. Bisher konnten sich weder Blended Learning noch plattformbasiertes Lernen im Fremdsprachenunterricht flächendeckend durchsetzen.

> ▶ ELT-term *blended learning*: "... a concept ... which blends online learning with more traditional methods of learning and development." (Thorne 2003: 2)

Media literacy

Die wenigen Beispiele für die Nutzung des Internets im Klassenzimmer verweisen auf die Notwendigkeit, neben der Vermittlung von Techniken im Umgang mit der Software, den Portalen und Informationsangeboten auch kritische Distanz zu entwickeln. Die Informationsangebote der Medien kompetent zu nutzen bedeutet, methodische Kompetenzen anzubahnen, die Lernende zu einem **sachgerechten und effizienten Umgang** mit den Inhalten vorhelfen. Ohne detailliertes Anwendungswissen bleiben ihnen die Erleichterungen verschlossen, die Digitalmedien für die Individualisierung von Lernprozessen anzubieten haben. Neben instrumentellen Fähigkeiten bedarf es jedoch an solidem Wissen und an einer Vielfalt an Erfahrungen, damit man sich kompetent zur Qualität eines Medienangebots äußern kann. Wer will, dass aus Lernenden kompetente Medienbenutzer werden, wird eine kontinuierliche analytische, rezeptionsbezogene und medienspezifische Auseinandersetzung **nicht auf ästhetische Texte** und Produkte beschränken.

▶ ELT-term *media literacy*: "Media literacy is a set of perspectives that we actively use to expose ourselves to the media to interpret the meaning of the messages we encounter. We build our perspectives from knowledge structures. To build our knowledge structures we need tools and raw material. These tools are our skills. The raw material is information from the media and the real world. Active use means that we are aware of the messages and are consciously interacting with them." (Potter 2005, 22)

Zusammenfassung

Dieses Kapitel wollte aufzeigen,

– wie sich Medien für den Fremdsprachenunterricht kategorisieren lassen,

– welche Funktionen man an Medien im Fremdsprachenunterricht delegieren kann,

– welche Alltagsmedien sich explizit fremdsprachendidaktisch nutzen lassen,

– welche Möglichkeiten Medien für die Gestaltung von Lernprozessen bieten.

Weiterführende Literatur:

Literatur für Action Items und forschende Lernaktivitäten: Bayerischer Rundfunk. *Radiowissen. Englisch.* Online verfügbar unter: http://www.br-online.de/wissen-bildung/collegeradio/katalog/faecher/englisch.html. **Faulstich, W.:** *Medienwissenschaft.* Paderborn 2004. **Frederking, V./Krommer, A./Maiwald, K.:** *Mediendidaktik Deutsch. Eine Einführung.* Berlin 2008. **Mukherjee, J.:** *Korpuslinguistik und Englischunterricht: Eine Einführung.* Frankfurt/M. 2002. **Planet Schule, WDR:** *Schulfernsehen multimedial. Englisch.* Online verfügbar unter: http://www.planet-schule.de/sf/php/02_sen01.php?fach=10. **Roche, J.:** *Handbuch Mediendidaktik Fremdsprachen.* Ismaning 2008. **Sharma, P./Barret, B.:** *Blended learning. Using technology in and beyond the language classroom.* Oxford 2007. Siehe auch englische-fachdidaktik.com/

17. Testen, Korrigieren, Bewerten

17.1 Lernstandsmessungen

Wer testet, möchte Informationen über einen Leistungs- oder Lernstand einer Gruppe erhalten. Wer an Tests teilnimmt, tut dies nicht immer freiwillig. Meist jedoch erhält man ein **Feedback**, mit dem man Einschätzungen der eigenen Leistung vornehmen kann. Diese Informationen können verschiedene Reaktionen zur Folge haben. Die Teilnehmer erfahren, wie sie sich im Test geschlagen haben. Die Ergebnisse können Aussagen darüber erleichtern, auf welchem Niveau die Teilnehmer den überprüften Leistungserwartungen gerecht wurden. Ihnen mag bewusst werden, in welchen Bereichen Lernanstrengungen erhöht werden müssen, um ihr Leistungsprofil zu optimieren. Manche Tests haben die Aufnahme oder Ablehnung an einer Institution zur Folge, die Leistungsstandards definiert hat.

Testergebnisse sind auch für die Testverantwortlichen interessant. Lehrkräfte können auf den korrigierten Klassenarbeiten basierend zumindest Hypothesen darüber aufstellen, ob ein Zusammenhang besteht zwischen den Ergebnissen, und bestimmten von ihnen getroffenen didaktischen und methodischen Entscheidungen. Dies kann dazu führen, dass Lehrkräfte Veränderungen in der Planung und Durchführung ihres Unterrichts in Erwägung ziehen.

Schulen oder übergeordnete Schulbehörden werden durch bestimmte Tests mit Daten versorgt. Deren Auswertung lässt möglicherweise Rückschlüsse auf den Lernstand oder das Leistungsvermögen einer schulübergreifenden Teilnehmergruppe zu. Landesweite Tests (*large scale assessment*) erleichtern den Vergleich von Leistungen in verschiedenen Regionen. Einflussbereiche auf Schülerleistungen sind so auf einer soliden, empirisch ermittelten Datenbasis zu bestimmen.

> ▶ ELT-term *large scale assessment*: "Large-scale assessment means tests are administered to large numbers of students, such as those in a district or state." (DePascale 2009 online)

Klassenarbeiten

Tests finden zuallererst **im Klassenzimmer** statt. Dort erleben die Lernenden, dass ihre Leistungen regelmäßig überprüft werden. Am meisten vertraut sind ihnen Klassenarbeiten. Die korrigierten Versionen zeigen ihnen Stärken, besonders aber Schwächen auf. Vor allem das Abschneiden in schriftlichen Tests entscheidet über die Note im Fach.

In den ersten Lernjahren überwiegen *Discrete-Point-Tests* in den Arbeiten. **Punktuelle Abfragen** bieten sich an, wenn die Lernplanung an einer grammatischen oder funktionalen Progression ausgerichtet ist und die Lehrkräfte prüfen wollen, ob einzelne grammatische Strukturen, bestimmte Vokabeln oder neu eingeführte Redemittel beherrscht werden. *Discrete-Point-Tests* prüfen in jeder Aufgabe nur eine Fertigkeit ab. Insofern sind sie hilfreiche Instrumentarien, um den Kompetenzstand in einzelnen Sprachbereichen zu erfassen. Defizite können leicht identifiziert und in nachfolgenden Übungsplänen angegangen werden. Einzelpunktabfragen können auch nach Art eines psychometrischen Tests konzipiert sein. Bevorzugt werden solche standardisierten Tests mit feststehenden Fragen, wenn man objektive Messwerte erhalten will. Ein psychometrischer Test kann Einzelpunktabfragen mit eindeutiger Antwort (yes/no; right/wrong) enthalten, vorherrschend sind jedoch Multiple Choice Aufgaben.

> ▶ ELT-term *descrete point testing*: "The practice of testing separate, individual points of knowledge." (McNamara 2000: 14)
> ▶ ELT-term *psychometric tests*: "They comprise a standardized series of problems, usually multiple choice or short answer ... The conditions under which the test is taken will be the same for all candidates." (Bryon 2005: 1)

Ein durch punktuelle Tests gewonnenes Datenmaterial sagt nicht viel über Sprachhandlungsfähigkeiten der Schüler aus, d. h. über den Stand strategischer, soziolinguistischer und diskursiver Fähigkeiten. Deshalb setzt man schon frühzeitig **integrative Tests** ein. Sie bestehen aus Aufgaben, zu deren Lösung mehrere sprachliche Fertigkeiten aufgerufen werden müssen.

> ▶ ELT-term *integrative test*: "An integrative test involves whole pieces of discourse and tests a relative broad command of language: writing an essay, for example, or doing a cloze test." (Ur 1996: 44)

Klassenarbeiten gelten in der Testtheorie als norm-/bzw. bezugsgruppenorientierte Leistungstests (*achievement tests*). Man hält sie ab, um den **Lernfortschritt** festzustellen. Nicht Testexperten stellen nach ihren Kriterien die Aufgaben zusammen, sondern Lehrkräfte. Klassenarbeiten haben keinen empirischen Rahmen. Weder sind die Aufgaben standardisiert, noch sind sie kontinuierlich an Kriterien orientiert. Lernende können sich auf Klassenarbeiten explizit vorbereiten, da der stoffliche Rahmen bekannt ist. Denn beim Zusammenstellen einer Klassenarbeit lassen sich die Lehrkräfte von den Inhalten, Lernzielen und Kompetenzen leiten, die sie in einer bestimmten Lerngruppe durchgenommen bzw. angebahnt haben. Die Testaufgaben sind auf diese Lernenden abgestimmt, auf ihren Unterricht und auf den Klassenlehrplan, der für diese Lerngruppe gültig ist. Diese Bezugsgrößen bilden die Norm, an der sich die Lehrkraft mit ihren Leistungserwartungen bei der Konzeption einer Klassenarbeit orientiert (*norm-referenced*).

> ▶ ELT-term *norm-referenced tests*. "They ... provide an index of 'average' performance ... An individual's performance on a test is compared to that of a national or local sample of students of the same age or grade level." (Sacks 2001: 9)

Klassenarbeiten werden auch als **informelle Tests** bezeichnet, weil sie von einzelnen Lehrkräften zusammengestellt wurden mit dem Ziel, Aussagen über den Lernfortschritt einer bestimmten Lerngruppe zu treffen. Es ist nur schwerlich möglich, Klassenarbeiten zu schulinternen Vergleichszwecken heranzuziehen. Die Gütekriterien für formale schulübergreifende Vergleichstests werden von Klassenarbeiten normalerweise nicht erfüllt.

▶ ELT-term *achievement test*: "Usually a classroom based test to measure how much someone has learnt as the result of a program of teaching and learning a second language." (Baker/Prys Jones 1998: 698)

Dem informellen Charakter einer Klassenarbeit entspricht es, dass die Ergebnisse nicht nur zur Bewertung und Leistungseinordnung genutzt werden. Lehrkräften dienen solche normorientierten Tests auch zur Diagnostik. Normalerweise ergeben sich bei der Auswertung der Arbeiten Anhaltspunkte dafür, dass bestimmte Lerninhalte von einigen Schülern in der Lerngruppe besser als von anderen beherrscht werden. Maßnahmen für schwächere Lerner und für ihre in der Klassenarbeit identifizierten Lernprobleme lassen sich entwickeln. Zur Lernproblemdiagnose sind jedoch primär Tests empfehlenswert, die unbenotet bleiben.

▶ ELT-term *diagnostic tests*. "Diagnostic tests seek to identify those areas in which a student needs further help." (Alderson/Clapham/Wall 2001: 12)

Vergleichsarbeiten

Neben Klassenarbeiten sind Lernende an öffentlichen Schulen inzwischen auch mit Vergleichsarbeiten vertraut. Im Hinblick auf ihr Design sind sie identisch mit **allgemeinen Sprachfähigkeitstest** (*proficiency*). Sie werden eingesetzt, um einen Sprachlernstand zu erfassen, z. B. den aller Lernenden im zweiten Lernjahr im Fach Englisch an Realschulen eines Bundeslandes. Dadurch unterscheiden sie sich von einem Leistungstest, der den aktuellen Lernstand in Englisch z. B. der Klasse 6b einer Realschule zu ermitteln beabsichtigt (Zydatiß 2000: 124; Koch 2007).

Mit Vergleichsarbeiten nach Art eines *proficiency test* erhält man repräsentative Stichproben zur Erfassung der „Lernstände und Kompetenzen in bestimmten Klassenstufen oder Altersgruppen" (Harsch 2009: 9). Da der Bezugsrahmen zu einer Lerngruppe und ihrem Lehrplan fehlt, kann man sich auf einen *proficiency test* nicht durch besondere Lernanstrengungen gezielt vorbereiten.

▶ ELT-term *proficiency tests*: "Proficiency tests are not based on a particular language programme. They are designed to test the ability of students with different language training background." (Alderson/Clapham/Wall 2001: 12)

Etwas anderes ist die Vorbereitung auf den Umgang mit dem Testformat einer Vergleichsarbeit. Oftmals unterscheidet es sich ja von den Testaufgaben im Rahmen einer Klassenarbeit. Schüler, die keine Erfahrungen mit den Testformaten haben, könnten Ergebnisse erzielen, die ihre Leistungsfähigkeit nicht adäquat wiedergeben. Sowohl zwischen den Schulformen als auch im internationalen Vergleich werden verschiedene Testkulturen gepflegt. Es scheint daher wichtig, dass die verwendeten Testkonzepte bei den Teilnehmern bekannt sind. Fraglich bleibt jedoch ein solches *teaching to the test*, wenn vor einer Lernstandsmessung die in einem formalen Test erwarteten Aufgabenformate zu sehr in den Mittelpunkt des Unterrichtsgeschehens rücken **und kommunikative Aktivitäten** an den Rand drängen.

Lernen in der Presse   Klaus-Jürgen Tillmann, Bildungsforscher
„Nach Pisa wollte sich kein Kultusminister vorwerfen lassen, dass er nicht auf Leistung setzt", erklärt Forscher Tillmann. „Dahinter steht die vage Hoffnung, dass vom Überprüfen alles auch irgendwie besser wird." Doch noch fehlt den Lehrerkollegien das Knowhow, um aus der Datenflut Konzepte abzuleiten. „Da muss dringend was geschehen", sagt Tillmann, "sonst bleibt das Ganze ein langer Anlauf, ohne dass gesprungen wird."
Koch, *Der Spiegel* 2007

Vergleichsarbeiten werden zwar im Klassenzimmer durchgeführt, sie haben aber keinen Einfluss auf die Note der Teilnehmer. Sie sind Bestandteil des von der Kultusministerkonferenz initiierten **Bildungsmonitoring** und eine von mehreren Maßnahmen, die „die Qualität und den Umfang des ‚Inputs' in schulischen Lernprozessen dokumentieren" (Fend 2008: 116). Da die Auswertung zu mehr Unterrichtsqualität führen soll, haben auch Vergleichsarbeiten eine diagnostische Funktion. Es geht darum, Stärken und Schwächen der Teilnehmer in Bezug auf Kriterien zu ermitteln, an denen die Tests orientiert sind. Zunehmend werden die Aufgaben, die zur Lernstandermittlung herangezogen werden, in enger Anlehnung an die Kriterien des Gemeinsamen europäischen Referenzrahmens (GeR) konzipiert. Steht beispielsweise die Testkonzeption einer Vergleichsarbeit für den Mittleren Bildungsabschluss an, gelten die Leistungserwartungen, die in der Niveaustufe B1 des GeR formuliert sind.

Vergleichsarbeiten sind **formelle Tests**. Dieser Testtyp richtet sich an Teilnehmer, die einen Lernstand erreicht haben, der in Form von Kriterien beschrieben werden kann, ohne dass individuelle Entwicklungen berücksichtigt werden müssten (*criterion-referenced*). Die Aufgaben in formellen Tests werden zentral von Experten verfasst. Sie überprüfen in Pre-Tests die Vorlage auf Durchführbarkeit, Trennschärfe und Eindeutigkeit. Pre-Test-Verfahren geben auch Aufschluss darüber, ob die Aufgaben und hieran gebundene Leistungserwartungen im Einklang mit den Gütekriterien für Tests stehen, d. h. sie messgenau, zuverlässig und objektiv bewertbar sind. Rückmeldungen und Erfahrungen aus der ersten Evaluationsphase führen normalerweise zu einer weiteren Bearbeitung der Formate, wo noch Änderungen vorgenommen werden.

▶ ELT-term *criterion-referenced test*: "They provide a measure of the extent to which individuals or groups have mastered specific curriculum content." (Sacks 2001: 9)

Action Item 17.1

Bitte beschreiben Sie, ob bzw. in welcher Form Testaufgaben (vgl. Beispiel im Kasten) in Vergleichsarbeiten von den Formaten abweichen, die Lernende von ihren Lernaufgaben her gewöhnt sind. Beurteilen Sie dann die Testaufgaben nach den Gütekriterien.

Beispiel Vergleichsarbeit Klasse 10 Gymnasium
LISTENING (Note: You'll hear each text twice)

PART 1 - Questions 1 . 7
You will hear people talking in eight different situations. For questions 1-8, tick √ the best answer. The first one is an example.
1 You hear a woman talking to a railway official. What is the situation?
A □ She refuses to pay extra. **B** √ She hasn't got a ticket.
C □ She wants to leave her luggage.

Quelle. Senatorin für Bildung und Wissenschaft Bremen. Vergleichstest 2004.

Zu Beginn eines neuen Schuljahrs veranlassen viele Kultusministerien in ihren Verantwortungsbereichen Lernstandserhebungen, die alle Lernenden einer Lernstufe im Land erfassen. Deutlich größer sind die Abstände, in denen landesweite oder gar internationale Tests durchgeführt werden. Aus deren Ergebnissen ableitbare Konsequenzen werden gegebenenfalls **schulübergreifend** umgesetzt, z. B. in Form neuer Lehrpläne.

Action Item 17.2

Bitte machen Sie sich mit den Ergebnissen der Desi-Studie vertraut, soweit sie das Fach Englisch betreffen. Skizzieren Sie Konsequenzen für den Unterricht.

Abschlusstests

Eine besondere Form der Vergleichsarbeit sind zentral gestellte Abschlusstests. Es gibt sie für mittlere und höhere Bildungsabschlüsse, sie führen vom qualifizierenden Hauptschulabschluss bis hin zur allgemeinen Hochschulreife. Die Aufgaben stammen von einer **Institution**, die einen Test für alle Teilnehmer an allen Schulen eines Bundeslandes entwirft, die zum überprüften Abschluss ausbilden. Die hier erbrachten Leistungen werden in Noten erfasst (Kahl 2002).

▶ ELT-term *high-stakes assessment*: "High stakes assessment occurs whenever an assessment or a battery of assessment is used to make decisions to affect individuals' lives in significant ways." (Coniam/ Falway 2007: 457)

Zertifizierung

Qualifikationen in einer Fremdsprache lassen sich auch durch internationale Testzertifikate nachweisen. Hierzu gibt es Vorbereitungskurse oder webbasierte Trainingsprogramme. Internationale *proficiency tests* wie z. B. TOEFL, ILTS oder die verschiedenen Cambridge Certificates für **verschiedene Niveaustufen** nutzt man, um festzustellen, ob die Sprachkenntnisse der Teilnehmer ausreichend sind, z. B. für ein Universitätsstudium mit Englisch als Arbeitssprache. Zertifikate auf der Grundlage der Niveaustufen des GeR gibt es für viele Sprachen, darunter auch für Deutsch und Französisch.

> Lernen in der Presse   Finnland
> Jedes Jahr werden 120 von den 4000 Schulen im Land zum Vergleichstest ausgewählt.
> Andere dürfen sich freiwillig beteiligen. Inzwischen lässt sich etwa ein Drittel aller Schu-
> len jährlich evaluieren. Schulen, die nicht ausgewählt wurden, müssen für die Teilnah-
> me 1000 Euro Gebühr zahlen ... Getestet werden nicht die Leistungen der Schüler, son-
> dern die Qualität der Schulen. Sie haben versagt, wenn es an den Leistungen der Schü-
> ler hapert, nicht die Schüler selbst.
> Kahl, *Die Zeit* 2002

17.2 Gütekriterien für Tests

Um zu prüfen, ob ein Test den Anforderungen an die Qualität als Testinstrument gerecht wird, bestimmt man seine **Testgüte**. Validität, Reliabilität und Objektivität sind hierbei die Hauptkriterien. Valide ist eine Arbeit, die nur misst, was sie zu messen angibt. Es muss ausgeschlossen sein, dass andere als die erforderlichen Kompetenzen aufgerufen werden, um eine zu messende Leistung zu zeigen (Doyé 1981: 42ff). Soll beispielsweise die Fähigkeit überprüft werden, einem Lesetext die wesentlichen Informationen zu entnehmen, würde der Auftrag, eine schriftliche Reaktion auf den Lesetext verfassen, dem Kriterium der Validität nicht entsprechen.

▶ ELT-term *validity*: "Validity refers to whether a test measures what it purports to measure." (Cohen 2004: 525)

Das Kriterium der Reliabilität bezieht sich auf die Zuverlässigkeit eines Tests. Eine hohe Reliabilität liegt vor, wenn ein Test bei nochmaliger Durchführung unter gleichen Bedingungen wieder die gleichen Werte bzw. Ergebnisse erbringt. Zur Reliabilität tragen verständliche Aufgabenstellungen bei, exakte Angaben zur Bearbeitungszeit und zur Punkteverteilung. Mehrere ähnliche, aber nicht aufeinander bezogene Aufgaben prüfen die Sicherheit in einem Kompetenzbereich zuverlässiger als eine einzige. Die Testaufgaben dürfen nicht aufeinander bezogen, sondern müssen unabhängig voneinander zu lösen sein. Auch verbietet sich die Option, aus einem Aufgabenpool auszuwählen. Die Lösung darf nicht zufällig oder durch Erraten zustande kommen (Lienert/Raatz 1998).

▶ ELT-term *reliability*: "Reliability means that the results are consistent and reproducible with different markers, occasions, test types, marking conventions, grading procedures and contexts" (Cohen/Manion/Morrison 2004: 331)

Subjektive Einschätzungen beeinträchtigen die Reliabilität der Punkteverteilung, unter Umständen verfälschen sie das Testergebnis. Diese Gefahr ist gerade bei der Beurteilung freierer Äußerungen gegeben. Durch Mitwirkung mehrerer Korrektoren an der Ermittlung der Gesamtpunktzahl wird versucht, sie gering zu halten. Die Korrektur und Notenfindung im Team stellen eine objektivere Auswertung sicher. Objektivität als Gütekriterium erfordert jedoch auch, dass ein Test unter für alle Schüler gleichen Bedingungen durchgeführt wird und jeder Proband über die gleichen Informationen verfügt. Die Lehrkraft muss es sich versagen, einzelne Teilnehmer während der Prüfung mit zusätzlichen Hilfen zu versorgen oder leistungsschwächeren zu gestatten, z. B. Aufgaben in Partnerarbeit zu lösen (Hughes 1989).

▶ ELT-term *objectivity*: "A proposition that is not biased or distorted by particular motives" (David/Sutton 2004: 366)

Action Item 17.3

Bitte beschreiben Sie, wie die Berücksichtigung der Gütekriterien Validität, Reliabilität und Objektivität in Vergleichsarbeiten vorgenommen wurde.

17.3 Aufgabentypen

Für die Zusammenstellung eines Tests bieten sich drei Arten von Aufgaben an, die hier unterteilt werden sollen in geschlossene, halb-offene und offene Formen. Diese Kategorisierung wird **mit Blick auf die sprachlichen Aktivitäten** vorgenommen, die Testaufgaben auslösen.

Geschlossene Aufgabentypen fordern dazu auf, Redemittel, linguistische Einheiten oder Informationseinheiten wiederzuerkennen, sie auszuwählen, zuzuordnen, umzuordnen oder zu markieren. Es gibt nur eine einzige richtige Lösung.

Halb-offene Aufgaben verlangen häufig von Testteilnehmern, Redemittel zu ergänzen. Zusätzlich können mutter- oder zielsprachlich formulierte Aufforderungen zur Versprachlichung eng definierter Äußerungen auffordern. Grundsätzlich gibt es mehr als eine Lösung, wobei der Spielraum hierfür gering ist. Eine Sonderform der halb-offenen Aufgabe ist der Cloze-Test, der auf dem "principle of reduced redundancy testing" basiert (Grotjahn 2000: 159). Nach einer einleitenden Textpassage wird jedes n-te Wort eliminiert. Da zur Vervollständigung des Textfragments die Testteilnehmer mehrere Fertigkeiten aufrufen müssen, gilt der Cloze-Test als eine integrative Testform. Allerdings setzt der Cloze-Test sehr gut entwickeltes **schlussfolgerndes Denken** voraus, zum Teil ist für die Lösung Spezialwissen erforderlich.

Derartige Schwierigkeiten sind im C-Test **abgemildert**. Ab dem zweiten Satz wird in den kurzen Texten die zweite Hälfte jedes zweiten Wortes gelöscht.

Action Item 17.3

Bitte wandeln Sie einen kürzeren Text aus einem Lehrbuch in einen Cloze-Test und in einen C-Test um. Bestimmen Sie Lerngruppen, die jeweils nur eine Testform bearbeiten. Vergleichen Sie die Ergebnisse und bewerten Sie danach die Testformen (Gehring 2002: 103).

Cloze-Test	C-Test
Irland is in the west _____ Britain. It is divided into _____ parts. Northern Ireland is part _____ the United Kingdom. The eastern _____ is the Republic of Ireland _____ Eire as it is called _____ Gaelic. Eire used to be _____ poor country. Its main income _____ from farming and from tourism.	Scotland is famous for its beautiful countryside. The lonl___. and wild___ parts of__ Scotland a__ in t___. Highlands. Th__ is a__ area o___ high moun____, the high___ in Brit____ in fa___. The clim____ is ro____, and f___ trees c___ grow he___ because o___ the wi____ and t___ weather …

Geschlossene und halb offene Aufgaben sind nicht nur problemlos mit den Gütekriterien Reliabilität und Objektivität in Einklang zu bringen, sie sind auch schnell herzustellen. Weil man die Schülerarbeiten lediglich mit einer Musterlösung vergleichen muss, sind sie in einem überschaubaren Zeitrahmen auszuwerten und somit pragmatisch.

Ein sehr hohes Maß an Validität in fremdsprachlichen Tests erreicht man mit offenen Aufgaben. Sie messen Kommunikationsfähigkeit im eigentlichen Sinne. Einschränkungen an Reliabilität und Objektivität müssen hingenommen werden. Denn die Schülerantworten sind vorab nicht exakt zu bestimmen. Ihre Qualitäten im Hinblick auf die Erwartungen Korrektheit oder Verständlichkeit sind von unterschiedlicher Güte, verschiedene Einschätzungen der Bewertenden sind wahrscheinlich. Aufgabenbeispiele für integratives Testen fortgeschrittener Lerner sind Aufsätze und Interviews, mündliche oder schriftliche Stellungnahmen zu einem Problem, ebenso Essay oder Nacherzählung. Auf frühen Lernstufen lösen Bildergeschichten und verbal hergestellte semantische Konzepte kontextuell gelenkte Sprachaktivitäten aus. Mit offenen Aufgabenformen lassen sich relativ aussagekräftige Daten zur **funktionalen Sprachverwendungskompetenz** ermitteln.

Was die Übersetzung als eine offene Testform angeht, so wird kritisch angemerkt, dass sie die Überprüfung des Textverstehens durch stilistische Anforderungen unnötig verkompliziere (Macht 1979: 38f). Als Prüfungsform hat sich inzwischen die Sprachmittlung (Mediation) durchgesetzt. Erwartet wird eine adressatengemäße, sinnentsprechende und situationsgerechte Übertragung eines Textes in die andere Sprache. Eine Übersetzung im Sinne einer exakten stilistischen, idiomatischen und strukturellen Überführung in die Zielsprache wird nicht mehr verlangt.

In Klassenarbeiten an öffentlichen Schulen ermittelt man **individuelle Leistungsprofile** der Lernenden mit einer Kombination aus verschiedenen Aufgabentypen. Ein Aufgabenmix aus verschiedenen Schwierigkeitsstufen stellt dabei sicher, dass sowohl die Lernleistung der Schüler als auch ihre Sprachhandlungsfähigkeit gewürdigt wird. Auch die Trennschärfe wird gewährleistet, die Ergebnisse streuen also „über (fast) alle Notenwerte" (Kieweg 1992: 322).

Action Item 17.5

Bitte erstellen Sie einen integrativen Test für eine Niveaustufe Ihrer Wahl. Wählen Sie aus der Zusammenstellung von Testaufgaben im Kasten und begründen Sie Ihre Auswahl (Krause/Sändig 1999, Zydatiß 2002: 64).

Rezeptiv: Hören/Lesen	Produktiv: Sprechen/Schreiben
1. Indizieren: *Markieren etc.*	Reproduzieren: *Abschreiben etc.*
2. Reihen: *Textteile ordnen etc.*	Bezeichnen: *Beschriften etc.*
3. Zuordnen: *Überschriften etc.*	Ergänzen: *Textteile etc.*
4. Sortieren: *Informationen etc.*	Umformen: *Textsorte etc.*
5. Reproduzieren: *Nachschrift etc.*	Verbalisieren: *Visualisierungen etc.*
6. Antwortauswahl: *Ja-/Nein etc.*	Übersetzen: *Hin-Her etc.*
7. Ergänzen: *C-Test etc.*	Editieren: *Fehlerhafte Texte etc.*
8. Korrigieren: *Anstreichen etc.*	Ausformulieren: *Notizen etc.*
9. Umformen: *Listen etc.*	Strukturieren: *Gliederung etc.*
10. Visualisieren: *Skizzen etc.*	Minitexte verfassen: *Formulare etc.*
11. Strukturieren: *Inhalte etc.*	Texte gelenkt verfassen: *Versprachlichungshilfen etc.*
12. Rezeption verbalisieren: *Zusammenfassen etc.*	Texte frei verfassen: *Themaaufgabe etc.*

17.4 Planungsschritte für die Leistungsbewertung

In den ersten Lernjahren sind in den Klassenarbeiten offene Testformen in der Minderheit. Was sich als Nachteil für eine Bewertung nach kommunikativen Gesichtspunkten darstellt, hat für die Benotung Vorteile. Geschlossene und halboffene Aufgaben führen zu eindeutigen Lösungen. Eine Bewertung kann objektiv erfolgen, die angelegten Maßstäbe sind transparent in Punkten darstellbar.

Bewertungsraster

Seit der Vorstellung des Gemeinsamen europäischen Referenzrahmens, der fremdsprachliche Niveaustufen anhand **differenzierter Kriterien** für verschiedene Anwendungsbereiche einer Fremdsprache beschreibt, hat es viele Initiativen gegeben, um Kriterien für die Bewertung von Schülerleistungen zu formulieren. Denn es leuchtet ja ein, dass es einen Unterschied macht, ob ein beginnender oder ein fortgeschrittener Lerner, eine erfolgreiche oder eine weniger erfolgreichere Lernerin ‚an Gesprächen teilnimmt'. Außerdem tragen Noten alleine nur wenig dazu bei, dass Lernende ihren Leistungsstand umfassend nachvollziehen können.

Um eine Leistung über eine Ziffernbewertung hinausgehend zu erfassen, muss man sie zunächst in ihren **einzelnen Komponenten** näher beschreiben. Hierzu werden mehrere Kriterien formuliert. Für das Raster eines kommunikativen Tests übernimmt man beispielsweise die GeR-Kriterien *range, accuracy, fluency, interaction* und *coherence* (Council of Europe 1998: 159). In einem zweiten Schritt wird nun jedes Kriterium durch einzelne Deskriptoren (descriptors) näher spezifiziert. Dies kann geschehen, indem man nur die bestmögliche Annäherung an das Kriterium beschreibt. Oder man differenziert mehrere Leistungsniveaus über Deskriptoren, die das ganze Notenspektrum abdecken.

▶ ELT-term *descriptors*: "Descriptors are the statements which define the levels of performance at every point or nearly every point on a rating scale." (Alderson/Clapham/Wall 1995: 287)

Action Item 17.6

Bitte erstellen Sie ein Bewertungsraster für eine freie Sprachaufgabe und für eine Niveaustufe Ihrer Wahl (vgl. Kasten, nach Mertler 2001). Geben Sie die Kriterien für die Bewertung an und beschreiben Sie die Erwartungen für die angegebenen Qualifikationsebenen vermittels Deskriptoren. (Beispiele unter: englische-fachdidaktik.com)

Criteria 1	Beginning	Developing	Accomplished	Exemplary
	Description reflecting beginning level of performance	Description reflecting movement toward mastery level of performance	Description reflecting achievement of mastery level of performance	Description reflecting highest level of performance
Criteria 2 usw.				

Fehlergewichtung

Ein **Korrekturproblem** ist die Gewichtung sprachlicher Fehler. Nicht valide wäre es zweifellos, die Summe der sprachlichen Fehler in einer Schülerleistung nummerisch zu ermitteln, sie einer Punkteskala zuzuordnen, die dann zur Festlegung der erreichten Note führt. Gegen einen solchen Fehlerindex spricht, dass manche Fehler leicht sind, andere dagegen sind schwerwiegende Normabweichungen. Fehler, die im Bemühen um die Aufrechterhaltung der kommunikativen Handlung entstanden oder weil man die Kommunikationsintention verdeutlichen wollte, wird man anders bewerten als solche, die auf eine unzureichende Vorbereitung zurückzuführen sind.

Bei der Benotung einer sprachlichen Leistung wird berücksichtigt, in welcher Weise die **Verständlichkeit** des Inhalts durch Fehler beeinträchtigt wird. Kriterien können auch das Maß der Abweichungen von der Norm und vom konventionellen Sprachgebrauch sein. Fehler, die Verstöße gegen neu gelerntes und vermitteltes Sprachmaterial darstellen, gelten immer als schwere Normverstöße (Hecht/Green 1983: 63ff.).

> **Action Item 17.7**
>
> Bitte sichten Sie authentische Schülerarbeiten, Fehlerlisten oder konstruierte Fehlertexte. Ordnen und gewichten Sie Fehler nach den unten genannten Kriterien (Hecht/Green 1983).

Kriterium	Schwerer Fehler	Leichter Fehler
Generality	Verstoß gegen allgemeine Sprachregeln.	Beeinträchtigung spezifischen Regelverhaltens.
Comprehensibility	Verständlichkeit und Textsinn stark beeinträchtigt.	Verständlichkeit und Textsinn geringfügig beeinträchtigt.
Curriculum	Verstoß gegen aktuelles Sprachlernziel.	
Frequency	Verstoß gegen "common construction".	Geringfügige Abweichung von "common construction".
Conformity	Starke Abweichung von sprachlichen Regeln und stilistischer Norm.	Geringfügige Abweichung.

Inzwischen gibt es Computerprogramme, mit deren Hilfe man einen **kriterienbasierten Erwartungshorizont** auch für das Sprachsystem erstellen kann. Damit setzt man die Theorie um, dass sich sprachliche Handlungen anhand von niveaugestuften Parametern differenziert erfassen und als Leistungsmerkmale beschreiben lassen (Schinschke/Weinert 2008).

> **Action Item 17.8**
>
> Bitte erstellen Sie einen kriterienbasierten Erwartungshorizont nach dem Muster der Grammatikbewertung unten für die lexikalische Ebene einer Arbeit Ihrer Wahl.

Textalternativen	Benotung		
Geringfügige Grammatikfehler behindern weder Verständnis noch Lesefluss, sprachliche Bezüge eindeutig.	15	14	13
Mehrere geringfügige Grammatikfehler und / oder vereinzelte Verstöße in den sprachlichen Bezügen beeinträchtigen die Aussage nicht.	12	11	10
Verstöße gegen die Grammatik und / oder in den sprachlichen Bezügen beeinträchtigen einen geringen Teil der Aussage.	09	08	07
Verstöße gegen die Grammatik und / oder in den sprachlichen Bezügen beeinträchtigen die Aussage wiederholt.	06	05	04
Verstöße gegen die Grammatik und / oder in den sprachlichen Bezügen erschweren die Verständlichkeit	03	02	01
Verstöße gegen die Grammatik erschweren die Verständlichkeit weitgehend, sprachliche Bezüge mehrfach unklar.	0		
http://www.klausurgutachten.de/static/hinweise/rel/1/			

Bei der Korrektur offener Aufgabenformen werden sowohl sprachliche als auch inhaltliche Aspekte gewürdigt. Für beide Komponenten sind Lösungspunkte reserviert, wobei die sprachliche Leistung höher bewertet wird. Diesbezüglich ergänzen weitere kommunikative Aspekte die Bewertungskriterien, z.B. Ausdrucksvermögen, Stil, Register, Idiomatik oder argumentative Struktur.

Action Item 17.9

Wählen Sie bitte eine Niveaustufe aus. Erstellen Sie dann einen kriterienbasierten Erwartungshorizont für die inhaltliche und stilistische Ebene einer Schreibaufgabe. Beschränken Sie sich dabei auf die Kriterien im Kasten (Zydatiß 2002: 327f). Bewerten Sie dann mithilfe des Erwartungshorizonts einige Lernertexte zu dieser Aufgabe.

Criterion	Excellent Good Fair Sufficient Inadequate Poor
1. Content	a) a sense of purpose or function of the written text, b) the interest and force of the content ("having s.th. to say"): clarity of content, development of ideas ("a sense of direction", the organization of content.
2. Range of language	a) the range of vocabulary and grammar, b) the complexity of sentence and text structure, cohesion and coherence (linking ideas, connectives).
3. Accuracy	a) correctness of vocabulary, grammar, spelling and punctuation, b) presentation of the text: layout, handwriting, overall neatness.
4. Appropriacy	a) a sense of the reader or audience, b) a sense of style: feel for the language, fluency, idiomaticity.

17.5 Summative und formative Leistungseinschätzung

Bewertungsbögen nach Art der oben skizzierten Varianten eignen sich grundsätzlich als **Medium für Rückmeldungen** der Lehrkräfte im Rahmen alternativer Leistungserhebungen. Generell wird in der Fachliteratur zwischen summativen und formativen Formen der Leistungsfeststellung unterschieden. Formative Einschätzungen werden aufgrund eigener Auffassungen zur Leistungseinschätzung als Alternative zu traditionellen Verfahren aufgefasst. Die summative Bewertung ist an den Schulen in allen Fächern am weitesten verbreitet. Die Evaluation wird am Ende eines Lernprozesses bzw. nach Abschluss einer Lerneinheit angesetzt. Getestet wird, wie Lernende mit einem neu erworbenen Wissensgebiet zum gegebenen Testzeitpunkt umgehen. Sie haben normalerweise keine Gelegenheit, die in einem summativen Test gezeigte Leistung zu einem späteren Zeitpunkt notenrelevant zu korrigieren. Folgerichtig aktivieren Schüler Strategien, die auf Fehlervermeidung gerichtet sind. Aussagen über Lernerhypothesen, die für eine schülerorientierte Lernplanung hilfreich sind, können daher nur bedingt getroffen werden. Auch das Lehrerfeedback in Form der durchgeführten Korrekturen erfüllt nur zum Teil seinen Zweck als Input für die **Lernförderung**.

Formative Bewertungen setzen dagegen bereits während einer Lernphase an. In regelmäßigen Überprüfungen des jeweils aktuellen Leistungsstands erhalten die Lernenden ein Feedback über die Qualität des Lernprozessverlaufs. Gegenüber einer summativen Bewertung, die letztendlich ein Lernprodukt zum Zwecke der Notenfindung evaluiert, beabsichtigen Lehrkräfte mit formativen Bewertungen, einen positiven Einfluss auf die Qualität der Lernphase zu nehmen. Da es nicht um eine Benotung, sondern um eine **Effektivierung** des Lernprozesses geht, sieht man in formativen Bewertungen einen Weg, die „Diagnose- und Leistungskultur" im Englischunterricht schülerorientierter zu gestalten (Bakker 2010).

Eine formative Bewertung kann alternative Zugangsweisen zu Lernerleistungen einbeziehen. Ebenso geeignet sind herkömmliche Testarten. Entscheidend sind die Zeitpunkte der Überprüfung und die Zielrichtung der Maßnahmen, die auf die Datenanalyse folgen (Kiely/Rea-Dickins 2005). Dennoch werden Lernertagebuch, Portfolio, Rückmeldebögen mit zum Teil standardisierten Verbalbewertungen und vergleichbare Produkte häufig im Zusammenhang mit formativen Bewertungsverfahren genannt (Winter 2004).

▶ ELT-term *formative assessment*: "Formative assessment …provides feedback to teachers and learners on their current performances, achievements, strengths and weaknesses in such a form that it is clear what the student or the teacher can do next either to improve enhance or extend learning and achievement." (Cohen/Manion/Morrison 2004: 329)

Schüler schätzen sich selbst ein

Es ist ganz im Sinne einer Förderung des autonomen Lernens, dass Schüler sich in der kritischen Bewertung der eigenen Leistung trainieren. Hierzu führen die Lernenden Portfolios oder Lernertagebücher, sie füllen Rückmeldebögen aus oder beantworten Fragebögen.

Action Item 17.10

Bitte recherchieren Sie Tests zur Selbsteinschätzung im Internet. Bewerten Sie die Kompetenzen, über deren Qualitäten ihre Nutzer etwas erfahren. Vergleichen Sie diese mit der Konzeption der EU-Tools diagnostic language testing through the internet DIALANG: http://www.dialang.org/german/index.htm.

Mit Selbstevaluationen sind erzieherische Zielsetzungen verbunden. Bei Lernenden soll sich ein Bewusstsein für das eigene Leistungsvermögen heranbilden, damit sie Ziele für sich formulieren, die innerhalb eines realisierbaren Rahmens bleiben. Darüber hinaus fällt es ihnen leichter, im kritischen Umgang mit ihren eigenen Lernprodukten Fähigkeiten zu entwickeln, wie man die eigenen **Stärken und Schwächen** sachlich interpretiert. Dabei scheint es Lernenden leichter zu fallen, ihre Schwächen zu beschreiben. Die in Rückmeldebögen aufgelisteten Kompetenzskalen dagegen präsentieren vornehmlich Can-do-Statements (Chapelle/Brindley 2001).

Es ist daher überlegenswert, Selbsteinschätzungen zu initiieren, die sich in freien Texten darstellen. Das Lernertagebuch ist ein Medium, in dem Schüler spontan und formlos Sprachlernerfahrungen notieren und evaluieren lernen. Ähnlich verhält es sich mit dem Portfolio, in dem Schüler verschiedene Texte und feedbackgesteuerte Bearbeitungen sammeln. Dies ermöglicht es ihnen ebenfalls, einen kritischen Blick auf die eigene sprachliche Entwicklung zu werfen.

Zur Selbsteinschätzung benötigen Lerner Handlungswissen, das erst noch angebahnt werden muss. Auch Techniken zur Selbsteinschätzung müssen vermittelt werden, der Umgang mit Nachschlagewerken und Recherchemedien muss routinisiert sein. Im Folgenden einige methodische Bausteine, die sich zur Anbahnung von Fähigkeiten der Selbsteinschätzung anbieten:

– Ziele formulieren

Zu den grundlegenden Techniken gehören Fähigkeiten, die erzielten Ergebnisse eines Lernprozesses mit den Zielen zu vergleichen, die man für das Lernen selbst formuliert hat. Hierzu kann ein Katalog der Leistungserwartungen in der Lerngruppe besprochen werden, um „Zusammenhänge zwischen Zielen und Arbeiten herzustellen" zu erlernen (Brunner 2002: 58). Alternativ dazu formuliert die Lerngruppe am Ende von Unterrichtsphasen selbst Lernergebnisse.

– Aufgaben evaluieren

Bevor Lerner selbst Aufgaben evaluieren, sollten sie ein Bewusstsein für Korrekturverhalten entwickelt haben. Insofern bietet es sich an, Schülern zum Vergleichen Modellkorrekturen von Aufgaben in die Hand zu geben, die sie vorher selbst bewertet haben. Auch die Leistungserwartungen müssen bekannt sein.

– Fehlerbiografie

Wenn Lösungsblätter bereitliegen, ist es Schülern möglich, selbst die Qualität ihrer Arbeit einzuschätzen. Eine Auswahl ihrer identifizierten Unzulänglichkeiten halten sie in einer Matrix fest. Mit dem Input aus nachfolgenden Arbeiten entsteht eine individuelle Fehlerbiografie, die den Lernenden differenzierte Aussagen zu den Veränderungen in ihrem Sprachverhalten erlauben.

– Reflexionsbögen

Reflexionsbögen zur Selbstevaluation bestehen aus Deskriptoren. Den Schülern liegt eine Liste vor, in der Kompetenzen in den jeweiligen Fertigkeiten durch eine Reihe von Einzelaktivitäten näher beschrieben werden. In dieser Form werden auch Überlegungen zum Einsatz von Lernstrategien gesteuert.

– Kompetenzraster

Für ihre Arbeit mit Portfolios steht den Lernenden die Matrix des GeR als Kompetenzraster zur Verfügung. Mit farbigen Punkten markieren die Schüler die Qualifikationen im Raster, zu denen sie Leistungen in ihrem Portfolio erbracht haben. Damit die Zuordnung eindeutig erfolgen kann, befindet sich die Nummer der betreffenden Portfolioleistung auf den Markierungspunkten.

– Reflexionsprotokoll

Komplexer Output kann nur schwerlich mit Can-do-Statements erfasst werden. Reflexionsprotokolle haben gegenüber Reflexionsbögen den Vorteil, dass man produktiv und frei von Vorgaben formulieren kann, wobei dann auch die identifizierten eigenen Schwächen artikuliert werden können.

– Brainwriting

Das Brainwriting ist eine Aktivität, bei der eine Gruppe zu einem Aspekt Stellung bezieht. Die Aktivierung der Lernenden wird durch die Aufforderung ausgelöst, sich auf einem Blatt spontan zu äußern. Das Blatt wird dann mit der Aufgabenstellung, weitere Äußerungen zu notieren oder Ausdifferenzierungen des schon Notierten zu ergänzen, an den jeweiligen Nachbarn weitergereicht, solange, bis alle Blätter die Gruppe einmal durchlaufen haben. Bei großen Gruppen kann das Brainwriting auch partnerweise durchgeführt werden. Nach relativ kurzer Zeit liegen sehr viele, von allen Teilnehmern getragene Bewertungsskizzen vor.

– Produktvergleich

Auf eine analytische Ebene der Selbsteinschätzung gelangen die Lernenden beim Vergleich aktueller Textbeiträge mit früher entstandenen Produkten. Besonders geeignet zur kontrastiven Evaluation erscheinen Texte mit einer ähnlichen Thematik, die zu unterschiedlichen Zeiten im Lehrgang entstanden sind.

– Autorenkonferenz

Die kritische Auseinandersetzung mit Texten in einem interaktiven Kontext unterstützt das "peer conferencing", wo die Lernenden in überschaubaren Gruppen ihre selbst verfassten Texte untereinander austauschen. Die Arbeiten werden von allen gelesen und schriftlich bzw. halbschriftlich kommentiert. Im weiteren Verlauf bespricht die Gruppe die abgegebenen Bewertungen in der Zielsprache, erläutert Positionen oder handelt ein konsensfähiges Ergebnis aus (Brunner/ Schmidinger 2001).

Zusammenfassung

Dieses Kapitel wollte aufzeigen,

- welche Testformen im Fremdsprachenunterricht eingesetzt werden,
- welche Aufgabentypen für Tests zur Verfügung stehen,
- welche Bewertungskriterien und -verfahren sich anbieten,
- welche Probleme sich beim Testen und beim Einschätzen von Leistungen ergeben.

Weiterführende Literatur:

Literatur für Action Items und für forschende Lernaktivitäten: Alderson, J.C./Clapham, C./Wall, D.: *Language test construction and evaluation.* Cambridge 2001. **Hecht, K.-H./Green, J.:** *Leistungsfeststellung und Fehlerbewertung im Englischunterricht.* Donauwörth 1983. **Hughes, A.:** *Testing for language teachers.* Cambridge 1989. **Mertler, C.A.:** "Designing scoring rubrics for your classroom." In: *Practical Assessment, Research & Evaluation,* 2001. Online verfügbar unter: http://PAREonline.net/getvn.asp?v=7&n=25. **Schinschke, A./Weinert, E.:** „Korrigieren nach Schablone – geht das?" In: *Praxis Fremdsprachenunterricht* 4/2008, 21-25. **Speight, St.:** *Right or wrong. Spotting mistakes and borderline cases.* Berlin 1998. **Zydatiß, W.:** *Leistungsentwicklung und Sprachstandserhebungen im Englischunterricht.* Frankfurt/M. 2002. Siehe auch englische-fachdidaktik.com/

18. Lernumgebungen gestalten

18.1 Lerntransparenz

Manche Aspekte der Unterrichtsorganisation sind nicht fremdsprachenspezifisch. Längerfristige Maßnahmen und Planungen der Lernumgebungen sind für alle Fächer angezeigt, jedoch obliegen dem Fremdsprachenunterricht spezifische Aufgaben, die sich allgemeindidaktischen Lösungsstrategien entziehen. Sie können unterteilt werden in sprach- und lernspezifische, methodische, interaktionale, fächerübergreifende Aufgaben.

Die Forderungen nach einer **Neuausrichtung schulischen Lernens,** welches autonomes und selbstgesteuertes Lernen ermöglicht und im Gegenzug instruktive Lernphasen verringert, hat den Fremdsprachenunterricht vor einigen Jahren erreicht. Es hat sich die Erkenntnis durchgesetzt, dass Fähigkeiten, wie man Kompetenzen in der Fremdsprache aktiv hält und Lernzuwächse eigenverantwortlich organisiert, im Klassenzimmer entwickelt werden müssen. Lernvorgänge bewusst kontrollieren zu können, gilt als ein wesentliches Charakteristikum autonomer Lerner.

▶ ELT-term *autonomous learners*: "Autonomous learners ... understand the purpose of their learning programme, explicitly accept responsibility for their learning, share in the setting of learning goals, take initiatives in planning and executing learning activities, and regularly review their learning and evaluate its effectiveness." (Little: online 2008)
▶ ELT-term *self-directed learning*: "... learning processes that are directed by the learners themselves in a lifelong perspective." (Nuissl 1999: 27)

Die **eigenverantwortliche Organisation** des Lernens wird durch transparente Leistungserwartungen unterstützt. In einer Unterrichtsstunde realisiert sich Lerntransparenz beispielsweise dadurch, dass geplante inhaltliche und methodische Aktivitäten für die Schüler einsehbar notiert sind. Bei längerfristigen Planungselementen genügt es, die übergeordneten Standards vorzustellen und den aktuellen Erwartungsstand in einer Art Daueraushang mit Zeitleiste verfügbar zu halten.

Action Item 18.1

Entwerfen Sie bitte eine Lernübersicht für ein Lehrplanthema Ihrer Wahl. Benutzen Sie die Kategorien im Beispiel Birthdays (ÖKZ 2008).

Thema: Birthdays
Level: B1
Can-do-Descriptor: Erzählungen aus dem Alltag und Geschichten verstehen, wenn es sich um vertraute Themenbereiche handelt.
Kompetenz: Hörverstehen (selektiv)
Erwartungen: Daten und Fakten verstehen und im Arbeitsblatt markieren können.

Verfahren: Mehrmaliges Abspielen eines Hörtextes (mit/ohne Pausen).
Dokumentation: Papier/Bleistift.
Aktivitäten: vgl. Arbeitsblatt H4 und H5.
Follow up: find someone who, writing a birthday invitation, reader: Birthday party.

In Anlehnung an Anwendungsbeispiel *Birthdays*. Österreichisches Kompetenzzentrum (ÖKZ) online 2008

Sprachenportfolio

Das Portfolio gilt als ein Medium, das geeignet ist, Lerntransparenz aufseiten der Schüler zu fördern. Es steht in der Tradition von Methoden, die Lernende zur Reflexion der eigenen Lernprozesse anregen. Die zunehmende Beachtung des Portfolios als **Lernmedium** des Englischunterrichts wurde durch das Europäische Sprachenportfolio (ESP) eingeleitet, das auf Initiative des Europarats entstand. Aktuelle Erkenntnisse über fremdsprachliche Lernvorgänge ließen es nötig erscheinen, den aktiven Sprachumgang der Lernenden zu erhöhen und stärker zu individualisieren. In einem so verstandenen Unterricht übernimmt das Portfolio wichtige Funktionen:

- Es hält ausgewählte Beispiele für Lernergebnisse bereit (Darbietungsfunktion).
- Es hält Daten über sprachliche Lernprozesse und Lernergebnisse verfügbar, die über einen längeren Zeitraum hinweg entstanden sind (Dokumentationsfunktion).
- Es veranlasst zum regelmäßigen Gebrauch der Zielsprache und zur kontinuierlichen Selbstbeobachtung (Aktivierungsfunktion).
- Es regt zur Selbstreflexion und Selbsteinschätzung individueller sprachlicher Entwicklungen sowie lernstrategischer Entscheidungen an (Evaluationsfunktion).
- Es trägt bei zu einem europäischen Vergleichsmaßstab für Sprachentwicklung und Sprachkompetenz (sprachpolitische Funktion).

Mit dem europäischen **Sprachenportfolio** (ESP) werden die Funktionen gewissermaßen über eine geopolitische Grenze hinweg umsetzbar. Das ESP dient auch dazu, die Sprachlernbiografie der Benutzer zu dokumentieren und Arbeiten aufzubewahren, die an unterschiedlichen Entwicklungspunkten des Lernprozesses entstanden sind.

▶ ELT-term *European language portfolio*: "It is a document in which those who are learning or have learned a language - whether at school or outside school - can record and reflect on their language learning and cultural experiences." (Council of Europe online 2008)

Action Item 18.2

Bitte beschreiben Sie Grundzüge der Konzeption des ESP und vergleichen Sie die Umsetzungsvarianten in einzelnen europäischen Staaten. Notieren Sie die wesentlichen Übereinstimmungen: http://www.coe.int/T/DG4/Portfolio/?L=E&M=/main_pages/introduction.html

18.2 Qualitätssicherung

Schulintern werden Maßnahmen zur Qualitätssicherung in Form von Parallel-tests durchgeführt, die in den Klassen eines Jahrgangs abgehalten werden. Mitunter werden vergleichbare Daten von anderen Schulen einbezogen. Auf Qualitätsstandards verständigt sich die **Fachkonferenz** Englisch; in diese Richtung weisen auch die Indikatoren in offiziellen Evaluationsbögen für Beurteilungsbesuche. Sie sind nicht allein orientiert an fachdidaktischen Kriterien.

Qualitätsstandards sind mehrheitlich akzeptierte, teilweise durch Forschungsergebnisse abgesicherte Merkmale für einen guten Unterricht. **Indikatoren** spezifizieren Evaluationsbereiche, z. B. Schülerorientierung, durch eine Liste von Subkomponenten. Diese definieren einzelne Kriterien, die einem Merkmal zugehörig sind. Im Falle des Qualitätsmerkmals Schülerorientierung würde man beispielsweise das Maß an durchgeführter Lernstanddiagnostik näher bestimmen, außerdem die Maßnahmen, die eine Reaktivierung und eine Integration von Vorwissen in Unterrichtsplänen und Unterrichtsverläufen initiieren.

Action Item 18.3

Sammeln Sie bitte weitere Qualitätsmerkmale eines guten Englischunterrichts. Entwerfen Sie für einen Qualitätsstandard spezifische Indikatoren. Gehen Sie dabei wie im Beispiel des Qualitätsmerkmals ‚Zielsprachenkompetenz' vor (in Anlehnung an: Seminar Berufliche Schulen Karlsruhe [SBSK] 2008).

Bsp.: Qualitätsmerkmal Zielsprachenkompetenz (Auszug) Indikatoren (Performanz-Kriterien) Das Ausmaß, in dem	Einschätzung				
– die Lehrperson die Aussprache und Intonation der Zielsprache beherrscht.	++	+	0	-	--
– die Lehrperson sich spontan und in natürlichem Sprachfluss äußert und unter Beherrschung eines großen Wortschatzes interagiert.	++	+	0	-	--
– die Lehrperson die Grammatik auch in komplexeren und nicht geplanten Situationen beherrscht. ...	++	+	0	-	--

Die Qualitätskriterien betreffen im Wesentlichen Planungs- und Handlungselemente des Unterrichts, die zur längerfristigen Konzeptionierung des Unterrichts gehören. Professionelle Evaluationen durch Kollegen oder Aufsichtsbehörden unterstützen Lehrkräfte bei der Sicherung der Lehr- und Lernqualität. Nicht weniger wichtig sind Rückmeldungen ihrer Schüler.

Feedbackkultur und Qualitätssicherung gehen eine enge Verbindung ein. Eine Form der **Rückmeldung** sind Probearbeiten, Klausuren und Stegreifaufgaben. Durch die Korrektur solcher Tests erhalten Lehrkräfte Informationen über das Leistungsvermögen von Lernenden in den abgeprüften Bereichen zu einem gegebenen Zeitpunkt. Eine nachhaltige Qualitätssicherung kann auf der Basis solcher Daten allein nicht erreicht werden.

Reflexionsbögen

Für eine grundlegende Unterrichtsoptimierung benötigt man Informationen darüber, welche Erfahrungen Lernende mit ihrer fremdsprachlichen Lernumgebung haben, wie sie ihren Lernerfolg einschätzen und welche Meinungen zu Aspekten der Lernumgebung bei ihnen vorherrschend sind. Dies zu ermitteln, beabsichtigt man mit Reflexionsbögen. Lehrkräfte wollen damit erreichen, dass Lernende sich regelmäßig mit ihrem Lernverhalten **kritisch befassen**. Auf den Bögen sind die wichtigsten Standards einer Sequenz aufgeführt. Die Schüler markieren hinter jedem Standard, wie gut oder wie schlecht sie ihn aus eigener Sicht bewältigen können.

Evaluationsbögen

Evaluationsbögen zur Unterrichtsgestaltung sind Instrumente zur Steuerung von Rückmeldungsprozessen im Klassenzimmer. Die Schüler markieren auf einer Skala den Grad ihrer Zustimmung oder Ablehnung der vorgegebenen Aussagen zu Aspekten des Unterrichts. Die Auswertung erbringt wichtige Daten für Optimierungsprozesse.

Action Item 18.4

Entwerfen Sie für einen Schwerpunkt einer Unit, z. B. Hörverstehen, einen Reflexionsbogen mit Deskriptoren.

Action Item 18.5

Notieren Sie zu einer Unterrichtseinheit Ihrer Wahl Evaluationskriterien für die Hand der Schüler (Unterrichtsmitschau oder eigenes Stundenmodell).

Reflexionsbogen (Auszug, skaliertes Antwortfeld)	Schülerevaluation Unterricht (Auszug, ohne skaliertes Antwortfeld)
Grundstufe (Klasse 5/6) Hören: Ich kann ... einen kurzen Dialog verstehen. Sprechen: Ich kann ... über mich und meine Freunde sprechen. ...	1. Mein Lehrer/meine Lehrerin hat den Inhalt der Stunde sehr gut erklärt.
	2. Mein Lehrer/meine Lehrerin ist auf die Fragen der Schülerinnen/Schüler eingegangen.
Aufbaustufe (Klasse 7-9) Listening: I can ...understand the main ideas in English songs.	3. Was wir heute in der Stunde durchgenommen haben, fand ich interessant.
Speaking: I can ... express my opinions in discussions, react to others and give reasons for my opinion. (Gehring 2006)	4. Ich konnte dem Unterricht gut folgen. (Finkbeiner/Fehling 2002)

Lernertagebücher

Lernertagebücher haben eine ähnliche Funktion wie Evaluationsbögen. Sie sollen Lernende zur Reflexion von Lehr- und Lernprozessen anhalten. Die Thematik ist in Lernertagebüchern jedoch breiter angelegt. Man möchte etwas erfahren, worüber noch keine soliden Informationen vorliegen. Gemeinhin werden die Schüler gebeten, regelmäßige Eintragungen vorzunehmen, in denen sie sich zu allem äußern dürfen, was an Positivem und Negativem ihren Unterrichtsalltag in der Fremdsprache bestimmt. Ausdrücklich erwünscht sind kritische Anmerkungen zum Lehrerverhalten, zu Themen oder Unterrichtsverläufen und explizit zu den persönlichen Lernschwierigkeiten.

Erfahrungen mit dieser Textsorte zeigen, dass Lernende das Angebot nutzen und in die Tagebücher eigene Stärken und Schwächen in der Fremdsprache notieren. Sie formulieren spontan Eindrücke zu Facetten des Unterrichtsgeschehens und äußern Zustimmung oder Missbehagen über bestimmte Aktivitäten oder Leistungsanforderungen (Allright/Allright/Bailey 1991: 183ff).

In manchen Varianten fokussiert die Thematik des Tagebuchs auf eine Lerntätigkeit, z.B. auf das literarische Lesen. In anderen nutzen Lehrkräfte das Medium aktiv und treten in Form kurzer Anmerkungen in einen Diskurs mit den Tagebuchverfassern. Für die Aktionsforschung eignen sich *diaries*, *logs* oder *journals* als Elizitationsmedien im Klassenzimmer, um Daten über individuelle Einstellungen und Meinungsbilder zu ermitteln. Beide Verwendungskontexte setzen ein sehr gutes Vertrauensverhältnis zwischen Lehrkräften und Lernenden voraus.

▶ ELT-term *diaries*: "Diaries ... contain accounts of reactions, thoughts, reflections, assumptions, feelings and so on that are not accessible by external observation ... typically class members are asked to make regular entries in a designated notebook with guidelines as to useful data to record." (Johnson/Johnson 1999: 95)

18.3 Förderung der Selbsttätigkeit

Der Kerngedanke des in der Reformzeit entstandenen erzieherischen Konzepts der Selbsttätigkeit, das besonders die Montessori-Pädagogik bestimmt, ist es, Schüler zu eigenem Denken und Handeln zu führen. Im Englischunterricht kann dies etwa durch **Freiarbeitsphasen** gefördert werden. Oft wird hierzu eine Unterrichtseinheit pro Woche als Freiarbeitsstunde ausgewiesen. Im regulären Unterricht ist Freiarbeit eine Maßnahme zur Differenzierung. Den Lernern werden Materialien zur Verfügung gestellt, in denen sie zum Teil selbst Arbeitsschwerpunkte setzen (Spiewak 2009). Manchmal können sie lediglich über den Zeitpunkt der Bearbeitung entscheiden. Die ausgeführten Tätigkeiten aus dem Pflicht- bzw. Wahlbereich halten die Schüler auf einem Kontrollbogen fest. Während der Freiarbeitsphasen nimmt sich die Lehrkraft zurück und betreut individuell.

Lernen in der Presse   Frank Lipowsky, Erziehungswissenschaftler
Ohnehin wird die Bedeutung des Lehrers im individualisierten Unterricht häufig unterschätzt. Er sei nur ein Moderator, heißt es, er halte sich zurück. „Dabei ist er höchst
aktiv", sagt der Kasseler Erziehungswissenschaftler Frank Lipowsky. Der Lehrer steuert
die Stunde im Hintergrund, passt die Methoden den Schülern an, wechselt immer wieder von Phasen der Freiarbeit zum Lehrergespräch.
Spiewak, *Die Zeit* 2009

Auch im fertigkeitsorientierten Unterricht gibt es Übungsangebote zu einzelnen
Lernbereichen, die ohne Lehrerzentrierung verlaufen. Prinzipiell sind sie offen
für partnerschaftliche Arbeit und für **Selbstkorrektur**. Um Schülern eine selbstständige Kontrolle ihrer Ergebnisse zu gewährleisten, liegen an einem Ort im
Klassenzimmer Lösungsblätter auf (Gnass-Franke 1993, Starkebaum 1992). Im
fortgeschrittenen Englischunterricht entscheiden die Schüler über Sozialformen
selbst, etwa dann, wenn das Arbeitsziel im Verfassen eigener freier Texte besteht
(Laßmann 1995).

Projektarbeit

Die Planung und Durchführung von Projekten erstrecken sich über eine Unterrichtssequenz, an deren Ende ein vorzeigbares Produkt steht. Ihren Ursprung hat
die Projektarbeit in der Projektmethode um 1900. In dieser Zeit prägte Dewey
(1859-1952) das richtungsweisende Axiom des "Learning by doing", von Kilpa-
trick (1871-1965) stammt die noch heute aktuelle programmatische Aufforderung: "We must start where the learner is." Nach wie vor eine der wichtigsten
Zielsetzungen ist die Verbindung von Sprachhandlungen mit Tätigkeiten in sozialen Handlungszusammenhängen. Projektarbeit zeichnet sich durch die **aktive
Beteiligung** der Schüler an allen Phasen aus. Die Lernenden wählen aus einem
Themenkreis die konkrete Themenstellung, formulieren ihre Zielsetzungen,
übernehmen gruppenweise die Recherche, Sichtung und Bewertung des infrage
kommenden Materials. Sie erarbeiten die einzelnen thematischen Aspekte des
Projekts, um sie dann für die obligatorische Präsentation medial aufzubereiten.

Action Item 18.6

Bitte entwerfen Sie zu einem Lehrplanthema Ihrer Wahl ein Projektvorhaben und
recherchieren Sie Arbeitshilfen.

▶ ELT-term *project work*: "Project work focuses on content learning rather than on specific
language targets … [It …] culminates in an end product … that can be shared by others."
(Stoller 2002: 110)

Die Verfügbarkeit von Wörterbüchern, Versprachlichungshilfen, Modellvorgaben
und Recherchemedien erleichtert die Selbsttätigkeit natürlich erheblich. Projekte können auch außerhalb der Schule realisiert werden, mitunter gelingt die Verbindung sachfachlicher und fremdsprachlicher Projekte (Gehring/Michler 2010).

Arbeitspläne

Selbsttätiges Lernen initiiert bereits die Grundschule. In Wochenplänen erfahren die Schüler von den vorgesehenen Inhalten und Aktivitäten. Dort finden sie die Aufgaben, die sie in der Woche erledigen sollen. Unterstützt wird ein Wochenplan von einer Mediensammlung oder einem Lernort im Klassenzimmer oder im Schulgebäude (*learning centre*). Sie enthalten unterschiedlichste Arbeits- und Übungsanregungen, die auf die Wochenpläne abgestimmt sind. Die Schüler entscheiden innerhalb eines vorgegebenen Zeitrahmens selbst, wann sie im **Wochenplan** verankerte Aufgaben (*anchor activities*) erledigen.

Als individualisierte Arbeitspläne führt man das Wochenplan-Konzept in der Sekundarstufe weiter. Nun werden Aufgaben und Übungen notiert, die einzelne Schüler bearbeiten. Um explizit bei ihnen aufgetretene Unsicherheiten anzugehen, ermitteln Lehrkräfte den individuellen Trainingsbedarf in Lernstandtests und **Schülerbeobachtungen**.

▶ ELT-term *anchor activities*: "Anchor activities are ongoing assignments that students work on independently throughout a unit .... Types ... include silent reading, journal writing, vocabulary work ... learning-centre work ..." (Erben/Ban/Castañeda 2009: 61)

▶ ELT-term *learning centre*: "An area or complex of areas equipped with a diversity of print and nonprint media ... to accommodate various learning styles and needs." (Benny 1977: 18)

Arbeitspläne enthalten zudem Aufgaben, die längerfristig zu bearbeiten sind. Es gibt darin Termine für Projekte, Poster, für Präsentationen, Moderationen oder für Übernahmen von Unterrichtsphasen durch die Schüler. Festgehalten wird, bis zu welchem Zeitpunkt bestimmte Teilaufgaben bewerkstelligt bzw. angegangen sein müssen.

Action Item 18.7

Bitte entwerfen Sie einen Arbeitsplan nach dem Muster ‚Poster Project' für ein konkretes Projekt für fortgeschrittene Lernende (in Anlehnung an Gehring 2008):

Timeline for Completing a Poster Project
Week 1
Information on the format of the poster and grading procedures will be handed out.
Students arrange to see class teacher to clarify topics
Week 2
Students begin literature search
Week 3
Students present rough draft of material which they are intending to use for their poster
Week 6
Students are assigned times and dates for oral defense
Week 8
Students place posters on display; they defend them in a poster session

Differenzierungsmaßnahmen ritualisieren

Eine Individualisierung des Lernens, die auf das Leistungsvermögen der Lernenden abgestimmt ist, verfolgt man mit Differenzierungsmaßnahmen. Der heterogene Klassenverband wird sporadisch in homogenere Arbeitsgruppen aufgelöst. Auf diese Weise entstehen Lerngruppen, bei denen Leistungsvermögen oder Interessen am Lerngegenstand relativ einheitlich sind. Unterschiede in den Arbeitsergebnissen ergeben sich aus der Spezifik im Anforderungsprofil eines **differenzierten Lernplateaus**. Durch Aufgaben mit gestuftem Schwierigkeitsgrad oder mit spezifischen inhaltlichen und methodischen Akzentuierungen wird eine ‚optimale Passung' angestrebt. Mit dieser mehrspurigen Lernplanung verspricht man sich einen günstigen Einfluss auf Selbsttätigkeit, Lernmotivation, Anspruchsniveau und „kreative Entfaltung" (Schröder 2002: 187).

Action Item 18.8

Beschreiben Sie bitte Differenzierungsmaßnahmen in einem Englischbuch Ihrer Wahl. Analysieren Sie, ausgehend von dieser Frage, auch Unterrichtspläne und stellen Sie alle differenzierenden Aktivitäten zusammen. Beurteilen Sie dann die Konzeptionen.

▶ ELT-term *differentiation* (Tomlinson/Strickland 2005: 6):

Teacher can differentiate:	Teacher can respond to:
– Content: What we teach – Process: How students come to understand – Product: How students demonstrate what they have learned – Affect: How students link thought and feeling – Learning environment: The way the classroom feels and functions	– Readiness: Current knowledge, skill level – Interests: What a student enjoys learning about – Learning profile: A student's preferred mode of learning

Fachsprachenkompetenz

Immer wieder kann beobachtet werden, dass Lernende während kooperativer Lernphasen im Fremdsprachenunterricht auf ihre Muttersprache zurückgreifen, ja, den Arbeitsprozess gänzlich muttersprachlich bestreiten. Nicht selten wechseln Schüler für manche Fragen und Äußerungen während des **Klassendiskurses** in ihre Erstsprache. Meist sind in solchen Fällen wichtige Redemittel nicht verfügbar, um eine sachgerechte Interaktion zu bewerkstelligen. Im Anfangsunterricht wird durch eine systematische Ausweitung einer *classroom language* die Kommunikation zunehmend in die Zielsprache verlagert. Eine Weiterführung besteht in der kontinuierlich durchgeführten Ausstattung der Lernenden mit relevanten fachsprachlichen Redemitteln.

Action Item 18.9

Notieren Sie bitte während eines Klassendiskurses oder einer Gruppenarbeit Redebei-
träge, die Lerner in ihrer Erstsprache (L1) formulieren. Versuchen Sie eine Spezifizierung in Anlehnung an das Beispiel im Schaukasten (Macaro 1997: 65):

"Classroom language used by teachers: Teacher giving instructions about an activity ... Teacher making a contract with the pupils (e.g. let's try to stay in the target language for 20 minutes) ... Teacher explaining the objectives of a unit of work."	L1 used by learners:

18.4 Routinisierung der Kooperationsformate

Zum Inventar einer am Lerner orientierten Lernumgebung gehört das gemeinsame, kooperative Arbeiten in Lern- und Neigungsgruppen (Schultz 2008). Die Forschung bescheinigt dem *cooperative learning* „signifikante Überlegenheit" gegenüber anderen Ansätzen und „hohe Effektivität". Das Lernen durch Lehren (LdL)
ist eine Methodik für „gute Lernfortschritte" (Meyer 2007: 82).

> ▶ ELT-term *cooperative learning principles and techniques*: ... "tools which teachers use to
> encourage mutual helpfulness in the groups and the active participation of all members."
> (Jacobs/Hall 2002: 52)

Lernen durch Lehren (LdL)

Lernen durch Lehren ist nicht an eine spezielle Vorstellung über den Lerninput
gebunden. Es kann in linear voranschreitenden Planungen ebenso umgesetzt
werden wie in standardbasierten Curricula. Wichtig dabei ist allein, Schülern
Lehrverantwortung zu übertragen, die kooperativ ausgeübt wird. Vorzugweise
geschieht dies in kleineren Arbeitsgruppen. In einer Unterrichtsphase oder einer
Lerneinheit stellen Mitschüler Inhalte vor, z. B. durch ein Impulsreferat, in dem
sie die wichtigsten Aspekte eines Themas zusammenfassend darlegen. Hierfür
wurden gemeinsam mit der Klasse Qualitätsstandards ausgehandelt. Die jungen
Lehrverantwortlichen vergewissern sich, dass die Inhalte verstanden wurden. Sie
entwickeln Aktivitäten zur Sicherung und Anwendung der vermittelten Inhalte.
Die Überprüfung des Lernerfolgs ist Teil der von Lernenden übernommenen
Lehrphasen.

Lernen in der Presse · Fritz Reheis, Didaktiker
„Die starre Trennung zwischen Lehrern und Schülern sollte aufgehoben werden. Wenn
Schüler, begleitet und unterstützt von Lehrern, Teile des Unterrichts selbst überneh-
men, lernen sie dadurch oft mehr, als wenn sie nur als Nichtwissende angesprochen
werden. Schulen müssen zu kleinen Forschungszentren werden, in denen auch die
Pädagogen immer wieder dazulernen."
Schultz, *Süddeutsche Zeitung.de* 2008

Die Aufgaben der Lehrkraft konzentrieren sich nach der Einführung der Lernenden in die Methodik des LdL auf intensive Beratung während der Vorbereitung. So soll sichergestellt sein, dass sich die Methodik von den Inhalten aus entwickelt. Während Schüler ihre Lehrtätigkeiten ausüben, achtet die Lehrkraft darauf, dass die Qualitätsstandards eingehalten werden (Martin 2002).

Action Item 18.10

Bitte entwerfen Sie einen Fragebogen, mit dem sich ein Meinungsbild über Lernen durch Lehren und über moderierten Englischunterricht bei Lehrkräften an verschiedenen Schulformen erheben lässt.

Moderierter Englischunterricht

Bei der Moderation von Unterrichtsphasen setzen Schüler keine inhaltlichen Akzente. Sie konzentrieren sich darauf, im Lernteam Wissen zu aktivieren. Sie strukturieren die notwendigen Arbeitsschritte, dokumentieren Ergebnisse auf einem Medium und koordinieren alle Interaktionen. Hierzu gibt es spezielle Verfahren wie z. B. das Blitzlicht (*flash feedback*) oder die Punktabfrage (*point query*). Sie sind Teil eines Spektrums an Aktivierungstechniken, mit denen erreicht werden soll, dass sich alle Mitglieder eines Lernteams mit ihren Ideen aktiv einbringen.

▶ ELT-term *flash feedback*: "Each student is asked to write one or two ideas triggered by the subject on sheets of paper. The facilitator or the students themselves affix their written ideas unstructured on the board. He or she invites the students to suggest categories and arrange the sheets with the ideas into thematic columns." (Gehring 2003)

▶ ELT-term *point query*: "The facilitator asks each member of the group to mark his or her preferred idea (e.g. with a black dot). The ideas with the most dots will be examined more thoroughly in smaller work groups (elaboration, presentation)." (Gehring 2003)

Moderatoren lenken und leiten Diskussionen und organisieren die Arbeits-Aktivitäten. Dabei stellen sie sicher,
– dass Aktivitäten vorhanden sind,
– dass Klarheit in der Aufgabenstellung besteht,
– dass der zeitliche Rahmen eingehalten wird,
– dass wesentliche Ansätze und Ergebnisse stichpunktartig dokumentiert sind (Tafel, Folie).

Aktivitäten, die Moderatoren für die Klassengemeinschaft vorbereiten, können sein:
– Sammelaufträge, z. B. ein Meinungsbild herstellen,
– Analyseaufträge, z. B. ein Problem auf eine bestimmte Fragestellung hin untersuchen,
– Leseaufträge, z. B. vorbereitete Leitfragen zur Rekonstruktion wesentlicher Aussagen eines Textes,
– Kommunikationsaufträge, z. B. Interaktionen initiieren, bei denen sich alle Schüler einbringen müssen.

Der Einsatz von Kreativitätstechniken wie z. B. Brainwriting oder ‚Kugellager' (*'ball bearing'*) führt zu einer starken Teilnehmeraktivierung. Weil sie häufig auch einen Wechsel der Kooperationspartner einleiten, ändern sich damit immer wieder die Kommunikationskontexte. Dies kann sehr dynamische Interaktionsformen zur Folge haben.

▶ ELT-term *brainwriting*: "(A) Each member of the group writes down two or three contributions he or she considers relevant to the point of discussion. (B) The sheets are passed on to the neighbours. They comment on the contributions, add their views etc. (C) The task is finished after every member of the group has dealt with all contributions. (D) Each member of the group presents the contributions on one of the sheets. (E) The group works out a visualised summary of their results. Points of controversy may be marked." (Gehring 2003)

▶ ELT-term *ball bearing*: "(A) The students make pairs. (B) They sit in a circle facing one another and start discussing. (C) At certain intervals the inner circle moves two chairs forward in order to form new pairs." (Gehring 2003)

18.5 Synchronisierung von Übergängen

Mit Schwierigkeiten ist bei einem Wechsel in eine neue Lernumgebung erfahrungsgemäß stets zu rechnen. Gleichwohl konzentriert sich die fremdsprachendidaktische Diskussion derzeit vornehmlich auf den Übergang von der Grundschule auf die Sekundarstufe I (Greiner 2009; Taffertshofer 2009).

Im Kern wird angezweifelt, dass die mehrheitlich praktizierte Methodik des Englischunterrichts an der Grundschule Kompetenzen generiert, worauf die Sekundarstufe generell aufbauen kann. Insbesondere sei nicht sichergestellt, dass ein gemeinsamer Grundbestand an Kompetenzen bei allen Grundschulabgängern vorhanden ist (Kessler 2006: 66f). Lehrkräfte an Sekundarstufen mit einer eher **traditionellen Auffassung** von Fremdsprachenlernen sind im Besonderen aufgefordert, durch didaktische Maßnahmen den Übergang abzumildern und Orientierungsphasen zu ermöglichen. Etwa dadurch, dass sie grundschulgemäße methodische Zugänge weiterführen und an kompetenzorientierte Konzepte anpassen (Sommerschuh 2003). Als schulübergreifende Maßnahme regen manche Kultusministerien an, dass Lehrkräfte an Sekundarstufen und ihre Kolleginnen und Kollegen an den Grundschulen einen **gegenseitigen Informationsaustausch** pflegen und wechselseitige Unterrichtsbesuche durchführen.

Als klasseninterne Maßnahme zur **Synchronisierung** des Übergangs aufzufassen sind Lernstandsmessungen und darauf bezogen personalisierte Lernpläne. Sie tragen dazu bei, Lernende an die kommenden Herausforderungen heranzuführen. Die Kompetenzen Hören und Sprechen wären im Anfangsunterricht auf der Sekundarstufe I zunächst weiterhin zu akzentuieren. So würden sich Lernende ihrer an der Grundschule erworbenen Stärken bewusst, die Lernfreude bliebe erhalten. Der Übergang von der Grundschule zur Sekundarstufe würde auch erleichtert, wenn aufnehmende Schulen tradierte Elemente der Lehrpraxis kritisch reflektierten und der Prozesshaftigkeit des Fremdsprachenerwerbs in ihrer

Methodik mehr Gewicht verleihen würden (Burwitz-Melzer 2003, Burwitz-Melzer/Legutke 2004).

> Fremdsprachenlernen in der Presse   Heiner Böttger, Englischdidaktiker
> „Katastrophal geregelt ist zudem der Wechsel von der vierten in die fünfte Klasse", konstatiert der Eichstätter Wissenschaftler Böttger. Das schlechte Management trifft die Kinder, die sich in der Grundschule ihr Englisch ohne Vokabeltests und Diktate spielerisch aneignen sollen, während sie dann in den weiterführenden Schulen ad hoc unter Leistungsdruck geraten; betroffen sind aber auch die meisten Sekundarstufenlehrer, die laut Böttgers Studie die Lehrpläne der Grundschule nur wenig oder gar nicht kennen.
> Greiner, *Der Spiegel* 2009

Die Anforderung, Übergange zu erleichtern und zu synchronisieren, bleibt nicht auf Lehrkräfte beschränkt, die den Anfangsunterricht an den Sekundarstufen verantworten. Das deutsche Schulsystem stellt Englischlehrkräfte vor die Aufgabe, die Übergangsproblematik zu einem späteren Zeitpunkt einer Schullaufbahn ebenfalls im Blick zu behalten. Potenzielle Übergänge gibt es für Lernende von der Hauptschule zur Realschule bzw. zum sogenannten M-Zug, der zum Mittleren Bildungsabschluss führt. Am Ende der neunten Klasse (Hauptschule) bzw. zehnten Klasse (Realschule, M-Zug) sollten Lernende auf den Wechsel in das Berufsleben vorbereitet sein. Für manche Schüler eröffnet sich der Zugang zur Sekundarstufe II. Schüler, die aus anderen Bundesländern in eine Schule wechseln, haben nicht selten aufgrund **verschiedener Sprachlernbiografien** Schwierigkeiten, ohne auf sie zugeschnittene Lernprogramme den Übergang zu bewerkstelligen. Für all diese Zielgruppen sind didaktische und methodische Maßnahmen vonnöten, um Leistungsdefizite auszugleichen und auf die Erwartungen der neuen Lernumgebung vorbereitet zu sein.

> Lernen in der Presse
> Der Schulwechsel löst in Ländern, die von Kandidaten für Gymnasien und Realschulen bestimmte Notenschnitte verlangen, oft Stress bei Lehrern, Eltern und Kindern aus. Bereits jeder fünfte Grundschüler erhält Nachhilfestunden, um den Sprung in die höhere Schule zu schaffen. Dazu gibt es Lerntechnikkurse, Therapiestunden und Anti-Stress-Übungen. Und sollten die guten Zensuren trotzdem ausbleiben, müssen die Viertklässler zum Aufnahmetest am Gymnasium oder an der Realschule antreten.
> Taffertshofer, *Süddeutsche Zeitung* 2009

Relativ gut gelöst scheinen die Vorbereitung auf bilinguale Zweige und die Gestaltung der Eingewöhnungsphasen, wofür ein zusätzlicher Unterricht vorgesehen ist.

Eine Art Stützunterricht ist an manchen Gymnasien Teil der Stundentafel. Für Stärkere und Schwächere gleichermaßen sind ein bis zwei **Intensivierungsstunden** im Stundenplan einer Englischklasse an achtjährigen Gymnasien reserviert. Dieses zusätzliche Angebot besteht aus Modulen, in denen Lernende ohne Notendruck Übungen und Anwendungsangebote wahrnehmen können. Die Gruppenbildung erfolgt nach individuellen Kriterien (ISB Bayern 2008).

Es lässt sich festhalten, dass Übergänge primär durch individualisierte Förderangebote schülerorientiert gestaltet werden. Einer Art **Differenzierungszirkel** folgend steht am Anfang die Erhebung des Lernstands. Dann werden Maßnahmen umgesetzt und deren Ergebnisse evaluiert. Eine Präzisierung der Lernstanderhebung kann erfolgen.

18.6 Vernetzung von Lerngelegenheiten

Fächerübergreifender Unterricht

Fächerübergreifendes Unterrichten stellt eine inhaltliche oder anwendungsbezogene Thematik in den Mittelpunkt. Die Schüler betrachten das ,Leitthema' aus verschiedenen fachlichen Perspektiven. Im Englischunterricht werden von Beginn an Inhalte und Arbeitstechniken mehrerer Fächer zusammengebracht. Dafür sorgen die Lehrbücher. Wenngleich in den ersten Lernjahren auch linguistische Inhalte und Aufgaben überwiegen, finden sich historische, geografische und alltagskulturelle Themen, über die Lernende etwas erfahren und sich austauschen. Im engeren Sinne ist die Einbindung landeskundlicher und zielkultureller Inhalte in den Sprachlernkontext Teil des fachbezogenen Lernens, da sich sowohl die anglistische Landeswissenschaft als auch die Kulturwissenschaft mit ihnen befassen. Durch Themen wie z. B. *"Aspects of the economy and the world of work"* (Rahmenlehrplan Sek II Berlin 2006) oder „Berufliche Orientierung" (Lehrplan Sek II Schleswig Holstein 2002), wird ein **fächerübergreifender Zusammenhang** hergestellt, Vernetzungen mit den Klassenlehrplänen der korrespondierenden Sachfächer sind dann jederzeit möglich.

> **Action Item 18.11**
>
> Notieren Sie bitte Themen des Englischunterrichts der Sekundarstufe I, die sich fächerübergreifend vermitteln lassen. Stellen Sie Vernetzungsmöglichkeiten graphisch dar.

Bilinguales Unterrichten

Verschiedene Formen der Vernetzung von sachfachlichem Lernen und dem Fach Englisch werden im bilingualen Unterricht durchgeführt. An Schulen, an denen kein ganzjähriger Sachunterricht auf Englisch angeboten werden kann, lässt sich möglicherweise ein modularisierter bilingualer Unterricht in einem Sachfach realisieren. Eine Versuchsdurchführung in Physik, eine Präsentation zu Andrew Lloyd Webber's Musicals in Musik, die Diskussion über einen amerikanischen Zeitungsartikel zur Präsidentenwahl in Politik/Wirtschaft, die Auswertung eines englischsprachigen Diagramms in Geografie – dies sind nur einige von vielen Möglichkeiten für die **englischsprachige Auseinandersetzung** mit Sachfachinhalten in einem modularisierten Rahmen. Realisiert wird dieser in ausgewählten, abgegrenzten Stoffgebieten, die Lehrkräfte als bilinguale Module in ihrer Jahresplanung ausweisen (Hallet 2005). Nach Abschluss kehren sie wieder zur aufgefächerten Lernplanung zurück.

Manche Fächer werden grundsätzlich epochal unterrichtet. An Reformschulen vollzieht sich epochaler Unterricht an einem Schultag der Woche, an dem ausschließlich das betreffende Fach unterrichtet wird. Andere Fächer des normalen Stundenplans entfallen, bis die Thematik abgeschlossen ist. Eine andere Variante reserviert für einen begrenzten Zeitraum **feste Slots** im Stundenplan für epochalen Unterricht in einem Fach. In manchen Stundenplänen sind Unterrichtsstunden das ganze Jahr fest für epochal unterrichtete Fächer eingeplant (Becker 2007: 109f). Ein epochales Modul in der Fremdsprache könnte sich dann auf Inhalte aus mehreren Sachfächern beziehen.

Abhängig sind modularisierte Unterrichtseinheiten vom Leistungsvermögen bzw. den fremdsprachlichen Kompetenzen. Berücksichtigt man die Niveaustufen, sind einige Inhalte auf Englisch schon in der Grundschule vermittelbar (Haudeck/Riedl 2006).

An beruflichen Schulen unterstützen Lernfelder die Vernetzung von sprachlichem Lernen mit sachfachlichem Lernen. Aufgrund sehr heterogener Lerngruppen an dieser Schulform scheint ein durchgängiger Sachfachunterricht auf Englisch problematisch zu sein. Lernfelder sind thematische Einheiten aus mehreren Fachbereichen. Sie beziehen sich konkret auf beruflich relevante Aufgabenstellungen, denen sich Lernende im Ausbildungsberuf zu stellen haben (Riedl 2004). Sind **bilinguale Lernfelder** in die betriebliche Ausbildung eingebunden, konzentrieren sie sich auf die Vermittlung bestimmter Arbeits- und Geschäftsprozesse in explizit englischsprachigen Kontexten. Aktuell scheinen die fremdsprachlichen Anteile in Lernfeldern noch unterrepräsentiert zu sein (Stohlmann 2010).

Außerschulische Lernorte

Außerschulische Lernorte haben für englischdidaktische Konzepte an Bedeutung gewonnen. Mittlerweile gibt es ja sozusagen vor der Haustüre zielkulturelle und zielsprachliche Erfahrungsangebote. Zwar führen Erkundungen und Besuche ,im Feld', die an einem Schultag stattfinden, kaum in Umgebungen, in der die englische Sprache das alleinige authentische Kommunikationsmedium ist. Zielsprachenkultur ist an Lernorten in Deutschland nun einmal nicht mit vergleichbarer Authentizität erfahrbar. Jedoch können zielkulturelle Facetten und **englische Sprachinseln** entdeckt und genutzt werden, die sich auf den ersten Blick gar nicht als solche zu erkennen geben.

Viele außerschulische Lernorte in der Alltagswelt der Schüler eignen sich als „zielsprachliche Handlungsfelder" und damit für eine „Verknüpfung des Klassenzimmers mit der Welt draußen" (Legutke 2006: 71). Ein Lernort auf Englisch lässt sich unter linguistischen, kommunikativen, literaturdidaktischen oder landeskundlich-zielkulturellen Gesichtspunkten erschließen. So wird die nähere Umgebung einer Schule, der Supermarkt, der Bahnhof, auch die Ausfallstraße mit ihren großflächigen Plakatwänden zum fremdsprachlichen Lernort, wenn sie nach englischen Bezeichnungen durchforstet wird. Stadtbücherei und Museum offerieren eine Fülle an Möglichkeiten für nachhaltige fremdsprachliche **Lernarrangements**. Verschiedenste Lernangebote bieten Theater, Kino oder Ausstellungshallen und natürlich virtuelle Räume (Gehring/Stinshoff 2010). In der Chance, den Besuch außerschulischer Lernorte englischdidaktisch an sachfachliche Inhalte zu koppeln, liegt das bilinguale Potential einer fächerverbindenden Lehr- und Lernplanung, etwa im Rahmen einer Stadtbesichtigung oder beim Besuch von Erinnerungsorten, beim Führen einer Schülerfirma oder während eines international besetzten Schülerparlaments (Gehring/Michler 2010).

Action Item 18.12

Entwerfen Sie bitte ein Klassenprojekt zur Durchführung einer Besichtigung für englischsprachige Besucher Ihres Schul- oder Universitätsorts.

Der klassische außerschulische Lernort des Fremdsprachenunterrichts ist der Aufenthalt in der Zielkultur. Er will langfristig vorbereitet sein. Gemeinhin wird ein *stay abroad* als ein- oder zweiwöchige Klassenfahrt organisiert. Sie findet auch im Rahmen von Austauschprogrammen zwischen einzelnen Schulen statt. Das Europäische Parlament hat hierzu das Comenius-Programm ins Leben gerufen. Interessierten Schulen vermittelt man Partnerschaften mit Schulen im europäischen Ausland. Gefördert werden gegenseitige Besuche und Aktivitäten, mit mannigfaltigen Gelegenheiten, beiderseitig Englisch als Lingua franca einzusetzen.

Action Item 18.13

Prüfen Sie bitte Angebote und Bedingungen für Auslandsaufenthalte nicht-kommerzieller Institutionen für eine konkrete Lerngruppe Ihrer Wahl. Erstellen Sie für diese Gruppe einen Katalog mit Entscheidungshilfen.

Lang ist die Liste kommerzieller und gemeinnütziger Anbieter, die ganz- oder halbjährige Auslandsaufenthalte für Schüler organisieren. Deren Dienstleistungen sind nicht uneingeschränkt empfehlenswert. **Qualitative Unterschiede** machen sich bei der Wahl der Gasteltern bemerkbar und bei der Betreuung der Auslandsschüler. Außerdem unterscheiden sich die Kosten von Organisation zu Organisation zum Teil erheblich (Stiftung Warentest 2005).

Sprachlernen in der Presse   Stiftung Warentest

Bei der Gastfamilie müssen die Jugendlichen sehr flexibel sein. Seriöse Organisationen weisen darauf hin, dass sie eventuell in winzigen Dörfern oder auf abgelegenen Farmen ohne öffentlichen Nahverkehr festsitzen. Die Gastfamilie kann finanziell und auch intellektuell auf einem ganz anderen Level stehen als von zu Hause gewohnt. Sie kann auch einen ganz anderen ethnischen Hintergrund haben. Speziell in den USA ist ein starker kirchlicher Bezug üblich. Denn Religion und Gemeinde spielen dort eine große Rolle. Stiftung Warentest, *Test* 9/2005

Mit einem Besuch im englischsprachigen Ausland verbindet die Englischdidaktik neben interkulturellen Erfahrungszuwächsen positive Auswirkungen auf das **aktive Sprachkönnen**. Die Erwartungen dürfen dabei nicht allzu hoch gesteckt werden. Die Gelegenheiten, während einer Klassenfahrt auf Englisch zu kommunizieren, sind beschränkt (Sanktjohanser, 2009).

Sprachlernen in der Presse   Juliane House, Sprachlehrforscherin
Die durchschnittliche Sprachreise dauert 2, 3 Wochen ... Der Trend geht zu häufigeren, aber kürzeren Reisen ... Juliane House, Professorin für Sprachlehrforschung an der Uni Hamburg ... kritisiert, dass es bei solchen Reisen immer heiße, das Sprachenlernen sei leicht. „Das stimmt nicht, es ist verdammt harte Arbeit, eine Sprache zu lernen - darüber muss man sich im Klaren sein", sagt die Professorin. So kann sich der erhoffte Lerneffekt der Sprachreise im schlimmsten Fall ins Gegenteil verkehren, ein unter Leistungsdruck gesetzter, überforderter Schüler sich der Sprache völlig verweigern.
Sanktjohanser, *Süddeutsche Zeitung* 2009

Die meisten Unternehmungen in der Zielkultur werden in der Klassengemeinschaft durchgeführt. Dort besteht keine originäre Notwendigkeit, Englisch zu sprechen. Aufforderungen und Angebote von authentischen Interaktionen auf der **Diskursebene** sind eher selten, solange die Lernenden in ihrer Gruppe auftreten.

Zu verstärktem Sprachhandeln sind Lernende aufgefordert, die privat untergebracht werden. Sie haben dann zumindest die Möglichkeit, mit Gastgebern bzw. Übernachtungsanbietern zu kommunizieren. Damit die Intensität der Sprachverwendung nicht von der Unterbringung abhängt, ist es angebracht, **Beobachtungs- und Rechercheaufträge** zu formulieren, die während des Aufenthalts zu erfüllen sind. Die Kontaktzeit mit der englischen Sprache wird erhöht. Nicht zu vernachlässigen sind Arbeitsaufträge für interkulturelle Einsichten (Ehrenreich/Woodman/Perrefort 2008).

Action Item 18.14

Bitte entwerfen Sie Aufgaben und Beobachtungsaufträge für die Bearbeitung während einer Klassenfahrt in Großbritannien. Konzentrieren Sie sich auf einige wenige Aspekte, z. B. Hinweisschilder, Werbeanzeigen, sprachliche Routinen.

Zusammenfassung

Dieses Kapitel wollte aufzeigen,

- welche Ansätze zur Sicherung der Unterrichtsqualität in Erwägung gezogen werden können,

- welche Maßnahmen die Selbsttätigkeit von Lernenden fördern,

- welche Formen der Kooperation im Klassenzimmer umsetzbar sind,

- wie Übergänge von einer auf die andere Schulform schülerorientiert gestaltet werden können,

- wie sich Vernetzungen von Lerngelegenheiten realisieren lassen.

Weiterführende Literatur:

Quellen für Action Items und für forschende Lernaktivitäten: Burwitz-Melzer, E./Legutke, M.: „Die Übergangsproblematik". In: *Der Fremdsprachliche Unterricht Englisch* 69/2004, 2-8. **Ehrenreich, S./Woodman, G./ Perrefort, M. (Hg.):** *Auslandsaufenthalte in Schule und Studium.* Münster, New York, München, Berlin 2008. **Edelhoff, Ch. (Hg.):** *Lernen und Leisten im Fremdsprachenunterricht.* Braunschweig 2007. **Gehring, W./Stinshoff, B. (Hg.):** *Außerschulische Lernorte des Fremdsprachenunterrichts.* Bad Heilbrunn 2010. **ISB-Staatsinstitut für Schulqualität und Bildungsforschung (Hg.):** *Intensivierungsstunden am achtjährigen Gymnasium in Bayern.* Online verfügbar unter: http://www.isb.bayern.de/isb/download.aspx?DownloadFileID= b8e9fe46a91f46656172eb3a7785ca32. **Knapp, W./Rösch, H. (Hg.):** *Sprachliche Lernumgebungen gestalten.* Freiburg 2009. **Meyer, H.:** *Was ist guter Unterricht.* Berlin [4]2007. **Staatliches Seminar für Didaktik und Lehrerbildung Karlsruhe (Hg.):** *Qualitätsstandards für die Beurteilung von Unterricht.* 2008. Online verfügbar unter www.fachdidaktik-online.de/kritgu.pdf. **Tomlinson, C.A./Strickland, C.A.:** *Differentiation in practice. A Resource Guide for Differentiating Curriculum, grades 9-12.* Alexandra VA 2005. Siehe auch englische-fachdidaktik.com/

19. Forschungsmethodik

19.1 Forschungsfelder

Zentrale Problemstellungen fremdsprachendidaktischer Forschung sind Ziele, Inhalte und Methodik des Englischunterrichts. Wissenschaftlich betrachtet, demnach auf eine Theorie bzw. auf Grundannahmen oder Hypothesen bezogen, werden beispielsweise Lehrpläne, Lehrbücher und Lehrmaterialien. Das didaktische Potential authentischer Texte oder medialer Vermittlungsformen ist von wissenschaftlichem Interesse. Hinzu kommen Aktivitätskonzepte, Leistungsmerkmale oder Bewertungsverfahren. Fremdsprachendidaktische **Unterrichtsforschung** beschäftigt sich qualitativ und quantitativ mit Parametern, die Lehr- und Lernprozesse bei der Aneignung einer fremden Sprache in institutionellen Umgebungen beeinflussen, zu denen öffentliche Schulen gehören.

Action Item 19.1

Recherchieren Sie bitte aktuelle fremdsprachen- oder englischdidaktische Forschungsprojekte zu den hier skizzierten Fragestellungen (siehe Unterpunkt ‚Recherche' in diesem Kapitel). Ergänzen Sie bitte Kategorien, die hier nicht erwähnt werden.

Lernprozesse

Wichtige Forschungsbereiche sind Lern- und Aneignungsprozesse, denen Fremdsprachenerwerb unterliegt, z. B. beim Aufbau von Vokabelwissen, von grammatischer Kompetenz, bei der Entwicklung rezeptiver oder produktiver Fähigkeiten in einer oder in mehreren Fremdsprachen und nicht zuletzt im frühbeginnenden Unterricht, in bilingualen oder in immersiven Lernumgebungen. Ziel ist es, zu Theorien zu gelangen, die Sachverhalte unter übergeordneten Gesichtspunkten erklären (Raithel 2006: 16). Hierzu liefern auch Erkenntnisse Anhaltspunkte, die Untersuchungen zu historischen Aspekten der Fremdsprachenvermittlung erbringen.

Lehrprozesse

Fachdidaktische Forschung bemüht sich auch um neue Erkenntnisse über Lehrprozesse. Eine qualitativ akzentuierte Forschungsrichtung befasst sich etwa mit **Theorien,** von denen Lehrkräfte sich bei der Planung und Durchführung von Fremdsprachenunterricht leiten lassen. Unter anderem wird dieser Problembereich durch systematische Unterrichtsbeobachtung und durch Interviews erforscht. Wichtige Erkenntnisse liefern außerdem Theorien von Schülern zu ihrem Englischunterricht (Kallenbach 1996, Dahnken 2005).

▶ ELT-term *theory*: "Theory is a hypothesis or concept that generalizes. ...If you think out why [an] activity is useful, or define basic features and purposes in general terms, or relate it to the kind of learning it produces – in other words construct theories to explain it – you are enabled to criticize and design other ideas and will know when and why to use them (Ur 1996: 3).

Action Item 19.2

Skizzieren Sie bitte einen Fragebogen, der das Ziel verfolgt, Theorien von Schülern zu ausgewählten Phänomenen des Englischunterrichts zu erfassen.

19.2 Forschungsbedarf

Forschungsbedarf entsteht durch die **Identifikation von Problemen,** die neu auftreten, bisher übersehen oder vernachlässigt schienen. Forschende können ein Problem auch als latent vorhanden vermuten und diese Annahme nun systematisch beleuchten. Zu Hypothesen können Veränderungen der Bedingungsfaktoren fremdsprachlichen Lernens und Lehrens führen und Forschungsaktivitäten nach sich ziehen. Nicht zuletzt sind es Einflüsse der Bezugswissenschaften, die fachdidaktische Forschung anstoßen.

Die Veränderungen, auf die fachdidaktische Forschung reagieren muss, sind vielfältig. Sie betreffen z. B. gesellschaftliche Erwartungen an fremdsprachliches Können, Schullandschaften, Einstellungen und Lernverhalten der Schüler. Der Bedarf an Englischkenntnissen selbst wandelt sich und damit auch die Anforderungen an englischsprachige Kompetenzen. Neue Schulformen mit einem fremdsprachlichen Lernangebot entstehen und damit neue Lernumgebungen, die analysiert werden müssen.

Derzeit wird der Englischunterricht an der Grundschule intensiv beforscht. Erst mit der Aufnahme des Faches in das Grundschulcurriculum vor einigen Jahren war es überhaupt möglich, didaktische und methodische Entwicklungen auf einer breiten Basis wissenschaftlich zu begleiten. Dies trifft auch auf den bilingualen Unterricht zu, für den sich fachdidaktische Forschung sehr interessiert. In diesen Lernformen gibt es andere Bedingungen als im traditionellen Englischunterricht. Die Auswirkungen, die eine Vorverlegung des Unterrichts in die Grundschule auf den Erwerb der Fremdsprache Englisch hat, müssen genau analysiert werden, um zu einer Theorie zu gelangen, wie die Aneignungsbedingungen optimal gestaltet werden können. Ähnliches gilt für den bilingualen Unterricht, bei dem auf eine explizite Sprachlehre verzichtet wird.

Action Item 19.3

Bitte recherchieren Sie in den einschlägigen Quellen Schwerpunkte englisch- bzw. fremdsprachendidaktischer Forschung. Versuchen Sie zu beschreiben, für welche Lernumgebungen oder Lerngruppen Forschung intensiviert werden sollte.

19.3 Forschungszugriffe

Viele fachdidaktische Forschungszugriffe haben ihren Ursprung in benachbarten Disziplinen, darunter der Literaturwissenschaft, der Linguistik, der Pädagogik und den Sozialwissenschaften. Ihre Gegenstände beforscht Fachdidaktik hermeneutisch, qualitativ und quantitativ. Hermeneutische Forschung untersucht eine Hypothese, d. h. eine Fragestellung oder eine theoretische Annahme, um Phänomene besser zu verstehen. Der **Erkenntnisgewinn** wird durch die Analyse und Interpretation von Texten (von Inhalten) angestrebt. Zur Begründung einer Theorie führen Plausibilitätsargumente (Schlemminger 2006, Gudjons 2008).

Empirische Forschung will Informationen bzw. Daten über die Realität bzw. einen definierten Ausschnitt der Realität gewinnen. Gängige Instrumentarien oder Methoden der Datenerhebung in fremdsprachendidaktischen Forschungskontexten sind die Inhaltsanalyse (z. B. von Lehrbüchern, Unterrichtsdiskursen, Unterrichtsplänen), die Beobachtung (z. B. von Unterrichtsverläufen) und die Befragung (z. B. von Lehrkräften). Experimente werden durchgeführt, indem man untersucht, ob die Veränderung einer unabhängigen Variablen (z. B. Häufigkeit der Lehrerkorrektur) auf eine abhängige Variable (z. B. Fehlerzahl in Schülertexten) Einfluss nimmt.

Standardisiert vs. nicht-standardisiert

Standardisierte Befragungen werden von Forschern durchgeführt, die sich mit den Problemen des Forschungsbereichs bereits eingehend beschäftigt haben, Literatur studiert, Experten informell befragt haben usw. Ziel einer schriftlichen Befragung ist es, quantifizierbare Daten zu erheben. Hierzu werden den Teilnehmern Aussagen vorgelegt, die sie wählen, einordnen, hierarchisieren oder bewerten sollen. Bei der Formulierung dieser Fragen oder Statements zum Ankreuzen sind viele Schwierigkeiten zu überwinden. Probleme entstehen, wenn die Fragen eine Antwort implizit suggerieren oder missverständliche bzw. mehrdeutige Begrifflichkeiten enthalten.

In nicht-standardisierten Befragungen ist diese Gefahr geringer. Man möchte Informationen nicht bewerten lassen, sondern sie sammeln, um Phänomene zu beschreiben und zu bewerten. Offene Interviews erlauben Teilnehmern wie Interviewern Meinungen zu artikulieren bzw. auf Meinungen zu reagieren. Hierauf aufbauend können Fragen folgen. Insofern sind qualitative Befragungen flexibel zu handhaben. Im Verlauf der Interaktion werden neue Probleme des Themengebiets identifiziert.

Bei Befragungen in Lernumgebungen ergibt sich grundsätzlich das Problem, wie man die Teilnehmer auswählen soll. Weil man nur einen bestimmten Teil von Betroffenen befragen kann, führt man standardisierte Befragungen in einer Stichprobe ab 25 Teilnehmern durch. Sie ergeben zwar keine repräsentativen Daten, verhelfen aber dazu, Trends und Tendenzen zu ermitteln. Die Teilnehmer werden durch verschiedene Parameter standardisiert, sodass sie mit der Grundgesamtheit aller Betroffenen korrelieren. Beispielsweise muss sich die Grundgesamtheit weiblicher Grundschullehrkräfte mit Fremdsprachenstudium in der Bundesrepublik in einer Stichprobe prozentual widerspiegeln, in der dieser Berufskreis einbezogen wird (Albert/Koster 2002: 46ff).

Qualitativ vs. quantitativ

Zum Einsatz kommen die Instrumentarien in qualitativen und in quantitativen Forschungskontexten. Quantitative Forschung ist an Zahlen interessiert. Sie kommen zustande in Befragungen und in Beobachtungen. Das folgende Schaubild aus der Desi-Studie zeigt das Ergebnis eines quantitativen Verfahrens der Datenerhebung.

Action Item 19.4

Bitte überprüfen Sie in Ihrem Lehr- oder Lernumfeld, welche Lernmaterialien häufig genutzt werden. Vergleichen Sie Ihre Daten mit den Angaben im Kasten (Desi-Konsortium 2006: 39). Äußern Sie sich zur Effizienz des Medieneinsatzes.

Ausschnitt aus Tabelle 13: Häufig genutzte Lernmaterialien im Englischunterricht nach Bildungsgang (Lehrerangaben in Prozent)

Lernmaterial	Hauptschule	Realschule	IGS	Gymnasium
häufig genutzt				
Lehrbücher oder Arbeitsblätter	96	94	100	98
Dialoge	79	80	89	85
Fotos	66	75	82	68
CDs	49	66	67	66

Oftmals reicht es nicht aus, etwas über Verteilungen oder Präferenzen zu erfahren, was sich in Zahlen darstellen lässt. Die Tatsache, dass sehr viele Lehrkräfte ein Lehrbuch einsetzen (vgl. Abb.) sagt noch nicht viel darüber aus, welchen Einfluss das Buch auf ihre Unterrichtsgestaltung nimmt. Wer keine CDs einsetzt, ist deshalb noch lange kein Medienmuffel. Es gibt gute Gründe, auf Medien in der Schule zu verzichten, die in der Freizeit der Lernenden große Bedeutung haben.

Falls Forschende also detaillierte, differenzierte Informationen anstreben, Meinungen oder Sichtweisen von Teilnehmern kennenlernen möchten, um sie analysieren, interpretieren und zu einer Theorie verdichten zu können, betreiben sie **qualitative Forschung**. Ihr geht es um „die Entdeckung (Generierung) von Theorieaussagen anhand empirischer Daten" (Brüsemeister 2000: 6).

▶ ELT-terms *quantitative/qualitative research*: "Quantitative research involves analysis of numerical data .... Qualitative research involves analysis of data such as words (e.g. from interviews), pictures (e.g. video), or objects (e.g. an artifact). " (Neill 2007)

In fremdsprachendidaktischen Forschungskontexten ist es nicht ungewöhnlich, mehrere Methoden miteinander zu kombinieren, somit eine **Methodentriangulation** durchzuführen. Ein *mixed methods approach* verbessert die Möglichkeiten, „unterschiedliche Perspektiven" zu verbinden und „möglichst unterschiedliche Aspekte des untersuchten Gegenstands" zu thematisieren (Flick 1995: 432f).

Action Item 19.5

Entwerfen Sie bitte einen Forschungsvorschlag zu einem englischdidaktischen Problem Ihrer Wahl nach einem der hier genannten methodischen Zugriffe.

▶ ELT term *mixed methods approach*: "[Strategies] that involve collecting and analyzing … [qualitative and quantitative] data in a single study." (Creswell 2003: 15)

Explorativ vs. analytisch

Ein Forschungsfeld wird mit unterschiedlichen Zielen betrachtet. In explorativen Studien versuchen Forschende, Phänomene zu erkennen und Hypothesen zu entwickeln, um sie eingehend zu untersuchen, z. B. die Auswirkungen eines frühbeginnenden Englischunterrichts auf den Kompetenzaufbau. Beschreibende Studien konzentrieren sich stärker darauf, das Auftreten von Phänomenen sachlich und systematisch festzuhalten, um hierzu Aussagen abzuleiten. Die Informationen über die Mediennutzung von Lehrkräften im Schaubild sind deskriptiv. Analytisch dagegen wäre sie konzipiert, würde die Studie auch erforschen, ob oder warum z. B. Hauptschullehrkräfte in bestimmten Lehr-/Lernsituationen ein bestimmtes Medium wählen (Grotjahn 1993; Helsper/Böhme 2004).

19.4 Anforderungen an das Forschungsvorhaben

Weder im Studium noch im Klassenzimmer sind Forschungsprojekte Probehandlungen. Die Arbeiten sollen zeigen, dass wissenschaftliches Interesse an einem klar definierten Untersuchungsgegenstand professionell artikuliert werden kann. Von den Ergebnissen wird erwartet, dass sie als **Indikatoren** Entwicklungen nach wissenschaftlichen Standards wiedergeben.

▶ ELT-term *research*: "Research is a systematic process of inquiry consisting of three elements or components: (1) question, problem or hypothesis; (2) data; (3) analysis and interpretation of data; (4) The activity should be capable of meeting tests of validity and reliability; (5) The results should be published (made public)." (Nunan 2005: 225)

Forschungskontexte

Alle Informationen, die eine Untersuchung erbringt, bedürfen der Interpretation. Schließlich müssen sie so aufbereitet werden, dass andere Personen sie wahrnehmen können und die Möglichkeit der Prüfung besteht. Gemeinhin vollziehen sich Planung und Durchführung eines Projekts in drei Schritten. Dabei wird der Entdeckungszusammenhang, der Begründungszusammenhang und der Verwertungs- bzw. Wirkungszusammenhang hergestellt.

In jedem Forschungsprojekt wird zunächst erläutert, was man untersucht und warum dies geschieht. Antworten auf diese Fragen bestimmen den Entdeckungszusammenhang des anvisierten Vorhabens. Explizit erwartet werden Hypothesen, Grundannahmen und Theorien zu dem englischdidaktischen Phänomen, mit dem man sich forschend auseinandersetzen möchte. Die Rekonstruktion des aktuellen Forschungsstands, die Forschungshypothese, ihre **Operationalisierung** und die Wahl der Methode stellen den Begründungszusammenhang des Projekts her. Die Forschungsergebnisse, ihre Interpretation sowie Schlussfolgerungen oder unterrichtsrelevante Konsequenzen, welche die Ergebnisse implizieren, sind Aspekte des Wirkungszusammenhangs.

IMRaD-Struktur

Auf vier Kernfragen konzentriert sich die IMRaD-Struktur, die der Wissenschaftler Bradford Hill in den 1960er Jahren vorschlug. Die Orientierung an der IMRaD-Struktur wird für wissenschaftliche Beiträge in vielen internationalen Fachzeitschriften erwartet. Auch auf wissenschaftlichen Postern, die im Rahmen von Konferenzen ausgestellt werden, präsentieren Wissenschaftler ihre Forschung in enger Anlehnung an das IMRaD-Format.

> ▶ ELT-term *IMRaD*: "(1) Introduction: Why did you start? (2) Methods: What did you do? (3) Results: What answer did you get? (and) (4) Discussion: What does it mean anyway?" (Hill 1965: 870)

Einleitung: Why did you start?

In der einleitenden Phase gibt man Antworten darauf, warum man die Studie durchführt. Damit die Untersuchung eingeordnet werden kann, muss der kontextuelle Rahmen bekannt sein, dem die Untersuchung zuzuordnen ist. Noch vor den Entscheidungen über das methodische Vorgehen erfolgt die Klärung des aktuellen Forschungs- bzw. Erkenntnisstandes zum Forschungsrahmen. In dieser Vorbereitungsphase arbeiten sich Forschende durch die verfügbare Literatur zur Thematik ihrer Untersuchung, um diese dann gegebenenfalls zu spezifizieren oder zu modifizieren. Am Ende dieser Recherchephase kann eine Spezifizierung der Hypothese bzw. Forschungsfrage stehen.

Auf die Formulierung einer Hypothese bzw. einer Forschungsfrage folgt die Operationalisierung. Der **Forschungsansatz** wird dabei in „beobachtbare und damit messbare Variablen" (Klammer 2005: 39) überführt. In einem angenommenen Untersuchungsfeld ‚Üben' können beispielsweise die Schulform (z. B. Hauptschule), die Lernjahre (z. B. Klasse 7), die Steuerungsintensität (z. B. halboffene Übungsform) oder die Übungsformate (z. B. reproduktive Übungen) mögliche Variablen sein. Es hätte nun aber wenig Sinn, sich mit allen Variablen zu befassen. Wissenschaftliches Arbeiten bedeutet in diesem Zusammenhang, das Feld zu beforschen, worauf sich die Hypothese bezieht und zu entscheiden, welche Kriterien man für die Auswertung einsetzt. Teil des Klärungsprozesses ist es zu prüfen, ob sich Kriterien zu Kategorien zusammenfassen lassen.

Man klärt bei der Operationalisierung auch, welche Teilaspekte der Hypothese man untersucht und was genau man unter den verwendeten Indikatoren und Parametern im Detail versteht. Zudem wird erläutert, welche Teilaspekte aus welchen Gründen unberücksichtigt bleiben.

Methode: What did you do?

Im Bereich ‚Methode' werden Antworten gegeben, die klären, was man in der Studie getan hat, um die im Fokus stehenden Daten zu ermitteln und auszuwerten. In empirischen Untersuchungen sind relevante Informationen der Untersuchungskontext (Zeit, Ort), Angaben über die Teilnehmer und Maßnahmen zu ihrer Auswahl (zufällig, standardisiert).

Auch das Verfahren der **Datenermittlung** (Interview, Aufsatz etc.) ist ein wichtiger methodischer Aspekt. Die Wahl der Methode hängt von der Forschungsfrage ab. Möchte man Lehrertheorien erforschen, liegen Interviews nahe. Lehrerverhalten lässt sich durch Unterrichtsbeobachtung systematisch analysieren. Lehr- und Lernmaterialien, Schülerleistungen oder Lernprozesse erforscht man häufig durch inhaltliche Analysen, z. B. von Schülerbänden, Portfolios oder Lernertagebüchern.

Resultate: What answers did you get?

Aufbereitung und Darstellung der **Untersuchungsergebnisse** informieren über die Ergebnisse, die man in der Studie herausgefunden hat. Die Forschungsfragen werden „auf der Grundlage der Befunde beantwortet." (Brosius/Koschel/Haas, 2008: 200). Wo sinnvoll, werden Daten graphisch aufbereitet, in Tabellen zusammengefasst oder in Form von Diagrammen dargestellt.

Diskussion: What does it mean anyway?

In der abschließenden Sektion werden die Ergebnisse erläutert. Die Forschenden liefern Interpretationen und artikulieren ihre Befunde. In fachdidaktischen Arbeiten erwartet man, dass Schlussfolgerungen für die Unterrichtspraxis skizziert bzw. Konsequenzen vorgestellt werden. Sinnvoll kann es sein, den weiteren **Forschungsbedarf** zu beschreiben.

Action Item 19.6

Bitte überprüfen Sie Forschungsberichte in fachdidaktischen Zeitschriften nach dem Maß ihrer Orientierung am Prozessmodell (Meyer 2006). Beschreiben Sie ggf. Alternativen im Forschungsdesign.

Ein Problem wird identifiziert,	Die Methode wird ausgewählt,	Die Daten werden erhoben und ausgewertet.	Die Daten werden interpretiert,
Eine Hypothese wird formuliert,	Das Forschungsdesign wird festgelegt,		Schlussfolgerungen werden gezogen und auf die Forschungs-hypothese bezogen.
Der Erkenntnisstand wird ermittelt.	Kriterien werden erarbeitet.		

Anforderungen an die Forschung

Die **Strukturierung** des Forschungsvorhabens in einer Form, die wesentliche Fragen zum Kontext, der Methode, den Ergebnissen und ihrer Diskussion darstellt, ist eine Grundanforderung. Von zentraler Bedeutung ist, dass Design und Datenerhebung überprüfbar sind. Erreicht wird dies dadurch, dass alle relevanten Informationen verfügbar sind und die Verfahren eindeutig beschrieben wurden. Nur wenn Sachkundige in der Lage sind, die Studie in allen Schritten nachzuvollziehen und sie gegebenenfalls zu wiederholen, ist die Studie reliabel. Fundstellen der benutzen Quellen müssen genannt, die Verfahren zur Datenermittlung offen gelegt werden. Auch die Entwicklung der Instrumente muss erläutert und in Beziehung zu den Ergebnissen gesetzt werden, damit das Kriterium der Validität überprüfbar ist.

Validität bezieht sich auf den Grad der Angemessenheit des Designs für das beforschte Phänomen. Untersuchungen scheitern an diesem Gütemerkmal, wenn sie nicht messen, was sie zu messen vorgeben, beispielsweise Fragen wertbesetzte Begriffe enthalten, unpräzise und schwer verständlich oder mehrere Sachverhalte gleichzeitig abfragen (Klammer 2005, 226). Validität wird bei quantitativen Studien daher häufiger infrage gestellt. In qualitativen Studien ist dies seltener der Fall. Forscher erheben ihre Daten qualitativ durch Befragungen, durch teilnehmende Beobachtung oder durch Inhaltsanalyse. Daher seien sie „bereits aufgrund ihrer Ausgangsdaten näher am Phänomen" (Przyborski/Wohlrab-Sahr 2008, 36).

▶ ELT-terms *reliability/validity*: "Reliability refers to the degree to which the indicator or test is a consistent measure over time, or simply, will the respondent give the same respond if asked to give an answer at a different time? ... Validity refers to the degree to which a measuring instrument actually measures and describes the concept it was designed to." (Sutton/Sutton 2004: 171)

Forschung in der Schule

Eine systematische Betrachtung von Phänomenen möchte man auch mit der **Aktionsforschung** erreichen. Die Vorgehensweise ist wie bei jedem Forschungsvorhaben üblich orientiert an wissenschaftlichen Standards. Das Forschungsinteresse konzentriert sich auf Vorgänge und Variablen innerhalb des eigenen Wirkungsfeldes, es ist demnach sehr praxisbezogen ausgerichtet. Ein Projekt wird normalerweise initiiert, weil man als Lehrkraft ein Problem oder ein Phänomen in seiner Klasse identifiziert, das einer systematischen Betrachtung bedarf, um Lösungsansätze zu entwickeln. Beispielsweise möchte man die bevorzugten Lernstrategien ermitteln, nachdem man festgestellt hat, dass erarbeitetes Wissen schnell wieder vergessen wird. Allgemein sind Aspekte, die den Lernprozess beeinflussen, darunter Vorlieben oder Abneigungen, Mediennutzung oder Leseverhalten Zusammenhänge, die durch Forschung geklärt werden können.

▶ ELT-term *action research*: "Action research is defined as any systematic inquiry conducted by teachers, administrators, counselors or others with a vested interest in the teaching or learning process for the purpose of gathering information about how their particular school , how they teach and how their students learn." (Mertler 2009: 2)

Aktionsforschung führt zu explorativen Studien. Lehrverantwortliche eines Forschungsumfelds selbst führen sie durch bzw. beteiligen sich aktiv daran. Manchmal kooperiert man mit externen Forschern. Es gehört zu den Grundprinzipen der Aktionsforschung, dass diejenigen, die das Umfeld durch ihre Entscheidungen, Planungen oder Methoden beeinflussen, selbst die interessierenden Facetten auf systematische Art und Weise in den Blick nehmen. Die ‚beforschten' Lernenden werden als ‚Experten' betrachtet und sind **gleichberechtigte Partner**. Dies hat zur Folge, dass sie die einzelnen Phasen des Projekts mittragen und sich an der Auswertung der Ergebnisse beteiligen.

Aktionsforschung wird nicht durchgeführt, um eine Hypothese zu überprüfen. Sie setzt auf eine explizite Veränderung des erforschten Ausschnitts (z. B. Einstellungen zur Fehlerkorrektur). Der Abschluss der Forschung soll konkrete Hinweise liefern, wie Verbesserungen erzielt werden können: „Sie will Praxis ändern, und zwar so, dass diese Änderung von den Praktikern gewollt ist" (Mollenhauer, zit. nach Heinze 2001: 80).

Action Item 19.7

Beschreiben Sie bitte ein Phänomen, das Sie in einer Lernumgebung als problematisch wahrgenommen haben. Entwerfen Sie einen Plan, wie sich das identifizierte Problem im Rahmen eines Aktionsforschungsprojekts betrachten lässt (Bailey 2004: 490). Beschreiben Sie ggf. Alternativen im Forschungsdesign.

---

1. Plan an action to address the problem.	2. Carry out the action.	3. Observe the outcomes.	3. Reflect the outcome.	4. Plan a subsequent action.

Verfahren zur Beobachtung beinhalten Videoaufnahmen, Tagebucheinträge, Interviews, Fragebögen oder Notierungen, die von den Aktionsforschern selbst vorgenommen werden.

19.5 Literaturrecherche

Bücher

Für Studium und Forschung gleichermaßen bedeutend ist die Sichtung und **Rezeption** der Literatur zu einem Gebiet. Für Arbeiten im Rahmen von Modulen und Seminaren benötigt man Referenzliteratur, um sich in ein Thema einzuarbeiten oder um Hypothesen zu begründen. In den letzten Jahren sind viele Einführungen in Fremdsprachendidaktiken erschienen, die einen guten Überblick über die zentralen Fragestellungen und Probleme dieser Disziplin vermitteln. Da sie aus verschiedenen Perspektiven und mit unterschiedlichen Akzentuierungen ein Problem betrachten, lohnt es sich, zu einer Thematik mehrere Überblicksbände zurate zu ziehen (z. B. Vielau 1997, Timm 1998, Weskamp 2001, Gehring 2006, Haß 2006, Doff/Klippel 2007, Bach/Timm 2009).

International ausgerichtete Publikationen mit **Überblickscharakter** behandeln neben zentralen allgemeinen Fragestellungen auch solche, die in einem deutschsprachigen institutionellen Umfeld stärker an der Peripherie angesiedelt sind oder im Erkenntnisinteresse von Bezugswissenschaften der Fremdsprachendidaktik liegen (z. B. Brown 2007, Gass/Selinker 2008, Johnson 2008).

Überblicksartikel und Lemmata zu vielfältigen theoretischen und praxisbezogenen Aspekten bieten Nachschlagewerke und Handreichungen (z. B. Ahrens/Bald/Hüllen 1995, Byram 2004, Johnson/Johnson 1999, Jung 2006).

Sammelbände (Anthologien) enthalten Beiträge zu einem Problem aus verschiedenen Perspektiven, die von mehreren Autorinnen und Autoren verfasst wurden. Oft erscheinen sie in einer Reihe. Hierin enthaltene Einzelbeiträge sind nicht immer leicht zu recherchieren, sodass man manchmal gezwungen ist, die Recherchetools der herausgebenden Verlage zu nutzen.

Action Item 19.8

Bitte recherchieren Sie Beiträge zu einem fremdsprachendidaktischen Thema Ihrer Wahl in einer fremdsprachendidaktischen Reihe:
Münchner Arbeiten zur Fremdsprachenforschung (langenscheidt.de)
Gießener Beiträge zur Fremdsprachendidaktik (narr.de)
Kolloquium Fremdsprachenunterricht (peterlang.de)

Seit Jahrzehnten gibt es die *Bibliographie Moderner Fremdsprachenunterricht*. Viermal im Jahr werden die jeweils relevanten Veröffentlichungen mit kurzen Abstracts aufgeführt.

Zeitschriften

Manch wichtige deutschsprachige Fachzeitschrift wurde in den letzten Jahren vom Markt genommen, darunter *Englisch, Neusprachliche Mitteilungen aus Wis-*

senschaft und Praxis und *Die Neueren Sprachen*. Für die fachdidaktische Diskussion sind viele Beiträge nach wie vor wichtige Quellen.

Im **Printbereich** sind aktuell *Der Fremdsprachliche Unterricht Englisch* (friedrich-verlag.de/) und *Praxis Fremdsprachenunterricht* (cornelsen.de/teachweb/1.c.172843.de) maßgeblich für wissenschaftliche und unterrichtspraktische Veröffentlichungen zu Problemen des Unterrichts in der Sekundarstufe I und II. Für die Niveaustufen an der Grundschule mit vergleichbarem Anspruch gibt es z. B. *Grundschulmagazin Englisch* (Cornelsen), *Grundschule Englisch* (Friedrich) oder *Take off!* (Schroedel). Primär wissenschaftliche Texte enthält die *Zeitschrift für Fremdsprachenforschung*, die von der Gesellschaft für Fremdsprachenforschung (DGFF) herausgegeben wird. International ist das *ELT Journal* herausragend (eltj.oxfordjournals.org/archive/).

Auch in **E-Journals** äußern sich Expertinnen und Experten in Beiträgen mit großer thematischer Breite zur Didaktik und Methodik moderner Fremdsprachen. Beispiele hierfür sind *Zeitschrift für interkulturellen Fremdsprachenunterricht*: zif.spz.tu-darmstadt.de/; *Asian EFL Journal*: asian-efl-journal.com/index.php; *Internet ESL Journal*: iteslj.org/. Aktuelle Informationen findet man auf der Website zu diesem Band (englische-fachdidaktik.com/).

Ressourcen

Für die Unterrichtspraxis liefert das Internet zahllose Anregungen, darunter auch Linksammlungen. Nicht immer entsprechen die Materialien und Unterrichtspläne den Qualitätsstandards fremdsprachlichen Unterrichts. Quellen für erwägenswerte Vorschläge zur Unterrichtsgestaltung sind auf englische-fachdidaktik.com/ zusammengestellt.

Suchmaschinen

Auf dem Internetauftritt der Deutschen Nationalbibliothek lassen sich alle in Deutschland erschienenen Bücher recherchieren (d-nb.de). Die British Library bietet einen Suchservice nach eigenen Angaben für derzeit 14 Millionen Bücher an. Auch Zeitschriftenbeiträge können ermittelt werden (bl.uk/).

Hilfreich für die Recherche von Aufsätzen zur Fremdsprachendidaktik ist das Fachportal-Pädagogik (fachportal-paedagogik.de/). Auf Beiträge aus fremdsprachendidaktischen Bereichen spezialisiert ist die Suchmaschine auf db-learnline.de, die schulpraktische Aufsatztitel nach Stichworteingabe zusammenstellt (db.learnline.de/angebote/schulpraxis/suche.jsp).

Web-Publikationen von geförderten deutschen Forschungseinrichtungen bietet das Bundesministerium für Bildung und Forschung auf seinem *Forschungsportal* (forschungsportal.net). Universitäre Suchmaschinen wie z. B. *Bielefeld Academic Search Engine* (base-search.net/) der Universität Bielefeld sind auf **Doktorarbeiten** spezialisiert, die meist auch online einsehbar sind. Zu frei zugänglichen

Publikationen von Hochschulen führen Suchprojekte wie z.B. *Meta Data* on Internet (meind.de/), das vom Hochschulbibliothekszentrum Nordrhein-Westfalen betreut wird.

Einen zum Zeitpunkt der Drucklegung dieses Bandes kostenlosen Literaturrechercheservice per E-Mail kann man beim Informationszentrum für Fremdsprachenforschung (http://www.uni-marburg.de/ifs/literaturrecherche/index_html) in Anspruch nehmen. Hierzu schickt man Stichwörter, zu der man Literatur sucht, an die angegebene Adresse.

Action Item 19.9

Recherchieren Sie bitte in mehreren der genannten Quellen Literatur zu einer Thematik. Vergleichen Sie die Ergebnisse und bewerten Sie dann die Qualität der Recherchehilfen.

Zusammenfassung

Dieses Kapitel wollte aufzeigen,

- in welchen Forschungsbereichen sich die Fremdsprachendidaktik engagiert,

- welche Forschungsmethoden genutzt werden,

- welche Überlegungen bei der Entwicklung eines Forschungsvorhabens angestellt werden,

- welche Quellen für die Literatursuche zur Verfügung stehen.

Weiterführende Literatur:

Literatur zur Bearbeitung der Action Items und für forschende Lernaktivitäten: Brosius, H.P./Koschel, F./Haas, A.: *Methoden der empirischen Kommunikationsforschung.* 4. überarbeitete und erweiterte Auflage. Wiesbaden 2008. **Dahnken, A.:** *Englisch in der Hauptschule. Eine didaktische Rekonstruktion von fremdsprachlichem Unterricht und bilingualem Unterricht.* Oldenburg 2005. **Gudjons, H.:** *Pädagogisches Grundwissen.* 10. aktualisierte Auflage. Bad Heilbrunn 2008. **Kallenbach, Ch.:** *Subjektive Theorien. Was Schüler und Schülerinnen über Fremdsprachenlernen denken.* Tübingen 1996. **Nunan, D.:** *Research methods in language learning.* Cambridge 1992. **Weskamp, R.:** *Fremdsprachenunterricht entwickeln.* Hannover 2003. Siehe auch englische-fachdidaktik.com/

20. Literaturverzeichnis

Monographien/Sammelbände/Zeitschriftenartikel

Aebersold, J.A./Field, M.L.: *From reader to reading teacher. Issues and strategies for second language classrooms.* New York 1997.

Ahrens, R./Bald, W.-D./Hüllen, W.: *Handbuch Englisch als Fremdsprache (HEF).* Berlin 1995.

Aitchison, J.: *Words in the mind: an introduction to the mental lexikon.* Oxford ³2003.

Albert, R./Koster, J.: *Empirie in Linguistik und Sprachlehrforschung. Ein methodologisches Arbeitsbuch.* Tübingen 2002.

Alderson, Ch: *Assessing reading.* Cambridge 2000.

Alderson, J.C./Clapham, C./Wall, D.: *Language test construction and evaluation.* Cambridge 2001.

Allwright, R./Allwright, D./Bailey, K.B.: *Focus on the Language Classroom: An Introduction to Classroom Research for Language Teachers.* Cambridge 1991.

Almond, M.: *Teaching English with drama.* London 2005.

Apelt, W.: „Projektmethode im Fremdsprachenunterricht – Ursprung und Grundlagen – (I)." In: *Fremdsprachenunterricht,* 5/1993, 253-257.

Apeltauer, E.: *Grundlagen des Erst- und Fremdsprachenerwerbs: Fernstudieneinheit 15: Eine Einführung.* München 1997.

Asher, J.: *Learning another language through actions: a complete teacher's guide.* Los Gatos 1977.

Bach, G./Niemeier, S. (Hg.): *Bilingualer Unterricht: Grundlagen, Methoden, Praxis, Perspektiven.* Frankfurt/M. [u.a.] ⁴2008.

Bahns, J.: *Kollokationen und Wortschatzarbeit im Englischunterricht.* Tübingen 1997.

Bahns, J.: „Hörverstehen – Hält die Praxis was die Theorie verspricht?" In: Jung 2006, 125-132.

Bailey, K.: "Action research, teacher research and classroom research in language teaching." In: Celce-Murcia 2004, 489-498.

Baker, C./Prys Jones, S.: *Encyclopedia of bilingualism and bilingual education.* Clevedon 1998.

Bakker, S.: „Möglichkeiten einer veränderten Diagnose- und Leistungskultur im Fremdsprachenunterricht." In: Engelhardt/Gehring 2010, 57-76.

Bald, W.-D.: „Grundbegriffe der Beschreibung des Englischen auf Satzebene." In: Ahrens/Bald/Hüllen 1995, 128-133.

Banton Smith, N.: *American reading instruction.* Newark 2002.

Barnickel, K.-D.: „Kognaten und *faux amis*." In: Ahrens/Bald/Hüllen, 1995, 92-94.

Baron, R.: *Interculturally speaking.* München 2002.

Bartram, M./Walton, R.: *Correction: a positive approach to language mistakes.* Hove 1991.

Basturkmen, H./Elder, C.: "The practice of ESP." In: Davis/Elder 2004, 672-694.

Batz, R./Bufe, W. (Hg.): *Moderne Sprachlehrmethoden.* Darmstadt 1991.

Bausch, K.-R./Christ, H./Krumm, H.-J.: (Hg.): *Handbuch Fremdsprachenunterricht.* Tübingen 1995.

Bausch, K.-R. u.a. (Hg.): *Die Erforschung von Lehr- und Lernmaterialien im Kontext des Lehrens und Lernens fremder Sprachen.* Tübingen 1999.

Bausch, K.-R. u.a. (Hg.): *Bildungsstandards für den Fremdsprachenunterricht auf dem Prüfstand: Arbeitspapiere der 24. Frühjahrskonferenz zur Erforschung des Fremdsprachenunterrichts.* Tübingen 2005.

Bausch, K.-R. u.a. (Hg.): *Aufgabenorientierung als Aufgabe. Arbeitspapiere der 26. Frühjahrskonferenz zur Erforschung des Fremdsprachenunterrichts.* Tübingen 2006.

Bausch, K.-R./Kasper, G.: Der Zweitsprachenerwerb: Möglichkeiten und Grenzen der großen Hypothesen. In: *Linguistische Berichte* 64, 1979, 3-35.

Bebermeier, H.: „Fremdsprachliche Lerngelegenheiten in der Grundschule: Begegnung mit Sprachen." In: *Englisch,* 4/1992, 122-127.

Becker, C.: Lernentwicklung dokumentieren: Das Sprachenportfolio. In: *Die Grundschulzeitschrift,* 17/2003, 42-44.

Becker, G.: *Unterricht planen.* Weinheim 2007.

Beneke, J.: „Verstehen und Mißverstehen im Englischunterricht." In: *Praxis des Neusprachlichen Unterrichts,* 4/1975, 351-362.

Benny, F.: *Learning centres: development and operation.* Englewood Cliffs 1977.

Bergemann, N./Sourisseaux, A.L.J. (Hg.): *Interkulturelles Management.* Berlin und Heidelberg 2003.

Berns, M.: *Contexts of competence: Social and cultural considerations in communicative language teaching.* New York und London 1990.

Bhatia, T./Ritchi, W.C. (Hg.): *The handbook of bilingualism.* Oxford 2006.

Biederstädt, W.: „Englisch in der Realschule – Perspektiven für die 90er Jahre." In: *Englisch,* 1/1990, 1-6.

Blaicher, G. (Hg.): *Erstarrtes Denken.* Tübingen 1987.

Blakemore, S.-J./Frith, U.: *The learning brain. Lessons for education.* Oxford 2005.

Blell, G./Kupetz, R. (Hg.): *Fremdsprachenlernen zwischen Medienverwahrlosung und Medienkompetenz: Beiträge zu einer kritisch-reflektierenden Mediendidaktik.* Frankfurt/M. [u.a.] 2005.

Blell, G.: „Musik im Fremdsprachenunterricht und die Entwicklung von audio literacy." In: Jung 2006, 112-119.

Bleyhl, W. (Hg.): *Fremdsprachen in der Grundschule: Grundlagen und Praxisbeispiele.* Braunschweig 2000.

Bleyhl, W.: *Fremdsprachen in der Grundschule: Geschichtenerzählen im Anfangsunterricht – Storytelling.* Braunschweig 2002.

Bliesener, U.: „Weiterentwicklung des Fremdsprachenunterrichts. Eine Notwendigkeit! Aber wie?" In: *Neusprachliche Mitteilungen,* 1/1995, 8-17.

Bloomer, A./Griffiths, P./Merrison, A.J.: *Introducing language in use: a coursebook.* London und New York 2005.

Bludau, M.: „Übendes Schreiben im Englischunterricht in der Sekundarstufe I." In: *Fremdsprachenunterricht,* 1/1998, 11-17.

Börner, O.: „Verwendung der Schrift im 3. und 4. Schuljahr." In: Edelhoff, 2003, 89-97.

Börner, W./Vogel, K.: *Grammatik und Fremdsprachenunterricht: Kognitive, psycholinguistische und erwerbstheoretische Perspektiven.* Tübingen 2002.

Börner, W.: „Lernprozesse in grammatischen Lernaufgaben." In: Börner u./Vogel, 2002, 231-261.

Bortz, J./Döring, N.: *Forschungsmethoden und Evaluation für Human- und Sozialwissenschaftler.* Berlin und Heidelberg ⁴2006.

Böttger, H.: *Englisch lernen in der Grundschule.* Bad Heilbrunn 2005.

Böttger, S.: Kognitive und affektive Dimensionen im frühen Fremdsprachenlernen Französisch. In: Prinz, Tübingen 1999, 89-98.

Bredella, L. (Hg.): *Mediating a foreign culture: the United States and Germany: studies in intercultural understanding.* Tübingen 1991.

Bredella, L./Christ, H. (Hg.): *Didaktik des Fremdverstehens* Tübingen 1995.

Bredella, L./Delanoy, W. (Hg.): *Interkultureller Fremdsprachenunterricht.* Tübingen 1999.

Bredella, L.: „Leseorientierte Literaturtheorie und Literaturunterricht." In: Glaap 1990, 167-197.

Bredella, L.: *Das Verstehen literarischer Texte.* Stuttgart 1980.

Breidbach, St./Viebrock, B.: „Bilingualer Sachfachunterricht aus der Sicht wissenschaftlicher und praktischer Theoretiker." In: Gehring 2006, 234-256.

Brinton, D.M.: "The use of media in language teaching." In: Celce-Murcia 2004, 459-474.

Brooks, N.: *Language and language learning: theory and practice.* New York 1960.

Brosius, H.P./Koschel, F./Haas, A.: *Methoden der empirischen Kommunikationsforschung.* Wiesbaden ⁴2008.

Broughton, G./Brumfit, Ch./Flavell, R./Hill, P./Pincas, A.: *Teaching English as a foreign language.* London 1980.

Brown, G./Yule, G.: *Teaching the spoken language: an approach based on the analysis of conversational English.* Cambridge 1999.

Brown, H.D.: *Principles of language learning and teaching.* White Plains und New York ⁵2007.

Brüsemeister, Th.: *Qualitative Forschung.* Wiesbaden 2000.

Brunner, I./Schmidinger, E.: *Leistungsbeurteilung in der Praxis: Der Einsatz von Portfolios im Unterricht der Sekundarstufe I.* Linz 2001.

Brunner, I.: „Zielorientiertes Lernen und persönliche Bestleistung: Portfolios als Hilfe zum selbstgesteuerten Lernen in der Grundstufe." In: *Zeitschrift für den Deutschunterricht in Wissenschaft und Schule,* 1/2002, 58.

Brusch, W. u.a. (Hg.): *Englischdidaktik: Rückblicke-Einblicke-Ausblicke.* Berlin 1989.

Brusch, W.: *Didaktik des Englischen: Ein Kerncurriculum in zwölf Vorlesungen.* Braunschweig 2009.

Bryon, M.: *The graduate psychometric test workbook.* Cambridge 2005.

Bublitz, W.: *Englische Pragmatik. Eine Einführung.* Berlin ²2006.

Bühler, P.: „Podcasting im Hörverstehensunterricht - rezeptive und produktive Einsatzmöglichkeiten." In: *Praxis Fremdsprachenunterricht,* 1/2008, 25-30.

Bundeszentrale für politische Bildung (Hg.): *Lernen für Europa. Neue Horizonte der Pädagogik.* Bonn 1994, 109-112.

Burger, G.: *Fremdsprachenunterricht in der Erwachsenenbildung.* Ismaning 1995.

Burmeister, P./Pasternak, R.: „Früh und intensiv: Englische Immersion in der Grundschule m Beispiel der Klaus-Rixen-Grundschule in Altenholz." In: *Fachverband Moderne Fremdsprachen fmf Schleswig-Holstein* (Hg.): Mitteilungsblatt August 2004, 24-30.

Burns, A.: „Language across the curriculum." In: Byram 2004, 327-330.

Burtscheidt, C.: „Wieder Ärger mit dem Lehrplan." In: *Süddeutsche Zeitung* Nr. 280, 02.12.2008, 33.

Burwitz-Melzer, E./Quetz, J.: „Vom handlungsorientierten Umgang mit grammatischen Strukturen im Englischunterricht in der Grundschule." In: Müller-Hartmann/Schocker-von Ditfurth 2004, 381-390.

Burwitz-Melzer, E./Legutke, M.: „Die Übergangsproblematik". In: *Der Fremdsprachliche Unterricht Englisch,* 69/2004, 2-8.

Burwitz-Melzer, E.: *Allmähliche Annäherungen. Fiktionale Texte im interkulturellen Fremdsprachenunterricht in der Sekundarstufe I.* Tübingen 2003.

Buttjes, D./Byram, M. (Hg.): *Mediating languages and cultures: towards an intercultural theory of foreign language education.* Clevedon 1991.

Butzkamm, W.: *Psycholinguistik des Fremdsprachenerwerbs.* Tübingen 1989.

Butzkamm, W.: *Lust am Lehren, Lust am Lernen: Eine neue Methodik für den Fremdsprachenunterricht.* Tübingen und Basel 2004.

Butzkamm, W./Butzkamm, J.: *Wie Kinder sprechen lernen: Kindliche Entwicklung und Sprachlichkeit des Menschen.* Tübingen 1999.

Butzkamm, W./Caldwell, J.A.W.: *The bilingual reform: a paradigm shift in English language teaching.* Tübingen 2009.

Bygate, M.: *Speaking.* Oxford 2000.

Bygate, M./Skehan, P./Swain, M. (Hg.): *Researching pedagogic tasks: second language learning, teaching and testing.* London 2001.

Byram, M.: *Cultural studies in foreign language education.* Clevedon 1989.

Byram M.: "Acquiring intercultural communicative competence: fieldwork and experiential learning." In: Bredella/Delanoy 1999, 358-380.

Byram, M. (Hg.): *Encyclopedia of language teaching and learning.* London 2004.

Caine, R.N./Caine, G.: *Making connections: Teaching and the human brain.* Alexandria, VA 1991.

Cameron, L.: *Teaching languages to young learners.* Cambridge 2001.

Canale, M./Swain, M.: "Theoretical bases of communicative approaches to second language teaching and testing." In: *Applied Linguistics,* 1/1980, 1-47.

Carter, R./Nunan, D. (Hg.): *The Cambridge guide to teaching English to speakers of other languages.* Cambridge 2001.

Carter, R.: *Vocabulary: applied linguistic perspectives.* London 1998.

Caspari, D.: „Literarische Texte im Fremdsprachenunterricht *und/mit/durch* kreative Verfahren." In: *Fremdsprachenunterricht,* 4/1995, 241-246.

Cech, D./Schwier, H.J. (Hg.): *Lernwege und Aneignungsformen im Sachunterricht.* Bad Heilbrunn 2003.

Celce-Murcia, M. (Hg.): *Teaching English as a second or foreign language.* New York ³2004.

Celce-Murcia, M./Dörnyei, Z./Thurrell, S.: "Communicative competence: a pedagogically motivated model with content specification." In: *Issues in Applied Linguistics,* 2/1995, 5-35.

Celce-Murcia, M./Brinton, D. M./Goodwin, J. M.: *Teaching pronunciation: a reference for teachers of English to speakers of other languages.* Cambridge 1996.

Chapalle, C./Brindley, G.: "Assessment." In: Schmitt 2001, 267-288.

Christ, H./Piepho, H.-E. (Hg.): *Kongreßdokumentation der 7. Arbeitstagung der Fremdsprachendidaktiker Gießen 1976.* Limburg 1977.

Christ, H./Rang, H.-J.: *Fremdsprachenunterricht unter staatlicher Verwaltung 1700-1945.* Tübingen 1985.

Christ, H.: „Lernen in zwei Sprachen mit Blick auf zwei Kulturen." In: *Praxis Fremdsprachenunterricht,* 6/2006, 16-19.

Cohen, A.D.: "Second language assessment". In: Celce-Murcia 2004, 515-534.

Cohen, L./Manion, L./Morrison, K.: *A guide to teaching practice.* London ⁵2004.

Collins Cobuild Advanced Dictionary of English. Boston 2009.

Coniam, D./Falway, P.: "High-stakes testing and assessment: English language teacher benchmarking." In: Cummings/Davison 2007, 457-472.

Cook, G./Seidlhofer, B. (Hg.): *Principle and practice in applied linguistics: studies in honour of H.G. Widdowson.* Oxford 1995.

Cook, V.: *Second language learning and language teaching.* London ³2001.

Corbett, J.: *An intercultural approach to English language teaching.* Clevedon 2003.

Corder, P.: "The significance of learners' errors." In: *IRAL,* 5/1967, 161-171.

Corson, D./Tucker, G.R. (Hg.): *Encyclopedia of language and education: volume 4: second language education.* AA Dordrecht, The Netherlands 1997.

Crawford, J.: "The role of materials in the language classroom: finding the balance." In: Richards u. Renandya 2002, 80-92.

Creswell, J.: *Research design: qualitative, quantitative, and mixed methods approaches.* Thousand Oaks und London 2003.

Crookes, G./Chaudron, C.: "Guidelines for classroom language teaching." In: Celce-Murcia 2004, 29-42.

Crossen, H.J.: „Der Einfluß der Einstellung des Lesers auf seine Fähigkeiten zu kritischem Lesen." In: Heuermann/Hühn/Röttger 1975, 142-152.

Crystal, D.: *English as a global language.* Cambridge 2003.

Crystal, D.: *The Cambridge encyclopedia of the English language.* Cambridge ²2003.

Cummings, J./Davison, Ch. (Hg.): *International handbook of English language teaching.* New York 2007, 505-520.

Dahnken, A.: *Englisch in der Hauptschule: Eine didaktische Rekonstruktion von fremdsprachlichem Unterricht und bilingualem Unterricht.* Oldenburg 2005.

Dalton-Puffer, Ch.: *Discourse in content and language integrated learning (CLIL) classrooms.* Amsterdam 2007

Davchewa, L./Sercu, L.: "Culture in foreign language teaching materials." In: Sercu u. Bandura 2005, 90-109.

David, M./Sutton, C. D.: *Social research: the basics.* London, Thousand Oaks, New Delhi 2004.

Davies, A./Elder, C. (Hg.): *The handbook of applied linguistics.* Malden 2005.

De Bot, K./Lowie, W./Verspoor, M. (Hg.): *Second language acquisition: an advanced resource book.* Oxen und New York 2005.

DeKeyser, R./Juffs, A.: "Cognitive considerations in L2 learning." In: Hinkel 2005, 437-454.

DeKeyser, R./Larson-Hall, J.: "What does the critical period really mean?" In: Kroll/De Groot 2005, 88-108.

Delanoy, W.: *Fremdsprachlicher Literaturunterricht. Theorie und Praxis als Dialog.* Tübingen 2002.

Demers, P./Bérube, G.: Correction of speech errors: some suggestions. In: G. Duquette (Hg.): *Second language practice.* Clevedon 1995.

Der Tagesspiegel: *Das Wort Telefon last das Gehirn klingeln.* 26.11.2008.

Desi-Konsortium (Hg.): *Unterricht und Kompetenzerwerb in Deutsch und Englisch: Ergebnisse der Desi-Studie.* Weinheim und Basel 2008.

Detering, K./Högel, R. (Hg.): *Englisch auf der Sekundarstufe I.* Hannover 1978.

Detloff, U.: *Interkulturalität und Europakompetenz: Die Herausforderungen des Binnenmarkts und der Europäischen Union.* Tübingen 1993.

Dietrich, I.: „Freinet-Pädagogik und Fremdsprachenunterricht." In: *Englisch Amerikanische Studien,* 4/1979, 542-563.

Dietrich, I.: „Alternative Methoden." In: Bausch/Christ/Krumm, 1995, 194-200.

Dignen, B.: "Making the most of small talk." In: *Business Spotlight,* 2/2005, 65-71.

Dirven, R. (Hg.): *Hörverständnis im Fremdsprachenunterricht.* Kronberg/Ts., 1977.

Doff, S./Klippel, F.: *Englisch-Didaktik. Praxishandbuch.* Berlin 2007.

Dörney, Z./Schmitt, R.: *Motivation and second language acquisition.* Manoa 2001.

Dornyei, Z.: *The psychology of second language acquisition.* Oxford 2009.

Doyé, P.: „Politische Erziehung im fremdsprachlichen Unterricht." In: *Westermanns Pädagogische Beiträge,* 6/1966, 270-275.

Doyé, P.: *Systematische Wortschatzvermittlung.* Hannover 1971.

Doyé, P.: *Die Feststellung von Ergebnissen des Englischunterrichts.* Hannover 1981.

Doyé, W.: *Interkulturelles und mehrsprachiges Lehren und Lernen: Zwölf Beiträge zur Fremdsprachendidaktik.* Tübingen 2008.

Dretzke, B.: *Fehlerbewertung im Aussprachebereich.* Hamburg 1985.

During, S. (Hg.): *The cultural studies reader.* London 1999.

Eckerth, J.: *Fremdsprachenerwerb in aufgabenbasierten Interaktionen.* Tübingen 2003.

Edelhoff, Ch. (Hg.): *Englisch in der Grundschule und darüber hinaus.* Frankfurt/M. 2003.

Edge, J.: *Essentials of English language teaching.* London 1993.

Edmondson, W./House, J.: *Einführung in die Sprachlehrforschung.* München ³2006.

Edmondson, W.: "Gambits in foreign language teaching." In: Christ/Piepho 1977, 45-47.

Edmondson, W.: *Twelve lectures on language acquisition.* Tübingen 2001.

Edwards, C./Willis, J. (Hg.): *Teachers exploring tasks in English language teaching.* Houndmills u. New York 2005.

Ehrenreich, S./Woodman, G./Perrefort, M. (Hg.): *Auslandsaufenthalte in Schule und Studium.* Münster, New York, München, Berlin 2008.

Ellis, R.: *Second language acquisition.* Oxford 1997.

Ellis, R. (Hg.): *Learning a second language through interaction.* Amsterdam 1999.

Ellis, R.: "Factors in the incidental acquisition of second language vocabulary from oral input." In: Ellis 1999, 35-62.

Ellis, R.: "Non-reciprocal tasks, comprehension and second language acquisition." In: Bygate/Skehan/Swain 2001, 49-74.

Ellis, R.: "Grammar teaching-practice or consciousness-raising?" In: Richards/Renandya, 2002, 167-174.

Ellis, R.: *Task-based language learning and teaching.* Oxford 2003.

Ellis, R.: *The study of language acquisition.* Oxford ¹⁰2003.

Engelhardt, M./Gehring, W. (Hg.): *Fremdsprachendidaktik. Neue Aspekte in Forschung und Lehre.* Oldenburg 2010.

Erben, T./Ban, R./Castañeda, M.E.: *Teaching English language learners through technology: teaching English language learners across the curriculum.* Oxon und New York 2009.

Erdmenger, M./Istel, H.W.: *Didaktik der Landeskunde.* Ismaning 1973.

Erdmenger, M.: *Landeskunde im Fremdsprachenunterricht.* Ismaning 1996.

Esteve, M.J./Valor, M.L.G. (Hg.): *Internet in languages for specific purposes and foreign language teaching.* Castelló de la Plana 2003.

Farell, Th.S.C.: "Lesson planning." In: Richards/Renandya 2002, 30-39.

Faulstich, W.: *Medienwissenschaft.* Paderborn 2004.

Feeney, A.: "Task-based language teaching." In: *ELT-Journal,* 2/2006, 199-201.

Feez, S.: *Text-based syllabus design.* Sydney 1998.

Felix, S.: „Kognitive Grundgrößen des Spracherwerbs." In: *Goethe Institut,* 1985, 309-313.

Fend, H.: *Schule gestalten: Systemsteuerung, Schulentwicklung und Unterrichtsqualität.* Wiesbaden 2008.

Fetzer, A.: „Negative contextualization: a socio-semiotic approach to foreign language teaching". In: Pütz 1997, 85-112.

Finkbeiner, C. (Hg.): *Bilingualer Unterricht. Lehren und Lernen in zwei Sprachen.* Hannover 2002.

Finkbeiner, C. (Hg.): *Wholeheartedly English: a life of learning.* Berlin 2002b.

Finkbeiner, C.: "Foreign language practice and cooperative learning." In: Finkbeiner 2002b, 109-122.

Finkbeiner, C.: „Handlungsorientierter Unterricht (Holistic and action oriented learning and teaching)." In: Byram 2004, 255-258.

Finkbeiner, C.: *Interessen und Strategien beim fremdsprachlichen Lesen: Wie Schülerinnen und Schüler englische Texte lesen und verstehen.* Tübingen 2005.

Finkenstaedt, Th./Schröder, K.: *Sprachen im Europa von Morgen.* München 1992.

Flick, U. u.a. (Hg.): *Handbuch Qualitative Sozialforschung.* Weinheim ²1995.

Flick, W.: "Triangulation." In: Flick ²1995, 432-435.

Foster, P./Skehan, P.: "The influence of planning and task type on second language performance." In: *SSLA*, 18/1996, 299-323.

Foster, P.: "Key concepts in ELT: task-based learning and pedagogy." In: *ELT Journal* 53/1999, 69-70.

Fowler, S.M./Blohm, J.M.: "An analysis of methods for intercultural training." In: Landis/Bennett/Bennett 2003, 37-84.

Franzen, H. u.a. (Hg.): *Good English: Ein Lehrwerk für den differenzierenden Englischunterricht.* Dortmund 1977.

Frederking, V./Krommer, A./Maiwald, K.: *Mediendidaktik Deutsch: Eine Einführung.* Berlin 2008.

Freudenstein, R./Gutschow, H. (Hg.): *Fremdsprachen. Lehren und Lernen.* München 1972.

Freudenstein, R.: „Fremdsprachen in der Schule im Jahr 2000 und danach: Thesen zu einer langfristigen Reform des neusprachlichen Unterrichts." In: *Bundeszentrale für politische Bildung* 1994, 109-112.

Freudenstein, R.: „Störfaktor ‚Lehrbuch' beim Englischlernen." In: Gehring 2006, 111-130.

Freudenstein, R.: *Errors and foreign language learning: analysis and treatment.* Marburg 1989.

Fromkin, V. (Hg.): *Linguistics: an introduction to linguistic theory.* Oxford 2000.

Funk, H./Koenig, M. (Hg.): *Grammatik lehren und lernen.* München 1991.

Funk, H.: „Aufgabenorientierung in Lehrwerk und Unterricht – das Problem der Theorie mit der Vielfalt der Praxis." In: Bausch/Burwitz-Melzer/Königs/Krumm 2006, 52-61.

Funke, P.: *Understanding the USA: a cross-cultural perspective.* Tübingen 1989.

Gardner, R.: "Integrative motivation and second language acquisition." In: Dörney/Schmitt 2001, 1-20.

Gardner, R.: *Social psychology and second language acquisition: the roles of attitude and motivation.* London 1985.

Gass, S.: "An interactionalist perspective on second language acquisition." In: Kaplan 2002, 170-181.

Gass, S./Madden, C. (Hg.): *Input in second language acquisition.* New York 1985.

Gass, S.M./Selinker, H.: *Second language acquisition: an introductory course.* New York und Abingdon 2008.

Gebauer, St./Kieweg, W.: „Frag ihn bitte mal für mich, ob ...': Sprachmittlungsaufgaben erstellen und bewerten." In: *Der Fremdsprachliche Unterricht Englisch*, 93/2008, 20-23.

Gehring, W.: „Lyrik für alle – Leistungsschwächere eingeschlossen." In: *Der Fremdsprachliche Unterricht Englisch*, 3/1998, 16-21.

Gehring, W.: „Unterhaltsame Lesestationen mit graded readers: Alan Posener, The Shop." In: *Der Fremdsprachliche Unterricht Englisch*, 6/2000, 12-16.

Gehring, W.: „Anwendungsbezogene Aspekte von Textualität in der Sekundarstufe I." In: *Praxis des neusprachlichen Unterrichts*, 1/2002, 1-12.

Gehring, W.: „Kulturelle Kontexte in Sprachlehrgängen an Haupt- und Realschule." In: Volkmann u. Stierstorfer u. Gehring 2002, 69-98.

Gehring, W.: „Moderiertes Lehren und Lernen als interaktive Wissenskonstruktion". In *Fremdsprachenunterricht* 5/2003, 326 - 331.

Gehring, W.: „Sprachlernmanagement in der Sekundarstufe I durch Portfolioarbeit." In: Gehring, 2006b, 19-40.

Gehring, W.: „Dokumentation, Aktion, Interaktion: Was didaktische Poster im Fremdsprachenunterricht leisten". In: *Praxis Fremdsprachenunterricht*, 2/2008, 3-8.

Gehring, W.: "Textbook culture and the ELT classroom." In: Kirchhofer/Schwarzkopf 2009, 304-314.

Gehring, W.: *Englisch unterrichten*. Donauwörth 2002.

Gehring, W. (Hg.): *Kulturdidaktik im Englischunterricht*. Oldenburg 2005.

Gehring, W.: *BA-Studium Englischdidaktik. Standards, Inhalte, Kompetenzen*. Oldenburg 2006.

Gehring, W. (Hg.): *Fremdsprachenunterricht heute*. Oldenburg 2006b.

Gehring, W./Stinshoff, E. (Hg.): *Außerschulische Lernorte des Fremdsprachenunterrichts*. Bad Heilbrunn 2010.

Gehring, W./Michler, A.: *Außerschulische Lernorte bilingual*. Oldenburg 2010b.

Genesee, F.: *Learning through two languages: studies of immersion and bilingual education*. Cambridge, MA 1987.

Germer, E.: *Didaktik der englischen Aussprache*. Hannover 1980.

Gienow, W./Hellwig, K. (Hg.): *Prozessorientierte Mediendidaktik im Fremdsprachenunterricht*. Frankfurt/M. [u.a.] 1993.

Glaap, A.-R.: *Anglistik heute*. Frankfurt/M. 1990.

Glöckel, H.: *Vom Unterricht. Lehrbuch der Allgemeinen Didaktik*. ²1992.

Gnass-Franke, T.: „Freiarbeit im Englischunterricht – eine Möglichkeit des partnerschaftlichen Lernens: Ein Erfahrungsbericht." In: *Die Neueren Sprachen*, 4/1993, 358-380.

Gnutzmann, C./Königs, F.G. (Hg.): *Perspektiven des Grammatikunterrichts*. Tübingen 1995, 267-284.

Gnutzmann, C.: „Sprachbewusstsein (‚Language Awareness') und integrativer Grammatikunterricht." In: Gnutzmann/Königs 1995, 267-284.

Gnutzmann, C./Kniffe, M.: „Language Awareness und Bewusstmachung auf der Sekundarstufe II." In: Timm 1998, 319-327.

Gnutzmann, C.: "Lingua franca." In: Byram 2004, 356-359.

Goethe Institut (Hg.): *Lernersprache*. München 1998.

Götz, D./Mittmann, B.: "Advanced vocabulary". In: Herbst 2005, 93-114.

Götz, D.: „Analyse einer in der Fremdsprache (Englisch) durchgeführten Konversation". In: Hunfeld 1977, 71-78.

Graham, S.: *Effective language learning: positive strategies for advanced level language learning*. Clevedon 1997.

Gramley, St./Gramley, V. (Hg.): *Introduction to applied linguistics: a course book*. Bielefeld 2008.

Gramley, St./Pätzold, M.: *A survey of modern English*. London ²2004.

Granger, C.: *Silence in second language learning: a psychoanalytic reading*. Cleveland 2004.

Grieser-Kindel, Ch./Henseler, R./Möller, St.: *Method guide.* Braunschweig, Paderborn, Darmstadt 2006.

Griffiths, C. (Hg.): *Lessons from good language learners.* Cambridge 2008.

Groeben, N./Hurrelmann, B.: *Lesekompetenz: Bedingungen, Dimensionen, Funktionen.* Weinheim 2002.

Grotjahn, R.: "C-test." In: Byram 2004, 158-159.

Grotjahn, R.: „Sprachlehrforschung." In: Byram 2004, 569-572.

Grotjahn, R.: „Qualitative vs. Quantitative Fremdsprachenforschung: Eine klärungsbedürftige und unfruchtbare Dichotomie." In: Timm/Vollmer 1993, 233-248.

Gudjons, H.: *Pädagogisches Grundwissen.* Bad Heilbrunn [10]2008.

Günert, B./Günter, H.: *Erstsprache und Zweitsprache: Einführung aus pädagogischer Sicht.* Weinheim und Basel 2004.

Gutschow, H. (Hg.): *Englisch: Didaktik, Methodik, Sprache, Landeskunde.* Berlin 1974.

Hall, D.A./Hewings, A. (Hg.): *Innovation in English language teaching: a reader.* London 2001.

Hall, St.: "Encoding: decoding." In: During 1999, 507-517.

Hallet, W.: "Bilingualer Unterricht: Idee, Form und Modelle." In: *Der Fremdsprachliche Unterricht Englisch,* 78/2005, 12.

Halliday, M.A.K.: *Spoken and written language.* Oxford 1989.

Halliwell, M.: *Can I become a beefsteak?* Berlin und Oxford 1989.

Hamm, W. u.a.: *Snap1 für Klasse 5 an Hauptschulen in Bayern.* Stuttgart 1997.

Hampson, P.J./Morris, P.E.: *Understanding cognition.* Oxford 1996.

Harden, T.: *Angewandte Linguistik und Fremdsprachendidaktik.* Tübingen 2006.

Harger, L. u.a.: *English in action 3H.* München 1981.

Harmer, J.: *The practice of English language teaching.* London [3]2004.

Harsch, C.: „Externe Evaluation. Verhältnis zum fremdsprachlichen Unterricht." In: *Praxis Fremdsprachenunterricht,* 1/2009, 9-14.

Haß, F. (Hg.): *Fachdidaktik Englisch. Tradition. Innovation. Praxis.* Stuttgart 2006.

Haß, F. (Hg.): *Red Line 2 für Klasse 6 an Realschulen.* Stuttgart 2006.

Haß, F. (Hg.): *Orange Line 3: Erweiterungskurs für Klasse 7 an differenzierenden Schulen.* Stuttgart 2007.

Haß, F. (Hg.): *Red line 3 für Klasse 7 an Realschulen.* Stuttgart 2008.

Haudeck, H./Riedl, I.: „Let's speak English - auch in anderen Fächern." In: *Grundschule,* 9/2006, 42-46.

Havranek, G.: *Das Verbalsystem in der Lernersprache.* Tübingen 1988.

Hecht, K./Green, J.: *Fehleranalyse und Leistungsbewertung im Englischunterricht der Sekundarstufe I.* Donauwörth 1983.

Hecht, K./Waas, L.: *Englischunterricht konkret: Linguistische Grundlagen, Stundentypen, Übungsformen.* Donauwörth [6]1995.

Hecht, K.-H./Green, J.P.: „Kommunikationsstrategien; ein Lern- und Lehrproblem?" In: *Praxis des Neusprachlichen Unterrichts,* 2/1991, 133-144.

Hecht, K. H./Green, J.P.: *Leistungsfeststellung und Fehlerbewertung im Englischunterricht.* Donauwörth 1983.

Hedge, P.: *Writing.* Oxford [2]2006.

Heinze, H.: *Qualitative Sozialforschung: Einführung, Methodologie und Forschungspraxis.* München und Wien 2001.

Helbig, G./Götze, L./Henrici, G./Krumm, H.-J. (Hg.): Deutsch als Fremdsprache. 2. Halbband. Berlin und New York 2001.

Hellwig, K./Sauer, H.: *Englischunterricht für alle.* Paderborn 1984.

Hellwig, K.: „Fremdsprachlich Handeln und Schaffen! Prozessorientierte Medien-‚Methodik' in Grundlagen und Übersicht." In: Gienow/Hellwig 1993, 87-99.

Helmke, A.: „Was wissen wir über guten Unterricht? Über die Notwendigkeit einer Rückbesinnung auf den Unterricht als dem ‚Kerngeschäft' der Schule." In: *Pädagogik*, 2/2006, 42-45.

Helmke, A./ Klieme, E.: „Unterricht und sprachliche Kompetenzen." In: Desi-Konsortium 2008, 301-312.

Helmke, A.: *Unterrichtsqualität und Lehrerprofessionalität. Diagnose, Evaluation und Verbesserung des Unterrichts.* Stuttgart 2007.

Helmke, T. u.a.: „Die Videostudie des Englischunterrichts." In: Desi-Konsortium 2007, 345-365.

Helsper, W./Böhme, J. (Hg.): *Handbuch der Schulforschung.* Wiesbaden 2004.

Hendson, U.S.: "The interaction of language and culture: new views in foreign language teaching." In: Gehring 2005, 43-59.

Henseler, R./Surkamp, C.: „Lesen individualisieren." In: *Der Fremdsprachliche Unterricht Englisch*, 41/2007, 16-19.

Herbst, Th.: „Die Grammatik der Wörter." In: Ahrens/Bald/Hüllen 1995, 119-123.

Herbst, Th. (Hg.): *Linguistische Dimensionen des Fremdsprachenunterrichts.* Würzburg 2005.

Heringer, H.-J.: *Interkulturelle Kommunikation: Grundlagen und Konzepte.* Tübingen und Basel 2004.

Herrmann, Ch./Fiebach, Ch.: *Gehirn und Sprache.* Frankfurt/M. 2004.

Hesse, M.: „Aktuelle englische Jugendbücher für deutsche Jugendliche." In: *Der Fremdsprachliche Unterricht Englisch*, 5/1997, 10-16.

Heuermann, H./Hühn, P./Röttger, G. (Hg.): *Literarische Rezeption.* Paderborn 1975.

Heyworth, F.: "Why the CEF is important." In: Morrow 2004, 12-21.

Hill, B.: "The reasons for writing." In: *British Medical Journal*, 2/1965, 870-871.

Hinkel, E. (Hg.): *Handbook of research in second language teaching and learning.* Mahwah und New Jersey 2005.

Hinz, K.: „Grammatikunterricht unter besonderer Berücksichtigung leistungsschwacher Schüler." In: *Praxis des Neusprachlichen Unterrichts*, 4/1989, 365-374.

Hobson, A.: *The Oxford dictionary of difficult words.* Oxford 2004.

Hodgson, F.M.: "Language-learning situations." In: *English Language Teaching*, 4/1963, 17-21.

Hofstede G.: *Cultures and organizations: software of the mind: intercultural cooperation and its importance for survival.* London 1994.

Högel, R.: „Literarische Originaltexte – bearbeitete Textausgaben: Lektüreauswahl im Konflikt der Werte." In: Detering/Högel 1978, 124-134.

Hoppe, E.: „I would like to meet you crazy Americans! Sprachreisen und interkulturelles Lernen – Ein Erfahrungsbericht." In: *Der Fremdsprachliche Unterricht Englisch* 1/1991, 31-33.

Howatt, A.P.R./Widdowson, H.G.: *A history of English language teaching.* Oxford 2004.

Hudson, B.: "Didaktik design for technology supported learning." In: *Zeitschrift für Erziehungswissenschaft Sonderheft*, 9/2008, 139-158.

Hüllen, W./Jung, L.: *Sprachstruktur und Spracherwerb.* Düsseldorf 1979.

Hüllen, W.: „Hörverstehen im Fremdsprachenunterricht der Sekundarstufe I." In: Dirven 1977, 27-39.

Hüllen, W. (Hg.): *Didaktik des Englischunterrichts.* Darmstadt 1979.

Hüllen, W.: „Dauer und Wechsel in hundert Jahren Fremdsprachenunterricht." In: Zapp u. Raasch/Hüllen, 1981, 20-32.

Hüllen, W.: *Kleine Geschichte des Fremdsprachenlernens.* Berlin 2005.

Hufeisen, B.: „Schulaufgaben, Hausaufgaben, Textaufgaben, Übungsaufgaben, Testaufgaben, Prüfungsaufgaben, Evaluationsaufgaben, Kompetenzüberprüfungsaufgaben – Was ist Aufgabenorientierung und zu welchem Zweck könnte sie im Fremdsprachenunterricht sinnvoll sein?" In: Bausch u.a. 2006, 90-101.

Hunfeld, H. (Hg.): *Neue Perspektiven der Fremdsprachendidaktik.* Kronberg/Ts. 1977.

Hunfeld, H./Schröder, K. (Hg.): *Was ist und was tut eigentlich Fremdsprachendidaktik? 25 Jahre Fremdsprachendidaktik in Bayern. Eine Bilanz.* Augsburg 1997, 18-29.

Husemann, H.: „Stereotypes in Landeskunde – shall we join them if we can't beat them?" In: Bredella 1991, 16-35.

Hyde, M.: "Intercultural competence in English language education." In: *Modern English Teacher,* 2/1998, 7-11.

Hymes, D.: "On communicative competence." In: Pride/Holmes 1972, 269-293.

Jacobs, G.M./Hall, St.: "Implementing Cooperative learning." In: Richards/Renandya 2002, 52-58.

James, C.: *Errors in language learning and use.* Harlow 1998.

Johnson, K./Johnson, H. (Hg.): *Encyclopedic dictionary of applied linguistics.* Oxford 1999.

Johnson, K.: *An introduction to foreign language learning.* Harlow ²2008.

Jordan, R.R. (Hg.): *Case studies in ELT.* London 1983, 179-187.

Joseph, J.E.: *Language and identity: national, ethnic, religious.* London 2004.

Jung, U.O.H.: "The use of multimedia in teaching." In: Corson/Tucker 1997, 131-140.

Jung, U.O.H. (Hg.): *Praktische Handreichungen für Fremdsprachenlehrer.* Frankfurt/M. [u.a.] 2006, 112-119.

Kahl, P.W.: „Die phonologische Seite des Unterrichts." In: Gutschow, 1974, 211-230.

Kallenbach, Ch.: *Subjektive Theorien: Was Schüler und Schülerinnen über Fremdsprachenlernen denken.* Tübingen 1996.

Kaplan, R.B. (Hg.): *The Oxford handbook of applied linguistics.* Oxford und New York 2002.

Kappe, G.: „Dramenbehandlung auf der Mittelstufe: Shakespeares A Midsummer Night's Dream als Puppentheater." In: *Praxis des Neusprachlichen Unterrichts,* 2/1988, 148-159.

Karwowski, W.: *International encyclopedia of ergonomics and human factors.* London und New York 2001.

Kaufmann, S./Zehnder, E./Vanderheiden, E. (Hg.): *Qualifiziert unterrichten 03. Unterrichtsplanung und -durchführung: Fortbildung für Kursleitende Deutsch als Zweitsprache.* Ismaning 2008.

Kerstan T.: „Ein kleines Wunder: Mit nationalen Bildungsstandards wollen die Kultusminister Deutschland aus dem Pisa-Tal führen. Wie sie funktionieren und was die Kritiker sagen." In: *DIE ZEIT,* 42/2006, 91.

Kessler, J.U.: *Englischerwerb im Anfangsunterricht diagnostizieren: Linguistische Profilanalysen am Übergang von der Primarstufe in die Sekundarstufe I.* Tübingen 2006.

Kiely, R./Rea-Dickens, P.: *Program Evaluation in Language Education.* London und New York 2005.

Kieweg, W. (Hg.): *Let's go 1.* Stuttgart 2006.

Kieweg, W.: „Fehler erkennen – Fehler vermeiden." In: *Der Fremdsprachliche Unterricht Englisch,* 88/2007, 2-15.

Kieweg, W.: „Leistungsmessung im Fach Englisch", in: *Der Fremdsprachliche Unterricht Englisch,* 6/1992, 321-332.

Kiffe, M.: *Landeskunde und interkulturelles Lernen im Fremdsprachenunterricht: Eine Analyse von Englischbüchern für die Sekundarstufe I.* Aachen 1999.

Killen, R.: *Effective teaching strategies.* South Melbourne ⁴2007.

Kiper, H./Mischke, W.: *Einführung in die Theorie des Unterrichts.* Weinheim und Basel 2006.

Kirchhofer, A./Schwarzkopf, J. (Hg.): *The workings of the anglosphere.* Trier 2009.

Klafki, W.: *Neue Studien zu Bildungstheorie und Didaktik. Zeitgemäße Allgemeinbildung und kritisch-konstruktive Didaktik.* 5. Auflage, Weinheim und Basel 1996.

Klammer, B.: *Empirische Sozialforschung: Eine Einführung für Kommunikationswissenschaftler und Journalisten.* Konstanz 2005.

Kleppin, K.: „Zum Umgang mit Fehlern im Fremdsprachenunterricht." In: Jung ⁴2006, 64-70.

Knapp, K.: „Dolmetschen im Fremdsprachenunterricht." In: Jung 2006, 175-180.

Knapp, K.: „Interpersonale und interkulturelle Kommunikation." In: Bergemann/Sourisseaux 2003, 109-136.

Knapp, W./Rösch, H. (Hg.): *Sprachliche Lernumgebungen gestalten.* Freiburg 2009.

Knapp-Potthoff, A./Knapp, K.: *Fremdsprachenlernen und -lehren. Eine Einführung in die Didaktik der Fremdsprachen vom Standpunkt der Zweitsprachenerwerbsforschung.* Stuttgart 1982.

Knapp-Potthoff, A.: „Fehler aus spracherwerblicher und sprachdidaktischer Sicht." In: *Englisch Amerikanische Studien,* 2/1987, 205-219.

Korte, B./Müller, K.-P./Schmied, J.: *Einführung in die Anglistik.* Stuttgart ²2004.

Kramer, J.: „Landeskunde/Kulturkunde." In: Byram 2004, 325-327.

Kramsch, C.: *Context and culture in language teaching.* Oxford 1996.

Krashen, St.: *Principles and practise in second language acquisition.* Oxford 1982.

Krashen, St./Terrell, T.D.: *The Natural approach: language acquisition in the classroom.* Oxford 1983.

Kreyer, R.: „Das Korpus im Klassenzimmer." In: *Praxis Fremdsprachenunterricht,* 6/2007, 17-21.

Kroll, J.U./De Groot, A.B. (Hg.): *Handbook of bilingualism.* Oxford 2005.

Küppers, A./Quetz, J. (Hg.): *Motivation revisited:* Festschrift für Gerd Solmecke. Berlin, Hamburg, Münster 2006.

Kupetz, R.: „Schreiben im kommunikativ orientierten Fremdsprachenunterricht." In: Jung 2006, 159-167.

Lado, R.: *Language teaching: a scientific approach.* New York 1964.

Landis, D./J. Bennett, J./Bennett, M. (Hg.): *Handbook of intercultural training.* Thousand Oaks, London, New Dehli 2003.

Larsen-Freeman, D.: "Grammar." In: Carter u. Nunan 2001, 34-41.

Larsen-Freeman, D.: *Techniques and principles in language teaching.* Oxford ²2000.

Laßmann, A.: „Freie Arbeit im Englischunterricht der Sekundarstufe II" In: *Praxis des Neusprachlichen Unterrichts,* 4/1995, 372-377.

Laufer, B.: "What's in a word that makes it hard or easy: some intralexical factors that affect the learning of words." In: Schmitt u. McCarthy 1997, 140-155.

Leaver, B./Willis, J. (Hg.): *Task-based instruction in foreign language education: practices and programs.* Georgetown 2004.

Lechler, H.-J.: "To simplify or not to simplify?" In: *Der Fremdsprachliche Unterricht,* 1/1969, 9-23.

Lefrancis, G.: *Psychologie des Lernens.* Berlin und Heidelberg 1976.

Legutke, M.: „Projekt Airport – Revisited: Von der Aufgabe zum Szenario." In: Küppers/ Quetz 2006, 71-80.

Legutke, M.: *Lebendiger Englischunterricht. Kommunikative Aufgaben und Projekte.* Bochum 1988.

Lehberger, R.: *Englischunterricht im Nationalsozialismus.* Tübingen 1986.

Lehberger, R.: „Zur Methodengeschichte des Englischunterrichts an Hamburger Volksschulen im Spiegel der Lehrwerke: von der Institutionalisierung des Englischunterrichts im Jahre 1870 bis zum Beginn der 30er Jahre." In: Brusch 1989, 25-46.

Lehberger, R.: „Geschichte des Fremdsprachenunterrichts bis 1945." In: Bausch/Christ/ Künne 1995, 561-565.

Leisen, R.: „Zur Arbeit mit den Bildungsstandards: Lernaufgaben als Einstieg und Schlüssel." In: *Der Mathematische und Naturwissenschaftliche Unterricht,* 5/2005, 308-313.

Lennon, P.: „Authentische Texte im Fremdsprachenunterricht. Wie Schüler und Lehrer gemeinsam das Sprachsystem neu entdecken können." In: *Praxis des Neusprachlichen Unterrichts,* 3/2002, 227-236.

Lienert, G.A./Raatz, U.: *Testaufbau und Testanalyse.* Weinheim 1998

Lightbrown, P./Spada, N.: *How languages are learned.* Oxford ³2006.

Lipka, L.: „Differenzierung des Wortschatzes im Englischen und Deutschen." In: Ahrens/ Bald/Hüllen, 1995, 83-89.

Little, D.: *Learner autonomy 1: definitions, issues and problems.* Dublin 1991.

Littlewood, W.: *Communicative language teaching: An introduction.* Cambridge 1981.

Littlewood, W.: "The task-based approach: some questions and suggestions." In: *ELT Journal,* 58/2004, 319–326.

Littlewood, W.: "Second language learning." In: Davies/Elder 2005, 501-524.

Löffler, R.: „'Brainlinking': holistic learning and learner orientation." In: Finkbeiner 2002, 123-136.

Looß, M.: „Lerntypen? Ein pädagogisches Konstrukt auf dem Prüfstand." In: *Die Deutsche Schule* 2/2001, 186-189.

Lörscher, W.: „Textstrukturen im Englischen." In: Ahrens/Bald/Hüllen 1995, 165-168.

Macaro, E.: *Target language, collaborative learning and autonomy.* Bristol 1997.

Macht, K.: „Förderung der sprachlichen Fertigkeiten." In: Schorb/Simmerding 1979, 5-25.

Macht, K.: *Leistungsaspekte des Englischlernens.* Frankfurt/M. 1982.

Macht, K.: *Methodengeschichte des Englischunterrichts.* 3 Bd. Augsburg 1986-1990.

Macht, K.: „Aufgaben als Bewertungsinstrumente." In: Timm 1998, 366-377.

Mackey, W.: *Language teaching analysis.* London 1965.

Mannzmann, A. (Hg.): *Geschichte der Unterrichtsfächer.* München 1983.

Martin, J.-P.: „Lernen durch Lehren." In: Die *Schulleitung – Zeitschrift für pädagogische Führung und Fortbildung in Bayern,* 4/ 2002, 3-9.

Marzano, R.J.: *What works in schools: translating research into action.* Alexandria MD 2003.

Masch, N.: "The German model of bilingual education." In: *Language, Culture and Curriculum,* 3/1993, 303-313.

Matusche, P. (Hg.): *Wie verstehen wir Fremdes?* München 1989.

Mayer, N./Köhler, G.: *Englischunterricht: Kompetent im Unterricht der Grundschule.* Baltmannsweiler 2009.

McDonough, J./Shaw, Ch.: *Materials and methods in ELT: a teacher's guide.* Oxford ²2003.

McDonough, J.: "Steps in the design of academic listening materials." In: Jordan 1983, 179-187.

McLaughlin, B.: *Theories of second language learning.* London 1987.

McNamara, T.F.: *Language testing.* Oxford 2000.

McNeill, D.: *Wie verstehen wir Fremdes?* München 1989.

Medgyes, P.: "Error and the communicative approach." In: Freudenstein 1989, 70-79.

Medwell, J./Wray, D./Moore, G./Griffith, V.: *Primary English: knowledge and understanding.* Exeter 2007.

Meisel, J.: "The bilingual child." In: Bhatia/Ritchi 2006, 91-113.

Meißner, F.-J. (Hg.): *Interaktiver Fremdsprachenunterricht: Wege zu authentischer Kommunikation.* Tübingen 1997.

Mertler, C.A.: *Action research: teachers as researchers in the classroom.* London ²2009.

Met, M.: "Content-based instruction." In: Byram 2004, 137-140.

Mey, J.L.: *Pragmatics: an introduction.* Oxford ²2001.

Meyer, H.: „Skizze eines Stufenmodells zur Analyse von Forschungskompetenz." In: Meyer u. Obolenski 2006, 101-115.

Meyer, H./Obolenski, A. (Hg.): *Forschendes Lernen: Theorie und Praxis professioneller LehrerInnenausbildung.* 2006, 101-115.

Meyer, H.: *Was ist guter Unterricht?* Berlin ⁴2007.

Meyer, M.A.: *Shakespeare oder Fremdsprachenunterricht: Zur Reform des Fremdsprachenunterrichts in der Sekundarstufe II.* Wetzlar 1986.

Miller, G.A.: *Wörter. Streifzüge durch die Psycholinguistik.* Frankfurt/M. 1995.

Mindt, D. (u.a.): *Unterrichtsplanung Englisch für die Sekundarstufe I: Neubearbeitung.* Stuttgart 1995.

Mindt, D.: „Schulgrammatik vs. Grammatik der englischen Sprache." In: Gnutzmann u. Königs 1995, 47-68.

Mishan, F.: *Designing authenticity into language learning materials.* Bristol 2005.

Mitchel, R./Myles, F.: *Second language learning theories.* London 2004.

Morgan, C./Neil, P.: *Teaching modern foreign languages: a handbook for teachers.* London 2001.

Morrow, K. (Hg.): *Insights from the common European framework.* Oxford 2004.

Moser, H.: *Einführung in die Medienpädagogik.* Wiesbaden ⁴2006.

Müller-Hartmann, A./Schocker-von Ditfurth, M. (Hg.): *Aufgabenorientierter Fremdsprachenunterricht.* Tübingen 2004, 381-390.

Müller-Hartmann, A./Schocker-von Ditfurth, M. (Hg.): *Aufgabenorientierung im Fremdsprachenunterricht. Task-Based Language Learning and Teaching.* Tübingen 2005.

Müller-Hartmann, A./Schocker-v. Ditfurth, M.: „Aufgaben bewältigen: Weg und Ziel des Fremdsprachenunterrichts." In: *Der Fremdsprachliche Unterricht Englisch,* 84/2006, 2-8.

Mugdan, J. u. Paprotté, W.: „Zur Geschichte des Faches Englisch als Exempel für eine moderne Fremdsprache." In: *Mannzmann* 1983, 65-93.

Mukherjee, J.: *Korpuslinguistik und Englischunterricht: Eine Einführung.* Frankfurt/M. [u.a.] 2002.

Multhaup, U.: *Psycholinguistik und fremdsprachliches Lernen. Von Lehrplänen zu Lernprozessen.* Ismaning 1999.

Nadorf, B.: „Weniger Fehler – besserer Ausdruck: Wie schulische Praxis zu diesem Ziel beitragen kann." In: *Praxis des Neusprachlichen Unterrichts,* 4/1993, 354-362.

Naiman, N./Frohlich, M./Stern, H./Todesco, A.: *The Good Language Learner.* Toronto 1978.

Nation, I.S.P.: *Teaching ESL/EFL reading and writing.* New York 2009.

Nation, P./Meara, P.: "Vocabulary." In: Schmitt 2001, 35-54.

Nation, P.: "Best practice in vocabulary teaching and learning." In: Richards u. Renandya 2002, 267-272.

Neubauer, A./Stern, E.: *Lernen macht intelligent.* München 2007.

Neuner, G.: „Methodik und Methoden: Überblick." In: Bausch/Christ/Krumm 1995, 180-188.

Neuner, G.: „Verstehensgrammatik – Mitteilungsgrammatik." In: Gnutzmann/Königs 1995, 147-166.

Neveling, Ch.: „Wie Jungen und Mädchen französische Wörter lernen: Eine Umfrage." In: *Neusprachliche Mitteilungen*, 3/2006, 39-45.

Niehaus-Lohberg, E.: *Fremdsprachenunterricht und interkulturelle Verständnisfähigkeit.* Saarbrücken 1988.

Nikolov, M.: "A study of unsuccessful language learners." In: Dörney/Schmitt 2001, 149-170.

Nold, G.: „Fremdsprachendidaktik." In: Byram 2004, 223-226.

Nold, G./Rossa, H./Chatzivassiliadou, K.: „Leseverstehen Englisch." In: Desi-Konsortium 2008, 130-138.

Nold, G./Rossa, H.: „Hörverstehen Englisch." In: Desi-Konsortium 2008, 120-129.

Nünning, A.: „Erzähltextanalyse leicht gemacht." In: *Fremdsprachenunterricht*, 4/1994, 254-258.

Nünning, A.: „Grundfragen und Erzähltextanalyse." In: Ahrens/Bald/Hüllen 1995, 313-318.

Nünning, A.: „Nur nicht gleich interpretieren! Kreative und produktionsorientierte Zugangsmöglichkeiten bei der Textarbeit." In: *Fremdsprachenunterricht*, 2/1995, 102-106.

Nünning, A./Surkamp, C.: *Englische Literatur unterrichten 1: Grundlagen und Methoden.* Seelze-Velber 2006.

Nünning, A./Surkamp, C.: *Englische Literatur unterrichten 2: Unterrichtsmodelle und Materialien.* Seelze-Velber 2009.

Nunan, D.: *The learner-centred curriculum.* Cambridge 1988.

Nunan, D.: *Research methods in language learning.* Cambridge 1992.

Nunan, D.: "Action research in language teaching." In: Hall u. Hewings 2001, 197-207.

Nunan, D.: *Task-based language teaching.* Cambridge 2004.

Nunan, D.: "Classroom Research". In: Hinkel 2005, 225-240.

Numan, D./Carter, D.: *Teaching English to speakers of other languages.* Cambridge 2001.

O.V.: „Zehn Ideen für eine bessere Schule." In: DIE ZEIT, 08.07.2004, Nr. 29.

O'Malley, J.M./Chamot, A.U.: *Learning strategies in second language acquisition.* Cambridge ²1990.

Ogiermann, E.: "Teaching politeness with Green line New?" In: Engelhardt u. Gehring 2010, 120-137.

Oksaar, E.: „Problematik im interkulturellen Verstehen." In: Matusche 1989, 7-19.

Orten, E. u.a.: *How do you do A3: an English audio-lingual and audio-visual course.* Paderborn 1973.

Oxford, R. L.: *Learning strategies: what every teacher should know.* Boston 1990.

Oxford, R.: "Language learning strategies." In: Carter u. Nunan 2001, 166-172.

Pascoe, G./Pascoe, H.: *Sprachfallen Englisch: Mit Abschlusstests.* Ismaning 1998.

Pelz, M.: „Die Artikulation von Unterricht gestern und heute." In: Meißner 1997, 65-74.

Peterßen, W.H.: *Handbuch Unterrichtsplanung. Grundfragen, Modelle, Stufen, Dimensionen.* München 2000.

Pfingsthorn, J.: "Skim it, scan it, group it, plan it! Learning strategies in use." In: Engelhardt u. Gehring 2010, 25-42.

Pienemann, M.: „Spracherwerb in der Schule. Was in den Köpfen der Kinder vorgeht." In: Pienemann/Kessler/Roos 2006, 33-64.

Pienemann,M./Kessler, J.U./Roos, E. (Hg.): *Englischerwerb in der Grundschule.* Paderborn 2006.

Piepho, H.-E.: „Binnendifferenzierung im EU der Sek. I." In: *Fremdsprachenunterricht,* 1/1995, S. 15-19; 2/1995, S. 86-89.

Piepho, H.-E.: „Schreiben - eine Kulturtechnik zwischen Konvention und Kreativität." In: *Fremdsprachenunterricht,* 1/1998, 8-11.

Piepho, H.-E.: *Kommunikative Kompetenz als übergeordnetes Lernziel des Englischunterrichts.* Dornberg-Frickenhofen 1974.

Piepho, H.-E./Bredella, L.: *Contacts 2. Enriched Course.* Bochum 1980.

Pinker, St.: *Der Sprachinstinkt.* München 1996.

Pintrich, P.R./Schunk, D.H.: *Motivation in education.* London 1996.

Potter, W.J.: *Media literacy.* Thousand Oaks ³2005.

Poulisse, N.: *Slips of the tongue: speech errors in first and second language production.* Amsterdam 1999.

Preiser, S./Sann, U.: „Was Lehrer und Lehrerinnen von der Motivationsforschung erwarten können." In: Küppers/Quetz 2006, 25-34.

Pride, J.P./Holmes, J. (Hg.): *Sociolinguistics.* Harmondsworth 1972.

Prinz, M.F. (Hg.): *FFF- Frühes Fremdsprachenlernen Französisch.* Tübingen 1999.

Przyborski, A./Wohlrab-Sahr, M.: *Qualitative Sozialforschung: Ein Arbeitsbuch.* München 2008.

Puchta, H./Krenn, W./Rinvolucri, M.: *Multiple Intelligenzen im DaF-Unterricht Aktivitäten für die Sekundarstufe und den Erwachsenenunterricht.* Ismaning 2009.

Pütz, M.: *The cultural context in foreign language teaching.* Frankfurt/M. [u.a.] 1997.

Quetz, J./von der Handt, G.: *Neue Sprachen lehren und lernen: Fremdsprachenunterricht in der Weiterbildung.* Bielefeld. 2002.

Quigley, St./Paul, P.V.: *Language and deafness.* San Diego 1984.

Raddatz, V.: „Fremdsprachenunterricht zwischen Landeskunde und Interkulturalität: Die Entwicklung didaktischer Parameter im Spannungsfeld von Produkt und Prozess." In: *Fremdsprachenunterricht,* 4/1996, 242-252.

Raddatz, V.: *Englandkunde im Wandel deutscher Erziehungsziele 1886-1945.* Kronberg/Ts. 1977.

Raithel, J.: *Quantitative Forschung. Ein Praxiskurs.* Wiesbaden 2006.

Rampillon, U./Zimmermann, G.: *Strategien und Techniken beim Erwerb fremder Sprachen.* Ismaning 1997.

Rampillon, U.: „Be aware of awareness oder Beware of awareness? Gedanken zur Metakognition im Fremdsprachenunterricht der Sekundarstufe I." In: Rampillon/Zimmermann 1997, 173-184.

Rampillon, U.: *Lernen leichter machen: Deutsch als Fremdsprache.* Ismaning 1995.

Rea-Dickins, P.: "Classrom-based assessment: possibilities and pitfalls." In: Cummings/ Davison 2007, 505-520.

Renges, B.-H.: *Interkulturelles Lernen und methodisch-didaktische Aspekte in aktuellen Englischlehrbüchern und Unterrichtsmaterialien der Sekundarstufe II.* Aachen 2005.

Richards, J.C.: "Adressing the grammar gap in task work." In: Richards/Renandya 2002, 167-174.

Richards, J. (Hg.): *Error analysis. Perspectives on second language acquisition.* London 1971.

Richards, J. C./Rodgers, Th.S.: *Approaches and methods in language teaching.* Cambridge 2001.

Richards, J.C./W.A. Renandya, W.A. (Hg.): *Methodology in language teaching: an anthology of current practice.* Cambridge 2002.

Richards, J.C./Schmitt, R. (Hg.): *Language and communication.* London, New York 1984.

Richards, J.C./Schmidt, R.: *Longman dictionary of language teaching and applied linguistics.* Harlow ³2002.

Richter, T./Naumann, J./Groeben, N.: „Das Inventar zur Computerbildung (INCOBI): Ein Instrument zur Erfassung von Computer Literacy und computerbezogenen Einstellungen bei Studierenden der Geistes- und Sozialwissenschaften." In: *Psychologie in Erziehung und Unterricht,* 48/2001, 1-13.

Riedl, A.: *Didaktik der beruflichen Bildung.* Wiesbaden 2004.

Rinvolucri, M.: *Grammar games: cognitive, affective and drama activities for EFL students.* Cambridge 1984.

Rixon, S.: "Games in language teaching." In: *Der fremdsprachliche Unterricht Englisch,* 5/1998, 38-43.

Roche, J.: *Handbuch Mediendidaktik Fremdsprachen.* Ismaning 2008.

Roche, J.: *Interkulturelle Sprachdidaktik: Eine Einführung.* Tübingen 2001.

Rosebrock, C./Nix, D.: *Grundlagen der Lesedidaktik und der systematischen schulischen Leseförderung.* Hohengehren ²2008.

Rothlauf, J.: *Interkulturelles Management: Mit Beispielen aus Vietnam, China, Japan, Russland und den Golfstaaten.* München 2006.

Rubin, J.: "What the 'good learner' can teach us." In: *TESOL Quarterly,* 9/1975, 41-51.

Rühlemann, Ch.: The British National Corpus. Wie können Lehrerinnen und Lehrer das BNC nutzen? In: *Praxis Fremdsprachenunterricht,* 2/2008, 43-47.

Rülcker, T.: *Der Neusprachenunterricht an höheren Schulen: Zur Geschichte und Kritik seiner Didaktik und Methodik.* Frankfurt/M. 1969.

Sacks, A.: *Special education: a reference handbook.* Santa Barbara 2001.

Sanktjohanser, F.: „Urlaub plus Nachhilfe. Wenn Eltern und Kinder gemeinsam ihren Wortschatz auffrischen." In: *Süddeutsche Zeitung,* 09.07.2009, 25.

Sarter, H.: *Fremdsprachenarbeit in der Grundschule. Neue Wege. Neue Ziele.* Darmstadt 1997.

Sauer, H.: *Fremdsprachen in der Volksschule.* Hannover 1968.

Sauer, H.: „Zum Erziehungs- und Bildungsauftrag eines Englischunterrichts für alle." In: Hellwig/Sauer, 1984, 11-23.

Sauer, H.: *Dissertationen, Habilitationen und Kongresse zum Lehren und Lernen fremder Sprachen: Eine Dokumentation.* Tübingen 2006.

Saville-Troike, M.: *Introducing second language acquisition.* Cambridge 2006.

Schäfer, P.: „Möglichkeiten einer schülerorientierten Untersuchung von Vokabellernen." In: Bausch u.a. 1999, 197-205.

Schewior-Popp, S.: *Lernsituationen planen und gestalten: Handlungsorientierter Unterricht im Lernfeldkontext.* Stuttgart 2005.

Schier, J.: „Lesen und Verstehen im Fremdsprachenunterricht." In: *Neusprachliche Mitteilungen,* Sonderheft 1991, 23-35.

Schier, J.: *Schülerorientierung als Leitprinzip des fremdsprachlichen Literaturunterrichts.* Frankfurt/M. 1989.

Schiffler, L.: *Einführung in den audio-visuellen Fremdsprachenunterricht.* Heidelberg 1973.

Schinschke, A./Weinert, E.: „Korrigieren nach Schablone – geht das?" In: *Praxis Fremdsprachenunterricht,* 4/2008, 21-25.

Schlemminger, G.: *Erforschung des Bilingualen Lehrens und Lernens.* Baltmannsweiler 2006.

Schmidt, R.: "The role of consciousness in second language learning." In: *Applied Linguistics*, 11/1990, 129-158.

Schmitt, N.: "Vocabulary learning strategies." In: Schmitt/McCarthy 1998, 199-218.

Schmitt, N.: *Vocabulary in language teaching.* Cambridge 2000.

Schmitt, N. (Hg.): *An introduction to applied linguistics.* London 2001.

Schmitt, N./Celce-Murcia, M.: "An overview of applied linguistics." In: Schmitt 2001, 1-18.

Schmitt, N./McCarthy, M. (Hg.): *Vocabulary: description, acquisition and pedagogy.* Cambridge 1997.

Schnaitmann, D.W.: „Das Fremdsprachenprojekt DINOCROC – ein europäischer Schulversuch für frühes Fremdsprachenlernen an Grundschulen in Baden-Württemberg." In: *Lehren und Lernen*, 4/2000, 3-9.

Schnibben, C.: „Ein Leben in Röntgenprosa." In: *Der Spiegel*, 35/2009, 134.

Schorb, A.O./Simmerding, G. (Hg.): *Englisch in der Hauptschule.* München 1979.

Schrey, H.: „Englischunterricht und Englandkunde." In: Hüllen 1979, 253-268.

Schröder, H.: *Lernen und Lehren im Unterricht: Grundlagen und Aspekte der Allgemeinen Didaktik.* München 1993.

Schröder, H.: *Lernen – Lehren – Unterricht. Lernpsychologische und didaktische Grundlagen.* München ²2002.

Schröder, K.: „Zur historischen Entwicklung des Schulfachs Englisch: Ein chronologischer Überblick." In: Walter/Schröder, 1979, 241-263.

Schröder, K.: „Englischdidaktik: Ein Umriss in 18 Thesen." In: Hunfeld/Schröder 1997, 18-29.

Schwarz, H. (Hg.): *English G 21: B2 für Realschulen.* Berlin 2007.

Schwarz, H. (Hg.): *English G 21: Band B3.* Berlin 2007.

Schwerdtfeger, I.C.: „Alternative Methoden der Fremdsprachenvermittlung für Erwachsene: Eine Herausforderung für die Schule?" In: *Praxis des Neusprachlichen Unterrichts*, 1/1983, 3-14.

Seelye, N. (Hg.): *Experiential activities for intercultural learning.* Yarmouth MN 1996.

Segermann, K.: *Typologie des fremdsprachlichen Übens.* Bochum 1992.

Seiler Schiedt, E./Kälin, S./Sengstag, Ch.: *E-Learning – Alltagstaugliche Innovation?* Münster, New York, München, Berlin 2006.

Sekretariat der ständigen Konferenz der Kultusminister der Länder in der Bundesrepublik Deutschland (Hg.): *Bildungsstandards für die erste Fremdsprache (Englisch/Französisch) für den Mittleren Bildungsabschluss.* München 2004.

Sekretariat der ständigen Konferenz der Kultusminister der Länder in der Bundesrepublik Deutschland (Hg.): *Bildungsstandards der Kultusministerkonferenz.* München und Neuwied 2005.

Selinker, L.: "Interlanguage." In: *International Review of Applied Linguistics*, 10/3, 1972, 31-54.

Sellin, K.: *Wenn Kinder mit Legasthenie Fremdsprachen lernen.* München 2004.

Sercu, L./Bandura, E. (Hg.): *Foreign language teachers and intercultural competence: an international investigation.* Clevedon 2005.

Sharma, P./Barret, B.: *Blended learning. Using technology in and beyond the language classroom.* Oxford 2007.

Sharwood Smith, M.: "'Consciousness raising' meets 'language awareness'." In: *Fremdsprachen lernen und lehren*, 26/1997, 24-32.

Siebold, J.: „Didaktisches Lexikon: ‚Aufgabe/Task' und ‚Übung/Exercise'." In: *Praxis Fremdsprachenunterricht*, 4/2007, 63-64.

Skehan, P.: *A cognitive approach to language learning.* Oxford 1998.

Smith, M.S.: *Second language learning: theoretical foundations.* Harlow 1994.

Söhring, O.: „Realien im französischen und englischen Unterricht." In: *Zeitschrift für den französischen und englischen Unterricht,* 5/1906, 212-228.

Solmecke, G.: „Ein Lehrwerktext als Hörtext: Analyse einer Englischstunde." In: *Englisch,* 2/1992, 1-4.

Solmecke, G.: „Das Hörverstehen und seine Schulung im Fremdsprachenunterricht." In: *Der Fremdsprachliche Unterricht Englisch,* 37/2003, 4-10.

Sommerschuh, G.: „Von der Grundschule zur Sekundarschule: Ein konstruktiver Übergang." In: Edelhoff 2003, 110-121.

Sousa, D.A.: *How the gifted brain learns.* Thousand Oaks CA 2003.

Speight, St.: *Right or wrong. Spotting mistakes and borderline cases.* Berlin 1998.

Spitzer, M.: *Lernen. Gehirnforschung und Schule des Lebens.* Berlin 2003.

Standop, E.: „Was ist Grammatik?" In: Freudenstein/Gutschow 1972, 130-140.

Starkebaum, K.: „Freiarbeit und Grammatik." In: *Fremdsprachenunterricht,* 2/1992, 9-15.

Stern, E.: „Wissen ist der Schlüssel zum Können." In: *Psychologie Heute,* 7/2003, 30-35.

Stern, E.: „Wieviel Hirn braucht die Schule? Chancen und Grenzen einer neurophysiologischen Lehr- Lernforschung." In: *Zeitschrift für Pädagogik,* 4/2004, 531-538.

Stohlmann, H.: *Technisches Englisch in der Industrie.* Münster 2010.

Stoller, F.L.: "Project work: A means to promote language and content." In: Richards/Renandya 2002, 107-119.

Stolze, R.: *Übersetzungstheorien: Eine Einführung.* Tübingen ⁵2008.

Surkamp, C./Hecke, C. (Hg.): *Bilder im Fremdsprachenunterricht: Neue Ansätze und Methoden.* Tübingen 2010.

Sutton, D.M./Sutton, C.D.: *Social research: the basics.* London und Los Angeles 2004.

Swain, M.: "Communicative competence: some roles of comprehensible input and comprehensible output in its development." In: Gass/Madden 1985, 235-256.

Swain, M.: "Three functions of output in second language learning." In Cook/Seidlhofer 1995, 125-144.

Taffertshofer, B.: „Die Korrektur des Unwägbaren: Der Übergang nach der Grundschule soll gerechter werden – doch alle Regeln sind fehleranfällig." In: *Süddeutsche Zeitung,* 30.03.2009, 38.

Takač, V.P.: *Vocabulary learning strategies and foreign language acquisition.* Clevedon 2008.

Terrel, T.: "A natural approach to second language acquisition." In: Modern Language Journal, 61/1977, 325-327.

Thaler, E.: *Musikvideoclips im Englischunterricht.* München 1999.

Thaler, E.: *Teaching literature.* Paderborn 2008.

Thomas, A.: „Psychologische Wirksamkeit von Kulturstandards im interkulturellen Handeln." In: *Fremdsprachenunterricht,* 6/1991, 321-337.

Thomas, A.: *Kulturvergleichende Psychologie.* Göttingen 1993.

Thornbury, S.: *How to teach vocabulary.* Harlow 2002.

Thornbury, S.: *How to teach speaking.* Harlow 2005.

Thorne, K.: *Blended learning: how to integrate online and traditional learning.* London 2003.

Timm, J.-P.: „Wie effizient ist handelndes Lernen im Fremdsprachenunterricht?" In: *Fremdsprachenunterricht,* 7/1992, 373-377.

Timm, J.-P.: „Fehler und Fehlerkorrektur im kommunikativen Englischunterricht." In: *Der Fremdsprachliche Unterricht Englisch,* 4/1992b, 4-10.

Timm, J.-P.: „Ganzheitlichkeit als Anliegen." In: Timm 1995, 11-14.

Timm, J.-P. (Hg.): *Ganzheitlicher Fremdsprachenunterricht.* Weinheim 1995.

Timm, J.-P. (Hg.): *Englisch lernen und lehren. Didaktik des Englischunterrichts.* Berlin 1998.

Timm, J.-P./J. Vollmer, J. (Hg.): *Kontroversen in der Fremdsprachenforschung: Dokumentation des 14. Kongresses für Fremdsprachendidaktik.* Bochum 1993.

Tomalin, B./Stempleski, S.: *Cultural awareness.* Oxford 2001.

Tomlinson, C.A./Strickland, C.A.: *Differentiation in practice: a resource guide for differentiating curriculum, grades 9-12.* Alexandra VA 2005.

Tönshoff, W.: *Kognitivierende Verfahren im Fremdsprachenunterricht: Formen und Funktionen.* Hamburg [2]1996.

Tracy, R.: *Wie Kinder Sprachen lernen: Und wie wir sie dabei unterstützen können.* Tübingen [2]2008.

Triandis, H.C.: "Intercultural education and training." In: Funke 1989, 305-322.

Tudor, I.: *Learner centredness as language education.* Cambridge 1996.

Ur, P.: *A course in language teaching: practice and theory.* Cambridge [12]1996.

Ur, P.: *Grammar practice activities: a practical guide for teachers.* Cambridge 2009.

Urmeneta, C.E./Sola, A.S.: "The internet classroom assistant in pre-service teacher education or learning by doing." In: Esteve/Valor 2003, 243-258.

Ushioda, E.: "Motivation and good language learners." In: Griffiths 2008, 19-34.

Uzerli, U./Isberner, J.: „Problem- und Entscheidungsfelder: Planung an Haupt- und Realschulen", in: Finkbeiner 2002, 23-31.

Van Ek, J.A./Alexander L.G.: *Threshold level English.* Oxford 1990.

Van Ek, J.: „Threshold level." In: Byram 2004, 628-631.

Van Pattern, B.: "Processing instructions." In: *Language learning,* 52/2002, 755-803.

Vester, F.: *Denken, Lernen Vergessen.* München 1998.

Viebrock, B.: „Fremdsprachenlernen ohne etwas zu sagen zu haben? Einige kritische Überlegungen zu den Kommunikationsstrukturen des Web 2.0." In: Engelhardt/Gehring 2010. 56-75.

Vielau, A.: *Methodik des kommunikativen Fremdsprachenunterrichts.* Berlin 1997.

Vogel, K.: *Lernersprache: Linguistische und psycholinguistische Grundfragen zu ihrer Erforschung.* Tübingen 1990.

Vogt, K.: „Anpassung von Skalen und Deskriptoren des Gemeinsamen Europäischen Referenzrahmens am Beispiel des berufsorientierten Fremdsprachenlernens: Das Forschungsprojekt ‚Kompetenzprofile'." In: *Zeitschrift für Fremdsprachenforschung,* 1/2007, 43-66.

Volkmann, L./Stierstorfer, K./Gehring W. (Hg.): *Interkulturelle Kompetenz: Theorien, Modelle und praktische Anwendungen.* Tübingen 2002.

Vollmer, H. J.: „Förderung des Spracherwerbs im bilingualen Sachfachunterricht." In: Bach/Niemeier 2008, 131-150.

Walter, G./Schröder, K. (Hg.): *Englisch. (Fachdidaktisches Studium in der Lehrerbildung).* München 1979.

Weishaar, H. (Hg.): *Green Line 2 für Klasse 6 an Gymnasien.* Stuttgart 2006.

Weskamp, R.: *Fachdidaktik. Grundlagen und Konzeptionen.* Berlin 2001.

Weskamp, R.: *Fremdsprachenunterricht entwickeln.* Hannover 2003.

Westhoff, G.: *Didaktik des Leseverstehens: Strategien des voraussagenden Lesens mit Übungsprogramm.* München 1987.

Westwood, P.: *Teaching and learning difficulties: cross-curricular perspectives.* Camberwell, Australia 2006.

White, L.: *Second language acquisition and universal grammar.* Cambridge 2003.

White, R.V.: *The ELT curriculum, design, innovation and management.* Oxford 1988.

Wilkening, M.: „SchülerInnen entwickeln dramatische Formen in offenen Unterrichtsphasen". In: *Der Fremdsprachliche Unterricht Englisch,* 1/1998, 16-20.

Williams, R. u.a. (Hg.): *English H Neue Ausgabe Band 3.* Berlin 1984.

Williams, R./Cox, R. (Hg.): *New Highlight 1.* Berlin 2004.

Williams, R.: *Innovationen: Über den Prozesscharakter von Literatur und Kultur.* Frankfurt/M. 1983.

Willis, J.: "Perspectives on task-based instruction: understanding our practices, acknowledging different practitioners." In: Leaver/Willis 2004, 3-44.

Willis, J.: *The framework for task based learning.* London 1996.

Winter, F.: *Leistungsbewertung. Eine neue Lernkultur braucht einen anderen Umgang mit den Schülerleistungen.* Hohengehren 2004.

Wode, H.: „Zweitsprachenerwerbsforschung im Rückblick." In: *Goethe Institut,* München 1985, 7-66.

Wode, H.: *Psycholinguistik. Eine Einführung in die Lehr- und Lernbarkeit von Sprachen, Theorien, Methoden, Ergebnisse.* Ismaning 1993.

Wode, H.: *Lernen in der Fremdsprache: Grundzüge von Immersion und bilingualem Unterricht.* Ismaning 1995.

Wolff, D.: „Textverständlichkeit und Textverstehen: Wie kann man die Schwierigkeit eines authentischen fremdsprachlichen Textes bestimmen?" In: *Neusprachliche Mitteilungen,* 4/1985, 211-221.

Wolff, D.: „Zur Rolle des Sprachwissens beim Spracherwerb." In: Gnutzmann/Königs 1995, 201-224.

Wolff, D.: *Fremdsprachenlernen als Konstruktion: Grundlagen für eine konstruktivistische Fremdsprachendidaktik.* Frankfurt/M. [u.a.] 2002.

Wolfson, C.: "Rules of speaking." In: Richards/Schmitt 1984, 61-87.

Woodward, T.: *Planning lessons and courses: designing sequences of work for the language classroom.* Cambridge 2001.

Würffel, N.: *Strategiegebrauch bei Aufgabenbearbeitungen in internetgestütztem Selbstlernmaterial.* Tübingen 2006.

Yalden, J.: *Communicative language teaching: principle and practise.* Toronto 1981.

Yule, G.: *The study of language.* Cambridge ²2004.

Zaki, H./Ellis, R.: "Learning vocabulary through interacting with a written text." In: Ellis 1999, 151-170.

Zapp, F.-J./Schröder, K.: *Deutsche Lehrpläne für den Fremdsprachenunterricht 1900-1970.* Augsburg 1983.

Zapp, F.J./Raasch, A./Hüllen, W.: (Hg.): *Kommunikation in Europa. Probleme der Fremdsprachendidaktik in Geschichte und Gegenwart.* Frankfurt/M. 1981.

Ziegesar, D. v./Ziegesar, M. v.: *Einführung von Grammatik im Englischunterricht.* München 1998.

Zijderveld, A.C.: "On the nature and functions of clichés." In: Blaicher 1987, 26-40.

Zimmer, D.E.: *So kommt der Mensch zur Sprache: Über Sprache, Spracherwerb, Sprachentstehung, Sprache und Denken.* München 1986.

Zimmermann, G.: „Schwierigkeitsfaktoren und Progressionen im Lernbereich Hörverstehen." In: *Praxis des Neusprachlichen Unterrichts,* 1/1981, 3-20.

Zydatiß, W.: „Interaktionsprozesse in der zweisprachigen Kindererziehung." In: Meißner 1997, 261-278.

Zydatiß, W.: *Bilingualer Unterricht in der Grundschule: Entwurf eines Spracherwerbskonzepts für zweisprachige Immersionsprogramme.* Ismaning 2000.

Zydatiß, W.: *Leistungsentwicklung und Sprachstandserhebungen im Englischunterricht.* Frankfurt/M. [u.a.] 2002.

Online-Publikationen

4 teachers: http://www.4teachers.de/.

Arena, C./Jefferson, C.Th.: "Blogging in the language classroom: it doesn't 'simply happen'". In: *TESOL EJ*, 4/2008. Online verfügbar unter: http://tesl-ej.org/ej44/a3.pdf.

Bartsch, M./Brandt, S./Kaiser, S./Neumann, C.: „Diebstahl der Kindheit . Überstürzt und schlecht vorbereitet haben viele Bundesländer die Schulzeit zum Abitur auf zwölf Jahre verkürzt. Eltern, Lehrer und Schüler müssen die Fehler jetzt ausbaden." In: *Der Spiegel*, 3/2008, 48-50. Online verfügbar unter: http://wissen.spiegel.de/wissen/image/show.html?did=55410953&aref=image036/2008/01/12/ROSP200800300480050.PDF&thumb=false.

Bayerischer Rundfunk. *Radiowissen. Englisch.* Online verfügbar unter: http://www.br-online.de/wissen-bildung/collegeradio/katalog/faecher/englisch.html.

Bayerisches Kultusministerium (Hg.): *Konkretisierung des Lehrplans Fremdsprachen in der Grundschule – Englisch.* Online verfügbar unter: http://www.isb.bayern.de/isb/download.aspx?DownloadFileID=4159f7a343dd6a53884a1448d5929de9.

BBC/British Council: *Teaching English.* 2008. Online verfügbar unter: http://www.teachingenglish.org.uk/think/knowledge-wiki/negotiation-meaning.

Beck, R.: „Neurodidaktik oder: Wie lernen wir?" In: *Erziehungswissenschaft und Beruf*, 3/2003. Online verfügbar unter: http://www.schule-bw.de/unterricht/paedagogik/didaktik/neurodidaktik/neurodidaktik_beck.pdf.

Becker, N.: „Neuromodisch lernen." In: *Die Wochenzeitung*, 2007. Online verfügbar unter: http://www.woz.ch/artikel/2007/nr21/wissen/14986.html.

British Council: Online verfügbar unter: http://www.britishcouncil.de/e/english/cef.htm.

Bundesministerium für Bildung und Forschung (Hg.): *Forschungsportal.Net.* 2008. Online verfügbar unter: http://www.forschungsportal.net/.

Butzkamm, W.: „Schwache Englischleistungen - woran liegt's? Glanz und Elend der Schule oder die Wirklichkeit des Fremdsprachenschülers." In: *Zeitschrift für Interkulturellen Fremdsprachenunterricht*, 2007, 12/1-13. Online verfügbar unter: http://zif.spz.tu-darmstadt.de/jg-12-1/beitrag/Butzkamm1.htm.

Butzkamm, W.: *Code-switching in a bilingual history lesson: the mother tongue as a conversational lubricant.* 1998. Online verfügbar unter: http://www.multilingual-matters.net/beb/001/0081/beb0010081.pdf.

Campbell, A.P.: "Weblogs for use with EFL-classes." In: The *Internet TESL Journal*, 2/2003. Online verfügbar unter: http://iteslj.org/Techniques/Campbell-Weblogs.html.

Constantine, P.: "Podcasts: another source for listening input." In: *The Internet TESL Journal*, 1/2007. Online verfügbar unter: http://iteslj.org/Techniques/Constantine-Podcast-Listening.html.

Council of Europe: European language portfolio. 2009. Online verfügbar unter: http://www.coe.int/T/DG4/Portfolio/?L=E&M=/main_pages/introduction.html.

DePascale, Ch.A.: *The ideal role of large-scale testing in a comprehensive assessment system.* 2009. Online verfügbar unter: http://www.testpublishers.org/Documents /Large_Scale_ Assessment_v3.0.pdf.

Der Spiegel: „Bauplan im Kopf." 6/1998. Online verfügbar unter: http://wissen.spiegel.de/ wissen/dokument/dokument.html?titel=Bauplan+im+Kopf&id=7811300&top=SPIE-GEL&suchbegriff=sprache+chomsky+bauplan+pinker&quellen=&qcrubrik=artikel.

Desi-Konsortium (Hg.): *Unterricht und Kompetenzerwerb in Deutsch und Englisch: Zentrale Befunde der Studie Deutsch Englisch Schülerleistungen International (DESI).* Frankfurt 2006. Online verfügbar unter: http://admin.www.dipf.de/de/pdf-dokumente/projekte-materialien/desi-zentrale-befunde.

Deutsche Gesellschaft für Fremdsprachenforschung (Hg.): *Forschungsprojekte.* 2008. Online verfügbar unter: http://www.dgff.de/de/forschungsprojekte.html.

Deutscher Bildungsserver (Hg.): *Bildungspläne der Bundesländer für allgemeinbildende Schulen.* 2009. Online verfügbar unter: http://www.bildungsserver.de/zeigen.html? seite=400.

Deutscher Bildungsserver: http://www.bildungsserver.de/zeigen.html?seite=400.

DIALANG: http://www.dialang.org/english/index.htm.

Dodge, B.: *Some thoughts about WebQuests.* 1997. Online verfügbar unter: http://web-quest.sdsu.edu/about_webquests.html.

English Extra, o.J.: Online verfügbar unter: www.cornelsen.de/sixcms/media.../p9605672_ e_extra_mediating.pdf.

English? No way. In: Schulspiegel. Online verfügbar unter: http://www.spiegel.de/schulspie-gel/0,1518,403855,00.html.

Erdmenger, M.: *Medien im Fremdsprachenunterricht: Hardware, Software und Methodik.* Braunschweig 1997. Online verfügbar unter: http://rzbl04.biblio.etc.tu-bs.de:8080/ docportal/receive/DocPortal_document_00001158.

Etzold, S.: „Lehrer lernen lehren." In: *DIE ZEIT,* 1999. Online verfügbar unter: http://www.zeit.de/1999/13/199913.schule-herford_.xml?page=1.

Finkbeiner, C. u. Fehling, S.: *Evaluationsbogen für Schülerinnen und Schüler (AVSI). Einfüh-rungsstunde MOBIDIC.* 2002. Online verfügbar unter: http://www.mobidic.org/doc/ DIC/AuswertungBilUnt/AuswertBilUntA01.pdf.

Flohr, M.: „Schulbücher im Test: Auf jeder Seite ein Fehler." In: *Spiegel online.* 2007. Online verfügbar unter: http://www.spiegel.de/schulspiegel/0,1518,508191,00.html.

Fremdsprachen sind ein Muss. In: Focus online. Online verfügbar unter: http://www.focus. de/karriere/management/englisch/business-englisch-fremdsprachen-sind-ein-muss_ aid_343740.html.

Gallavara, G. u.a.: *Learning outcomes: common framework – different approaches to evalua-tion learning outcomes in the nordic countries.* Helsinki 2008. Online verfügbar unter: http://www.enqa.eu/files/NOQA%20report_occasional%20papers%2015.pdf.

Greiner, L.: „Effekt gleich null." In: *Der Spiegel,* 4/2009, 43. Online verfügbar unter: http://wissen.spiegel.de/wissen/dokument/72/47/dokument.html?titel=Effekt+gleich+ null&id=63637427&top=SPIEGEL.

Griffiths, C.: *Language learning strategies: theory and research.* Online verfügbar unter: http://www.crie.org.nz/research_paper/c_griffiths_op1.pdf.

Gymnasium – Klassen 6, 8, 10, Kursstufe. Online verfügbar unter: http://www.bildung-sta-erkt-menschen.de/service/downloads/Bildungsstandards/Gym/Gym_E_2f_bs.pdf.

Hanselmann, U.: „‚Geography' statt Erdkunde." In: *DIE ZEIT,* 05/2002, online verfügbar unter: http://www.zeit.de/2002/05/Geography_statt_Erdkunde.

Haß, F.: „Schulbuch im Schatten." In: *Frankfurter Rundschau*, 04.02.2009. Online verfügbar unter:http://www.fronline.de/in_und_ausland/wissen_und_bildung/aktuell/?em_cnt =1669859&em_loc=1739.

Häßler, S.: *Also sprach der Zebrafink: Ein Gen namens FoxPe ermöglicht uns Menschen das Sprechen: Aber wie? Antworten geben uns – die Singvögel.* Online verfügbar unter: http://www.gehirn-und-geist.de/artikel/857134.

Helgesen, M.: "Learning to listen." In: *ESL Magazine*, 7/1998, 24-25. Online verfügbar unter: http://www.mgu.ac.jp/~ic/helgesen/marc.article2.htm.

Helmke, A.: *Unterrichtsqualität und Lehrerprofessionalität: Diagnose, Evaluation und Verbesserung des Unterrichts.* 2007. Online verfügbar unter: Volkshochschulverband: http://www.dvv-vhs.de/servlet/is/1159/.

Hennis, A.: „Was Deutsche von Ihren Schulen halten." In: *Focus Schule*, 26.03.2009. Online verfügbar unter: http://www.focus.de/schule/schule/bildungspolitik/bildungsqualitaet/tid-13789/lehrerstudie-was-deutsche-von-ihren-schulen-halten_aid_384190.html.

Herbst, C.: „Sprachgenies in Windeln: Wenn es ums Sprechenlernen geht, hängen Babys alle Erwachsenen ab. Forscher verstehen immer besser, warum das so ist." In: *Financial Times*, 30.08.2003. Online verfügbar unter: http://www.ftd.de/politik/ deutschland/1061633039268.html.

Hessisches Kultusministerium (Hg.): Lehrplan Englisch. Übersetzung der Tableaus für die gymnasiale Oberstufe. Online verfügbar unter: http://www.kultusministerium. hessen.de/irj/HKM_Internet?uid=ea43019a-8cc6-1811-f3ef-ef91921321b2.

Hessisches Kultusministerium (Hg.): Lehrplan Englisch Bildungsgang Realschule. Online verfügbar unter: http://www.hessisches-kultusministerium.de/irj/HKM_Internet?uid= ab43019a-8cc6-1811-f3ef-ef91921321b2.

Hiddleston, S.: "Grammar games." In: *The Hindu*, 04.08.2008. Online verfügbar unter: http://www.hindu.com/edu/2008/08/04/stories/2008080450030200.htm.

Holzapfel, N.: Ich möchte mit Ihrem Häuptling reden: Wenn Deutsche Englisch sprechen, stolpern sie über manche Übersetzungshürden: Warum das gar nicht so schlimm ist. Online verfügbar unter: http://www.sueddeutsche.de/jobkarriere/548/301545/text/.

http://www.schule-bw.de/unterricht/paedagogik/didaktik/neurodidaktik.

http://www.woz.ch/artikel/2007/nr21/wissen/14986.html.

ISB-Institut für Schulqualität und Bildungsforschung München (Hg.): *Sprachmittlung.* 2009. Online verfügbar unter: http://www.isb-gym8-lehrplan.de/contentserv/3.1/g8.de /index.php?StoryID=26573.

ISB-Staatsinstitut für Schulqualität und Bildungsforschung (Hg.): *Intensivierungsstunden am achtjährigen Gymnasium in Bayern.* Online verfügbar unter http://www.isb. bayern.de/isb/download.aspx?DownloadFileID=b8e9fe46a91f46656172eb3a7785ca32.

ISB Staatsinstitut für Schulqualität und Bildungsforschung München (Hg.): *Englisch 1. Fremdsprache Jahrgangsstufe 7 (G8).* Online verfügbar unter: http://www.isb.bayern.de/ isb/index.asp?MNav=6&QNav=4&TNav=1&INav=0&Fach=22&Fach2=&LpSta=6&STyp =14&Lp=601.

Itim international (Hg.): *Geert Hofstede™ Cultural Dimensions.* Online verfügbar unter: http://www.geert-hofstede.com/.

Jakobs, C.: „Jungs besser in Mathe." In: *Focus-Schule*, 2/2008. Online verfügbar unter: http://www.focus.de/schule/heft/titelthema-jungs-besser-in-mathe_aid_263523.html.

Kabl, o.V.: „So kurz ist die lange Leitung." *Süddeutsche Zeitung* 238/2009. Online verfügbar unter: http://www.sueddeutsche.de/wissen/907/491276/text/.

Kahl, R.: „Finnische Lektionen." In: *DIE ZEIT*, 23/2002. Online verfügbar unter: http://www.zeit.de/2002/23/200223_b-finnland.xml.

Kaur, A.: "Considerations in language syllabus design." In: The *English Teacher*, 19/1990. Online verfügbar unter: http://www.melta.org.my/ET/1990/main1.html.

Kerstan, K./Spiewak, M.: „Oft sind Lehrer zu ungeduldig': Über guten und schlechten Deutsch- und Englischunterricht gibt eine neue Studie Auskunft. Ein Gespräch mit zwei der Autoren." In: *DIE ZEIT*, 09.03.2006. Online verfügbar unter: http://www.zeit.de/2006/11/C-DesiInterview.

Kläsener, C.: „1 x 1 des Fremdsprachenlernens." In: *Focus – Schule*, 2008. Online verfügbar unter: http://www.focus.de/schule/lernen/lernatlas/fremdsprachen/tid-12545/uebungstipps-1-x-1-des-fremdsprachenlernens_aid_326694.html.

Kleine, J.: "Immersive Learning. Mathe auf Englisch." Focus-Online 17.12.2005. Online verfügbar unter: http://www.focus.de/schule/schule/schulederzukunft/praxis/gifil/immersive-learning_aid_18529.html.

Klemm, U.: *Wiki (nicht) nur im Fremdsprachenunterricht.* 2005. Online verfügbar unter: http://www.lehrer-online.de/wikis-fsu.php.

Knight, P.: *Task based learning: myth or reality?* Online verfügbar unter: http://www.nottingham.edu.cn/resources/documents/20080506_CRAL%20TBL%20Public_Paul%20Knight%20%5BCompatibility%20Mode%5D.pdf.

Koch, J.: „I'm ball spieling: In welchem Alter lernen Kinder am leichtesten Englisch oder Französisch? In baden-württembergischen Grundschulen untersuchen Linguisten den Frühstart in die Fremdsprache." In: *Der Spiegel*, 18/2004, 196. Online verfügbar unter: http://wissen.spiegel.de/wissen/dokument/dokumentdruck.html?id=30612569&top=SPIEGEL.

Koch, J.: „Langer Anlauf ohne Sprung." In: *Der Spiegel*, 24/2007, 136. Online verfügbar unter: http://wissen.spiegel.de/wissen/image/show.html?did=51878461&aref=image036/2007/06/09/ROSP200702401360139.PDF&thumb=false.

Kramsch, C.: "The cultural component of language teaching." In: *Zeitschrift für Interkulturellen Fremdsprachenunterricht*, 1996. Online verfügbar unter: http://www.spz.tu-darmstadt.de/projekt_ejournal/jg_01_2/beitrag/kramsch2.htm.

Kühn, A.: Plaudertaschenpädagogik. Der Tagesspiegel. 2.3.2006. Online verfügbar unter: http://www.tagesspiegel.de/magazin/wissen/gesundheit/art300,1885538.

Kultusministerium Baden Württemberg (KuMi BW) (Hg.): *Bilingualer Unterricht.* Braunschweig 2006. Online verfügbar unter: http://www.schule-bw.de/schularten/realschule/bilingual/handreichung.

Language Teaching Research. Online verfügbar unter: http://www.base-search.net/index.php.

Lernstand.Hamburg.de: *Beispielaufgaben Lernstand 6. Englisch.* Online verfügbar unter: http://www.lernstand.hamburg.de/index.php/article/detail/259.

Leßmöllmann, A; „Raus mit der Sprache". In: *DIE ZEIT-Wissen*, 1/2006. Online verfügbar unter: http://www.zeit.de/zeit-wissen/2006/01/Sprache_werb_Titel.xml.

Little, D.: *Learner autonomy and second/foreign language learning.* Online verfügbar unter: http://www.llas.ac.uk/resources/gpg/1409#toc_1.

Ludwig Erhard Berufsschule (Hg.): *English at the Ludwig-Erhard vocational school.* 2009. Online verfügbar unter: http://www.lebs.de/cms/index.php?id=25.

Lutz, J.: „We became an answer: Eine Telefon-Hotline hilft bei der internationalen Korrespondenz und klärt über Etikette-Fragen auf. Dolmetscherin Sabine Arnold über die false friends und die skurrilsten Fehler." In: *Süddeutsche Zeitung*, 10.01.2009. Online verfügbar unter: http://www.sueddeutsche.de/jobkarriere/166/453854/text/.

Maier, G.: *Die Neurowissenschaften auf der Seite der ‚Erneuerer'.* Online verfügbar unter: http://www.schule-bw.de/unterricht/paedagogik/didaktik/neurodidaktik/.

Mc Cabe, J.: "Business English: how to make friends and be successful." In: *Wirtschaftswoche*, 19/2002, 99-103. Online verfügbar (in Auszügen) unter: http://www.wiwo.de/unternehmer-maerkte/culture-business-in-english-311608/.

Meisel, J.: *Zur Entwicklung der kindlichen Mehrsprachigkeit.* 2008, 1-10. Online verfügbar unter: http://www1.uni-hamburg.de/romanistik/personal/pdfDateien/Zur%20Entwicklung%20der%20kindlichen%20Mehrsprachigkeit.pdf.

Mertler, C.A.: *Designing scoring rubrics for your classroom: practical assessment, research & evaluation*, 2001. Online verfügbar unter: http://PAREonline.net/getvn.asp?v=7&n=25.

Meyer, U.: "In the name of identity: teaching cultural awareness in the intercultural classroom." In: *Journal of Intercultural Communication*, 19/2009. Online verfügbar unter: http://www.immi.se/jicc/index.php/jicc/article/view/2/2.

Ministerium für Bildung, Wissenschaft, Forschung und Kultur des Landes Schleswig-Holstein (Hg.): *Lehrplan Englisch für die Sekundarstufe I.* Online verfügbar unter: http://lehrplan.lernnetz.de/intranet1/links/materials/1107161122.pdf.

Müller, M.: „Ist der Kulturschock nützlich?" In: *Süddeutsche Zeitung*, 15.12.2006. Online verfügbar unter: http://www.sueddeutsche.de/reise/19/413788/text/.

National Capital Language Resource Center (NCLRC) (Hg.): *The essentials of language teaching.* Online verfügbar unter: http://nclrc.org/essentials.

Neill, J.: *Qualitative versus quantitative research: key points in a classic debate*, 2007. Online verfügbar unter: http://wilderdom.com/research/QualitativeVersusQuantitativeResearch.html.

Niedersächsisches Kultusministerium (Hg.): *Kerncurriculum für die Grundschule: Schuljahrgänge 3-4: Englisch.* Online verfügbar unter: http://db2.nibis.de/1db/cuvo/datei/kc_gs_englisch_nib.pdf.

Niedersächsisches Kultusministerium (Hg.): *Kerncurriculum für die Realschule, Schuljahrgänge 5-10, Englisch.* Online verfügbar unter: http://db2.nibis.de/1db/cuvo/datei/kc_rs_englisch_nib.pdf.

Niedersächsisches Kultusministerium (Hg.): *Kerncurriculum für das Gymnasium 5-10: Englisch.* Online verfügbar unter: http://db2.nibis.de/1db/cuvo/datei/kc_gym_englisch_nib.pdf.

Niedersächsisches Landesamt für Lehrerbildung und Schulentwicklung (Hg.): *Materialien für kompetenzorientierten Unterricht im Sek. I – Englisch.* Online verfügbar unter: http://www.nibis.de/nli1/gohrgs/materialien/englisch_sekI/uebersicht_engl_h.htm

Nuissl, F · "Self-directed learning." In: P. Federighi (Hg.): *Glossary of adult learning in Europe.* Hamburg 1999, 26. Online verfügbar unter: http://www.unesco.org/education/uie/pdf/glossary.pdf.

Österreichisches Kompetenzzentrum: *Bildungsstandards für Englisch: Aufgabenbeispiele E8.* 2008. Online verfügbar unter: http://www.oesz.at/download/fss/256.pdf.

Paulus, J.: „Lernrezepte aus dem Hirnlabor." In: *DIE ZEIT*, 11.09.2003. Online verfügbar unter: http://www.zeit.de/2003/38/B-Neurodidaktik?page=2.

Planet Schule, WDR: *Schulfernsehen multimedial. Englisch.* Online verfügbar unter: http://www.planet-schule.de/sf/php/02_sen01.php?fach=10.

Pritchard, E.: *Implicit and explicit learning.* Online verfügbar unter: http://io.uwinnipeg.ca/~epritch1/index.html.

Rauner, M.: „Was hohl ist, schwimmt oben: Wie ABC-Schützen und ihre Lehrer für Wissenschaft und Technik begeistert werden." In: *Die Zeit*, 10/2002. Online verfügbar unter: http://www.zeit.de/2002/10/Was_hohl_ist_schwimmt_oben?page=1.

Reilly, T.: *Approaches to foreign language syllabus design.* Online verfügbar unter: http://www.ericdigests.org/pre-928/design.htm.

Schlemminger, G.: „Fremdsprachenunterricht und reformpädagogische Einflüsse." In: R. Weskamp (Hg.): *Methoden und Konzepte des fremdsprachlichen Unterrichts.* Hannover 2001, 15-23. Online verfügbar unter: http://www.phkarlsruhe.de/cms/fileadmin/user_upload/dozenten/schlemminger/articles_publies/Reformpaed-FSU.pdf.

Schönert, U.: „Sprachlernsoftware: Setzen, Eins." In: *Stern*, 50/2006. Online verfügbar unter: http://www.stern.de/digital/computer/sprachlernsoftware-setzen-eins-578476.html.

Schug, M.C.: "Teachers centered instruction." In: J. Leming u. E. Ellington u. K. Porter-Magee (Hg.): *Where did social studies go wrong?* 2003, 94-110. Online verfügbar unter: http://www.edexcellence.net/detail/news.cfm?news_id=317&pubsubid=875#875.

Schultz, T.: „Zu viel Wegwerf-Wissen." In: *Süddeutsche Zeitung*, 11.02.2008. Online verfügbar unter: http://www.sueddeutsche.de/jobkarriere/777/432527/text/.

Second Language Foundation: *Language aptitude testing.* 2008. Online verfügbar unter: http://www.2lti.com/htm/LangAptitudeTesting.htm.

Sekretariat der Ständigen Konferenz der Kultusminister der Länder in der Bundesrepublik Deutschland (Hg.): *Bildungsstandards für die erste Fremdsprache. (Englisch/Französisch) für den Mittleren Bildungsabschluss.* München 2004. Online verfügbar unter: http://www.kmk.org/schul/Bildungsstandards/1.Fremdsprache_MSA_BS_04-12-2003.pdf.

Sekretariat der Ständigen Konferenz der Kultusminister der Länder in der Bundesrepublik Deutschland (Hg.): *Bildungsstandards der Kultusministerkonferenz.* München und Neuwied 2005. Online verfügbar unter: http://www.kmk.org/schul/Bildungsstandards/Argumentationspapier308KMK.pdf.

Seminar berufliche Schulen Karlsruhe. Staatliches Seminar für Didaktik und Lehrerbildung (Hg.): *Qualitätsstandards für die Beurteilung von Unterricht.* 2008. Online verfügbar unter: http://www.fachdidaktik-online.de/kritgu.pdf.

Senatorin für Bildung und Wissenschaft Bremen (Hg.): *Vergleichstest 2004: Englisch. Klasse 10 Gymnasium.* Online verfügbar unter: http://www.schule.bremen.de/curricula/vera_04/vera_e/Vera_E_Gy10_1.pdf.

Senatsverwaltung Berlin für Bildung, Forschung und Wissenschaft (Hg.): *Elektronisches Bewertungsraster.* 2001-2008. Online verfügbar unter: http://www.klausurgutachten.de/static/hinweise/rel/1.

Senatsverwaltung Berlin für Bildung, Forschung und Wissenschaft (Hg.): *Rahmenlehrplan für die gymnasiale Oberstufe. Englisch.* 2006. Online verfügbar unter: http://www.berlin.de/imperia/md/content/sen-bildung/schulorganisation/lehrplaene/sek2 englisch.pdf?start&ts=1245159490.

Senatsverwaltung für Bildung, Jugend und Sport (Hg.): *Rahmenlehrplan für die Fachoberschule und Berufsoberschule im Fach Englisch.* 2006. Online verfügbar unter: http://www.bebis.de/zielgruppen/auszubildende/rlp_berbil/BOS_FOS_Englisch_in_der_Fassung_vom_26.April_2006.pdf.

Small talk for experts. In: Focus online. Online verfügbar unter: onlinehttp://www.focus.de/karriere/management/englisch/englisch/business-englisch_aid_5952.html.

Spenader, J.K.: *Child language acquisition.* 2006. Online verfügbar unter: http://www.ai.rug.nl/~spenader/teaching/ATW/ATW_Lecture_7_P306_JS.pdf.

Spiewak, M.: „Vibrierende Pädagogen." In: *DIE ZEIT*, 21.07.2005 Nr.30. Online verfügbar unter: http://www.zeit.de/2005/30/B-Helmke-Interview?page=1.

Spiewak, M.: "Do you play English?" In: *DIE ZEIT*, 02.03.2006. Online verfügbar unter: http://www.zeit.de/2006/10/B-Sprachendebatte.

Spiewak, M.: „Alle zum Einzeltraining." *DIE ZEIT*, 26.02.2009 Nr. 10. Online verfügbar unter: http://www.zeit.de/2009/10/B-Individualunterricht?page=1.

Spiewak, M.: „Die Grenzen der Individualisierung: Ein Gespräch mit Tina Seidel, Professorin für Pädagogische Psychologie am Institut für Erziehungswissenschaft an der Universität Jena." In: *DIE ZEIT*, 26.02.2009 Nr. 10. Online verfügbar unter: http://www.zeit.de/2009/10/B-Individualunterricht-box-2?page=1.

Stern, E. u. Grabner, R. u. Schumacher, R.: „Lehr-Lern-Forschung und Neurowissenschaften: Erwartungen, Befunde und Forschungsperspektiven." In: *Reihe Bildungsreform Band 13: Bundesministerium für Bildung und Forschung (BMBF)*. 2005. Online verfügbar unter: http://www.bmbf.de/pub/bildungsreform_band_dreizehn.pdf.

Stern, E.: „Raus aus den Schubladen." In: *DIE ZEIT*, 51/2005. Online verfügbar unter: http://www.zeit.de/2005/51/C-IQ-Schulform?page=1.

Stiftung Lesen (Hg.): *Leseverhalten in Deutschland*, 2008. Online verfügbar unter: http://www.stiftunglesen.de/default.aspx?pg=77dcde17-03b8-4939-9b87-9e3459ecf6c5.

Stiftung Warentest (Hg.): „Abenteuer Ausland." In: *Test*, 09/2005, 74-79. Online verfügbar unter: http://www.test.de/themen/bildung-soziales/test/Auslandsjahr/1288777/1288777/ 1291912/1293076/.

Stovall-Burkart, G.: "Spoken language: what it is and how to teach it." In: G. Stowell-Burkart (Hg.): *Modules for the professional preparation of teaching assistants in foreign languages*. Washington 1998, 161-192. Online verfügbar unter: http://www.eric.ed.gov/ERICDocs/data/ericdocs2sql/content_storage_01/0000019b/80/15/db/76.pdf.

Swain, M.: *The output hypothesis: its history and its future*. Online verfügbar unter: http://www.celea.org.cn/2007/keynote/ppt/Merrill%20Swain.pdf.

Tagesspiegel online: *Lehrer beklagen sich über Arbeitsbedingungen*. 18.06.09. Online verfügbar unter: http://www.tagesspiegel.de/politik/deutschland/Bildung-Lehrer-Studie;art 122,2826485.

Tedick, D.J. u. Gortari, B.: "Research on Error Correction and Implications for Classroom Teaching." *ACIE Newsletter* 3/1998. Online verfügbar unter: http://www.carla.umn.edu/immersion/acie/vol1/May1998.pdf.

The Childes Database. Online verfügbar unter: http://childes.psy.cmu.edu/data/.

Thielicke, R.: „Erst denken". In: *Focus-Schule* 5/2005. Online verfügbar unter: http://www.focus.de/schule/lernen/bildung-erst-denken_aid_231685.html.

ThiLLM-Thüringer Institut für Lehrerfortbildung, Lehrplanentwicklung und Medien (Hq.): *Anregungen für die Sprachmittlung im Fremdsprachenunterricht der Sekundarstufe II*. 2008. Online verfügbar unter: http://www.thillm.de/thillm/pdf/sprachen/2008_sprach-mittlung_sek2.pdf.

Thürmann, E.: *Handreichungen zum Europäischen Portfolio für Sprachen*. 2007. Online verfügbar unter: http://www.learn-line.nrw.de/angebote/eps2/eps_sekundarstufe.html.

Trauffetter, G.: „Der Anfang war das Wort." In: *Spiegel Spezial*, 4/2003, 80. Online verfügbar unter: http://wissen.spiegel.de/wissen/dokument/dokument-druck.html?id=29045 354&top=SPIEGEL.

Viciano, A.: „Polyglotte Erziehung: Sprachen lernen - die Welt verstehen." In: *Stern*, 47/2008. Online verfügbar unter: http://www.stern.de/wissenschaft/mensch/:Polyglotte-Erziehung-Sprachen-Welt/646200.html.

Vrouwe, A.: „Sag ich doch." In: *Süddeutsche Zeitung*, 21.05.2008. Online verfügbar unter: http://www.sueddeutsche.de/wissen/971/442711/text/.

Wember, F.: *Englisch im Primarbereich an Sonderschulen: Chance oder Überforderung?* 2003. Online verfügbar unter: http://www.learn-line.nrw.de/angebote/eis/wember.html.

Zeinstejer, R.: "The Wiki revolution: A challenge to traditional education." In: *The Internet TESL Journal* 4/2008. Online verfügbar unter: http://tesl-ej.org/ej44/m1.pdf.

Zimmer, D.E.: „Mehrsprachigkeit: Wie wird der Kinderkopf damit fertig?" In: *DIE ZEIT* 1996. Online verfügbar unter: http://www.zeit.de/1996/50/biling.txt.19961206.xml?page=1.

Die im Band benannten Internetverknüpfungen wurden letztmalig am 15. Februar 2010 überprüft.

Sachindex